CARTULAIRE

DE

MARMOUTIER

POUR LE VENDOMOIS

Publié sous les auspices de la Société Archéologique du Vendômois

PAR M. DE TRÉMAULT

PARIS
ALPHONSE PICARD & FILS, ÉDITEURS, 82, RUE BONAPARTE
Libraires des Archives Nationales et de la Société de l'École des Chartes

VENDOME
LIBRAIRIE CLOVIS RIPÉ, 15-17, RUE POTERIE

VENDOME TYPOGRAPHIE LEMERCIER
1893

CHARTULARIUM VINDOCINENSE

MAJORIS MONASTERII

CARTULAIRE
DE
MARMOUTIER

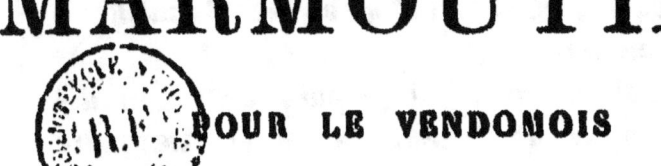

POUR LE VENDOMOIS

Publié sous les auspices de la Société Archéologique du Vendômois

Par M. DE TRÉMAULT

PARIS
ALPHONSE PICARD & FILS, ÉDITEURS, 82, RUE BONAPARTE
Libraires des Archives Nationales et de la Société de l'École des Chartes

VENDOME
LIBRAIRIE CLOVIS RIPÉ, 15-17, RUE POTERIE

VENDOME TYPOGRAPHIE LEMERCIER
1893

Dès l'année 1875, la Société Archéologique du Vendomois avait résolu de publier le cartulaire de Marmoutier, pour le Vendomois, et ce n'est qu'en 1892 qu'elle a pu atteindre son but.

Elle avait d'abord confié la préparation et la direction de l'édition à l'un de ses membres, M. Alexandre de Salies, érudit distingué, auteur de travaux estimés (1). Déjà il avait recueilli la plus grande partie des matériaux qui lui étaient nécessaires, lorsque la mort est venue le frapper prématurément.

Ce coup funeste, non seulement interrompit la préparation de l'édition, mais encore sembla en rendre irréalisable la publication. En effet, il ne se trouvait personne pour remplacer M. de Salies, et recommencer le travail qu'il avait déjà préparé, car ses papiers, conservés par sa famille, étaient perdus pour la Société.

Les choses restèrent en cet état pendant plusieurs années, sans que l'on eut cependant renoncé à tout espoir de publier le Cartulaire. On espérait toujours que quelque heureux hasard ferait surgir l'homme compétent dont on avait besoin, mais les années se succédaient sans qu'il se révélât.

C'est alors que cédant à la demande pressante de plusieurs membres du bureau de la Société, encouragé aussi par la certitude du concours amical et éclairé de l'un d'eux, M. Louis Martellière, je me décidai, après avoir longtemps hésité à cause du sentiment de mon

---

(1) M. de Salies a publié une histoire de Foulques Nerra, comte d'Anjou.

insuffisance, à entreprendre cette œuvre. Elle n'était encore qu'à son début, lorsqu'une seconde fois la mort est venue la compromettre en enlevant M. Martellière à ses travaux et à ses amis. Je l'ai poursuivie néanmoins, pour permettre à la Société de tenir la promesse qu'elle avait faite au public en annonçant l'édition, et j'ai pu la conduire, tant bien que mal, jusqu'à son terme.

Le texte offert ici est donné d'après une copie du manuscrit, que la Société a fait faire, en vue de la publication, par M. Bouchot, ancien élève de l'école des Chartes, et qui a été ensuite soigneusement collationnée. Il est conforme à l'original ; seulement pour la commodité du lecteur, on a cru pouvoir remplacer les i par des j, et les u par des v, dans les mots où cette substitution a été reconnue utile, et mettre des majuscules aux noms de personnes et de lieux, qui n'en ont pas pour la plupart. On a aussi maintenu, comme dans le manuscrit, des e pour les œ, qui n'y apparaissent que par exception, et sont généralement exprimés par des e cédillés. Un sommaire en français a été placé en tête des chartes pour en faire connaître l'objet. Elles sont accompagnées de notes, et les numéros qu'elles portent dans le manuscrit leur ont été conservés, quoique la série qu'ils forment présente une lacune. En effet, la cent trentième charte est immédiatement suivie par la cent cinquante-neuvième, ainsi qu'il est expliqué ci-après dans l'introduction. Rien ne fait soupçonner quel a été l'objet des pièces disparues. Peut-être quelques-unes étaient-elles la transcription de chartes dont les originaux sont conservés aux archives départementales de Loir-et-Cher, ou d'autres encore dont il existe des copies ou des extraits qui ont été faits aux XVII° et XVIII° siècles.

Il était utile de recueillir celles de ces dernières offrant quelqu'intérêt au point de vue des personnages ou des lieux vendômois, et il en a été rassemblé quatre-vingt-six. Comme plusieurs n'avaient pas de rubrique, on a remplacé celle-ci par un titre en français. Puis, ces chartes ont été placées comme appendice à la suite des cent soixante-et-une composant le cartulaire proprement dit, avec lesquelles elles forment un total de deux cent quarante-sept chartes. Trois tables, l'une des chartes, une autre des noms de personnes, et la dernière des noms de lieux complètent le volume.

Malgré tous les soins que j'y ai donnés, il contient encore un grand nombre de fautes; mais, tout imparfait qu'il est, il aura peut-être, à défaut d'autre mérite, celui de mettre des documents précieux à la disposition des personnes qui s'intéressent à l'histoire du vendômois, et aussi d'en assurer la conservation.

J'ai été aidé de la manière la plus gracieuse et la plus utile par plusieurs de mes confrères de la Société du Vendômois, qui ont bien voulu donner leur temps et leur travail pour faire la copie qui a été remise à l'imprimeur. M. Colas a en outre pris la peine de rédiger les sommaires en français, et de relire les épreuves. M. de Maricourt a dessiné les sceaux. M. Bourgeois, archiviste de Loir-et-Cher, a mis la plus grande obligeance à me communiquer les chartes conservées dans son dépôt.

Je prie ici tous ces Messieurs d'agréer l'expression de mes sentiments de gratitude et mes remerciements pour le précieux concours qu'ils m'ont donné. Je ne dois pas oublier non plus, MM. Lemercier et Huet, qui ont mis tous leurs soins à l'impression du volume.

Décembre 1891.

INTRODUCTION

La puissance et la célébrité dont le monastère de Marmoutier (1) a joui pendant de longs siècles justifient pleinement son nom de *grand monastère*, et parmi les causes qui lui ont valu sa renommée, on peut compter le nombre et l'importance de ses possessions (2).

Il en avait de considérables dans le Vendomois. Données, pour la plupart, par des personnes animées de sentiments pieux envers Saint Martin, son fondateur, et destinées le plus souvent à l'entretien des moines, elles avaient fait l'objet de chartes dans lesquelles étaient constatés les droits du monastère. Dès lors, un grand intérêt s'attachait à leur conservation. Dans le but de l'assurer, et aussi de faciliter les recherches, l'usage s'était établi de grouper ensemble toutes celles relatives à un même pays, puis de les transcrire dans des recueils particuliers qui formèrent autant de cartulaires distincts, que l'on

---

(1) Marmoutier (*majus monasterium*) abbaye d'hommes, ordre de Saint-Benoît, près la ville de Tours.

(2) Elles étaient disséminées depuis l'Orléanais jusqu'aux extrémités de la Bretagne, et depuis la Gascogne jusqu'en Angleterre. — (Notice précédant le cartulaire de Marmoutier pour le Dunois — 1. Vol. Châteaudun, Lecarol 1874).

désigna par le nom du pays où étaient situés les biens dont ils contenaient les titres.

Dans la nombreuse série de ces cartulaires, il en était un spécial pour le Vendomois. L'intérêt qu'il offre pour l'histoire locale est considérable, car il est peu de documents relatifs à ce pays plus anciens que ceux qu'il renferme. En outre des renseignements particuliers aux possessions de Marmoutier, il en contient d'autres d'un ordre plus général, se rapportant aux mœurs, aux coutumes et à l'état de la société civile et ecclésiastique, aux XI° et XII° siècles. On y rencontre aussi nombre de personnages, membres des familles féodales du pays, que rattachaient entr'elles les liens de la hiérarchie ou de la parenté. La connaissance de ces rapports, s'il était possible de les établir, éclairerait sans doute bien des faits obscurs.

L'original du cartulaire de Marmoutier pour le Vendomois est conservé à la Bibliothèque Nationale dans le département des manuscrits, sous le n° 5442 du fonds latin.

C'est un cahier couvert en parchemin, composé de quarante feuillets de parchemin de 0^m,32° de hauteur sur 0^m,23° de largeur, réglés à la pointe sèche. Il est d'une écriture moyenne assez régulière. Les chartes y sont numérotées en chiffres romains. La première porte le n° 1, et la dernière le n° 188. Elles sont transcrites successivement au recto et au verso de chaque folio, sur deux colonnes de 35 lignes chacune, sans blancs ni intervalles les séparant entr'elles. Les rubriques, peintes en vermillon, ainsi que la plupart des lettres de tête, font immédiatement suite dans la colonne aux chartes qui les précèdent, mais sont d'une écriture plus grosse.

Par exception, les folios 37, 38 et 39 sont écrits sur une seule colonne de 36 à 39 longues lignes à la page. Ils comprennent la dernière partie de la charte 175bis et celles numérotées 176, 177, 178, 179, 180, 181, 182, 183, 184, 184bis, 184ter et 184quater.

Le manuscrit est incomplet. En effet, la charte 188 et dernière commence au bas du verso du folio 40 et dernier, et la fin, qui n'existe pas, devait se trouver sur un ou plusieurs folios qui manquent. En outre, la charte n° 130 est également incomplète. Le commencement seul se trouve au bas du verso du folio 32, et la fin fait défaut, car le recto du folio suivant n° 33 commence par la charte numérotée 159. Il manque donc, en outre de la fin de la charte 130, vingt-neuf autres chartes qui avaient du recevoir les numéros compris entre 130 et 159, et remplir des feuillets disparus, et cela depuis longtemps, sans doute, car le cotage des folios, qui est en chiffres arabes, est certainement ancien (1).

Le manuscrit ne contient donc pas cent quatre-vingt-huit chartes, comme on aurait pu le croire tout d'abord, mais seulement cent soixante-six, parmi lesquelles il en est sept, qui portent les n°s 12bis (2) 34bis, 116bis, 175bis, 184bis, 184ter, 184quater. Mais ces trois derniers, qui sont cancellés dans le manuscrit, y ont été transcrits à tort,

---

(1) Parmi les nombreux extraits de ce cartulaire que contient le Tome 103 de la collection Decamp (Biblioth. nat. départ. des ms.) où ils sont transcrits, dans un ordre régulier et d'une écriture fort ancienne, il n'en est aucun qui se rapporte aux chartes comprises entre les n°s 130 et 159. La lacune existait donc déjà à l'époque où ces extraits ont été faits.

(2) La charte 12bis du mss. n'étant que la fin de la 12me est donnée sans n° à la suite de cette dernière. Quant à la 175bis elle n'est qu'un double de la 128me, et pour cette raison elle n'a pas été reproduite.

attendu qu'ils appartiennent au cartulaire pour le Dunois, où on les trouve sous les n°s 63, 62 et 61, ainsi que les chartes 180 et 185 qui y portent les n°s 151 et 170.

Il n'y a donc en réalité que cent soixante-et-une chartes concernant le Vendômois, et encore, la cent soixante-dix-neuvième n'est qu'une répétition de la seizième, mais avec une rubrique différente. On leur a conservé à toutes le numérotage qu'elles ont dans le manuscrit, de sorte que la cent cinquante-neuvième fait immédiatement suite à la cent trentième. *(page 226).*

Ces pièces sont pour la plupart des notices dont un grand nombre ne portent pas d'indications de date, et le classement qu'elles ont dans le manuscrit ne semble pas être toujours conforme à l'ordre chronologique.

Elles comprennent tout le XI° siècle et une faible partie du XII°. La plus ancienne est la première. Elle a pour objet l'acquisition de l'église de Naveil, à laquelle Fulbert, qui fut évêque de Chartres de 1007 à 1028, donna son autorisation ; et la plus récente est la cent quatre-vingt-huitième, donnée par Nifrane, femme de Geoffroy Jourdain de Preuilly, qui fut comte de Vendôme de 1085 à 1112.

Plusieurs sont obscures et d'une latinité défectueuse que l'on est surpris de rencontrer à Marmoutier, où de tout temps les lettres furent en honneur. Peut-être étaient-elles rédigées sur place, dans les prieurés mêmes où étaient situés les biens qui en faisaient l'objet, par quelque moine plus adonné à la culture de la terre qu'à celle des lettres.

Elles ont pour objet, non seulement des immeubles et des droits mobiliers, mais aussi des personnes.

Les biens fonds qu'elles concernent étaient situés

dans l'ancien Vendomois, *pagus vindocinensis*, et repartis sur un territoire compris dans l'arrondissement actuel de Vendôme, et par extension dans une portion limitrophe de celui de Blois, et encore dans une enclave qui fait aujourd'hui partie du département d'Indre-&-Loire (commune de Monthodon, canton de Châteaurenault).

Ils comprennent à peu près toutes les natures de propriétés rurales : terres cultivées et incultes, bois, vignes, prés, étangs, moulins, pêcheries, maisons, jardins, vergers, granges, pressoirs, fours. On y trouve même aussi des églises et des cimetières (1)

Les uns étaient des alleux (2), ou terres libres ; les autres des fiefs ou des censives, qui étaient chargés de certains services et devoirs, ou de redevances en argent ou en nature.

En cas de changement de la personne du possesseur, le fief acquittait les droits de relief, et la censive ceux de vente. Dans certains cas, le détenteur devait fournir à son suzerain un vicaire ou viguier, ou homme vivant et mourant, pour garantie du maintien de ces droits (3).

Ceux que l'on trouve énoncés sont : le cens, le sur-cens, la mainferme (4), la voirie (5), le panage, la commandise (6), le charroi (7), enfin, les dimes, les autels et les cimetières.

---

(1) Ch. 13 — 187.
(2) Cependant le mot *alodus* n'est pas toujours employé dans le sens propre d'alleu, mais assez souvent dans celui de *terre*, *bien*.
(3) Ch. 53.
(4) Concession de terres faite viagèrement sur une ou plusieurs têtes, et chargées d'un cens plus élevé que ne l'était habituellement cette redevance. La mainferme équivalait à une sorte de fermage annuel.
(5, 6 et 7) Ch. 86.

Les volontés des parties contractantes étaient insérées dans les chartes, et parfois constatées véritables par l'apposition que celles-ci faisaient de leur seing, sous forme d'une croix au bas de la pièce. Mais plus souvent, les conventions étaient seulement rapportées et écrites, après avoir été arrêtées en présence de témoins plus ou moins nombreux, dont les noms étaient ensuite inscrits au pied de la charte. La mission de ceux-ci était, en quelque sorte, d'authentiquer ces conventions en en conservant le souvenir. Aussi, pour mieux le fixer et venir en aide à leur mémoire, on mentionnait parfois une circonstance fortuite ou un fait particulier qui s'était produit vers le temps où le titre avait été rédigé (1).

La tradition des choses données ou vendues s'opérait suivant certaines formes établies et consacrées par l'usage. Elle consistait dans la remise de différents symboles. Ceux le plus fréquemment employés dans notre cartulaire sont : un bâton (2), un fétu (3), des deniers (4) que le vendeur ou le donateur déposait sur l'autel, et qui étaient ensuite conservés comme une preuve que le monastère était bien et définitivement propriétaire. D'autres fois, c'était la charte elle-même, c'est-à-dire l'instrument de la donation, qui (5) faisait l'objet du dépôt.

La charte 15 contient un exemple de la tradition d'une terre faite d'une façon, pour ainsi dire, toute matérielle. On y voit le vendeur prendre une poignée de terre et la mettre dans la main de l'acquéreur.

(1) Voir charte 11.
(2) Ch. 181, 20 A, 22 A, 38 A, 64 A.
(3) Ch. 19, 50, 120.
(4) Ch. 159.
(5) Ch. 16.

La charte 102 constate l'usage où l'on était déjà de couvrir d'une draperie le corps des personnages de distinction que l'on portait en terre. Elle montre deux frères, Guicher et Radulphe, conduisant à Marmoutier le corps du chevalier Ivolin leur père, et donnant aux moines un champ d'alleu près de Gombergean, pour racheter le tapis qui l'avait recouvert, comme c'était la coutume pour les nobles, *ut est consuetudo nobilium* (1).

La plupart des chartes sont des titres d'acquisitions faites par le monastère (2), parfois à titre onéreux, mais le plus souvent à titre gratuit. Cette gratuité n'était cependant pas aussi complète que pourrait le donner à penser le terme de donation communément employé, car presque toujours le donateur et son suzerain, de qui relevait la chose donnée, recevaient des religieux donataires quelque redevance, quelque somme ou objet de valeur. Ceux-ci témoignaient ainsi leur gratitude, au premier pour la libéralité qu'il leur faisait, et au second pour la bienveillance avec laquelle il leur accordait l'autorisation qui leur était nécessaire pour rendre leur possession parfaite. C'était aussi pour ce dernier une sorte de dédommagement du préjudice que lui causait l'absorption de la chose donnée dans la masse des biens de main morte.

Les conventions étaient constatées d'une manière presque toujours sommaire et souvent obscure. Ce défaut de précision fournissait à la cupidité d'hommes,

---

(1) Voir ch. LVII A.

(2) Il semble d'après la charte 48 qu'il y avait des religieux chargés de faire, les uns les acquisitions et les autres les ventes.

Pour accroître la publicité et l'autorité des chartes on les présentait, pour les leur faire toucher, aux personnes pouvant avoir des droits sur la chose qui en faisait l'objet, ou à celles qui avaient assisté à leur rédaction (1).

Enfin, il faut remarquer que pour sceller un accommodement intervenu entre le chevalier Thibaut et le prieur Eudes, le premier, pour affirmer sa sincérité donne un baiser au second (2).

Telles étaient, d'après nos chartes, les formes qui consacraient la validité et l'exécution des contrats mais elles étaient souvent insuffisantes pour assurer à ceux-ci le respect qui leur était dû. Il arrivait fréquemment aux religieux d'être en butte à des entreprises dirigées contre eux, avec une persistance et une mauvaise foi qui finissaient par lasser leur patience. Il leur fallait alors recourir aux voies judiciaires, pour vider ces difficultés, qui se réglaient, le plus souvent dans la cour du comte.

La preuve des faits s'établissait par témoins (3), ou par écrit (4), ou par serment (5) ; dans ce dernier cas les religieux le prêtaient par la bouche de l'un de leurs hommes (6).

S'il fallait, pour vider un litige, recourir au combat judiciaire (7), les religieux faisaient aussi soutenir leur cause par un de leurs hommes. La charte 37,

---

(1) Ch. 13, 59, 106, 109, 110, 11 A.
(2) Ch. 11.
(3) Ch. 2, 31, 32, 87.
(4) Ch. 4, 57.
(5) Ch. 4, 101.
(6) Ch. 4.
(7) Ch. 9, 92, 159, 12 A.

qui résistaient rarement à la violence de leurs passions, de faciles prétextes pour intenter aux moines de fréquentes revendications. Aussi l'on voit souvent les héritiers d'un donateur, et parfois le donateur lui-même, attaquer la validité de donations précédemment faites.

C'est là une source de nombreuses difficultés que les moines, naturellement animés de l'esprit de paix et de conciliation (1), s'efforçaient d'apaiser par des arrangements amiables. Confiants d'ailleurs dans la durée de leur monastère, qui leur apparaissait comme infinie, ils se résignaient assez facilement à faire, dans le présent, quelque sacrifice pour lui assurer, dans l'avenir, la possession des biens contestés. En offrant à leur partie adverse soit une somme d'argent, soit un objet de prix (2), auquel ils joignaient souvent la faveur de l'admettre à la participation de leurs prières et de leurs bonnes œuvres, ils l'amenaient presque toujours à se désister de ses prétentions, et à abandonner à perpétuité au monasère l'objet du litige.

Mais le recours systématique aux voies de conciliation n'était pas sans offrir des dangers, car il devenait un encouragement, pour les personnes peu scrupuleuses, à formuler des revendications mal fondées, ou même dépourvues de tout fondement, dans l'espoir que, pour les écarter, les religieux se résoudraient à faire un sacrifice.

---

(1) Ch. 115, 124 et 211.
(2) Les choses ainsi données sont : un verrat, ch. 57, 72, 82; des truies et des pourceaux, ch. 7, 8, 20, 82, 92; une chèvre, ch. 100; une brebis, ch. 20 ; une vache, ch. 53; des chevreaux ch. 38; 43, 83, 100; un palefroi, ch. 47; des grains, ch. 20, 38, 90; une pelisse, ch. 30; un tapis, ch. 51; un vase d'argent, ch. 119; un arpent de vigne, ch. 51; un chanfrein, ch. 84; des chausses écarlates, ch. 74, 84; un denier d'or, ch. 91; une once d'or, 118; une maison, ch. 183.

en montre un, combattant avec l'écu et le bâton contre le champion de leur partie adverse.

Les mineurs étaient incapables de stipuler valablement (1), et la mère s'engageait pour son enfant à la mamelle (2).

Le partage des successions se réglait entre frères, suivant une certaine coutume dont les dispositions ne sont pas d'ailleurs énoncées (3).

Il était déjà d'usage, lorsqu'on concluait une vente, de stipuler une certaine somme à titre de vin de marché (4).

L'état des personnes offrait de profondes différences, à raison du degré de liberté dont elles jouissaient. Les nobles et les clercs la possédaient dans toute sa plénitude. Il en était de même pour d'autres personnes n'appartenant ni à la noblesse ni au clergé. Mais la rudesse des mœurs et le défaut de garantie légale en rendaient, pour celles-ci, la conservation difficile et précaire. Aussi il arrivait à des hommes libres de renoncer volontairement à une liberté qu'ils ne pouvaient conserver qu'au prix d'une lutte continuelle, et de lui préférer une existence plus paisible sous la protection et dans la dépendance de l'église qui, grâce à l'influence des idées chrétiennes, avait beaucoup adouci la condition de ses serfs (5).

C'est ainsi qu'un homme libre, incapable de restituer au couvent ce qu'il lui avait enlevé, consent, pour se libérer, à devenir l'homme de l'abbé (6).

(1) Ch. 57.
(2) 36 A.
(3) Ch. 108.
(4) Ch. 15.
(5) Ch. 47, 170.
(6) Ch. 56.

Au dessous des personnes libres il y en avait d'autres engagées à des degrés divers dans les liens de la servitude, hôtes (1), colliberts (2) et serfs. Elles faisaient l'objet de conventions qui se réglaient sans leur intervention. Elles étaient cependant capables de posséder dans une certaine mesure ; et le seigneur auquel elles appartenaient disposait parfois de leurs biens en même temps que de leur personne (3).

L'homme libre qui épousait une serve perdait sa liberté et devenait serf comme elle (4).

Les enfants issus d'un serf et d'une colliberte suivaient la condition du père (5).

La plupart des conventions ou transactions stipulaient le paiement d'une somme d'importance variable. Les monnaies dénommées comme servant à les acquitter sont : l'once d'or (6) et le denier d'or (7), le

---

(1) Les hôtes, personnes libres, ne jouissaient pas cependant d'une liberté complète. C'étaient des espèces de fermiers ou locataires occupant une petite habitation appelée *hospitium* ou *hostitia*, ordinairement entourée de quelques pièces de terre. Ils n'avaient que l'usufruit de leurs possessions pour lesquelles ils devaient des rentes et des services au seigneur, et celui-ci avait le plus souvent le droit de les congédier à sa volonté (Voyez prolegomenes du Cartulaire de S¹ Père de M. Guérard, n° 29).

(2) Les colliberts étaient des serfs affranchis en partie des liens de la servitude, qui ne jouissaient pas d'une entière liberté. Leur condition était permanente. Le fils du collibert restait collibert, quelque fût le changement apporté à la personne, à la tenue, à la position des parents. Ils étaient d'ailleurs vendus, donnés, échangés comme les serfs. Voy. id. n° 32).

(3) Ch. 12, 14, 41, 104, 115, 161, 128, 184.
(4) Ch. 159.
(5) Ch. 161.
(6) Ch. 30 et 118.
(7) Ch. 94.

marc (1), la livre (2), l'écu (3), le sou (4), le denier (5) et l'obole (6). On se servait aussi de la livre de deniers (7) et du sou de deniers (8), qui étaient sans doute des monnaies de compte.

Les monnaies circulant dans le pays et employées pour les paiements mentionnés étaient celles au type de Blois (9), du Mans (10), de Poitiers (11), de Tours (12), de Vendôme (13) et d'Angers (14).

Les terres, les bois, les prés, les vignes se mesuraient à l'arpent (15), à la quarte ou quartier (16), à la charruée de terre (17) et au muid (18).

A côté de ces mesures, qui étaient fixes, on en trouve d'autres moins précises, exprimées par ces termes : une terre à deux ou à quatre bœufs (19), autant de terre que quatre bœufs peuvent en labourer en deux ans (20) !

Enfin les dénominations suivantes : une mansure de terre (21), une borderie de terre (22), une hostise de terre (23), exprimaient des contenances indéterminées, qui variaient avec l'importance du manse, de la borde ou de l'hostise qu'elles constituaient.

Les renseignements relatifs à l'agriculture sont peu nombreux et fort succints.

Le labourage de la terre se faisait avec des bœufs,

---

(1) Ch. 180.
(2) Ch. 5, 32, 72.
(3) Ch. 55, 115, 165.
(4 et 5) passim.
(6) Ch. 72, 175.
(7) Ch. 16, 25, 30, 32, 54, 65, 125.
(8) Ch. 3, 9, 11, 51, 64, 79, 125.
(9 et 10) Ch. 49.
(11) Ch. 54, 117, 120.
(12) Ch. 120.
(13) Ch. 187.
(14) Ch. 3 A, 36 A, 63 A.
(15) passim et 120.
(16) Ch. 18, 114, 120.
(17) Ch. 12 et 14.
(18) Ch. 11 A.
(19) Ch. 17, 64, 69, 72, 91, 127, 14 A.
(20) Ch. 71.
(21) Ch. 54, 65 et 120.
(22) Ch. 54.
(23) Ch. 81.

et les céréales cultivées étaient le froment, le seigle l'avoine et l'orge. Elles se mesuraient au muid (1), au sextier (2) et au gros (3).

De nombreux bestiaux étaient élevés et entretenus dans les obédiences du monastère, et de grands troupeaux de porcs vivaient à l'état demi-sauvage dans les forêts. Le droit d'y envoyer paître ces animaux était fort recherché pour les avantages qu'il procurait à ceux qui l'obtenaient (4).

Les distances se comptaient au mille (de pas). On trouve aussi le jet d'une flèche (5) ou d'une pierre pris pour mesure de longueur (6).

Les moines apportaient en général beaucoup de calme et de patience dans la défense de leurs droits ; mais parfois ils avaient affaire à des adversaires d'un naturel emporté, qui se laissaient aller à commettre des actes de violence. Nos chartes en contiennent plusieurs exemples (7).

On sait qu'aux XIe et XIIe siècles, il arrivait fréquemment que des seigneurs, de puissants personnages, voyant approcher le terme de leur carrière, demandaient, comme une faveur, d'être reçus dans un couvent pour y mener la vie commune avec les religieux, et attendre la mort, revêtus de l'habit monastique. Parmi les donateurs figurant dans nos chartes, il en est qui, prévoyant le jour où ils pourraient prendre cette résolution suprême, stipulent comme une condition de leur

---

(1) Ch. 20 et passim 81, 12 A.
(2) Ch. 21, 92,
(3) Ch. 29 et 34bis.
(4) Voir ch. 82, 117.
(5 et 6) Ch. 20 et 36.
(7) Ch. 52, 87, 91.

libéralité, leur admission dans le monastère, s'il la réclament.

Au nombre de ceux-ci on voit le chevalier Guismand de Vendôme, qui donnant à Marmoutier un moulin situé sur le Loir, avait fait cette réserve. La convention intervenue à ce sujet entre lui et les religieux mérite d'être remarquée, parcequ'elle énumère les conditions auxquelles ceux-ci devraient le recevoir, avec son serviteur, et pourvoir à leur logement et à leur nourriture, soit qu'ils habitassent le couvent, soit que Guismand, pour satisfaire le désir qu'il manifestait d'étudier les lettres, se rendit à Tours dans le Château Neuf de saint Martin (1).

Nous avons cherché à résumer les faits les plus saillants, les dispositions principales et les plus fréquemment reproduites dans nos chartes. Mais le lecteur qui voudra en parcourir le texte, y trouvera encore bien des détails intéressants que nous avons du négliger pour éviter le reproche d'être trop long.

(1) Ch. 24 26, 27, 28, 29.

POSSESSIONS DE MARMOUTIER

DANS LE VENDOMOIS

Marmoutier eut dès le IXe siècle quelques possessions dans le Vendomois, mais le nombre s'en accrut considérablement au XIe, de façon que pour en faciliter et en assurer l'administration, elles furent groupées, autant que le permit leur situation, pour former des obédiences. Celles-ci, qui devinrent des centres agricoles dirigés par un ou plusieurs religieux, se transformèrent avec le temps en prieurés ruraux.

Telle fut l'origine de ceux de Saint-Mars-lèz-Vendôme, de Lancé, de Pray, du Sentier, de Lavardin et de Notre-Dame-des-Marchais. Ces prieurés étaient situés dans le diocèse de Chartres, à l'exception des deux derniers qui se trouvaient dans celui du Mans, dont le ressort comprenait la région du bas Vendomois.

Église de Naveil. — L'église de Naveil, que Marmoutier acquit au commencement du XIe siècle, est la plus ancienne de ses possessions dans le Vendomois, dont il est fait mention dans notre cartulaire. Cependant depuis plus de deux siècles déjà il y possédait, dans la condita de Naveil, un domaine considérable, avec des droits importants qui lui avaient été donnés en 843 par un comte nommé Troannus et par Bova sa femme (1) (Ch. 1 A).

(1) Il y a dans la commune de Naveil un lieu nommé Tourteline où l'on trouve de nombreuses substructions gallo romaines, qui sont peut-être les vestiges de la villa donnée par le comte Troannus.

Dans le premier quart du onzième siècle, des moines de Marmoutier s'étaient rendus auprès de Fulbert, évêque de Chartres, et lui avaient demandé de les autoriser à acquérir l'église de Naveil, qui appartenait à N.-D. de Chartres. Elle était alors entre les mains d'un chevalier nommé Hilgod, qui la tenait de l'évêque.

Fulbert accueillit favorablement cette demande. Les moines achetèrent alors l'église et l'affranchirent, mais non pour un petit prix, des droits qu'avaient sur elle un vassal nommé Robert et ses deux fils. Ils en devinrent ainsi libres possesseurs (ch. I).

Plus tard l'évêque Thierry successeur de Fulbert, leur donna l'autel de cette même église, c'est à dire les offrandes, les oblations, les dîmes et autres revenus qui y étaient attachés, du consentement de Hugues Doublel, archidiacre de Vendôme, qui possédait le tiers de ces différents droits.

Mais après la mort de Thierry, cette donation devint la cause de difficultés entre les moines et l'archidiacre. Celui-ci prétendit, en effet, ne s'être dessaisi de la portion des droits qui lui appartenait, que sur l'assurance d'une indemnité que l'évêque lui avait promise mais ne lui avait jamais donnée. L'affaire fut portée devant l'évêque Agobert, successeur de Thierry, et terminée par un arrangement entre les parties (ch. II).

Les religieux eurent encore bien des difficultés, au sujet de cette église, avec les enfants de Robert de Marcilly et son gendre, fils de Leterius de Vendôme, et avec Gautier, fils d'Hamelin de Langeais (ch. III à XII).

Prieuré de Saint-Médard ou Saint-Mars :

Il y avait dans le voisinage du château de Vendôme une église dédiée à saint-Médard, que dans la première moitié du XI⁰ siècle trois chevaliers, Salomon de Lavardin, Gautier, fils d'Hamelin de Langeais et Bouchard de Caresmo tenaient en bénéfice de Eudes, comte de Blois.

Albert, abbé de Marmoutier, et ses religieux demandèrent à celui-ci de la leur concéder. Il y consentit pour le repos de son âme et de celles de sa femme et de ses enfants (ch. XIII); alors un prêtre nommé Ansaud, qui était chanoine de Saint Georges de Vendôme, l'acheta du chevalier Bouchard, son frère, et après l'avoir reconstruite jusque dans ses fondations, la donna à Marmoutier, avec d'autres biens. (ch. XIV).

Les moines y mirent alors un de leurs frères ; puis comme ils reçurent d'autres biens, entr'autres trente arpents de bois situés à Courtozé (ch. LXXI) et un moulin à Naveil (ch. CLX), ils y fondèrent une obédience.

Celle-ci s'augmenta d'une mainferme sise à Courtiras, que le prévôt Archembaud, en la lui donnant, transforma en alleu au profit des moines. Il y ajouta les droits qu'il avait sur des étangs créés par son frère Hilgod, et le moulin qu'ils faisaient tourner. (ch. XVII).

Un chevalier nommé Hugues ajouta à ces biens un autre moulin situé à Meslai, deux arpents de vigne à Villesus et une charruée de terre à Lignières. (ch. XIV).

Ensuite, le moine Isembert, qui gouvernait cette petite obédience (loculus) après l'avoir construite, y réunit une mansure de terre située à Courtozé, contenant ce que quatre bœufs pouvaient labourer en deux ans. (ch. LXXI, CLX). A ces biens s'ajoutèrent les alleux de Villiers donnés par les chevaliers Effrid le Roux et Hugo, fils d'Herluin (ch. XVI), et d'autres encore. (ch. XIII à XXII).

Le chevalier Bouchard de Rupenon, pour terminer une contestation survenue entre lui et les religieux, au sujet d'une roche sise près de Vendôme (1), leur abandonna les droits qu'il prétendait lui appartenir (ch. VI A). Elle était voisine des moulins de la Chappe que possédait la famille Rupenon (2), et dont l'un fut acheté plus tard par Pierre de Bordeaux, archidiacre de Vendôme, qui le donna au prieuré de Saint-Mars (ch. VII A). Depuis lors, ce moulin a toujours été appelé le moulin de Saint-Mars.

Les Moulins de la Chappe. — Guismand de Vendôme possédait un fief en France, nommé Curtis de Hilmarensi

---

(1) Cette roche dans laquelle sont des caves qui, sans doute, étaient déjà creusées au XIe siècle, a fait partie du fief, censif et seigneurie de Badran, ainsi dénommé dans un aveu de 1635.
(2) Charte de la Trinité de Vendôme.

qu'il tenait du seigneur Otrad. Il le vendit, du consentement de celui-ci, pour sept livres de deniers, avec lesquelles il acheta un moulin sur le Loir au lieu de la Chappe. Ce moulin tomba dans la mouvance d'Otrad, suivant la condition imposée par ce dernier qu'il en serait ainsi tant que Guismand n'aurait pas fait une autre acquisition de pareille valeur, et que s'il en faisait une, ce serait cette dernière qu'il tiendrait d'Otrad, à moins qu'il ne lui remît les sept livres de deniers. (ch. XXXII).

Plus tard, Hildéarde, dame de Bezai, femme de Foucher de Vendôme, dit le Riche, acheta le moulin de Guismand et le donna aux religieux de Marmoutier. Elle les engagea aussi à contraindre les hommes de la terre de Bezai à venir faire moudre leurs grains à ce moulin. (ch. XXX).

Guismand, lorsqu'il mourut, laissa un fils portant le même nom que lui (ch. XXX), et qui avait acheté un autre moulin nommé le moulin ferme (*firmatus*), également situé à la Chappe et voisin de celui des moines.

La coutume qu'Hildéarde avait établie, de contraindre les hommes de Bezai à apporter leurs grains aux moulins de la Chappe, se maintint après sa mort. Mais, à la longue, la confusion se mit dans la perception des émolumens dus à ces moulins. Guismand le fils recevait en effet une partie de ceux provenant des hommes de Bezai, tandis que les moines percevaient une partie du produit du moulin de Guismand. Celui-ci d'ailleurs veillait avec soin à ce que les hommes de saint Martin de Marmoutier n'allassent pas à d'autres qu'à l'un de ces deux moulins, et s'il arrivait à quelqu'un d'eux de le faire, il saccageait ses biens et lui causait de grands dommages. Aussi, pour affranchir leurs hommes de cette sujétion, les religieux lui donnèrent six livres de deniers. Pour cette somme, il renonça à tout partage de droits dans leur moulin, et loin de contraindre leurs hommes à y apporter leurs grains il leur reconnut le droit d'aller à tel moulin qu'ils voudraient. (ch. XXX).

De sérieuses difficultés qui s'élevèrent encore entre Guismand et les religieux furent aplanies en 1066 par un accord entre lui et l'abbé Barthélemy. (ch. XXIII). Ensuite il donna son moulin aux moines, à la condition qu'ils lui paieraient, chaque année, deux muids de froment et un de grosse mouture, qu'ils le recevraient dans le couvent, s'il voulait se faire moine, ou qu'ils lui donneraient la sépulture s'il mourait dans le siècle. (ch. XXXIV). En effet, il se fit moine à Marmoutier. (ch. XXVIII).

Obédience de Bezay. — Le monastère de Marmoutier possédait dans un lieu que les chartes désignent par les noms de Beziacus, Buziacus, Burziacus, Burzaicus, Burzeius (1) des biens assez considérables qui lui étaient venus par acquisitions ou donations.

La première de ces donations, faite par une dame nommée Adèle (2), mère de Foucher de Vendôme, avait pour objet la moitié de ses alleux de Bezai ; plus tard, étant saine de corps et d'esprit, elle fit abandon de la seconde moitié, du consentement de son fils Foucher, de sa fille Agnès, femme de Gilduin de Maillé (3), et de Hugues fils de cette dernière. (ch. LXI).

Cette dame Adèle semble avoir été la mère d'une autre Adèle, illustre par la noblesse de Foucher son père, et dont le mari avait

---

(1) Ces noms semblent être les formes différentes du nom d'un même lieu. Les deux premiers désignent certainement le hameau de Bezai, commune de Nourray, canton de Saint-Amand. Les trois derniers s'y rapportent sans doute également. Cependant la charte CLX, apprend qu'un Robert, surnommé Brachet, revendiqua en 1062, sous le gouvernement de l'abbé Albert, des terres situées entre celles que les moines avaient à Burziacum et d'autres situées à Burzeium. Evidemment, il y a là deux localités différentes mais très voisines l'une de l'autre et qui sont peut-être celles appelées aujourd'hui le haut Bezal et le bas Bezal. — Le manuscrit porte dans sa marge supérieure de la charte LXIII le mot *besay* tracé d'une écriture qui semble être du XVIe siècle.

(2) Elle semble avoir été la femme de Foucher I de Vendôme, surnommé le Riche, qui est appelée Hildéarde et Adélarde dans les chartes XXXIV et CV.

(3) Maillé St-Venant, aujourd'hui Luynes, petite ville d'Indre-&-Loire. Gilduin était fils de Gansbert de Maillé qui laissa trois fils, Harduin, Gilduin et Lancelin, et deux filles, Milesende femme de Bernard Bloius et Richilde femme de Geoffroy le fort. — 1044—1047. Bibque natle, Fonds Moreau, vol. 29 p. 178.

nom Hugues. Elle fit aussi, du consentement de ses fils et de ses filles, donation des alleux qu'elle possédait à Bezai. (ch. LIX).

Puis le chevalier Hugues Doubleau (1) (*Duplex*), qui semble être le même personnage que le Hugues, mari d'Adèle, donna également quelques portions des biens qui lui venaient de ses parents et de ses prédécesseurs, c'est à dire son alleu situé dans la ville que l'on nomme Burziacus. (ch. LXII).

L'importance toujours croissante de ces biens nécessita d'en confier l'administration à un officier du couvent. Le moine Ascelin en fut chargé, et on le voit qualifié prévôt de Bezai, en 1070. (ch. CLXI). Il réunit encore à ces biens une terre à quatre bœufs qu'il acheta en 1065 d'un chevalier de Vendôme nommé Herluinus explorametam. (ch. XC).

En l'année 1071, Bouchard, chanoine de Saint Maurice (2) et Geoffroy son frère vinrent dans le chapitre du couvent, le jour où les moines ensevelirent leur mère, et là, ils donnèrent à Saint Martin tout ce qu'ils possédaient dans les alleux de Burzai près Vendôme, en terres cultivées ou incultes, prés, vignes, bois, hôtes, serviteurs et serfs, tout en général à l'exception des fiefs militaires qu'ils réservèrent. (ch. LVIII).

Lancé. — Les origines du prieuré de Lancé, l'un des plus considérables que Marmoutier ait eus dans le Vendomois, sont fort obscures. D'après la charte notice sans date, n° LXXIV, intitulée *Noticia Rainaldi de Lanciaco*, les premiers biens que le monastère posséda dans cette localité furent des terres, des prés, des vignes et des bois, situés à Monceaux et à Lancé, et que lui donna un chevalier nommé Raynal, fils d'Odon de Daumeré. (ch. LXXIV).

Le moine Hilduin y réunit douze arpents de terre, situés près de Monceaux, qu'il acheta de Thierry, fils de Hugues de Villa Merenl. (ch. LXXXV).

Puis un Rainard, neveu de Girard de Reyni, et qui semble

---

(1) Voir la note de page 100.
(2) Voir note 3 p. 94.

être le même personnage que le Raynal précédemment nommé, donna aux moines l'alleu de Regni, à la condition qu'ils n'auraient que la moitié des coutumes pendant sa vie, ou même après sa mort, si de son vivant, il ne leur en avait conféré la totalité. (ch. CXXIII). La présence, parmi les témoins de cette charte, d'Hubert, évêque d'Angers de 1010 à 1047, la fait remonter au plus tard à cette dernière année. Ce Rainard, qualifié sénéchal de Chalonnes, sollicita de l'abbé Albert et des moines de lui concéder viagèrement trois arpents de vignes situés à Lavardin, et qui après sa mort, devaient retourner au monastère. En reconnaissance de l'accueil favorable fait à sa demande il donna la totalité de son alleu de Regni avec les coutumes, et cela du consentement de Godehilde sa femme, de Sézille et Milesende ses filles, et de Geoffroy de Lorazeis son gendre, mari de Milesende.

Ces biens étaient administrés par un prévôt. La charte CXXIII, dans laquelle Salomon de Lavardin paraît au nombre des témoins, ce qui indique qu'elle ne peut être de beaucoup postérieure à l'année 1060, montre le moine Hilduin revêtu de cet office. Il avait sans doute réuni dans sa main la mainferme de *Fontinetum* (1), donnée par le seigneur Otbert mari d'Héliende, et la terre de *Noeraye* (2), donnée par Arnulle son gendre. (ch. LXXIII).

Une dame, Hameline, qui possédait un alleu à Noeraye, le donna, du consentement de Drogo du château de Vendôme et de ses fils Foucher, Raynaud et Drogo, et le remit entre les mains du moine Hilduin. (ch. XCV). Ses fils donnèrent ensuite, pour la sépulture de leur père, l'alleu qu'ils avaient à Lancé, joignant la terre que Thierry, fils de Hugues, avait vendue au moine Hilduin. (ch. XCVI).

Si ces faits n'établissent pas d'une manière précise l'existence d'un prieuré à Lancé, ils en indiquent tout au moins les origines, et d'autres les complètent.

Une dame nommée Dometa ou Domitilla donna les trois quarts

---

(1) Fontenaille, hameau de la commune de Nourray.
(2) Nourray, commune du canton de Saint-Amand.

de l'église de Lancé et des dîmes, et Drogon, fils d'Anslirius, y ajouta le dernier quart, avec l'autorisation d'Hameline sa femme et de ses deux fils, et celle de Gervais de Vendôme, du fief de qui il le tenait, et qui lui-même avait déjà donné l'église de Saint Secondin. Quant à la partie donnée par Dometa, elle dépendait du fief de Radulphe de Montfollet, qui eut, à ce sujet, des difficultés avec les religieux ; mais elles furent assoupies par les soins de Dom Gautier, prévôt de Bezai. Ces chartes sont datées de l'an 1090.

On sait par une charte sans date, mais postérieure aux précédentes, que les fils d'Ingelbaud le Breton, Vulgrin et Geoffroy Payen, descendants par leur mère d'Hildéarde, donatrice de ses terres de Bezai, voisines de Lancé, donnèrent à leur tour vers 1084 l'église paroissiale de Lancé, ainsi qu'une autre église élevée dans le même lieu en l'honneur de la Vierge.

C'est sans doute vers cette époque que fut fondé le prieuré de Lancé, dont il n'est pas fait mention d'une manière expresse dans les chartes antérieures. Il en est parlé pour la première fois d'une façon positive dans un titre de 1120, par lequel Hugues de Crucheray, malade à la mort, fait don aux religieux d'un cens de six sols que lui payait le monastère. C'est aussi quelques années plus tard que Geoffroy de Lèves, évêque de Chartres, lui concéda les églises de Crucheray et de Nourray, que Barthélemy, fils de Geoffroy-Payen, tenait de ses ancêtres, et que, pour le rachat de leurs péchés et des siens, il consentait à délaisser au couvent à titre d'aumône et à perpétuité (B. N. ms latin n° 5441ᵃ fᵒˢ 463 et 465).

Prieuré de Lavardin. — Le prieuré de Lavardin fut fondé entre 1032 et 1047, par Salomon seigneur de Lavardin et Adèle sa femme, du consentement de leurs filles Mathilde et Aveline. Ils résolurent de bâtir une église pour racheter leurs péchés. A cet effet ils achetèrent du monastère de Saint-Georges du Bois, qui possédait le prieuré-cure de Saint-Genès de Lavardin, un terrain situé sur la rive du Loir, au dessous de leur château. Ils y élevèrent sous l'invocation de Saint Gildéric une Celle qu'ils donnèrent à Saint Martin, et dans laquelle ils établirent des religieux de Marmoutier. A ce don ils ajoutèrent deux fours et une mansure de terre, dans le village de Fergoz, un muid et demi de terre dans la paroisse de Saint-Genès, trois arpents de vignes et deux de prés sur la rivière de Braye.

Salomon autorisa aussi toutes les donations ou ventes de biens dépendant de son fief ou d'autres, qui pourraient être faites aux religieux par tous ses hommes, chevaliers ou bourgeois, ingénus ou serfs, avec tous les droits, coutumes ou justice, qui s'y trouveraient attachés, tels qu'il les possédait lui-même, à l'exception cependant des cas de rapt et d'homicide, qu'il réservait au jugement du seigneur, et sous la condition que les religieux comprendraient toujours les donateurs dans leurs prières. (ch. XI A et XII A).

Plus tard, il leur remit encore les coutumes qu'il avait sur les maisons du prêtre Herbert et de son neveu Seherius, maisons que ce dernier avait données à Marmoutier en s'y faisant moine. C'était le droit de requérir les hommes qui les habitaient pour faire ses vendanges, récolter ses foins, le suivre dans ses chevauchées avec la corvée de leurs ânes, de prendre à crédit tout ce qu'il voulait, de lever un denier sur chaque muid de vin vendu, et six deniers sur chaque maison pour le guet et la garde de son château. (ch. XIV A).

Il leur donna aussi deux quartiers de terre et un moulin (1) situés en vue du château de Vendôme, avec un cens de quatorze sols, donation que confirma, à sa prière, Thibault III comte de Blois. (ch. XVIII A).

Hahneric, dit Gaimard, seigneur de Lavardin et fils de Salomon, avait enlevé des bœufs de l'obédience du Sentier ; il se repentit ensuite de sa mauvaise action à l'égard des moines, et pour la réparer, il leur donna dix-sept deniers de cens que ceux-ci lui payaient sur leur cellier de Lavardin, et une obole qu'il percevait sur chaque somme de vin qu'ils vendaient dans ce cellier ; il leur accorda encore le droit de vendre leur vin dans le temps de son ban et la liberté de laisser chacun presser au pressoir qu'ils avaient dans le château de Lavardin. (ch. XXVII A).

(1) Voy. note 1 p. 300.

Marie (1) sa femme et lui, abandonnèrent aux moines le droit qu'ils percevaient sur l'étalage du pain fait et mis en vente dans le bourg de Lavardin, pour qu'ils donnent l'habit monastique à leur fils Salomon, qui était à l'article de la mort. (ch. XXXI A).

Le moulin de Vendôme n'était pas le seul bien que le prieuré possédât dans la ville. Pour le récompenser des dommages qu'il lui avait causés, le comte Bouchard IV lui avait concédé, à perpétuité, une maison à Vendôme, avec le bourgeois qui l'habitait, l'une et l'autre francs et quittes de toutes coutumes et exactions de la part des seigneurs terriens. (ch. XL A). Il posséda aussi dans la ville un four à ban situé à l'angle des rues du change et des béguines, près la porte Chartraine.

Parmi ses nombreux biens ruraux, il avait des terres et un moulin avec sa pêcherie, sur la rivière de Landes, près le bourg de ce nom (2), qui lui avaient été donnés par Hademard de Moulins et d'autres personnages. (ch. XX, XXI, XXII, XXXIV).

Marmoutier possédait encore à Chauvigny au Perche, sur les confins du Vendomois et du Dunois, une obédience, qui comme le prieuré de Lavardin était sous l'invocation de Saint Gildéric. Les chartes qui s'y rapportent sont publiées dans le Cartulaire pour le Dunois. La CXXIX^{me} du nôtre concerne cette obédience.

Prieuré de Pray. — En l'année 1101, le chevalier Herbert, surnommé Barbe, donna à Marmoutier, par l'entremise de Dom Bernard Fléau, pannetier, et de Dom Etienne Rideau, prévôt de l'obédience de Bezai, et avec le consentement d'Hersinde sa femme et de ses fils Chotard, Guillaume, Robert et Raynaud, tout ce qu'il possédait dans l'église et dans la paroisse de Pray. Une dame Agnès de Vendôme, avait une part de cette église et de ses revenus égale à celle d'Herbert. Un jour qu'elle était à Vendôme, elle en fit également don à Marmoutier, avec l'assentiment de ses filles, Elisabeth, Ala et Christine. La donation comprenait l'église

---

(1) Voy. p. 324. Note 1.
(2) Landes, commune, canton d'Herbault (Loir-et-Cher).

tout entière et le tiers des dîmes qui en dépendaient, avec l'autel, les oblations, le cimetière et les droits sur la sépulture.

Deux frères, Foucher et Geoffroy Payen, qui avaient perdu depuis quelques mois leur mère, la dame Domitilla (1), achetèrent d'Herbert et d'Agnès, pour cent sols de monnaie vendomoise, une terre qui joignait le cimetière, et dépendait de l'église, et la donnèrent en mémoire de leur mère, pour servir à augmenter les constructions de l'obédience.

Lancelin de Vendôme, dans le fief de qui était l'église qu'Herbert et Agnès tenaient de lui, autorisa ces donations et cette acquisition. (ch. CLXXXVII).

Depuis un temps très reculé, les seigneurs de l'Isle (*en Vendomois*) contraignaient abusivement les religieux de Pray de leur fournir chaque année un repas. Vers 1190, Renaud de l'Isle, du consentement de Robert son père, de sa femme et de ses parents, renonça à cette coutume, au profit des moines, qui en retour l'admirent avec les siens à participer au bénéfice de leurs prières, et qui ajoutèrent encore cinq cents sols à cette faveur. (ch. LXXIX A et LXXX A).

Le Sentier, Monthildulfe. *(Monthodon).* — Les religieux de Marmoutier avaient possédé très anciennement une terre d'une vaste étendue, située dans le pays vendomois au midi de la forêt de Gastines et comprise entre les ruisseaux nommés la Glandesse et la Gubernesse, et la rivière de Brenne. Deux églises avaient été construites sur cette terre à une époque très reculée, l'une en l'honneur du martyr Genès, appelée église de Fontenille; elle fut consacrée dans la suite à Pierre, prince des Apôtres, et dite chapelle du Sentier. L'autre dédiée à Saint-Étienne, était l'église de Monthildulfe, qui devint Monthodon. (ch. CXVIII).

Les moines après une longue jouissance de cette terre, se l'étaient vu enlever par la fraude et la violence. Mais à la suite de nombreu-

---

(1) Voir les notes des chartes 128 et 50 A. Elle est nommée Domina dans la 115e du Cartul. Dunois.

ses démarches et de grands frais, ils obtinrent de Geoffroy Martel comte d'Anjou, qui détenait alors le comté de Vendôme, de rentrer dans cette possession.

Ils avaient auparavant demandé son autorisation à Foulques, comte héréditaire de Vendôme, qui la leur avait donnée. Il avait aussi promis à Albert, leur abbé, de le réintégrer dans ses droits, et pour reconnaître ce procédé bienveillant, celui-ci lui avait donné deux chevaux de grand prix. Mais peu de temps après, Foulques fut privé de son comté par son oncle Geoffroy Martel, et ne put tenir sa promesse. Néanmoins, il reçut encore un troisième cheval de grande valeur et une once d'or, tant pour l'autorisation qu'il avait donnée que pour la promesse qu'il avait faite au monastère de lui prêter aide et secours contre ses adversaires, qu'il rentrât ou non en jouissance de sa seigneurie.

Les moines s'adressèrent alors au comte Geoffroy ; mais celui-ci ne les ayant jamais vu occuper cette terre, écoutait d'assez mauvaise grâce leurs réclamations. Ils démontrèrent alors par des pièces irréfutables l'ancienneté de leurs droits, rappelèrent, en s'en plaignant, les violences qu'ils avaient subies de la part des comtes de Vendôme, et établirent les justes motifs de leur répétition, qu'ils étaient prêts à produire devant la cour du comte et devant le concile général (1) présidé par Hildebrand, légat du pape.

Pensant ne pouvoir équitablement réformer un droit que les moines assuraient posséder de longue date, Geoffroy leur en reconnut gracieusement un, de telle sorte que s'il n'en avaient point d'ancien, ils en auraient tout au moins un à l'avenir, et pour toujours. C'est pourquoi il donna à Saint-Martin la terre en question avec la voirie et la bannerie, franches de coutumes de toute sorte, et les deux églises avec leurs revenus, quoique l'une d'elles se trouvât, depuis quelque temps, en dehors des limites de cette terre, parcequ'il en avait donné une partie aux moines de Vendôme. Pour indemniser ceux-ci du préjudice qu'ils en éprouveraient, il imposa aux religieux de Marmoutier de leur payer un

---

(1) Concile de Tours, présidé en 1055, par Hildebrand qui fut pape sous le nom de Grégoire VII.

cens annuel de vingt sols. Il permit encore à ces derniers de racheter, par voie d'échange, les parties de cette terre que plusieurs personnes tenaient, non pas de son propre bénéfice, mais de celui de ses chevaliers. Il leur accorda également certains droits sur le panage des porcs que les paysans envoyaient paître dans la forêt de Gâtines, et régla l'usage du bois à prendre dans cette forêt pour les besoins du chauffage et des constructions.

Le comte donna cette charte, étant au château de Saumur, vers 1055. Il vint ensuite à Marmoutier, où il la confirma, accompagné de Barthélemy archevêque de Tours, d'Eusèbe évêque d'Angers, de Thierry abbé de Saint-Aubin, de Vulgrin abbé de Saint-Serge, et de nombreux laïcs, et il la déposa sur l'autel de Saint-Martin, avec le consentement et l'autorisation de ses neveux, Foulques, comte naturel de Vendôme, Geoffroy (le barbu) et Foulques (le rechin). Les religieux lui offrirent alors trois mille sols, qu'il accepta, se sachant d'ailleurs assez de moyens pour les en récompenser, quand il voudrait le faire, pensant augmenter à la fois par là, et la valeur du droit nouveau résultant de sa donation et celle du droit ancien consacré par ce rachat. A cette occasion il demanda aux moines de l'admettre à participer au bénéfice de leurs prières, et obtint d'eux qu'ils célébreraient à perpétuité son anniversaire, avec la même solennité dont ils usaient pour ceux de leurs abbés défunts. Il ordonna enfin que quiconque transgresserait ces dispositions devrait payer un poids d'or égal à celui de son corps, ou un poids décuple d'argent.

Pour donner à sa charte la plus grande autorité possible, il la fit confirmer par le roi Henri. (ch. CXVII).

Le comte Geoffroy avait récemment remis le comté de Vendôme à son neveu Foulques, lorsque celui-ci vint à Tours, un samedi avant le carême, et prit gîte à Marmoutier. Là, on lui demanda s'il maintenait toujours l'autorisation que par deux fois il avait précédemment donnée. Il répondit affirmativement, ajoutant que jamais il ne susciterait de difficultés à ce sujet. En reconnaissance de ses bonnes dispositions, les religieux lui remirent encore quarante sols de deniers et un cheval de quarante sols. (ch. CXVII).

Bien que par deux fois, et avant d'avoir recouvré son comté, il eût autorisé la restitution faite par son oncle, il ne tarda pas à prétendre, à l'instigation de perfides conseillers, que l'autorisation qu'il avait donnée ne concernait qu'une partie et non la totalité de la terre, et qu'il ne conviendrait point d'avoir fait autrement, a moins que le comte Geoffroy ne le lui fît reconnaitre. Les moines se transportèrent alors avec lui auprès du comte. Après avoir entendu le sujet de la contestation, celui-ci dit à Foulques qu'il lui prouverait par le serment, s'il le voulait, que lui Geoffroy avait rendu la terre dans son intégrité, et que lui Foulques y avait consenti. Alors il en tomba d'accord, disant ne pouvoir en disconvenir plus longtemps ; puis il quitta le comte et revint au monastère, où devant le chapitre il renouvela son autorisation en présence des assistants. En outre, comme auparavant il se plaignait souvent de ce que ce n'était pas volontiers et de son plein gré qu'il avait donné ces autorisations, avant d'avoir recouvré sa seigneurie, il déclara alors à haute voix le faire avec plaisir et de son entière volonté, puisqu'étant rentré dans son héritage paternel il en pouvait faire ce qu'il voulait. Pour cela les religieux lui remirent encore, le jour même, en outre de tout ce qu'ils lui avaient précédemment donné, un cheval excellent et un vase d'argent de grand prix. (ch. CXIX.)

Notre-Dame-des-Marchais. — Les documents relatifs à ce prieuré, qui était situé dans la ville de Troô, au bas Vendomois, font complétement défaut. Une note de Dom Anselme Lemichel, historien de Marmoutier (ms n° 1307 de la Bibl^{que} de Tours) apprend que le *Prioratus de Foro, alias de Marchais apud Troo,* fut fondé en 1124 par Foulques comte d'Anjou, et parmi de nombreux extraits de chartes de Marmoutier que renferme le ms. n° 1381 (idem) il n'en est aucun relatif à ce prieuré, qui y est cependant nommé.

Dans le ms. n° 5441 latin de la Bibl^{que} nat^{le}, qui est une copie des chartes de Marmoutier, soit in extenso, soit par extraits, on trouve une table générale des prieurés de ce monastère, avec indication en regard du nom de chacun d'eux, du numéro du folio où sont rapportés les titres qui les concernent. Celui de Notre-Dame-des-Marchais y figure bien à son rang, mais le folio auquel elle renvoie est resté en blanc.

Dom Martene, a donné dans son histoire de Marmoutier (1), une analyse de la charte de fondation de ce prieuré. On y apprend que le comte Foulques, par reconnaissance de la protection que Dieu avait accordée à ses armes, et pour attirer ses grâces sur la comtesse Eremburge sa femme, et sur ses fils Geoffroy et Elie, résolut de fonder un prieuré dans son château de Trod, qu'il faisait alors bâtir, et d'y mettre des religieux de Marmoutier. Dans cette intention, il se rendit avec la comtesse à Tours, auprès de l'abbé Guillaume qui était malade. Ils lui assignèrent une place pour construire l'église et les lieux reguliers et pour faire un jardin et un verger, avec un bon revenu pour l'entretien des religieux. Mais comme ils désiraient que le prieuré fut desservi par douze religieux, suivant l'usage de Marmoutier, et que le revenu assigné n'était pas suffisant pour cela, ils prièrent l'abbé d'y ajouter et unir une partie de celui de Saint-Laurent de Gatines et du Sentier, promettant de dédommager ces deux prieurés par d'autres revenus, et de les prendre sous leur protection; et dans le même moment Foulques ordonna à Hugues, seigneur d'Amboise, et à Pierre de Montoire qui l'avaient accompagné, de les défendre contre les vexations qu'on voudrait leur faire.

En outre des possessions dont il vient d'être parlé, Marmoutier eut encore d'autres biens et d'autres droits dans plusieurs localités du Vendomois, mais il n'est pas toujours possible de reconnaitre celles-ci sous leur nom latin du XIe siècle. Ces biens étaient sans doute rattachés à quelque prieuré, mais on ne voit pas le lien qui les y réunissait.

---

(1) Edition Chevalier, t. 2 p. 49, collection des mémoires de la Société Archéologique d'Indre-et-Loire.

CHARTULARIUM VINDOCINENSE

MAJORIS MONASTERII

I

NOTICIA DE NAVOIL

1007 - 1029

Fulbert, évêque de Chartres, ayant autorisé des moines de Marmoutier à faire l'acquisition de l'église de Naveil du chevalier Hilgod, qui la tenait de lui, ceux-ci rachètent les droits qu'avaient sur cette église le vassal Robert, ses fils et leur mère; après quoi, ils en auront la libre et tranquille possession.

In nomine somme et individue Trinitatis, Fulbertus (1), non quidem meis meritis, sed gratiâ proveniente Redemptoris Carnotanus episcopus, notum fieri volumus omnibus coepiscopis nostris, presbyteris, diaconibus seu cunctis utriusque ordinis clericorum scilicet ac monachorum, tam presentibus quam futuris per ventura tempora succedentibus, qualiter monachi Sancti Martini Majoris Monasterii nostram adierunt presentiam, humiliter deprecantes, ut ob amorem Dei omnipotentis et Sancte Marie ejus genitricis, simulque jam dicti confessoris Martini quandam

---

(1) Fulbert, évêque de Chartres de 1007 à 1028.

1.

ecclesiam Navoil (1) nomine, ad altare Sancte ac
Beatissime Virginis Marie pertinentem, eis emere
emptamque possidere imperpetuum concederemus.
Quod ita fecimus, Hilgodio milite (2), cui de nostro
beneficio pertinere videtur, assensum prebente. Coe-
munt ergo eam et non minimo precio in posterum
sibi vindicant ab Rotberto (3) quodam vassallo et a
duobus filiis ejus Arnulfo et Rotberto et matre (4) eorum, qui eandem ecclesiam de Walterio (5) filio Hamelini tenent. Sub cujus jussu et assensu Sancti
Martini monachis venali conditione de reliquo habendam concedunt. Habent itaque nunc et tenent, et absque ulla inquietudine alicujus episcopi seu alicujus
hominis ab hodierna die et deinceps, monachi Deo
ac Sancto Martino inibi famulantes prefatam ecclesiam
et quicquid ad eam pertinere videtur secure teneant

(1) Navoil, commune du canton de Vendôme (Loir-et-Cher).

(2) Le chevalier Hilgod appartenait à la famille Doubleau, Il
était fils de Gislebert (Voy. Ch. VI), qui lui-même était fils de
Hugues Doubleau, fondateur du château de Montdoubleau.

(3) Robert de Marcilly. — Marcilly, commune du canton de
Vendôme (Loir-et-Cher).

(4) Leur mère se nommait Gila. (Voy. Ch. III.)

(5) Wauthier ou Gauthier, fils d'Hamelin de Langeais. On
rencontre fréquemment le père et le fils dans les chartes vendomoises du XI° siècle. Ils occupaient un rang distingué dans
l'entourage des comtes de Vendôme. Cependant Wauthier en-
courut la disgrâce du comte Geoffroy Martel, pour avoir malheureusement tué, étant au château de Langeais, Geoffroi, fils
du comte Maurice. Or, comme ce dernier était frère de Foulques
Nera, comte d'Anjou, il se trouvait être oncle de Geoffroi Martel,
dont la victime de Wauthier était le cousin germain. Le meur-
trier comparut devant la cour de Geoffroi Martel, entouré de ses
barons. Il fut condamné à faire l'abandon des moulins du pont
Perrin, qu'il possédait dans la ville de Vendôme, et à les remettre entre les mains du comte, qui les donna au monastère de la
Trinité, pour le repos de son âme et de celle du défunt. (Charte
de la Trinité de Vendôme.)

atque possideant. Consistit autem hec ecclesia in pago Vindocinensi haud lonte (1) ab ipso castro seposita.

Nomina vero testium, qui ad hoc audiendum producti fuerunt, inferius annotata continentur : Teodericus capicerius — Rainaldus vicedominus — Sigo precentor — Alcherius Dives — Hildegarius Pupilla — Girardus Bodellus — Giroius — Gauslinus.

II

NOTICIA DE ALTARI ECCLESIE NAVOIL

1052-1063

Thierry, successeur de Fulbert, ayant fait don à Marmoutier de l'autel de Naveil, du consentement de l'archidiacre Hugues, qui en possédait le tiers, celui-ci, Thierry mort, revendique ce tiers, prétendant ne pas avoir reçu l'indemnité convenue. L'affaire, portée au plaid du successeur de Thierry, s'arrange moyennant quarante-un sols que les moines donnent à Hugues.

Notum fiat nostrorum posteritati successorum, quod Theodericus (2), Carnotensis episcopus, dedit Sancto Martino Majoris Monasterii altare[m] ecclesie de Navoil, auctorisante Hugone cognomento Duplice (3) archidiacono vindocinensi, qui tenebat terciam illius altaris partem, quam coram supradicto episcopo dimisit Sancto Martino ; sed post mortem ejusdem episcopi calumniatus est illam, quam dederat, altaris partem, dicens quod non dederit ei memoratus episcopus suam cambionem pro altaris parte, sicut promiserat.

(1) *Haud lonte*, pour *haud longe*.
(2) Thierry, évêque de Chartres de 1028 à 1048.
(3) Hugues Doubleau, archidiacre de Vendôme, l'un des fils de Hugues Doubleau, fondateur du château de Montdoubleau.

Verumtamen, placito facto de hac re coram Agoberto (1) Theoderi[ci] episcopi successore, convictus est multis testibus ita se reliquisse altaris partem ut, etiam si non daret ei episcopus cambionem, non tamen reverteretur ad altare; sed cum ille jurationibus et negationibus ageret, monachi ad concordiam rem trahentes dederunt ei solidos XLI, ut ab hac in perpetuum querela taceret, et altare Sancto Martino omnimodo auctorizaret; quod et ille fecit in curia episcopi Carnotensis Agoberti, presentibus omnibus canonicis Sancte Marie et multis aliis testibus; quorum hic aliqui subscripti sunt:

Hugo decanus — Ivo de Curvavilla (2) — Haldricus prepositus Sancti Martini — Herveus major — Gualterius Agobertus — Herveus homo Haimerici — Gaufredus bastardus — Sanctio clericus — Frotgerius famulus hospitalis — Morandus Vindocinensis — Hubertus Castridunensis — Gualo monachus et prior Santi Martini — Gentio monachus — Rostio monachus — Ascelinus monachus.

III

DE ARNULFO FILIO ROTBERTI

Arnulfe ayant élevé une réclamation mal fondée touchant la rente faite à Saint-Martin par son père Robert, et avec son

---

(1) Agobert, 55ᵉ évêque de Chartres de 1048 à 1060.

(2) Ives de Courville. — Courville, arrondissement de Chartres, Eure-et-Loir. — La famille de Courville a possédé des biens dans la Beauce vendômoise aux XIᵉ et XIIᵉ siècles. A la fin de ce dernier siècle, Robert de Vieilpont ou de Vieuxpont les recueillit dans la succession d'Ives III de Courville. — La famille de Vieuxpont posséda dans la ville de Vendôme le fief de la Salle de Vieuxpont, appelé souvent, mais à tort, Salle du Vieuxpont. Le siège en était dans une maison de la rue Poterie, contiguë au pont Rondin, en amont de ce pont.

consentement, de l'église de Naveil et d'une terre sise au Châtaignier, vient, ainsi que sa mère et sa sœur, se désister devant le chapitre du couvent. Il s'engage, moyennant vingt sols, à défendre les religieux contre toute revendication ultérieure.

Post nos futuris notam fieri volumus concordiam, quam cum Arnulfo, filio Rotberti de Marciliaco, (1) fecimus. Ipse enim calumniam injuste faciebat nobis de ecclesia Navolio (2) sita, quam suus pater, eo favente, vendidit Sancto Martino, et de quadam terra, que est in pago Dunense, apud locum qui appellatur Castanedium. Unde recognoscens se rectum non habuisse, in capitulum Sancti Martini venit querelamque, quam faciebat injustam, coram omnibus postposuit. Idemque fecerunt genitrix sua Gila ac soror ejus nomine Helia. Dederunt ergo eis domnus Albertus (3) abbas, et alii seniores loci, societatem beneficii sui, et XX" solidos denariorum per talem convenientiam ut contra omnes, si forte amplius fuerint harum rerum calumniatores, ipsi sint nobis legaliter fidelissimi defensores. Testium vero qui hoc viderunt et audierunt nomina subtus notata : Arnulfus — Richardus — Hildricus — Richardus major — Hildebertus cocus — Benedictus — Gualterius Quatiatus — Almerius de Parceio — Alarius — Bernardus Aislacum — Hubertus — Gaufredus — Belinus — Raimbaldus Herveus — Evroinus — Letmerius — Gauterius canonicus, qui istas litteras composuit.

(1) Marcilly, commune du canton de Vendôme, Loir-&-Cher.
(2) Naveil,   Id.   Id.
(3) Albert, abbé de Marmoutier de 1037 à 1063 ou 1064.

IV

NOTICIA DE JUNIORATU
ECCLESIE DE NAVOLIO VINDOCINO

Vers 1064

Hamelin de Langeais conteste un accord intervenu entre Marmoutier et Thibaud, fils de Letère, au sujet du juniorat de l'église de Naveil, qu'il prétend dépendre de son casement. Mais, devant des lettres produites par les moines et le serment d'un de leurs hommes, attestant que Thibaud ni personne de sa race n'avaient rien à prétendre sur les choses de cette église, il cesse ses revendications.

Patest successoribus nostris, Majoris scilicet hujus Monasterii Sancti Martini habitatoribus post nos futuris, post concordiam quam de junioratu ecclesie de Navolio cum Tetbaldo filio Leterii de Vindocino habuimus, Hamelinum de Lengiacis (1) eundem nobis

---

(1) Hamelin de Langeais. — Langeais, Indre-et-Loire. — Il était fils de Gauthier (ch. CXX), et eut deux frères nommés l'un Gauthier et l'autre Hugues (ch. LV). Il fut un des fidèles des comtes d'Anjou Foulques Nerra et Geoffroi Martel. Il paraît dans un grand nombre de chartes du XI° siècle et des premières années du XII° siècle, ce qui donne à penser qu'il poussa sa carrière jusqu'à un âge fort avancé.

D'une première femme, dont on ignore le nom, il eut un fils, nommé Wauthier (V. note charte I), et une fille, nommée Hersende. — En secondes noces, il épousa Adierne, nommée aussi Helvise; celle-ci était déjà veuve. Elle avait, de son premier mari, Nivelon Payen de Fréteval (Cartul. de S'-Vincent du Mans, Bibl. Nat. ms. latin n° 5445, p. 65), un fils Ilbert, surnommé comme son père Payen. — Helvise était fille de Odon de Montdoubleau et de Placentia, fille de Nihard, premier seigneur connu de Montoire. Elle recueillit, dans la succession de son frère Hugues le Jeune, mort sans postérité, la seigneurie de Montdoubleau, qu'elle transmit à son fils Ilbert-Payen, et pen-

junioratum calumniatum fuisse, dicendo scilicet nos sine auctoramento suo hunc habere non posse, cum ecclesia illa de casamento suo esset; Tetbaldus etiam si quid in ea reclamare poterat, id ab eo in fevum haberet. Nostre autem ad hec referebant littere, ita nos quondam cum parentibus ejus de ecclesia illa et de rebus ad eam pertinentibus concordasse, ut de stirpe eorum nemo postea in rebus his omnibus aut in ecclesia quicquam debeat reclamare. At cum ei litterarum non sufficeret narratio, sacramento per unum hominem nostrum probavimus nihil illi aut de genere suo alicui contingere de rebus supradictis, juxta concordiam scilicet quam de his quondam habueramus cum parentibus suis. Ita tandem calumniam dimisit apud Vindocinum, testibus istis : Archembaldo preposito — Tetbaldo filio Letorii — Hamelino Bibe vinum — Benedicto Gutabelsam — Wismando infante — Hilgodo de Caresmol (1) — Drogone de Asiaco — Gauffredo filio Bertini — Teoderico de super Bolon — Fulberto filio Petri — Walterio Chanardo — Ascelino Chotardo. De nostris, Ansegiso — Landrico — Otgerio de Loiri qui sacramentum juravit — Benedicto Blanchardo.

dant la minorité de celui-ci, cette seigneurie fut gouvernée par Hamelin de Langeais, second mari d'Helvise.

Après la mort d'Albéric, successeur de Nihart de Montoire, Hamelin devint seigneur de Montoire, sans doute du chef de sa seconde femme Helvise, qui était petite-fille de Nihard.

Un aveu rendu en 1449 au comte de Vendôme par le prieur du prieuré de St-Père-de-la-Mote, situé dans la ville de Vendôme, et dépendant du monastère de St-Georges-du-Bois, dit que ce prieuré fut fondé par « feu de bonne mémoire Hamelin, jadis Baron de Montoire ». Il semble que ce fondateur fut Hamelin de Langeais, seul seigneur de Montoire du nom de Hamelin que l'on connaisse. (Arch. nat., Reg. d'aveux, P. 602, n° 53.)

(1) Hilgod de Caresmol, V. note ch. CXXVII.

V

NOTICIA DE NAVOIL VILLA

1050-1066

Gautier, fils d'Hamelin, qui avait vendu l'église de Navoil aux moines de Marmoutier, les réduit à la lui acheter de nouveau pour sept livres, s'engageant à obtenir l'approbation de ses frères et de sa femme Hersende, et à prêter secours aux moines, s'il leur survenait quelque difficulté au sujet de cette église.

Certum esse volumus atque omnibus sancte Dei ecclesie fidelibus notum fore decrevimus, quod Walterius, Hamelini (1) filius, ecclesiam de Navoil primo nobis monachis Sancti Martini Majoris Monasterii venditam, solidam et sine ulla calumnia quietam, nunc iterum facit, immo compellit nos eam redimere VII^{tem} libras, sed eo tenore et ea fide, ut convenientiam istam otriare et testari faciat suos fratres, Thomam videlicet et Fulcradum cum uxore sua Hersendam nomine, et ecclesiam illam solidam, quietam et per totum Sancto Martino propriam clamet, ipse et fratres sui atque uxor sua pro remedio anime patris et matris sue atque animarum suarum. Ita ut inde nobis in illa ecclesia nullam inquietudinem vel aliquam injuriam ipse vel aliquis suorum per suum consensum aut voluntatem faciat; et si quis alius est vel exsurrexerit, qui illam vel aliud aliquid circa se, sibi pertinens, calumniare aut violentiam aliquam inferre

---

(1) Wauthier, fils d'Hamelin de Langeais. (V. note ch. 1.)

temptaverit, ipse nobis per veram fidem in hoc adjuvet et succurrat, et scriptum hoc in presentia Fulconis (1) comitis firmet et cum fratribus suis, manu propria corroboret.

S. Hairardi prepositi S. Odini clerici S. Hilarii
S. Isambardi S. Hamelini S. Walterius
S. Fulcherii S. Salomonis S. Rainaldi
S. Huberti *De famulis nostris* S. Bordulli.
S. Sicbardi S. Hervei
S. Gauscelini S. Boscelini
S. Rainalmi, clerici S. Dodoni, clerici

VI

NOTICIA DE ECCLESIA NAVOIL

XI° siècle

Hilgod, qui avait vendu l'église de Navoil aux moines de Marmoutier, la leur enlève violemment ensuite, et les contraint à la lui racheter pour quarante sols, s'engageant à les défendre contre toute revendication ultérieure.

Certum esse volumus atque omnibus tam presentibus quam futuris sancte Dei ecclesie fidelibus, notificamus quod Hilgodius, Gisleberti (2) filius, ecclesiam de Navollo, quam de suo beneficio ipsius testificatione et libero concessu quietam et solidam emeramus, vi perversa et aperto torto nobis postea abstulit, et XL^{ta} solidis eam nos redimere fecit, ea promisione et ea fide, ut abhinc contra omines mor-

---

(1) Foulques, surnommé l'Oison, comte de Vendôme de 1050 à 1066.

(2) Gislebert, père d'Hilgod, était frère de Hugues Doubleau, archidiacre de Vendôme.

tales illam nobis quietam faciat et a calumnia pervasorum nobis eam tueatur ac defendat. Cujus rei isti sunt testes :

Hugo archidiaconus — Hilgodius nepos ejus — Burchardus — Vivianus — Walterius — Gaufredus — Adraldus — Ascelinus — Richardus — Joscelinus — Seinfridus — Amalricus — Hamelinus — Galterius Ingelgerius — Bernardus — Galbertus — Herlandus — Johannes — Lancelinus.

VII

NOTICIA DE TETBALDO FILIO LETERII

VINDOCINENSIS

1064

Thibaud, en procès avec Marmoutier au sujet du juniorat de l'église de Navoil, qui n'avait été, disait-il, ni vendu avec l'église par son beau-père, ni compris par lui dans ses arrangements, se désiste moyennant quarante sols et une truie pour sa femme. Gauscelin, prieur de Bezai, obtient, pour quelques deniers, l'approbation des enfants de Thibaud.

Nosce debetis, si qui eritis posteri nostri, Majoris scilicet hujus habitatores Monasterii Sancti Martini, Tetbaldum de Vindocino, filium Leterii, calumniam intulisse nobis super junioratu ecclesie de Navoil, anno primo regiminis domini abbatis nostri Bartholomei (1), dicendo scilicet nec Rotbertum de Marcilliaco, socerum suum, a quo memoratam comparavimus ecclesiam, junioratum illum nobis vendidisse, nec se in

---

(1) Barthelemy, abbé de Marmoutier, succéda à l'abbé Albert, et fut élu en 1064.

concordiis, quas nobiscum habuerat, auctorizasse. De hac ergo calumnia ad hunc pervenimus finem, XL^{ta} ei solidos donavimus et uxori sue porcam unam; atque ita tam Tetbaldus ipse quam et uxor ipsius ac de filiis eorum, Arnulfus quietum nobis junioratum illum clamavere. Testibus istis : Ingelbaldo Brittone — Archenbaldo preposito — Ingelbaldo filio Adelaudi — Huvino talemerario — Wismando desuper Bolon — Raherio clerico — Landrico homine Sancti Martini — Fulberto Trosselo — Gaufredo Campione — Hilduino sartore — Hamelino Bibe vinum — Arnulfo filio Rainerii — Benedicto Blancardo — Gauffredo filio Bertini — Otgerio de Elemosina — Rotberto Braco — Rotgerio metierio.

Post istam, que in curia Vindocini facta fuit, concordiam, domnus Gauscelinus, monachus noster, de Buziaco tunc temporis prepositus, tulit hanc cartam in domo Tetbaldi, tempore quo supra dictos persolvit denarios, infantes que ipsius, qui prefate non interfuerant convenientie, Burcardum scilicet Aremburgem et Johannem tagendo (*sic*) eam firmare seu auctorizare fecit, datis pro hoc singulis singulis denariis, testibus istis :

Wismando desuper Bolon — Landrico cellarario — Gundraco Bastardo — Benedicto Blancardo — Beringerio de Lanceio.

VIII

NOTICIA DE TETBALDO FILIO LETERII VINDOCINENSIS

1037 - 1070

Malgré l'abandon de sa revendication et un accord avec Hilduin et les moines au sujet des dîmes de Brenières,

Thibaut avait tenté de s'emparer de l'église de Naveil. Mais il finit par leur reconnaître la paisible possession des dépendances de cette église, en terres, dîmes, forêts, domaines ou casement, s'engageant à les défendre contre toute revendication ultérieure. Sa femme ayant consenti à cet accord, les moines lui donnent une truie et vingt-cinq sols au mari.

Nosse debebitis, si qui eritis posteri nostri Majoris scilicet hujus habitatores Monasterii Sancti Martini, Tetbaldum de Vindocino, filium Leterii, post demissionem illius prioris, calumniam et concordiam, quam de decimis Breneriarum (1) et Hilduino sartore nobiscum fecerat, aliam rursus incoasse, qua et sibi eum revocare et quedam juris ecclesie nostre Navolii conabatur invadere ; de qua etiam calumnia ad hunc finem ventum est concordie, ut quicquid in rebus ad prefatam ecclesiam pertinentibus tam in terris quam in decimis sive silvis, seu etiam dominicaturis seu casamentis et predicto homine jure poterat reclamare, totum nobis deinceps sub quiete, quantum ad se, perpetua habendum, dimissis omnibus querelis annueret, sponsionnem insuper faciens, modis omnibus nos se adjuvaturum, si hujusmodi calumniis unquam inquietari contigisset. Cui uxor ejus Helia (2) nomine, ex cujus jure ista reclamabat, in id ipsum consentiens annuit, et ipsa priori, sicut ille tunc de ea promiserat, et huic secunde concordie. Quam ob rem, ut ipse tunc, ita et illa nunc in benificii nostri societatem, cum liberis suis Arnulfo, Burchardo, Aremburge atque Guitburge idem auctorizantibus, a domno abbate

---

(1) Bronières, lieudit de la commune de Naveil, canton de Vendôme. On y trouve une belle fontaine.
(2) Helia, femme de Thibaud, fils de Luterius de Vendôme, et fille de Robert de Marcilli.

nostro Alberto (1) suscepta est. Unde utrisque ipsi videlicet et marito ejus XXV solidos et porcam I. dedimus, et fecerunt ambo gratantes predicto abbati nostro et nobis in capitulo nostro guerpitionem calumnie et donum auctorizationis de his omnibus que diximus; quod dum ex more super altare possuissent, hii de nostris interfuere testes : Ebrulfus cellararius — Hulduinus sartor — Mainardus hospitalarius — Durandus Risellus — Johannes sartor — Otgerius — Guarnerius famulus Sancti Medardi — Arnulfus filius Rainerii de Bresis — Warnerius de Elemosina — Ursus frater Higoldi coci — duo Huberti infirmarii — Fulcodius prior, qui denarios numeravit et tradidit.

IX

NOTICIA DE CONCORDIA CUM TETBALDO FILIO LETERII VINDOCINENSIS

XI° siècle

Les moines, résolus d'en finir par le duel avec les revendications de Thibaud au sujet des alleux de Leschère, d'une dîme de l'église de Narcil et de la vicairie de son porche, terminent pacifiquement le différend et obtiennent, pour quarante sols, l'abandon de ses prétentions sur tous leurs biens dans le Vendomois.

Nosse debetis, si qui eritis posteri nostri, Majoris scilicet hujus habitatores Monasterii Sancti Martini,

---

(1) Albert, abbé de Marmoutier de 1037 à 1063 ou 1064.

militem quemdam vindocinensem Tetbaldum nomine filium Leterii cognominatum, in quibusdam rebus nostris calumniam emovisse, id est in alodiis Lescherici, que sita sunt in vindocinensi territorio et in illa parte decime ecclesie Navolii, quam per illum reclamabat sibi Aurannus de eodem Navolii vico, et in vicaria ejusdem ecclesie atrii. Pro his rebus acquietandis arramivimus bellum in curia vindocinensi, cause nostre fidentes et ad hoc provocati. Verum cum ineunde pugne dies statutus adesset, ab amicis nostris, qui tunc aderant, summoniti sumus ut pace potius tante discordie finem imponeremus. Horum igitur consilio acquiescentes, ad hunc concordie finem rem deduximus, ut calumniosus ille, datis sibi per manum domni Odonis tunc prioris solidis denariorum XL, non tantum istam a supradictis rebus calumniam perpetuo dimitteret, verum etiam quecumque tunc temporis in pago vindocinensi possidere videbamur, quieta nobis in perpetuum clamaret, quod et fecit, testibus istis :

Ingelbaldo Brittono — Wlgrino filio ejus — Fulcherio de Turre (1) — Salomone filio Yvonis — As-

---

(1) Foucher de la Tour, l'un des personnages les plus considérables du Vendomois au XI° siècle, paraît dans un grand nombre de chartes.

Par sa mère Adèle, femme de Roger de la Tour, il était petit-fils de Foucher de Vendôme dit le Riche, puissant seigneur, dont une autre fille, également nommée Adèle, était femme de Hugues Dublel ou Doubleau, fondateur du château de Montdoubleau.

Foucher de la Tour, l'un des fidèles du comte de Vendôme, fit, du consentement de Béatrix, sa femme, et de ses enfants Hugo, Hieremie et Richilde, d'importantes donations au monascelino Chotardo — Guismando de super Bolon — Rotberto Bracheto — Fulberto Trossello — Hamelino Bibe vinum — Achardo — Gaufrido — Bertino et Guidone.

X

NOTICIA DE TETBALDO FILIO LETERII ET HILDUINO SARTORE VINDOCINENSIBUS (1)

1032 - 1064

Thibaud, qui réclamait à Marmoutier, du droit de sa femme Elie, la dîme de deux parcelles de terre sises à Brentères, ainsi qu'un serf, renonce à jamais, pour vingt sols, à ses prétentions, et ce avec le consentement de sa femme et de leurs enfants.

Nosce debetis, si qui eritis posteri nostri Majoris scilicet hujus habitatores Monasterii Sancti Martini, quod Tetbaldus quidam miles, filius Letirii, cum calumniaretur nobis, velut ex jure sue uxoris nomine Elie (2), decimam duarum terre particularum, apud Brenerias (3) sitarum, pertinentem ad ecclesiam Na-

---

ture de la Trinité de Vendôme, dont le Cartulaire parle de lui en ces termes : « Fulcherius miles dictus de Turre, vir secun- « dum sæculum nobilis, amplaque terrarum possessione ditatus, « et quod hiis majus est, moribus probus, MLXX. » — Il était neveu de Robert de Montcontour, seigneur de Coulommiers.

(1) Charte publiée dans le Livre des Serfs de Marmoutier, sous le n° IV de l'appendice. (Le Livre des Serfs. T. XVI, des publications de la Société Archéologique de Touraine.)

(2) Elia, V. note charte VIII.

(3) Brenières, id.

volii, et unum servum nomine Hilduinum, asserens quod ista cum ecclesia illa a nobis non fuissent empta; huic tandem imposuimus calumnie finem, datis eidem solidis XX"; his enim acceptis, que calumniabatur perpetuo nobis deinceps quieta fore dimisit, favente supra nominata uxore sua et filiis ita nuncupatis: Arnulfo, Burchardo, et filiabus Aremburge atque Guitburge. Testibus istis:

Odone Rufo domino ejus, qui etiam fidejussor fuit de faventia uxoris ipsius — Rotberto sartore — Hilduino sartore — Girardo hospitalario — Gauzlino forestario — Gualterio Esguarez — Guarino clerico de Semita — Fulcone monacho — Ascelino monacho — Aimerico cellarario qui supradicto Tetbaldo nummos tradidit.

XI

CONCORDIA CUM TETBALDO FILIO LETERII DE NAVOLIO VINDOCINENSI (1)

1072

Deux ans après la mort du prieur Eudes, qui avait cru mettre fin, par un arrangement, à toutes les tracasseries que lui suscitait Thibaud, celui-ci saisit les dîmes qu'il avait consenties aux moines. L'affaire, portée au plaid du comte de Vendôme, s'arrangea. Thibaud reçoit cinquante sols pour renoncer à ses prétentions. Sa femme et ses enfants reçoivent aussi chacun une somme d'argent.

Notum sit omnibus quod Tetbaldus, filius Letirii, cum fecisset nobis multas molestias de calumniis

---

(1) Charte publiée dans le Livre des Serfs de Marmoutier, sous le n° XXX de l'appendice.

quas rebus nostris immitebat, ad postremum dimisit nobis omnes calumnias atque querelas in quadam concordia quam cum eo fecit domnus Odo prior noster. Postea autem cum ille Odo prior mortuus esset duobus annis fere transactis, cepit dicere quod ille Odo habuerat ei in conventione, ut omni anno faceret ei aliquam bonitatem. Quam cum nollemus ei facere quod falsum erat quod dicebat, saisivit decimas quas olim nobis ipse auctorizaverat. Quam ob rem iniit cum eo placitum apud Vendocinum ante comitem Guidonem (1) domnus Odo prior noster, qui ante fuerat prepositus Chamartii (2), et ibi tandem fecit cum eo hanc concordiam. Dedit ei scilicet L^{ta} sol. denariorum, et ita dimisit nobis ille conventionem illam quam requirebat et ea que propter illam calumniabatur, et omnia unde revestiti eramus ante unum annum quam faceret nobis hanc calumniam, pertinentia ad ecclesiam de Navolio, clamavit nobis soluta et quieta, et omnes omnino querelas ibidem dimisit nobis et promisit quod neque ipse unquam amplius ea calumniabitur, et si aliunde calumnia de illis rebus nobis insurgat, ipse adjuvabit nos acquietare calumniam illam, omnibus modis quibus poterit, excepto per pecuniam dando et per guerram faciendo, nec unquam deinceps, propter ullum forfactum unde nos accuset, vindicabit se de nobis per res pertinentes ad ecclesiam de Navolio, et de his adfiduciavit nos per

---

(1) Guy, appelé aussi Guy de Nevers, seigneur de Nouatre (Indre-et-Loire), porta le titre de comte de Vendôme, après la mort de son frère aîné Foulques l'Oison, bien qu'il n'ait point possédé en propre le comté. Il le gouverna seulement pendant la minorité de son neveu Bouchard le Jeune, de 1066 à 1075.

(2) Chamars, prieuré de Marmoutier, près de Châteaudun (Eure-et-Loir).

fidem osculans inde ob signum fidei priorem nostrum supradictum. Hoc peracto in aula Comitis perrexit idem prior noster cum illis qui huic placito adfuerant ad domum Tetbaldi, et ibi omnibus videntibus auctorizaverunt concordiam quam ipse fecerat nobiscum, uxor ejus Elia que habuit pro hoc tres solidos, et filii ejus, Arnulfus qui habuit inde VI denarios, et Tetbaldus et Matheus et Rotbertus qui habuerunt inde unusquisque III denarios, et filie ejus Johanna et Agnes que habuerunt inde unaquoque IV^{or} denarios. Erat ibi quidam villanus repetens asinum suum quem sibi abstulerant filii Tetbaldi. Monuerunt priorem hi qui adherant ut pauperi redimeret asinum ad memoriam de hoc quod ipsi audissent et vidissent Tetbaldum et uxorem ejus et filios ac filias ejus fecisse nobiscum talem concordiam, in qua nobis omnes querelas dimisissent. Fecit prior quod monebatur et redemit pauperi asinum duobus denariis; dedit et cuidam pauperi unum denarium. Anno domni abbatis Bartholomei VIIII, mensis julii tertia ebdomada uno et eodem die factas hec omnia, primo videlicet, concordia cum Tetbaldo, in aula comitis Guidonis (1) coram ipso, deinde auctoramentum uxoris ejus et filiorum ac filiarum in domo ejus, et preter comitem G. (2) qui non venit ad domum Tetbaldi, utrique rei affuerunt : Wlgrinus filius Ingebaudi — Gervasius de Vindocino (3) — Simon de Sancto Martino — Salomon filius Ivonis — Herbertus Barba. — Levefredus foristarius — Constantius filius Mainardi de Ferraria — Arembertus malus finis — Tegrinus

(1 et 2) Guy, comte de Vendôme.
(3) Gervais de Vendôme donna à Marmoutier l'église de Saint-Secondin, canton d'Herbault (Loir-et-Cher).

mercator — Guillelmus guinna morum — De nostris affuerunt hi : Bernardus major — Durandus marescalcus — Landricus famulus, Benedictus Blancardus; De monachis : Odo monachus — Sigo monachus — Alfredus monachus.

XII

CONCORDIA CUM TETBALDO FILIO LETERII DE QUADAM DECIMA

1066 - 1075

Thibaud, dont les moines avaient écarté déjà maintes revendications à prix d'argent, leur réclame une dîme dépendant de l'église de Naveil. Moyennant trente sous, ils obtiennent son désistement et la paisible possession de cette dîme et de tous les biens dépendant de cette église. La femme et les fils de Thibaud, ainsi qu'Hamelin, du fief duquel dépendait la dîme, reçoivent quelque argent pour consentir à cet accord. — Mais de nouvelles réclamations formées par Thibaud sont le sujet d'un procès porté à Vendôme. — Avant le jugement, le prieur obtient de lui, moyennant quarante sous, la confirmation des accords précédents. La femme et les enfants de Thibaud reçoivent cinq sous pour leur consentement.

Post multas calumnias quas nobis intulit Tetbaldus filius Leterii super quibusdam rebus de Navolio, cum putaremus illas retroactas calumnias multa jam sedasse pecunia, iterum cepit nobis calumniari quandam decimam quam similiter calumniatus fuerat Galterius cognominatus Diabolus, pertinentem ad ecclesiam de Navolio, et dicens quod quando auctorizavit nobis omnia ad eamdem ecclesiam pertinentia, hanc solam tamen decimam per se auctorizare non potuit, quod erat de fevo Hamelini de Lengiaco (1). De quo cum plures testes haberemus qui audierant et viderant illum sine alicujus rei exceptione auctorizasse nobis omnia ad predictam ecclesiam pertinentia ille tamen noluit cessare ab illa calumnia donec donavimus ei XXX[ta] solidos. Quibus datis, non solum hanc guerpivit calumniam, verum etiam quecumque ad ecclesiam de Navolio pertinent, de quibus vestituram habebamus eo die quo fecimus hanc concordiam cum illo, clamavit soluta et quieta ita ut ipse confiteretur multis audientibus, nichil ad eum ultra de illis omnibus pertinere. Concessit hoc uxor ejus et filii et filie ejus. Hamelinus etiam de Lengiaco de cujus fevo erat predicta decima concessit, et habuit inde decem solidos.

Hujus testes inferius annotantur.

Guido comes Vindocinensis (2) — Burcardus comes adhuc infantulus — Hilgodus de Caresmo — Wlgrinus — Gaufredus frater ejus — Paganus — Gervasius — Matheus — Fulcherius de Turre — Hugo, frater Tetbaldi. De nostris : Gaufredus carpentarius — Gausbertus coquus — Landricus — Odo grossus — Haimericus carnifex — Gundacrius — Burcardus.

Transacto autem non multo temporis spatio idem Tetbaldus res eidem ecclesie de Navolio pertinentes cum injustis calumniis inquietare presumpsisset, ipsius quam prius auctorizaverat assertionis partem refellere cupiens parti[m] vero concedens, inito inde placito apud Vindocinum cum Adelelmo priore nostro, tandem sine placito veritatis tenore convictus, quicquid prius firmaverat postea iterum corroboravit,

---

(1) Hamelin de Langeais, voy. note ch. IV.
(2) Guy, comte de Vendôme, voy. note ch. II.

huic cartule signum in modum crucis, ob sue auctoritatis rememorationem intitulans. In hac etiam concordia qua Adelelmus prior cum illo fecit, concessit nobis habere Raginaldum colibertum nostrum et sororem suam et omnem eorum fructum, quos prius calumniabatur, et omnes res tam mobiles quam immobiles quas Hilduinus de Sartrino, vivens possiderat. Preterea dimisit nobis omnes querelas et calumnias retrohabitas accipiens inde a predicto priore LX^{ta} solidos, concedente hoc uxore sua Helia (1) que habuit inde V solidos, et filiis ejus Arnulfo, Burchardo, Tetbaldo, Matheo Rotberto et filiabus ejus Johanna et Agnete. Nec non et decimam quam injuste se pervasisse recognovit, ad votum nobis satisfaciendo restituit, nullam de reliquo calumniam in rebus prefate ecclesie pertinentibus facturum se esse paciscens, et concordiam illam quam cum Odone priore fecerat sicuti superius annotata fuerat, quamvis non parum prius inde dissimulasset ratam fore concessit.

Hanc concordiam viderunt et audierunt : Comes Burchardus (2) — Rotbertus de Monte Comitorio (3) — Wlgrinus — Fulcradus de rua vassalorum — Henricus dapifer — Fulbertus Trossellus — Herbertus filius ejus — Hilgodus miles — Guarinus filius Josmeri — David — Nihardus rufus — Rainerius canartius — Guilleimus armiger. De nostris : Ledaldus Godinus — Ebrardus famulus prioris —

---

(1) Helia, voy. note charte VIII.

(2) Bouchard III, dit le Jeune, comte de Vendome de 1075 à 1085.

(3) Robert de Montcontour donna, en 1080, sa terre de Coulommiers à l'abbaye de la Trinité de Vendôme. (Cartul. de la Trinité.)

Duraudus marescallus — Herfridus — Josmerus de Vindocino — Bernardus clericus — Radulfus — Rotbertus — Fulbertus telonarius Vindocinensis. De monachis : Odo — Gauffredus — Josbertus — Gaufredus — Alfredus — Albericus — Geraldus — Sigevertus.

Hec omnia suo firmavit auctoramento Hamelinus de Lengiacis vel de Monteaureo (1) quod res de quibus actum est de suo erant casamento. Testibus, Hugone monacho priore celle de Lavarzino — Alfredo monacho signario — Grossino homine Hamelini — Odilario famulo de Lavarzino.

XIII

PRECEPTUM DE SANCTO MEDARDO

Vers 1037

Le comte Odon, en vue du salut de son âme, de celles de sa femme et de ses enfants, fait don à Saint-Martin de l'église de Saint-Médard dans le Vendomois ; ce avec le consentement de Salomon de Lavardin, de Guillaume et de Burchard, qui la tenaient de lui en bénéfice.

Justum esse credimus et christiane pietati congruum, ut po[tentes] seculi hujus de propriis facultatibus quas a prioribus suis jure hereditario possidendas per legitimas successiones suscipiunt ecclesiis Dei famulantibus unde sustententur, tribuant. Qua ego Odo (2)

---

(1) Hamelin de Langeais, voy. note ch. IV.
(2) Eudes II, dit le Champenois, comte de Champagne et de Brie, de 1004 à 1037. A ces comtés, il réunit, après la mort de son frère Thibaut, ceux de Chartres et de Blois, qu'il possèda

comes recta consideratione animatus, pro anime mee
atque uxoris redemptione et filiorum meorum incolumitate, concedo Sancti Martini ecclesie apud Majoris [sic] Monasterium per deprecationem domni Alberti abbatis, monacherumque ipsius loci ecclesiam
quandam in pago Vindocinensi sitam, que « Sanctus
Medardus » nominatur. In hujus autem pietatis operatione Salomon de Labarzinio (1), Walterius filius
Hamelini, Burchardus qui de me predictum locum in
beneficio tenebant, pro lucro eterno hereditatis consenserunt, et ut hec descriptio majorem [in] tempora
obtineat vigorem, manu propria eam subterfirmavimus,
manibusque nostrorum fidelium corroborandam tradidimus. Quorum nomina hic subtus scripta conti-

do 1019 à 1037. Il périt le 15 novembre 1037 dans un combat
qu'il livra à Gothelon, duc de Lorraine, et fut inhumé à Marmoutier.

Cette pièce, et elle n'est pas la seule, prouve que le comte
de Blois était seigneur suzerain de terres situées dans le Vendomois. C'est pour remédier aux inconvénients résultant de
ces enclaves que Guy de Châtillon, comte de Blois, et Bouchard VI, comte de Vendôme, firent, en 1320, un accord et des
échanges pour régulariser les limites de leurs comtés. Parmi
les terres échangées, est nommée celle que Philippot de Poncé,
prévôt de Vendôme, possédait dans le Vendomois, et qui relevait du comte de Blois, ainsi qu'on le voit par la donation que
fit, en 1361, Guillaume de Poncé de sa terre de Courtiras à la
Maison-Dieu de Saint-Jacques de Vendôme, et où il est fait
mention de dépendances de ce fief, que ses prédécesseurs
« souloient tenir du comte de Blois au dedans des motes de la
« châtellenie de Vendôme. » (Bibl. de Vendôme, Inventaire
manuscrit de la Maison-Dieu de Saint-Jacques, p. 27.)

(1) Salomon, premier seigneur connu de Lavardin, voy. note
ch. LXV. — Wauthier, fils d'Hamelin de Langeais, note ch. 1.
— Ce Bouchard est Bouchard de Caresmot dont la famille occupa un rang distingué dans le Vendomois aux XI° et XII° siècles, et dont plusieurs membres paraissent dans les chartes de
cette époque.

nentur : Herveus vice comes — Dado de Sto Aniano — Girbetus de Brena — Dado filius ejus — Bernardus de Sancto Aniano — Raimundus de Blesi — Gauscelinus de Blesi — Amalricus de Fisco.

XIV

NOTICIA DE ECCLESIA SANCTI MEDARDI

XIe siècle

Le prêtre Ansauld donne à Saint-Martin l'église de Saint-Médard, avec une parcelle de terre, qu'il tenait de son frère pour un surcens ; il donne aussi à cette église vingt-quatre arpents de terre chargés du même surcens. Le chevalier Hugo y ajoute un moulin à Meslay, deux arpents de vigne à Villesus, et une terre d'une charrue à Lignières, avec un Colibert, laboureur, et ses fils.

Notum sit omnibus Christi fidelibus, quod ecclesiam Sancti Medardi cum aliquantula terra que ad ipsum pertinet locum, dedit Sancto Martino, Ansaldus (1) presbyter, frater Burcardi militis. A quo etiam ipsam ecclesiam illum emisse et succensu denariorum XVIII tenuisse certum est. Dedit quoque idem Ansaldus Sancto Medardo in loco alio de beneficio Uulgrini clerici XXu et IIIIor terre arpennos, similiter succensu denariorum XVIII. Condonavit autem eidem loco, Hugo miles molendinum unum apud

---

(1) Ansauld, prêtre et chanoine de Vendôme, était frère du chevalier Bouchard de Caresmot. Il fit plusieurs donations à Marmoutier, comme on le verra ci-après.

Megliacum (1), et apud locum qui dicitur Villasus (2), duos vinee arpennos. Apud villam vero quam Linarias (3) vocant, terram unius carruce cum coliberto agricola, et filiis ejus. Qui etiam ecclesiam ipsam pro anime sue atque uxoris filiorumque ejus redemptione ab ipsis fundamentis edificavit. Nomina vero testium qui huic rei interfuerunt hec sunt : Wlgrinus clericus — Arnulfus filius Bernonis — Lanscelinus frater ejus — Burcardus « bucca bruna » — Lanscelinus bastardus.

XV

NOTICIA SANCTI MEDARDI DE ALODIIS DE VILLARIIS (4)

1032 - 1040

Hugues et sa sœur Hadoise vendent, du consentement de leur mère et des filles d'Hadoise, leurs aleux de Villiers à Marmoutier et à Saint-Médard-lès-Vendôme, pour douze sols et douze deniers de vin de marché.

Successoribus nostris notum volumus fieri Hugonem filium Teudonis et sororem ejus Hadvisam, alodia sua de Villariis (5) vendidisse loco Sancti

---

(1) Meslay, commune du canton de Vendôme.
(2) Villesus, ferme sur la commune de Sainte-Anne, canton de Vendôme.
(3) Lignières, commune du canton de Morée (Loir-&-Cher).
(4) Charte publiée dans le Livre de Serfs de Marmoutier sous le n° XI de l'appendice.
(5) Villiers, commune du canton de Vendôme.

Martini Majoris Monasterii et loco Sancti Medardi in territorio sito Vindocinensi, precio constante solidis XII^{cim} et de biberagio totidem denariis, annuante eorum matre . . . . et duabus Hadvise filiabus . . . . (1) que celebrata venditione, traditionem alodiorum ipsorum posuit idem Hugo super altare Sancti Medardi his qui aderant cernentibus cunctis et reclamante nullo. De eadem quoque terra impleto pugillo, revestivit Germundum Sancti Martini Majoris Monasterii, monachum qui regebat locum Sancti Medardi. Quorum omnis est ejusdem loci parechia testis, et nominatim isti : — Amalgerius servus Sancti Martini — Guarinus servus Sancti Martini — Herveus — Germundus monachus.

XVI

DE ALODIIS APUD VILLAM QUE DICITUR « VILLARE »

Avant 1070

Effrid le Roux et Hugues, pour le salut de leur âme, cèdent, à perpétuité, à Marmoutier leurs aloux de Villiers en échange de trois livres de deniers pour Effrid et vingt sous pour Hugues. Nihard, fils d'Effrid, reçoit du moine Eudes cinq sous pour retirer la réclamation qu'il avait faite au sujet de cet accord.

Notum sit omnibus successoribus nostris quod quidam milites de Vindocino, Effridus Rufus, et Hugo

---

(1) Les noms sont restés en blanc dans le manuscrit.

filius Herluini, venerunt in capitulum Sancti Martini Majoris Monasterii atque alodos quos apud villam que vocatur Villare (1) habebant, eidem loco pro suarum remedio animarum jure perpetuo concesserunt. Quod quidem ut fieret, donantur eis, uni videlicet Effrido ad quem alodi proprie pertinebant tres denariorum libre : Hugoni vero a quo illos pridem emerat ut doni auctoritatem ex sua parte firmaret XX^{ti} solidi. Utrisque vero simul nostri loci impenditur beneficium. Hujus vero traditionis convenientia ut firmior in postero duraret, donum idem ipsi super altare Sancti Martini posuerunt. Nomina vero testium qui hoc viderunt et audierunt subtus notata sunt :

Acfridi Garnerii — Otberti cellararii — Hilduini — Hugolini qui hanc donationem fecerunt — Almarii — Rainaldi succelli — Gualterii — Giraldi.

Postquam hoc factum est, Nihardus supradicti Effridi filius eandem alodorum partem quam idem pater ejus cum jam dicto Hugone Sancto Martino donaverat, calumniatus est, qui cum ab eadun calumnia gratis desistere nollet, Odo Sancti Martini monacus, tandem cum eo ad concordiam veniens, V ei solidos vice fratrum ut accepta querela cessaret dedit ; quibus acceptis ab appetitu calumnie declinans donum quod pater ejus fecerat Sancto Martino ejusque monachis, coram his testibus perpetuo auctorizavit. S. Fulcherio de Turre — Huberto canonico Sancti Georgii — Bernardo nivello — Guismando et Nivelone hominibus Sancti Martini.

---

(1) Villiers, commune du canton de Vendôme.

XVII

PRECEPTUM DE HIS QUE DONAVIT ARCHEMBALDUS PREPOSITUS DE VINDOCINO, APUD SANCTUM MEDARDUM

1050 – 1060

Le prévôt Archembaud donne à Marmoutier, pour le repos de son âme et de celles de ses parents, une terre d'une chorrue de quatre bœufs à Courtiras, avec une main ferme occupée par un moine, et qu'il convertit en aleu. Il autorise le frère qui sera préposé à l'obédience, ou les hôtes qu'on pourrait placer dans ce bien, à couper, de son bois, ce qu'il en faudra pour le chauffage, les vignes et les clôtures. Il cède encore tous ses droits sur l'étang construit par son frère, ne se réservant que celui de chasse et de pêche, il y ajoute la moitié d'un moulin sis sur cet étang, avec la faculté de construire sur le ruisseau autant d'autres étangs et de moulins qu'ils voudront, pourvu qu'il n'en résulte pas une diminution d'eau pour le premier moulin.

Quod auditum sepe est, doctor ille Gentium : in fide et veritate dum tempus, inquit, habemus operemur bonum ad omnes, maxime autem ad domesticos fidei. Ego quidem Archembaldus (1) de Vindocino prepositus, obtemperandum putavi tam salutifero monitori, obediendum preceptori tam utili, quum quidem ut ipse superius astruxerat, indeficienter seminantes opera bona bono mercedis indefectiva

---

(1) Archembaud, prévôt de Vendôme, sous les comtes Geoffroi Martel et Foulques l'Oison, se rencontre souvent dans les chartes de ces seigneurs. En outre de l'église de Saint-Mard, il donna encore des terres considérables au prieuré du Sentier de Marmoutier.

messio per secula eternitatis expectat. Ad quosdam igitur fidei sancte tota devotione domesticos bonum quoddam hujus modi adpresens libuit operari, pro salute scilicet anime mee et parentum meorum Hugonis et Adelaidis, Hilgodi quoque fratris mei, et Petronille (1) uxoris mee, cujus hodie hii quibus benefacere delegi deservierunt sepulture. Pateat igitur universorum notioni mortalium donasse me Sancto Martino, cujus excellentia nominis inter suos equivocos nulla eget adjectione cognominis, atque in suo Majori Monasterio Deo sibique famulantibus monachis, terram ad unam quatuor boum carruccam prope castrum Vindocinum in villa quam Curtirast vulgus appellat consistentem, atque cuidam eorumdem fratrum manu firme adherentem quam unam tantum in prefata villa habebant. Cujus etiam manu firme censum de meo jure in eorum transfero dominium, ut hec non manu firma sed alodus (2) deinceps existat Majoris Monasterii monachorum. Universas quoque supradicte terre consultudines et reditus, ea dono eis integritate qua antecessores mei, et ego hec huc usque habuimus. Monacho etiam qui illi pro tempore preerit obedientie, tantum de bosco meo minuto impartio, quantum ei ad focum, ad omne opus vinearum, ad claudendas segetes opus fuerit, in cujuslibet terra

---

(1) Pétronille, femme d'Archambaud, semble avoir été fille de Robert de Gratelou et de Garote. Sa sœur Milesende était mariée à Pierre, qui paraît être Pierre de Condé, fils de Rahier de Montcontour. (Histoire de l'abbaye de Fontaine-les-Blanches. -- Spicilège T. X, p. 369 et 371.)

(2) Alodus doit s'entendre dans le sens de terre libre. On voit ici qu'en remettant au donataire le cens qui charge les terres d'une main-ferme le donateur transforme celle-ci en un alou.

vineas ipsas aut messes habuerit, quantum etiam ad ea quecunque illi erunt necessaria sufficere possit. Hoc ipsum et hospitibus terre illius concedo et alodi. Si in his uuquam hospites locaverint monachi, stagnum quoque quod in supra dicta villa frater meus fecit Hilgodus, tota qua illud habeo integritate eisdem confero; hoc tamen ab eorum erga me benivolentia impetrato, ut aves ibidem insidentes arte qualibet sine lesione stagni, liceat mihi capere hora qua insederit animo. Interdum etiam in stagno piscari, verum hoc non sine permissione monachi qui pro tempore rebus hisdem preerit. Medietatem quoque molendini de eodem stagno molentis quam a quodam Abrano qui alteram possidet comparavi, juri eorum concedo, cum eo quidquid est quod de molendino illo me contingit, tam de parte ejus scilicet quam de toto, bannum quoque de omnibus in toto Curtirast commanentibus tam de amicis quam et de universis hominibus meis, ut si forte amicus ad molendinum alterum moluerit quem inde non possim justiciare, remaneat inimicus. Homo vero meus multuram monachis restituat, mihi vero forisfacto emendato legem et districtum persolvat. Stagna etiam quot voluerint permitto eis de eodem rivo in terra mea facere ubicumque voluerint. Ad quorum opus stagnorum si boscus meus non suffecerit quantum sufficere debeat mei ministrabunt de suo me impetrante amici. Molendinos quoque quot voluerint aut stagnis adhibeant monachi aut rivo illi stagnis nondum adhibitis. In quibus omnibus stagnis scilicet et molendinis nemo unquam preter monachos juris quicquam habebit. Id solum cavere debent, ut priori illi molendino quem eis dimidium donavi, aquam non deficiat quicquid ad rivum illum operentur ipsi. Hec autem omnia filios meos auctorizare faciam et dominos a quibus terram illam habeo. Quod si inde lucrandi erunt domini, de meo eos lucrabor nichil de suo pro hac re impartientibus monachis. Et ut rata existant in perpetuum omnia dona de his omnibus facio, et in capitulo Majoris Monasterii, et super altare ecclesie testibus istis : — Widone presbytero — Herberto diacono — Girardo subdiacono — Landrico milite — Wlgrino calva gallina (1) — Hugone de Marci''iaco — Herberto barba De nostris — Vaslino de Tav... no — Rainaldo pistore — Vitale pistore — Walterio pistore — Durando marescalco — Hainrinco de Buziaco — Rainaldo Daldino — Rotberto francisco — Odone coco — Ivone coco — Hildemaro sanguinoatore — Isembardo de molendinis.

XVIII

NOTICIA DE TRIBUS QUARTERIIS TERRE ARCHEMBALDI PREPOSITI VINDOCINENSIS (2)

1050 - 1060

Archembaud, prévôt du château de Vendôme, donne à Saint-Martin trois quarterons de terre sis Saint-Médard, près du jardin, et quatre deniers de cens à la fête de Saint-Maurice.

Notum fiat omnibus christianis et maxime successoribus nostris quod Archembaldus prepositus de

---

(1) A la charte 40, on trouve *Salca gallina*.
(2) Cette charte a été publiée dans le Livre des Serfs sous le n° XII de l'appendice.

Castro Vindocino dedit Sancto Martino Majoris Monasterii tria quarteria terre ad sanctum Medardum juxta ortum. Solvit autem illa pars terre IIII^{or} denarios de censu ad missam Sancti Mauricii. Hujus rei testes hi sunt : Germundus monachus — Rotbertus monachus — Otbertus filius Sewini — Hugo Chadebertus — Landricus homo Archembaldi — Gaudefredus consanguinerius Ternerii — Haimo mediator — Hermoinus mediator — Guismandus homo Sancti Martini — Giroardus servus Sancti Martini.

XIX

NOTICIA DE AUCTORAMENTO PETRONILLE (1) UXORIS ARCHEMBALDI PREPOSITI

Avant 1064

Pétronille, dont le mari Archembaud avait, sans son consentement, donné à Marmoutier une grande partie de ses biens de Mont Hildulfe, apporte ce consentement à l'abbé Albert, qui l'admet, avec ses fils, à la participation aux bonnes œuvres des religieux.

Nosse debebitis si qui eritis posteri nostri, Majoris scilicet hujus habitatores Monasterii Sancti Martini, Archembaldum prepositum de Vindocino et Petronillam (1) uxorem ejus quadam vice ad hunc locum devenisse. Qui Archembaldus multa ad se pertinentia in

---

(1) Pétronille, voy. note ch. XVII.

possessione montis Hildulfi (1) nobis jam auctorizaverat, quibus hec eadem uxor ejus assensum minime prebuerat. Interpellata igitur multociens a nobis et ab ipso ut hoc faceret, facturam se tandem promisit, si in societatem beneficii nostri, in quam ipse eadem de causa jam fuerat susceptus, et ipsa susciperetur. Venit itaque jussu illius in capitulum nostrum, ipso in hospitali remanente, et suscepta cum duobus filiis suis adhuc parvulis, Hugone et Gauffredo, licet absentibus, a domino Alberto abbate tunc temporis nostro, sicut petierat in societatem totius beneficii nostri, auctorizavit perpetuo Sancto Martino et nobis quecunque ab eodem marito suo donata, vel vendita seu auctorizata fuerant in pos[ses]sione montis Hildulfi, sive aliis locis, ita tamen, ut si qua forte nobis ulterius ab eo petenda forent, ab ipsa etiam peteretur. Unde hujus modi auctoramentum prius ibidem in capitulo quodam fuste, ut moris est, fecit, et postea eundem fustem super altare posuit. Testibus his qui de suis et mariti ipsius hominibus, et de nostris simul interfuere.

De hominibus illorum : Hugo filius Roberti plani de Lavarzinio — Ulricus de Lenda — Hugo filius Galdrici de Lavarzinio.

De nostris : Ebrulfus cellararius — Mainardus hospitalis — Durandus forestarius.

(1) Mons Hildulfus, localité qui devait être voisine de Monthodon, commune du canton de Châteaurenault (Indre-et-Loire).

XX

NOTICIA DE XXX^ta TERRE ARPENNIS IN VINDOCINENSI SITIS, QUOS EMIT DOMNUS GERMUNDUS DE GIRBERGA FEMINA ULRICI (1)

Vers 1050

Le moine Germond ayant acheté pour VI livres de deniers d'une veuve Girberge trente arpents, en terre et vigne entre Courtiras et Villechatin, paye six sous le consentement de son frère, deux deniers celui de ses fils, et six sous huit deniers celui du prévôt Archembaud. Ce dernier, du fief de qui dépendait le bien, reçoit en outre cinq sous et une truie, et sa femme une brebis. Les comtes Geoffroy et Foulques dont Girberge était serve confirment cet acte, l'un pour un muid, l'autre pour un demi-muid de grain.

Notum fieri volumus et presentibus et posteris nostris loci hujus Sancti Martini Majoris Monasterii habitatoribus domnum Germundum quendam fratrem nostrum, a quadam femina Girberga nomine, Ulrici Burgondionis jam tunc forte defuncti uxore, XXX^ta agripennos emisisse, quorum trigesimus cum dimidia fere vigesimi noni parte uve ferens, reliquum vero aratri patiens. Territorium ubi hec terra est Vindocinense, locus inter villam quo Curtiras vocatur et villam Cattinam (2) situs, terra editior, et si illinc ubi ecclesia Sancti Medardi que in predicta villa que Curtiras dicitur sita est, steteris, ab aquilonali

---

(1) Charte publiée dans le Livre des Serfs de Marmoutier sous le n° XIV de l'appendice.

(2) Villechatin, commune de Villiers, canton de Vendôme.

parte, utrunque enim adsitum pertinere dicitur. Que videlicet ecclesia, et ab eadem terra sagitte unius emissione, et a Castro Vindocino unum fere videtur miliarum distare : Hec terra ab omni prorsus redibitionis consuetudine sit extorris, tantum census illius, duo scilicet solidi et octo denarii, in festivitate Sancti Mauricii, que in autumno celebratur, persolvatur quotannis. Terre quas circa se habet quibus et conjungitur per continuationem et disjungitur per juris proprietatem cum ipsa nostra, ille vero diversorum sint hominum, sunt hec : ab oriente et a septentrione, terram habet Archembaldi prepositi ; a meridie, terram Hamelini filii Gualterii (1) ; ab occidente terram Gauffredi Panis-ante-aquam cognominati. Precium ipsius libre IIII^{or} denariorum extiterunt. Hildebertus quidam, frater erat femine, cognomento Boguerellus coperat calumniari, sed sex et a nobis solidis datis, facte adquievit venditioni, cumsentientibus (*sic*) quoque duobus filiolis suis Mainardo et Herveo, quibus singulis singulos pro recognitione domni Germundi denarios dedit. Ipsius terre vendas sex solidos et VIII denarios Archembaldus prepositus recepit ; cui etiam dedit domnus ipse Germundus V solidos pro auctoramento, quia ad fevum ejus jam sepe dicta terra pertinebat, et porcam unam, uxori quoque sue Petronille ovem unam. Comites quoque quorum ancilla femina superius nominata erat, Gauffredus Andegavensium (2) et Fulco Vindocinensium (3), prior, modium

(1) Hamelin, fils de Gautier de Langeais.
(2 et 3) Geoffroi Martel, comte d'Anjou, avait racheté de sa sœur Adèle les droits que celle-ci avait sur le comté de Vendôme, qu'il conserva ensuite jusqu'en 1050. En cette année, il en fit la remise à son neveu Foulques l'Oison, fils d'Adèle, et celui-ci le posséda jusqu'à sa mort, 1066.

annone unum, alter vero tantumdem et dimidium pro auctoramento acceperunt. Sic supradicta terra, omnibus obstructis calumniis, in dominium nostrum, non jam suos commutatura dominos, concessit. Testes auctoramenti comitum sunt hii :

Durandus vicarius comitis Gauffredi — Salomon (1) vicarius comitis Fulconis — Benedictus cellararius — Tescelinus subvicarius — Ingelbaldus Brito — Gauscelinus Buellus. Venditionis testes hii : — Fulco comes — Archembaldus prepositus — Gauscelinus Buellus — Odo secretarius — Fulcherius de Turri — Guismandus famulus — Gualterius Canardus — Olbertus filius Siwini — Constantinus canonicus.

XXI

DE MOLINO QUI EST
APUD SANCTI MEDARDI (sic) (2)

XIe siècle

Auramus vend à Marmoutier, pour dix sous et un setier de mouture, la moitié qu'il possédait du moulin de Saint-Médard, du consentement de ses trois enfants qui reçoivent chacun un denier. Hugues, fils d'Archembaud, seigneur du lieu, reçoit des ventes pour que le marché soit inattaquable.

Notum sit omnibus quod Auramus vendidit nobis partem suam quod habebat in molino qui est apud

---

(1) Salomon, fils d'Otrad, fut vicaire des comtes Foulques l'Oison et Bouchard III, son frère. Il paraît dans l'importante charte de la Trinité intitulée : *De Consuetudinibus Burchardi Comitis de Vindocino.* (Voir aussi ch. XXV, XXXII et LXXXII.)

(2) Voir la charte XIII, par laquelle Archembaud donne l'autre moitié de ce moulin.

Sanctum Medardum id est dimidietatem, et accepit inde X solidos et I sextarium annone, qui sextarius fuit pro illo tantulo terre in qua exonerantur asini qui ferunt annonam ad molinum. Hoc concesserunt filii ejus Guido, Richildis, Emma et habuerunt pro hoc singuli singulos denarios.

Actum per manum Gauterii et Petri monachorum qui tunc ibi habitant. Hujus rei testes : Ermoinus — Guismandus homo Sancti Martini. Hanc venditionem concessit Hugo filius Archembaldi qui dominus est illius loci, et accepit inde venditiones ut firma esset emptio. Donum quoque quod pater suus nobis fecerat scilicet ut homines qui habitant apud Sanctum Medardum et in villa Curtiras vadant omnes molere ad supradictum molinum, idem Hugo tunc concessit, audientibus testibus his : Gervasio preposito — Ingelbaldo de Luchis — Ingelberto garenio — Rainaldo flaquello — Ermoino homine Sancti Martini — Guismando.

XXII

NOTICIA DE TERRA DE CARBONARIIS ET DE AUCTORAMENTO BURCHARDI VINDOCINENSIS

XIe siècle

Le prêtre Ansault donne à Saint-Martin et à Saint-Médard-lès-Vendôme, avec le consentement de son frère Bouchard, de la femme et des enfants de ce dernier, la terre des Charbonnières.

Notum sit successoribus nostris quod terra de

Carbonariis quam emit Ansaldus (1) presbyter et concessit loco Sancti Martini Majoris Monasterii et loco Sancti Medardi Vindocinensis territorii, auctorizavit illis Burcardus frater ejusdem Ansaldi, et uxor Burcardi, nomine Guitburgis, et filii eorum sic vocati, Gervasius, Gualterius, Hilgodus, istis testibus :

Guismando homine Sancti Martini — Mainardo famulo monachi — Gualterio Rubeo — Gualterio presbytero — Dacfredo Rufo genero Burcardi — Germundo monacho.

XXIII

NOTICIA DE QUADAM CONVENTIONE CUM GUISMANDO

1066

Guismand qui, entre autres choses, réclamait aux moines le moulin de la Chappe, reçoit quarante sols pour se démettre de toutes les actions qu'il leur avait précédemment intentées. Il s'interdit en particulier, dans le cas où il prendrait gîte chez eux et où ils lui donneraient moins qu'il ne désire en nourriture ou en soins d'autre sorte, de s'emparer de quoi que ce soit des choses du monastère.

Nosse debebitis, si qui eritis posteri nostri Majoris scilicet hujus habitatores Monasterii Sancti Martini, Guismandum de Vindocino cum nobis calumniaretur molendinum de Cappâ (2) et alias quasdam, ut jam dudum solitus erat, adversum nos reclamaret querelas, ad hunc tandem nobiscum devenisse concordie finem, anno ab incarnatione domini MLXVI, mense janua-

---

(1) Ansauld, voy. note ch. XIV.
(2) La Chappe, hameau à l'extrémité du faubourg Saint-Bienheuré de Vendôme.

rio, presidente nobis anno tercio domno abbate Bartholomeo (1), agente domno Odone nostro tunc temporis priore, ut LX solidis a nobis acceptis, dimitteret universas quas ad illum usque diem adversum nos poterat reclamare querelas, et hoc nominatim ut si quando apud nos deinceps hospitaretur et minus illi quam vellet in victu aut in aliquo obsequio exiberetur, non tamen ullam pro hoc ipse predam aut aliquid prenderet de rebus Sancti Martini. Quod si monachus apud nos effici aliquando voluerit et ita petierit ut monachatum et suscipere et tenere licite possit, non negabitur a nobis. Acta et pacta sunt hec, testibus istis : Drogone de Aziaco — Guillelmo campione britone — Fulcherio de Turre (2) — Hilgodo de Caresmot (3) — Rotberto Bracheto — Gundraco — Froterio homine Guismandi.

De nostris famulis : Gauffredo campione — Giraldo muciolo — Johanne converso — Landrico cellarario — Harduino pistore.

XXIV

NOTICIA DE MOLENDINO QUEM DEDIT GUISMANDUS

XI° siècle

Le chevalier Guismand donne, pour le salut de son âme, à St-Martin, un moulin situé sur le Loir, près du moulin de la Chappe.

Nosse debebitis, si qui eritis posteri nostri Majoris scilicet hujus habitatores Monasterii Sancti Martini,

---

(1) Barthelmy, élu abbé de Marmoutier en 1064. [1064-1084.]
(2) Foucher de la Tour, voy. note ch. X.
(3) Hilgod de Caresmot, voy. note ch. XIII.

militem quemdam de Vindocino Guismandum (1) nomine, donasse pro anima sua Sancto Martino et nobis molendinum quendam in Ledo (2), Firmatum nomine, juxta molendinum nostrum de Cappa (3) quem sicut solide et quiete habuit et possedit, ita nobis habendum et possidendum sub jure perpetuo pro anima sua, sicut dictum est donavit. Ex quo molendino, dum super altare donationem quodam fuste, ut moris est, faceret, hii de familia nostra interfuere testes.

Ebrulfus cellararius	Rainaldus pistor
Ingelricus sartor	Geraldus nepos Rainaldi
Gauffredus cocus	majoris
Durandus risellus	Rainaldus monachus
Geraldus mucoolus	Ascelinus monachus
Mamardus hospitalarius	Tetbaldus monachus.

XXV

NOTICIA DE AUCTOMENTO SALOMONIS FILII OTRADI SUPER MOLENDINO GUISMANDI

Vers 1060

Salomon, après avoir réclamé aux moines le moulin que leur avait donné Guismand, et prouvé que ce moulin faisait partie

---

(1) Guismand de Vendôme était gendre de Hugues Doubleau.
(2) Ledum, le Loir, rivière.
(3) Moulin de la Chappe, dit de Saint-Mard (Vendôme.)

de son fief, se désiste pour sept deniers et autorise Guismand à le donner ou à le vendre à qui il voudra.

Nosse debebitis, si qui eritis posteri nostri Majoris scilicet hujus habitatores Monasterii Sancti Martini, Salomonem (1) filium Otradi reclamasse adversum nos molendinum quem nobis dederat Guismandus de Vindocino et probasse quod esset de suo fevo. Cujus reclamationi finis est impositus talis : Septem denariorum libras a nobis acceptas idem Guismandus Salomoni dedit eidem, atque ita auctorizare illum obtinuit ut predictum molendinum aut donaret cui vellet aut venderet. Itaque, tam Guismandi dono quam Salomonis auctoramento, possessioni nostre quietus perpetuo debebit ille persistere molendinus. Testibus istis : — Ingelbaldo Britone — Salomone filio Ivonis — Gundraco Bastardo — Hamelino clerico — Ascelino Cotardo — Randano homine Ingelbaldi — Gausberto Pullo — Mainardo de Ferraria — Durando molendinario de greva (2) — Benedicto Blancardo.

XXVI

NOTICIA DE CONVENIENTIA NOSTRA CUM WISMANDO DE VINDOCINO

1063

Les moines prêtent à Guismand cent sols tourangeaux, à la condition que, s'il ne les leur rendait pas avant la foire de Blois,

---

(1) Salomon, voy. note ch. XX.
(2) Moulin de la Grève, dans la rue de ce nom à Vendôme.

ils garderaient trois muids de grain qu'ils ont coutume de lui donner chaque année ; ils lui remettent cent autres sols pour l'accord intervenu entre eux au sujet de ses alleux.

Mense martio, primo anno regiminis sui presidente nobis domno abbate Bartholomeo (1), centum solidos turonensium Wismando de Vindocino prestavimus monachi Majoris Monasterii, ea scilicet convenientia qua, si eos usque ad forum Blesis non reddiderit, tres modii annone nobis deinceps romaneant quos dare ei solemus quot annis. Ipse quoque, si hoc evenerit, promisit se usque ad festum Sancti Remigii ad nos venturum donumque super altare ecclesie nostre de illis modiis facturum. Attamen si non venerit, nostram fore annonam conventum est. Testibus istis : Drogone de Aziaco — Gauffredo campione — Sigemaro cellarario — Rotberto cellarario — Lealdo famulo. Nos et alios centum solidos Wismando donavimus propter convenientiam quam nobiscum de alodiis suis habuit infra suprascriptum terminum, unde penes nos plenior habetur noticia.

XXVII

CYROGRAPHUM GUISMANDI

1070

Les moines et Guismand renoncent d'un commun accord aux conventions qu'ils avaient faites au sujet des alleux de ce dernier, ne retenant que ces deux points, savoir : que s'il voulait se faire moine ils le recevraient, continueraient de lui donner,

(1) Barthelmy, élu abbé de Marmoutier en 1064.

tant qu'il vivrait, les trois muids de grain qu'ils lui devaient chaque année pour ses moulins.

Notum sit fratribus nostris scilicet Monachis Majoris Monasterii quod convenientias quas habuimus cum Guismando de alodis suis, cunctas, pari consensu, et nos et illo ita dimisimus, ut et nos clamaverimus ei solutos et quietos alodos suos ad faciendum quicquid velit, et ille dimiserit nobis omnes querelas. De aliis autem rebus quas ab ipso habemus, fecit jusjurandum quod ipse non queret quomodo eas predamus vel quo modo damnum inde paciamur, sed et si quis illas nobis calumniaverit, ipse edisseret nobis eas per fidem et per rectum sine malo ingenio. Pactum autem nullum de hinc habemus cum eo, nisi de duabus rebus tantum idest, si voluerit monacus fieri, recipiemus eum et illos tres modios annone quos solemus ei dare pro molinis suis, habebit similiter dum vixerit. Hec definitio (1) facta est apud Vindocinum in capitello Sancti Georgii anno incarnationis Domini MLXX, et ibidem factum est supradictum jusjurandum. Testibus istis et sacramenti et definitionis : Ingelbaldo Britone — Salomone filio Ivonis — Tetbaldo filio Leterii — Rainardo — Rainaldo — Hugone — Wlgrino — Ulrico — Gaufredo — Raherio — Herluino — Petro — Viviano — Johanne — Guidelino — Radulfo — Odone — Fulberto — Bernardo — Balduino — Gauterio — Giraldo de Sartrino — Johanne converso — Landrico.

Eodem anno venit Guismandus in capitulum nostrum et ibi recitata est hec definitio et confirmata ab utra-

---

(1) *Sic, pour definitio.*

que parte et a nobis et ab illo, presente domno abbate Bartholomeo. Testibus istis : Babino homine comitis — Guidone preposito — Guillelmo, homine Guismandi — Ludovico Archembaldo collarario — Petro et Bernardo et Giraldo coquis — Odone hospitalario — Giraldo muciolo — Johanne converso.

XXVIII

CYROGRAPHUM GUISMANDI

Vers 1066

Les moines et Guismand conviennent que, lorsque celui-ci viendra habiter le couvent, il aura une petite chambre près de l'hospice, le feu, un lit à deux matelas pour lui, et un autre à un seul matelas pour son homme, avec trois pains et quatre justes de vin par jour, lesquelles seront réduites à trois, s'il veut étudier les lettres à Tours ou habiter le Château-neuf de Saint-Martin.

Conventio inter nos monachos scilicet Sancti Martini et Guismandum, cum venerit apud nos habitaturus, in camera minori que est juxta hospitalem, habitabit. Focum ei et lectum duarum culcitarum ipsi probebimus et unius culcite uni homini ipsius, tres cotidie (sic) panes, et IIII^{or} vini justas ipsis duobus, ex pane vinoque tali quali nos utemur. Alium quem libuerit cibum ex proprio ipso sibi curabit emendum.

Quod si forte, quod ut dicit, litteras vult discere in civitate Turono, vel apud Castellum novum Sancti Martini voluerit habitare, ibi quoque probebimus ei et suo homini III tantum panes quotidianos et tres tantum justas vini. Testes hinc sunt : Vivianus Caput ferri — Drogo de Aziaco — Thomas homo ejus — De nostris : Hildericus de Beziaco — Landricus famulus — Girardus de Lavarzino.

XXIX

CYROGRAPHUM GUISMANDI (1)

Vers 1070

Guismand donne aux moines, pour le salut de son âme, son moulin de la Chappe, aux conditions suivantes : ils lui donneront chaque année deux muids de blé et un de méteil ; s'il veut se faire moine, ils le recevront ; s'il meurt dans le siècle, ils lui donneront la sépulture.

Notum sit omnibus sancte Dei ecclesie fidelibus, maxime nostris successoribus, quod Guismandus Guismandi filius, nobis monachis videlicet Majoris Monasterii Sancti Martini, in redemptionem anime sue, dedit molendinum suum de Cappa (2) eo tenore ut uno quoque anno impenderentur ei a nobis, pro misericordia, II modi frumenti et I grosse annone, qui persolvantur a kalendis Augusti usque ad solemnitatem Sancti Remigii, tali quoque pacto ut si monacus effici velit, recipiatur ; si vero obierit in hoc seculo,

---

(1) Cette pièce fait double emploi avec la charte XXXIV bis, qui présente de légères variantes sans importance.

(2) Après le mot *Cappa*, la charte XXXIV bis présente ceux-ci : *annuente Salomone filio Otradi*.

a nobis sepeliatur. Pactus est etiam molendinum illum nullo se modo propter querelam ullam vel forisfactum amplius repetere, nisi monacus effici volens a nobis renuatur. Cujus rei testes hac in pagina sunt subscripti : Ingelbaldus Brito. — Fulcradus filius Gauscelini Bastardi. — Salomon filius Ivonis. — Fulcherius filius Ingelbaldi. — Rotbertus Bracus. — Wigrinus filius Ingelbaldi. — Gundracus. — Rotbertus (1) filius Leodegarii presbyteri. — Nihardus. — Hamelinus canonicus. — Rainaldus filius Ivonis. — Guido clericus. — Drogo barba torta. — Herbertus clericus. — Giraldus famulus. — Michael famulus.

XXX

NOTICIA MOLENDINI DE CAPPA

Vers 1050

Hildiarde, femme de Foucher, ayant acheté de Guismand, au profit de Saint-Martin, un moulin à la Chappe, Emeline, femme de Guismand, et ses fils reçoivent pour leur consentement une pelisse de quarante sols et cent sols de monnaie, et son frère Gislebert une once d'or. Les fils d'Hildiarde donnent le leur gratis, mais son neveu Arnulfe reçoit pour le sien quarante sols et Lancelin de Beaugency vingt. Après la mort d'Hildiarde, les moines, victimes des violences du fils de Guismand pour un droit qu'ils lui avaient concédé sur ce moulin, lui rachètent ce droit pour six sols de deniers.

Notum fiat nostrorum posteritati successorum

---

(1) Ce témoin, dans la charte XXXIV bis, est nommé Rotbertus archidiaconus, au lieu de filius Leodegarii presbyteri.

quod Hildiardis, uxor Fulcherii de Vindocino (1) emit unum molendinum, in Ledo fluvio, in loco qui dicitur « ad Cappam » situm, ad opus Sancti Martini Majoris Monasterii, de quodam homine Guismando nomine, annuante (sic) uxore sua nomine Emelina (2), que habuit ob hoc primo, pelliciam XL^{ta} solidorum, postea C solidos et filio eorum favente Guismando nomine, nec non Gisleberto fratre Emeline qui accepit ob hoc unam auri unciam. Filii quoque predicte Hildiardis, Fulcherius scilicet et Wulgrinus (3), gratis hoc annuerunt. Arnulfus vero nepos ejus pro auctoramento XL^{ta} solidos accepit, et Lancelinus (4) de Balgenciaco XX^{ti} solidos pro eo quod auctorisavit. Persuasit deinde Hildiardis monachis Majoris Monasterii ut

(1) Foucher de Vendôme, appelé aussi le Riche (ch. XXXIV), posséda de grands biens dans le Vendomois et fut le chef d'une famille puissante. De sa femme, que l'on trouve sous les différents noms de Hildegarde, Hildearde, Adelarde et Adèle, et qui était dame de Bezai, il eut deux fils Vulgrin et Foucher, et deux filles nommées toutes les deux Adèle. — Leur fils Foucher II, qui porta comme son père le surnom de le Riche, eut deux filles. L'une, Hersende, fut mariée à Gradulfe-le-Blanc de Montigny et de Châteaudun, l'autre à Ingelband le Breton, dit aussi de Vendôme, personnage considérable dont il sera parlé plus loin. Des deux sœurs du nom d'Adèle, l'une fut mariée à Hugues Doubleau, fondateur du château de Montdoubleau, et souche de la première famille des seigneurs de ce nom. L'autre fut la femme de Roger de la Tour, dont un fils Roger de la Tour et une fille Agnès, mariée à Gilduin de Maillé. (Voy. note ch. X.)

(2) Emeline, femme de Guismand de la Chappe et Gislebert, son frère, étaient enfants de Hugues Doubleau, et, par Adèle leur mère, petits-enfants de Hildearde, dame de Bezai.

(3) Foucher (II) et Vulgrin étaient fils de Foucher I et de Hildearde de Bezai, et oncles de Gislebert et d'Emeline. Vulgrin eut un fils du nom de Arnulfe.

(4) Sans doute Lancelin Ier de Beaugency, qui vivait encore en 1030.

facerent homines de terra sua videlicet Buziaco (1) portare annonas suas ad ipsum molendinum. Illa vero mortua, remansit consuetudo ista, et cepit Guismandus Guismandi filius habere partem emolumenti de molendino predicto, et monachi similiter partem habebant in alio quodam illius molendino. Si quis ergo de hominibus Sancti Martini iret ad aliud aliquod molendinum nisi ad unum istorum, diripiebat bona ejus, et sub hac occasionne multa mala faciebat hominibus Sancti Martini. Quapropter dederunt illi monachi Majoris Monasterii VI libras denariorum ut nec acciperet partem de molendino eorum, nec homines illorum cogeret ire nisi ad quod vellent molendinum. Quod ille se facturum promisit et insuper hujus rei fidejussores dedit, videlicet : Ingelbaldum de Vindocino (2) — Gislebertum (3), qui tenebat molendini censum — Odonem decanum (4) — David vicarium — Rogerium Piperaturam — Aefridum hominem suum, ut isti emendent Sancti Martini monachis X libras, si deinceps habuerint de hac re calumniam. Testes horum isti sunt : Ingelbaldus Brito — Gauscelinus Bodellus (5) — Guillelmus Bucellus — David vicarius — Otbertus filius Sevine — Randanus, Morandus, Giraldus, Andreas homines Sancti Martini — Frogerius mulnerius.

(1) Bozai, commune de Nourray, canton de Saint-Amand (Loir-et-Cher).

(2) Ingelbaud le Breton ou de Vendôme, gendre de Foucher II le Riche. Voy. ch. CXXVIII.

(3) Gislebert, fils de Hugues Doubleau.

(4) Le doyen Odon était frère de Gislebert.

(5) Gauscelin ou Joscelin, surnommé Bodellus, était un chevalier du château de Vendôme. Voy. ci-après ch. CXV.

XXXI

NOTICIA DE MOLENDINO DE CAPPA

1050 - 1066

Vingt-cinq ans après qu'Hildiarde eut acheté le moulin de la Chappe, Foucher de la Tour, son petit-fils, réclame aux moines ce moulin, que son père Roger avait tenu injustement pendant quelque temps. Sa mère Adèle s'efforce de prouver que c'était à son profit et non à celui des moines qu'Hildiarde l'avait acheté. Mais un jugement maintient les moines dans la paisible possession du moulin.

Nosse debebitis, si qui eritis posteri nostri Majoris scilicet hujus habitatores Monasterii Sancti Martini, Hildegardem (1) uxorem Fulcherii de Vindocino emisse unum molendinum in Ledo fluviolo, loco qui dicitur « ad Cappam » situm, ad opus Sancti Martini et nostrum, de quodam homine Guismando nomine, annuente uxore sua nomine Emelina, que habuit ob hoc, primo pelliciam XL solidorum, postea C solidos, et filio eorum Savante Guismando nomine, necnon et Gisleberto fratre Emeline que accepit ob hoc unam auri unciam, filii quoque predicte Hildegardis, Fulcherius scilicet et Vulgrinus gratis hoc annuerunt. Arnulfus vero, nepos ejus, pro auctoramento XL solidos accepit, et Lancelinus de Balgenciaco XX solidos pro eo quod auctorizavit. Post annos autem non minus XXV, Fulcherius de Turre, Hildegardis ipsius ex filia nepos, eundem nobis molendinum calumniari

---

(1) Pour les personnages nommés dans cette pièce, voir les notes de la charte XXX.

cepit, quod illum pater suus, vocabulo Rotgerius, injuste licet aliquando tenuisset. Mater quoque ipsius, Adela nomine, tunc adhuc superstes, asserere nitebatur, quod ad opus suum, hoc est ejusdem Adele, non ad opus Sancti Martini, molendinum illum Hildegardis emerit. Sed contra ambos testes habuimus legitimos : unum, nomine Randanum, et alterum Gausbertum cognomento Pullum, qui omni lege probare fuere parati : Quod Hildegardis molendinum ad opus emerit Sancti Martini, et pisces ex ejus piscaria investituram dederit in vita sua monachis Majoris Monasterii, atque post ejus obitum idem monachi annis XXV molendinum habuissent quietum. Ipsa quoque Adela, que cum filio suo asserebat quod post mortem Hildegardis, jam dictus Rotgerius maritus suus et ipsa molendinum tanquam sui juris invasissent et aliquandiu tenuissent, inquisita quomadmodum ab eorum dominio postea redisset in nostrum, respondit eundem maritum suum cum moreretur, nobis illum reddere voluisse. Quod cum ipsa nollet, ab ea petiisse ut si Sancto Martino per semetipsam illum concedere nollet, vel sibi marito suo ipsa et ipse illum Sancto Martino donaret. Ad quod illa annuente, ita nobis molendinum redditum fuisse. Quod cum narrasset Adela, et hac ipsa sua narratione etiamsi vera esset, et testium supradictorum assertione calumnia sua suique filii convicta, atque judicium qui aderant sententia improbante frustata, molendinum illum nobis permisit manere quietum. Testibus istis : — Fulcone Vindocinensi comito (1) — Odone Rufo — Ingelbaldo Britone — Archembaldo preposito —

---

(1) Foulques l'Oison, comte de Vendôme de 1050 à 1060.

Chotardo filio Gauscelini Bodelli — Chotardo filio Guillelmi vicarii — Johanne converso — Tetbaldo filio Leterii — Gauffredo carpentario — Randano homine Ingelbaldi — Fulcone priore monacho — Gausberto Pullo — Hugone monacho — Benedicto Blancardo — Isemberto monacho.

XXXII

DE CALUMNIIS NIHARDI ET INGELBALDI IN MOLINO GUISMANDI

1066 - 1075

Guismand apaise la revendication que faisait Salomon, en vertu d'un prétendu droit de son père Ottrad sur le moulin que lui Guismand avait donné aux moines, en lui payant sept livres représentant le droit en question. Il en est de même de celles que Nihard porte au plaid du comte de Vendôme, relatives, l'une à la possession de ce moulin, l'autre à son vicariat, ainsi que d'une dernière portée par Ingelbaud.

Notum sit fratribus nostris scilicet monachi Majoris Monasterii quod quando Guismandus dedit nobis molinum suum, calumniatus est eum Salomon (1) filius Ottradi, pro quadam convenientia quam habuerat pater Guismandi cum Ottrado patre illius. Guismandus enim pater istius Guismandi tenebat de Ottrado quemdam fevum in Francia, hoc est curtem de Hilmarensi quam vendidit VII libras denariorum,

---

(1) Salomon, fils d'Ottrad, voy. note ch. XX.

de quo pretio emit illum molinum quod tali pacto concessit Ottradus, ut tamdiu teneret ipsum molinum de eo in fevum donec emisset eodem precio aliquid quod in perpetumu teneret de eo, aut ipsas VII libras reddidisset. Propter hanc ergo convenientiam judicatum est in curia Fulconis (1) comitis Vindocinensis, quod Guismandus, si molinum vellet dare, aut illas VII libras redderet Salomoni, aut eodem precio aliquid emeret quod de eo teneret. Ille autem, volens adquietare donum quod faciebat pro anima sua, reddidit Salomoni VII libras denariorum, et ita habuimus molendinum solutum et quietum et tenuimus eum postea X annis vel amplius sine ulla calumnia. Post hec calumniatus est eum Nihardus (2) filius Gisleberti, dicens Guismandum non potuisse illum dare, eo quod maritagium fuisset matertere sue, hoc est matris Guismandi. De qua re venerunt ad placitum ipse et Guismandus cum domno Odone tunc priore nostro, apud Vindocinum ante Comitem Guidonem (3) in domo Ingelbaldi Brittonis, et ibi narravit Guismandus quo modo pater suus molinum emerat, sicut superius dictum est. De qua emptione cum haberet testem Vivianum Caput ferri, judicatum est calumniam ejus injustam esse. Guismandus enim iste, cui Nihardus modo calumniabatur, emerat molinum tunc quando illas VII libras pro eo reddidit Salomoni, et quod emptio sua erat, poterat eum dare cui volebat sine ulla contradictione ; sed quod

---

(1) Foulques l'Oison, comte de Vendôme de 1050 à 1066.

(2) Nihard, fils de Gislebert (Doubleau), était cousin germain de Guismand par sa mère Emeline, sœur de Gislebert.

(3) Guy, comte de Vendôme. Voy. ch. XI.

census molini ipsius Nihardi erat, justum erat ut inde vendiciones haberet, quas et in eodem placito recepit. Deinde movit aliam calumniam dicens vicariam molini suam esse. Quod Guismandus ita falsum esse probavit, ut habuerit ibi quendam Andaldum nomine qui fuit molinarius ipsius molini, qui cum furtum fecisset de annona ejusdem molini, constrinxit eum Guismandus coram Gisleberto patre Nihardi et fecit eum emendare furtum III libras denariorum. Quod cum Andaldus in eodem placito confessus esset, judicatum est hanc quoque calumniam Nihardi injustam esse, illumque nullum habere rectum in molino, et propterea debere illum reddere annonam quam injuste ceperat saisiendo molinum injuste, quam et in eodem die nobis reddidit. Extinctis hac ratione omnibus calumniis Nihardi, insurrexit alia ab Ingelbaldo Brittone dicente quod Fulcherius pater uxoris sue, de cujus fevo est census molini, non auctorasset supradictam emptionem Guismandi. Ad hoc respondit Guismandus, pater suus quamdiu vixit molinum tenuit ita ut Fulcherius, cum esset dominus suus et vicinus suus, nunquam calumniatus fuerit. Similiter tenuit eum Rodulphus major filius Guismandi quamdiu vixit, et post eum Guismandus, cui modo Ingelbaldus calumniabatur, tenuit eum XX annis vel amplius sine ulla calumnia, et cum ipse eum nobis dedit, affuit ipse Ingelbaldus et nichil calumniatus est, sed etiam rogavit Guismandum ut nobis illum daret. Quod cum Ingelbaldus negare non posset, judicatum est quod non erat conveniens ejus calumnia; et ita examinatis et definitis omnibus istis calumniis in illo eodem placito, nulloque amplius aliquid calumniante, remansit nobis molinus noster solutus et quietus. Actum anno incarnationis domini

MLVIIII (1) regiminis domni abbatis B. (2) VI septimana prima mensis julii. Horum omnium testes : Guido comes (2) — Ingelbaldus Britto — Wigrinus filius ejus — Hamelinus de Lengiacis — Fulcherius de Turre — Johannes de Guirchia — Ascelinus Chotardus — Salomon filius Ivonis — Gundacorus — Rotbertus Brachetus — Drogo de Azei — Hugo filius Salomonis — Leufredus forestarius — Gaufredus filius Ivonis. De nostris : Michael et Giraldus Rufus — Benedictus Blanchardus — Landricus cellararius — Gausmarus frater ejus — Rotgerius de Navolio — Vivianus caput ferri — Hamelinus et Constantinus canonici.

XXXIII

DONUM DE REBUS GUISMANDI VINDOCINENSIS

1065

Le chevalier Guismand donne aux moines, pour en jouir après sa mort : Un arpent d'excellente vigne à la Couture, au-dessus de Vendôme, un arpent et demi à Courtiras, et tous ses alleux de Courtozé et d'ailleurs. Mais, s'il laisse un héritier légitime, les moines n'auront que les vignes susdites et une partie seulement de ses alleux de Courtozé.

Nosse debetis, si qui eritis posteri nostri Majoris scilicet hujus habitatores Monasterii Sancti Martini,

---

(1, 2 et 3) La date de 1059 semble fausse. C'est peut-être 1069 qu'il faut lire. Guy ne commença à gouverner le comté de Vendôme qu'en 1066, après la mort de son frère, Foulques l'Oison, et pendant la minorité de son neveu Bouchard III, dit le Jeune.

L'abbé désigné par la lettre B est Barthélemy, qui succéda, en 1064, à l'abbé Albert.

militem quendam de Vindocino Wismandum nomine partem hanc rerum suarum nobis post obitum suum dedisse : vinee scilicet per optime arpennum unum apud Culturam, supra Vindocinum, quem solum tunc temporis in loco illo habebat, arpennum et dimidium apud villam Curtirast (1) nuncupatam, sua alodia omnia apud villam que Curtisozii (2) dicitur, vel etiam ubicunque sita. Atque hec sub tali ratione ut si sine herede de legitima uxore obierit, solida omnia habeamus et quieta sicut ipse, die quo nobis ea dedit, habebat. Si vero moriens heredem de propria conjuge habuerit, vineas supradictas habebimus, et de alodiis partem istam tantum apud Curtemozii, dimidium scilicet vinee arpennum, boscum quem fiscum apellant dimidium, mansuram de Marches Salomon totam, cum pratis et omnibus ad eam pertinentibus rebus. In qua si quidem tantum terre habetur quantum ad duas sufficere possit, omni tempestatem (*sic*), carrucas. Quandam etiam de alodiis istis apud sopefatam villam in loco qui Buxeria dicitur mansuram, multo ante, noster isdem benefactor donaverat nobis mox utique habendam. Cumque donationem suprascriptam apud Vindocinum fecisset in curia comitis Fulconis, anno ab incarnatione domini MLXV mense Augusto, domnum Odonem priorem nostrum minavit super alodia. Ex quibus mensuram ei tradens quicquid unquam juris in ea habuerat, deinceps nostrum fore concessit ; de hoc et donatione suprascripta testibus subter divisis. Testes de donatione suprascripta : Fulco comes de Vindocino — Ingelbaldus

---

(1) Courtiras, village de la commune de Vendôme.
(2) Courtozé, hameau commune d'Azé, canton de Vendôme. La Trinité de Vendôme y fonda un prieuré.

Britto — Fulcherius de Turre — Tetbaldus filius Leterii — Otbertus filius Sevini — Hugo passa pictavensem — Ascelinus Chotardus — Fulbertus telonearius — Lambertus Scrabro — Richardus frater Chotardi — Willelmus de Credonio — Berengerius decanus — Constantinus canonicus — Herbertus diaconus — Andreas nepos Guismandi — Froterius homo ejus. De nostris : Gauffredus carpentarius — Benedictus Blancardus — Johannes conversus. — Landricus cellararius — Martinus filius Waningi — Rotgerius de Navolio. De monachis : Odo prior — Gauscelinus prepositus — Hubertus Stephanus. Testes de mansure traditione : Rotgerius de Villa-Mumblam — Gauffredus Campio — Lambertus Croslacot — Landricus cellararius — Vivianus caput ferri.

Quarto dehinc mense decembris scilicet XV Kal. Januarii, venit Wismandus in capitulum nostrum, ubi donum de rebus supradictis faciens, vineas de Curtirast, arpennum et dimidium nobis jam deinceps habendas, guerpivit; donum quoque illud reportavit super altare ecclesie, testibus istis : Ingelbaldo Brittone — Hugone filio ejus — Fulchrado filio Gauscelini — Gauffredo fratre ejus — Gundraco bastardo. De nostris : Ulrico Perdriello (1) — Frodone medico — Rotberto hospitalario — Giraldo mucello — Bernardo coco — Nihardo coco — Constantio coco — Ursione coco — Odone coco.

---

(1) C'est sans doute lui qui a donné son nom à la Roche-Perdriel ou Perdriau, commune des Haies, canton de Montoire, que l'on trouve nommée dans d'anciens titres et près de laquelle il y avait une chapelle dédiée à Notre-Dame de Lorette.

XXXIV

NOTICIA HILDEARDIS UXORIS FULCHERII

XI° siècle

Hildearde, femme de Foucher le Riche de Vendôme, donne, sur la fin de ses jours, à Saint-Martin, un moulin situé à la Chappe avec deux arpents et demi de vignes à Nourray.

Notum sit successoribus nostris quod Hildeardis (1) uxor Fulcherii Richi de Vindocino, in extremitate vite sue, dimisit Sancto Martino Majoris Monasterii, ad usum scilicet fratrum ibidem universitatis domino famulantium, non tantum pro anime suo evasione ab eterno incendio sed etiam pro patrie celestis amore, molendinum unum in loco consistentem qui la Cappa nominatur, et duos arpennos et dimidium vinearum apud villam que Nuceriacus (2) appellatur consistentium. Hujus autem utriusque donationis cartulam, pleniorem ut obtineret firmitatem, nominibus testium qui eandem donationem fieri videntes et audientes affuerunt, ipsam subnotari curavimus : Rotberti Timonis prepositi — Mainardi capellani ejusdem domine — Gauzberti filii Bernerii de Putellis (3).

---

(1) Hildearde, femme de Foucher le Riche de Vendôme. Voy. note ch. XXX.
(2) Nourray, commune du canton de Saint-Amand (Loir-et-Cher).
(3) Puteaux, commune de Villerable (Loir-et-Cher).

XXXIV bis

CYROGRAPHUM

Cette charte fait double emploi avec la XXIXe. Nous n'en donnons pas le texte, parce qu'il est semblable à celui de cette dernière, à quelques légères variantes près, qui sont indiquées en notes à la charte XXIX.

XXXV

NOTICIA DE ODONE LANGOBARDO

XI° siècle

Eudes Lombard, du consentement de sa femme Hildeburge et de ses fils, donne à Saint-Martin deux arpents et demi de son alleu, auxquels il ajoute, par amour du saint confesseur, cinq sols de cens d'une terre que les moines tenaient de lui, moins toutefois douze deniers qu'il se réserve.

Notum sit omnibus quotquot post nos venturi sunt qoniam Odo Langobardus, annuante uxore sua Hildeburge et filiis eorem Gauscelino Rainaldo quoque ac Guicherio, donaverit Sancto Martino Majoris Monasterii duos arpennes alodii et diminium. Cui dono ut Deo acceptius fieret, bonitatem super bonitatem apponens aliud studuit super addere. Amore namque supradicti piissimi confessoris Martini quo ejus majorem gratiam apud Deum mereretur obtinere, fratribus qui sub ejus patrocinio Deo deserviunt perdonavit simul X solidos census terre quam de eo videntur tenere, exceptis duntaxat XII^{cim} denariis quos sibi maluit retinere. Que ut firma atque ab omni calumnie violentia inconcussa illis ordine quo dedit in evum liceat possidere, has videntium et audientium hominum personas in testimonium adhibuit, quorum vocabula inferius possunt conscripta videri : Rainaldus Rupecula — Hildebertus cocus — Guarinus clericus — Gausfredus cocus — Hilduinus sartor — Arnulfus sartor — Hildegarius filius Gertranni — Galterius cellararius — Salomon cocus — Helgodus cocus — Durandus sanguinator — Rotbertus de Elemosina.

Hii posteriores testes sunt de auctoramento filiorum prefati Odonis, Gauscelini videlicet Rainaldi atque Guicherii, quod iterum fecerunt de omnibus que ipse Sancto Martino et nobis donaverat vel vendiderat quando pro hoc unus quisque eorum XII^{cim} denarios a Fulcone tunc priore nostro accepit :

Hubertus filius Avesgaudi — Rotbertus Andecavinus — Rainerius usurarius — Gauscelinus filius ejus — Landricus mercator — Bernardus sutor — Johannes conversus.

XXXVI

NOTICIA DE DONO ODONIS LANGOBARDI

XIe siècle

Eudes Lombard, du consentement de sa femme et de ses fils, donne aux moines deux arpents et demi de son alleu proche Huisseau, et, pour comble de bonté, leur fait remise de cinq sols de cens et un quartier de terre de son fief que les moines tenaient du chevalier Robert, retenue faite toutefois de douze deniers pour lui.

Notum fieri volumus universis successoribus nostris

generationibus que venturis, Odonem Langobardum de Vindocino, annuente uxore sua Hildeburge, suis quoque de ea filiis Gauscelino Rainaldo ac Guicherio, dedisse nobis monachis videlicet Majoris Monasterii apud Oscellum (1), duos arpennos et dimidium alodi sui inter terram Sancti Georgii (2) et alodos sancti Amandi siti, cui dono [ut] Deo acceptius fieret, bonitatem super bonitatem apponens aliud studuit super addere. Miles enim quidam Rotbertus nomine cognomento Migla frater Tetbaldi Fulguris, quartam unam terre humiliter apud Oscellum ad censum dederat nobis ; disparatur autem jactu sagitte vel lapidis ut putatur ab ecclesia Oscelli et pertingit usque ad terram nostram que vulgo dicitur Loscheri. Erat autem quinque solidorum census, et Odoni supradicto, fevum enim ejus erat, quotannis reddebatur. Hunc ergo censum Odo, ipse uxore et filiis eque faventibus, in perpetuum nobis remisit, denariis tantummodo XII^{cim} in solemnitate beati Martini hiemali sibi retentis. Cujus sive census remissio sive terre donatio, ut ad signum aliquid dicamus primo Vindocini facta fuit ad caput mense in atriis aule comitis Gausfredi (3) ; quod quidem quamvis factum fuerit in oculis plurimorum, paucos tamen ad

(1) *Oscellum*, Huisseau-en-Beauce, commune du canton de Saint-Amand (Loir-&-Cher). — Dans la marge supérieure du manuscrit, on lit le mot Uysseau, d'une écriture fort ancienne.

(2) Le Saint-Georges, entre la terre duquel et les alleux de Saint-Amand se trouvaient situés les deux arpents et demi de terre donnés à Marmoutier, était le monastère de Saint-Georges-du-Bois, dont dépendait le prieuré de Villethiou, commune de Saint-Amand.

(3) Geoffroi Martel, comte d'Anjou et de Vendôme. Voy. note ch. XX.

testificandum sufficere credentes inseruimus tam monachorum quam clericorum et laicorum. Hoc enim vidit Fulco et Hildebertus monachi nostri, hoc quoque Odo canonicus et secretarius sancti Georgii, necnon Guismandus filius Guismandi et Hildegarius cognominatus Caro Leporis. Elapso aliquanto post tempore venit in capitulum nostrum, sibi uxorique sue poscens dari societatem et beneficium. Quo impotrato, quam prius Vindocini fecerat donationem inibi rursus firmavit et coram subscriptis testibus auctorizavit; quos donationis omnium consuetudinum quas in ea habuisset eque testes fieri voluit. De auctoramento filiorum ejus hii septem priores testes sunt:

Hubertus filius Avesgaudi — Rotbertus Andecavis — Rainerius usurarius — Gauscelinus filius ejus — Landricus mercator — Bernardus sutor — Johannes conversus — Rainaldus Rupecula — Hildebertus cocus — Guarinus clericus — Causfredus cocus — Hilduinus sartor — Arnulphus sartor — Hildegarius filius Gertranni — Gualterius pistor — Salomon cocus — Hilgodus cocus — Durandus risellus — Rotbertus de Elemosina.

XXXVII

DE PISCATORIA AQUE GLANDESSE

Vers 1080

Raynaud de Château-Gontier revendiquant aux moines la pêcherie de la Glandesse, l'épreuve par le fer chaud fut ordonnée : Haimon, leur homme, la subit, et il fut prouvé que, d'après une vieille coutume, les habitants du territoire compris entre la Glandesse et la Gubernesse pouvaient pêcher dans ces rivières tout le poisson qu'ils voudraient, en tant qu'ils n'en vendraient pas. Plus tard, Rahier, ayant rompu les jonchées et enlevé le poisson des hommes de Saint-Martin, fut condamné pour ce fait à une amende que les moines abaissèrent à un denier.

Nosse debebitis, si qui eritis posteri nostri Majoris scilicet hujus habitatores Monasterii Sancti Martini, Rainaldum de Castro-Gunterii (1), eo tempore quo tenebat in Turonia castrum Rainaldi, calumniatum nobis fuisse piscariam aquæ Glandessæ (2). De qua re, portato calidi ferri judicio per hominem nostrum Haimonem de Boeloto, probatum est contra illum consuetudinem esse antiquam, omnium incolentium terram illam quæ est inter Glandessam et Gubernessam, in aqua illa piscari quandocumque velint et quantumcumque possint ad cibum duntaxat proprium, non autem ad vendendum. Quam ita tunc extinctam calumniam post annos plurimos resuscitare templavit Raherius quidam filius Alcherii de Speronello usque adeo ut juncaticas in aqua illa ad capiendos pisces ab hominibus nostris aptatas dirumperet et pisces asportaret ; sed et hinc facto placito apud Castrum-Rainaldi, coram Guicherio (3) filio Guicherii qui tunc jam recuperaverat castrum illud, jure paterno debitum sibi, monstratum probatum est, tempore patris ipsius Guicherii nec non et avi sui sed et tempore Alcherii patris illius Raherii, consuetudinem legi-

---

(1) Rainaud de Château-Gontier, l'un des fidèles du comte d'Anjou Geoffroi Martel, bâtit en 1044, avec l'autorisation de celui-ci, un château en Touraine, qui reçut le nom de Châteaurenault. Chef-lieu de canton, Indre-et-Loire.

(2) La Glaise, petite rivière qui se jette dans la Brenne, auprès de Châteaurenault, et passe au Boulay (Boelotum).

(3) Guicher, fils de Guicher, seigneur de Châteaurenault, et petit-fils de Renaud, vivait en 1080.

timam fuisse sicut supradictum est, hominibus illis in aqua illa piscandi. Quapropter disruptas juncaticas et ablatos pisces idem Alcherius nobis legaliter emendavit et lege sibi misericorditer perdonata precium piscium, hoc est unum denarium, reddidit. Testes hujus rei : Guicherius de Castro Rainaldi — Letbertus bastardus patruus ejus — Hugo filius Teudelini — Thomas — Hugo filius Eve — Hugo filius Guarnerii — Hilgodus Cuncata — Theodelinus de Gres — Rotgerius filius Roscionis.

XXXVIII

NOTICIA DE CALUMNIA GISLULFI ET HUGONIS SUPER TERRA DE SEMITARIO (1)

XI° siècle

Gislulfe et Hugues revendiquaient une partie de la terre du Sentier comme étant du fief de leur oncle Ranulfe. Gislulfe se désiste pour vingt sols, un muid de blé et un cheval. Mais Hugues ne consent à en faire autant qu'à la mort de ce dernier, dont il apporte le corps à Marmoutier pour y être enseveli, et en acceptant la participation aux bienfaits du couvent pour lui et pour un de ses amis.

Nosse debebitis, si qui eritis posteri nostri Majoris scilicet hujus habitatores Monasterii Sancti Martini,

---

(1) Le Sentier, prieuré de Marmoutier, canton de Châteaurenault (Indre-et-Loire).

Gislulfum atque Hugonem nepotes Ramnulfi, servi quondam et forestarii comitis Fulconis (1), calumniam intulisse nobis super illa parte terre nostre de Semitario quam tenuit Gausfredus filius Ermenrici quamque illi fevum olim fuisse dicebant jam dicti avunculi sui. Quorum calumniacioni finem imposuimus talem, XX solidos et I modium frumenti unumque caballum dedimus Gislulfo, et ita nobis quicquid sibi juris in tota illa reclamabat terra guerpivit ex integro. Hoc idem facere Hugo distulit quidem vivente Gislulfo, sed ipso tandem moriente consensit. Nam corpus ejus ad nos sepeliendum deferens, in nostrum tunc capitulum venit et guerpitionem illam sicut Gislulfus jamdudum fecerat, fecit. Pro quo etiam benefacti nostri participationem accepit, et promissum quod eandem acciperet unus suus quem vellet amicus si quando nobis adduceret. Acta sunt hec testibus istis : Lamberto Pictavino de Ferraria — Richardo Taurello — Girardo filio Milesendis — Richardo filio Rainerii — Ingelbaldo Arvernensi ; Isti venerunt cum illo. De nostris : Guillelmo Bigoto — Gausfredo campiono — Frodone medico — Ingelrico sutore — Rainaldo pistore — Boselino pistore — Rotberto hospitalario — Durando hospitalario — Rotberto cellarario — Sigomaro cellarario — Rodulfo de Balgiaco — Giraldo coco — Ursiono coco — Giraldo sartore — Guillelmo asinario — Hilduino filio Durandi forestarii — Durando plano vel tinioso — Walcherio presbytero.

(1) Le comte de Vendôme Foulques l'Oison, 1050-1066.

XXXIX

NOTITIA DE GUERPITIONE HILDEGARII CARNIS DE LEPORE, SUPER RECLAMATIONE TERRE DE SEMITARIO.

XIe siècle

Hildier, dit Chair-de-Lièvre, renonce pour toujours aux droits qu'il disait avoir sur la terre du Sentier, pour vingt sols et la participation aux prières et aux aumônes du couvent.

Nosse debebitis, si qui eritis posteri nostri Majoris scilicet hujus habitatores Monasterii Sancti Martini, Hildegarium quendam (1) de Lepore cognominatum, venisse in capitulum nostrum, et accepta quantum concedere nostrum fuit, participatione orationum elemosinarumque nostrarum et denariorum insuper solidos XX, integro atque perpetuo guerpivisse nobis reclamationem totius juris quod se habere dicebat in terra de Semitario, in ea scilicet parte quam tenuerat Gausfredus filius Ermenrici. Cujus guerpitionis testes affuerunt plurimi, ex quibus hic annotati pauci sufficiant istis : Rainaldus homo ipsius Hildegarii — Ulricus forestarius de Turono — Walcherius forestarius noster — Ingelbaldus de Ponte — Rotbertus cella[ra]rius — Nihardus coccus — Giraldus coccus — Ursio coccus — Mainerius bovarius — Petrus presbyter de Parciaco.

(1) Par suite d'une erreur du copiste, sans doute, le mot *carnem* a été omis dans le texte.

XL

NOTICIA DE AUCTORAMENTO ARCHEMBAUDI IN PRATIS APUD SEMITARIUM SUPER GUBERNESSAM FLUVIOLUM SITIS (1).

1065

Archembaud, prévôt de Vendôme, étant venu à Marmoutier la veille de Saint-Martin, confirme aux moines la possession de quatre arpents de pré, près du Sentier, sur la rive droite de la Gubernesse, et ayant appartenu autrefois à Geoffroy, fils d'Ermenric.

Nosse debebitis, si qui eritis posteri nostri Majoris scilicet hujus habitatores Monasterii Sancti Martini, Archembaldum, prepositum de Vindocino, anno ab incarnatione domini MLXV, mense Julio, vigilia Beati Martini, ad hoc ejusdem Majus Monasterium venisse atque auctorizasse nobis IIII^{or} arpennos prati apud Semitarium, super aquilonarem fluvioli Gubernesse nuncupati ripam. Pertinent autem ad terram que fuit quondam Gausfredi filii Ermenrici. In quibus, ne a quoquam calumnia nobis posset unquam intendi, Archembaldus, dudum de terra memorata capitalis dominus, auctoramentum suum super his Sancto Martino donavit et nobis, donum inde faciens super altare ecclesie nostre, testibus istis : Hugone de Marcilliaco — Wlgrino salva gallina (2) — Heberto

---

(1) Archambaud, prévôt de Vendôme, voyez note Ch. XVII.
(2) A la charte XVII on trouve *calva gallina*.

homine Archembaldi. De nostris : Giraldo coco —
Vaslino pistore — Adelardo de Lavariaco — Gaucherio forestario — Giraldo mucello — Tetbaldo majore — Arnulpho filio Rainerii — Constantio Tallaferrum.

XLI

NOTICIA DE MAINFREDO SALNARIO (1).

1032 - 1064

Rainard de Fougères, en Dunois, étant venu faire ses dévotions au monastère, est jugé digne de l'association du couvent ; il offre à Saint-Martin, pour le repos de l'âme de ses parents et de la sienne, son colibert Mainfroy avec toute sa postérité, et reçoit, pour la confirmation de ce don, vingt-cinq sols; sa femme et sa sœur donnent leur consentement, ainsi que son frère Robert, qui est, pour cela, admis à la même association.

Sciatis hoc nostri successores, Mainfredum Salnerium hoc modo in nostrum jus devenisse : Rainardus quidam de villa quam Falgerias dicunt, in Dunensi pago constituta, hujus Mainfredi fuerat dominus, et ipse ejus fuit colibertus. Is ergo Rainardus hoc nostrum, orationis causa, Majus Monasterium adiens, pro eo quod societatem nostram in capitulo nostro accipere meruit, hunc colibertum pro animabus patris et matris sue Bernardi scilicet et Engelree atque sua, Sancto Martino hac ratione obtulit, ut non solum ipse, verum etiam omnis ex eo nascitura proge-

---

(1) Cette charte a été publiée dans le Livre des Serfs de Marmoutier, sous le n° 111 de l'appendice.

nies, abbati hujus loci debitum reddat obsequium et eorum subjaceat servituti; filium autem Acfridum nomine, ex toto tunc nobis, in jus enim cesserat alterius, dare non potuit, sed que sibi ex eo subpetebat partem condonans, modis omnibus pollicitus est se nos adjuvaturum, quatinus totus, sicut pater ejus, noster possit effici. Hujus rei firmitate XXV solidos ei dedimus, et Rotbertum fratrem ejus, pro eo quod hoc idem auctorizavit, in nostrum, cum eo, pariter beneficium suscepimus; et ut hec donatio firma sit in perpetuum, Hildelma uxor ejusdem Rainardi et Evelina soror ejus, pari assensu firmaverunt. Testes autem qui ad hoc videndum fuerunt producti, nomina habent hujusmodi :

Arnulfus sartor — Hilduinus sartor — Gualterius Esguaret — Durandus Risellus — Bernardus Burellus — Frodo — Guarinus clericus — Gausfridus presbyter — Gualterius de Loratorio — Mainardus hospitalarius — Andraldus portarius — Drogo pellitarius — Rainaldus pellitarius de Cerninco — Ebrulfus cellararius — Gualterius de Cappella Guillelmi — Bernardus de Navoil.

XLII

NOTICIA DE GUERPITIONE GAUSFREDI DE SANCTO AMANDO, SUPER TERRA DE SEMITARIO.

1064

Geoffroi de Saint-Amand et Aremburge sa mère abandonnent à perpétuité, pour cinquante sols, tout ce qu'ils réclamaient de la terre et de l'église du Sentier. Geoffroi est admis à la participation des prières et des aumônes des religieux, après avoir obtenu le pardon des déprédations qu'il avait commises; puis il confirma le don, fait par sa mère, d'une terre d'une charrue, près de Burzai en Vendômois.

Nosse debebitis, si qui eritis posteri nostri Majoris scilicet hujus habitatores Monasterii Sancti Martini, Gausfredum de Sancto Amando (1), una cum sua matre nomine Aremburge, quietum nobis dimisisse perpetuo quicquid sibi reclamabat in tota terra seu in ecclesia de Semitario, quinquaginta solidis pro hoc acceptis, et depredationibus quas nobis pro eadem intulerat causa sibimet perdonatis, accepta etiam pro hoc ipso participatione orationum elemosinarumque nostrarum, auctorizasse quoque nobis terram ad unam carrucam quam donaverat eadem mater sua in pago Vindocinensi apud Burzeium. Acta sunt hec in capitulo nostro, anno ab incarnatione Domini MLXIIII, agentibus nunc nobis sub anno primo regiminis domni Bartholomei (2) abbatis. Testibus istis : Archemfredo milite Tetbaldi de Rupibus (3) — Ascelino de Prato ad Quercum (4) — Gauscelino Bodino, Willelmo filio Ascelini vicarii — Petro molendinario de Semitario — Sigemaro colla[ra]rio — Constantio

---

(1) La famille de Geoffroi de Saint-Amand était attachée aux comtes de Vendôme.

(2) Barthélemy, abbé de Marmoutier de 1064 à 1084.

(3) Thibaut des Roches, des seigneurs de Roche-Corbon-sur-Loire, près de Tours. Il était frère ou fils de Hardouin des Roches, qui vivait encore en 1058. Il avait un frère et un fils qui, tous les deux, s'appelaient Thibaut. Le dernier ne vivait plus en 1095.

(4) Préchêne, maison, canton de Châteaurenault (Indre-et-Loire).

Tallit-ferrum — Lahartlo, Vaslino filio — Lamberto de Tavenno — Mauritio fratre Leonii. De nostris hominibus : Wandelberto de Semitario — Frodone medico — Odone scutellario — Rainaldo serviente.

XLIII

NOTICIA DE AUCTORAMENTO CONSTANTII FILII MAINARDI DE FERRARIA SUPER TERRA QUAM PATER SUUS VENDIDERAT.

XIe siècle

Les moines livrent pour quinze sols un cheval qui en valait trente, à Constant, fils de Mainard de Ferrières, pour qu'il consente à la vente, que leur avait faite son père, d'une terre près du Sentier, et lui promettent la participation aux bienfaits du couvent.

Nosse debebitis, si qui eritis posteri nostri Majoris scilicet hujus habitatores Monasterii Sancti Martini, Constantium, filium Mainardi de Ferraria, auctorizasse nobis terram omnem quam apud Semitarium idem nobis suus pater vendiderat, et quidem ut auctorizaret, ab Hildeberto monacho nostro, illi tunc terre preposito, equum XXX solidorum, pro XV accoperat, suaque fide promissa, spoponderat in capitulum nostrum se venturum, ibique auctorizationem hanc esse facturum benefacti nostri participationem pro hoc ipso suscepturum ibidem. Itaque, licet equum illum, tanquam minus sibi placentem, postea reddiderit, sed pro eo, re vera, ut fassus est, ipse quod nec illud equi precium dare, hoc est XV solidos, potuit, venit tamen, ut spoponderat, in capitulum nostrum, et benefacti participatione suscepta, voluntate spontanea, promissum prebuit auctoramentum. Testibus istis : Richardo de Monediaco — Petro molendinario — Ludovico de Pupibus — Osmundo famulo de Semitario — Stephano Minutello — Bernardo Bloio — Wandelberto marito uxoris quondam Morandi.

XLIV

NOTICIA DE QUADAM TERRA SEMITARII QUAM CALUMNIATATUR ISEMBARDUS COGNOMENTO PEREGRINUS.

XIe siècle

La revendication qu'élevait Isembard, du chef de Gundrada, sa femme, veuve de Geoffroy, sur la terre du Sentier, que les moines avaient achetée de ce dernier, est éteinte moyennant quarante-cinq sols et la participation des époux aux prières et aumônes du couvent. Isembard retire aussi la plainte qu'il portait contre les moines du Sentier, pour avoir laissé perdre de nombreux bestiaux qu'il avait confiés à leur garde.

Nosse debebitis, si qui eritis posteri nostri Majoris scilicet hujus habitatores Monasterii Sancti Martini, Isembardum cognomento Peregrinum, cum accepisset conjugem Gundradam, que prius fuerat uxor Gaufredi cognomento Hativati, calumniam quamdam intulisse nobis ex parte ipsius sue conjugis, dicente scilicet ea, quod terra illa de Semitario quam redemoramus a predicto Gaufredo suo priore marito, sui dotalicii fuisset, et illam redemptionem nostram ipsa non auctorizasse. Hec ergo calumnia hoc tandem fuit fine sedata; XV a nobis solidos acceperunt, et participationem orationum elemosinarumque nostrarum et calumniam ex integro guerpiverunt, neque hanc solam sed totam etiam illam pariter querelam quam contra nos faciebat Isembardus idem, de multis, ut dicebat, pecudibus suis, monachorum nostrorum de Semitario tutele vice quadam commendatis et perditis. Et hec igitur querela cum calumnia illa perpetuo est dimissa. Testibus istis: Wismando de Vindocino — Laurentio homine Isembardi — Martino campione homine ipsius. De nostris: Gaufredo campione — Johanne converso — Basino pistore — Rainaldo famulo Lavarzino — Landrico famulo Vindocinensi — Odone monacho, priore nostro.

XLV

NOTICIA DE GUERPITIONE ISEMBARDI SUPER TERRA DE SEMITARIO.

1063

Isembard fait, pour vingt-cinq sols, l'abandon aux moines de ce qu'il leur réclamait de la terre de Rochoux et de toute celle du Sentier, du consentement de ceux dont il disait tenir ses droits, savoir Archembaud et Hugo. Celui-ci reçoit pour son autorisation cinq sols et la participation aux bienfaits du couvent.

Nosse debebitis, si qui eritis posteri nostri Majoris scilicet hujus habitatores Monasterii Sancti Martini,

Isembardum quemdam, cognomento Culacherium, guerpisse nobis sub regimine nunc agentibus domni abbatis Alberti (1), anno ab incarnatione Domini MLXIII, quicquid reclamabat in terra de Roschoiso, sive in tota omnino terra nostra de Semitario, acceptis pro hoc XXV solidos, et auctorizante Hugone filio Gausberti de Axia, de quo dicebat se jamdudum tenuisse que reclamabat, atque Archembaldo Vindocinensi preposito, de quo asserebat eundem tenere illa debere Hugonem, accipiente quoque Hugone ipso solidos V pro suo auctoramento et pro sua guerpitione, participationem quoque totius deinceps benefacti loci nostri eodem Isembardo. Testibus istis : Otberto filio Seguini — Constantino canonico Sancti Georgii — Hugone de Marciliaco — Hutberto filio Walterii Chanardi — Adelelmo filio Giraldi parvi — Benedicto Blanchardo — Hildeberto homine Archembaldi — Rainerio fratre Constantino canonico Sancti Georgii — Giraldo Muciolo — Tetbaldo cellarario nostro de Vindocino.

XLVI

NOTICIA DE QUARTERIO ECCLESIE DE SEMITARIO QUEM VENDIDIT NOBIS HUGO FILIUS GAUSBERTI.

1065

Hugues et Achard, fils de Gaudric, et Hugues Cadebert, leur oncle, revendiquaient aux moines le quart de l'église du Sen-

(1) Albert, abbé de Marmoutier de 1037 à 1063 ou 1064.

tier et tout ce que leur avait vendu *Hugues d'Axia*, leur cousin; mais Achard ayant été tué, les autres, pour le repos de son âme, laissent aux moines la paisible jouissance de ce qu'ils leur réclamaient.

Pateat successoribus nostris, habitatoribus scilicet Majoris hujus Monasterii Sancti Martini post nos futuris, quod Hugo filius Gaudrici et Achardus frater ejus et Hugo Cadebortus eorum avunculus, calumpniabantur nobis quarterium ecclesie de Semitario et totum quod vendiderat nobis Hugo filius Gausberti de Axia, consanguineus eorum. Occiso autem Achardo, quicquid calumpniabantur nobis jam dicti frater ejus et avunculus solidum et quietum clamaverunt nobis pro anima illius. Actum apud Lavarzinum anno ab Incarnatione Domini MLXV. Testibus istis.

(Nomina desunt in manuscripto.......)

XLVII

NOTICIA DE CALUMNIA MAGNELINI IN TERRA ET IN ECCLESIA DE SEMITARIO.

1050 - 1066

Magnelin, qui avait saisi les troupeaux des moines, auxquels il réclamait la terre du manso d'Aldevin et le quart de la chapelle du Sentier, est déclaré mal fondé dans ses prétentions, au plaid de la cour de Vendôme. Il accepte trente sols des moines pour s'en désister et leur rendre leurs troupeaux, puis il devient l'homme du monastère, dont il reçoit encore vingt sols et un palefroi.

Nosse debebitis, si qui eritis posteri nostri Majoris scilicet hujus habitatores Monasterii Sancti Martini,

Magnelinum, filium Ade de Vindocino, calumniam intulisse nobis in tota terra de manso Aldevini necnon et in quarterio capelle de Semitario, dicendo scilicet patrem suum hec aliquando habuisse, unde cum jam predam nostram cepisset, convenimus in placitum in curia Vindocinensi utrique, ubi injustus calumniator ostensus judicio, tandem ita consensit ut in medium totam ex integro guerpiret calumniam seque ad nos venire pacisceretur, ac de XXX solidis nobiscum concordare, quibus predam nostram redemeramus. Cunque in capitulum nostrum venisset atque iterum dimisisset calumniam, devenit homo domini abbatis et noster, omnem fidem nobis et nostris promittens. Domnus autem abbas donavit suo homini decem solidos, dimissis illis XXX, et palefredum XX solidorum, pro meliorando scilicet suo servitio. Quibus rebus sic expletis, nos de utraque concordia, de priore apud Vindocinum et de secunda in capitulo nostro, testes divisimus in carta.

Testes de priore, apud Vindocinum, concordia :

Fulco comes (1) — Ingelbaldus Brito — Fulcherius ... urre — Hubertus vice-comes — Guarinus filius Rimandi — Goscellinus Lumbardus — Roszo de Lavarzino — Gausfredus de Sancto Amando — Guismundus de super Bolon — Hugo forestarius — Herbertus Guisnachio — Mainardus de Ferraria Rainaldus de Montibus. De nostris : Gausfredus campio — Odo cocus — Osmundus Hugo — Abrannus.

De secunda in capitulo nostro :

Grandelbertus de manso Aldevini — Hilduinus

---

(1) Foulques l'Oison, comte de Vendôme de 1050 à 1066.

sartor — Rotbertus Franciscus — Girardus — Ursio, Bernardus, coci — Odo nauta — Lealdus cubicularius — Rannulfus clericus — Lambertus de Fontanis.

XLVIII

NOTICIA DE RIPA GLANDESSE
QUAM GAUSFREDUS CORVESINUS VENDIDIT.

XIe siècle

Geoffroy rend aux moines, pour faire un étang, une des rives de la Glandesse, moyennant douze sols de cens payables à la Toussaint, six sols à Geoffroy et six à Mathieu de Montoire, tant que durera la guerre des comtes, mais le tout à Geoffroy quand elle sera finie.

Nosse debebitis, si qui eritis posteri nostri Majoris scilicet hujus habitatores Monasterii Sancti Martini, Gausfredum quemdam cognomento Corvenisum, XX solidorum acceptione vendidisse eidem Sancto, per manum domni Fulconis cujusdam fratris nostri, non venditionis sed emptionis ministri, ripam aque que Glandessa dicitur, ad faciendum stagnum, ex una parte, nam ex alia, nostra erat; qui fluviolus capellam de Semita haud longo ab ea disparatus preterlabitur. Qua ex re, ad festivitatem omnium Sanctorum, solvitur a nobis census XII^{cim} videlicet denariorum, quandiu guerra duraverit comitum (1) seni reddendi, sex

---

(1) Il est difficile de savoir à quelle guerre cette charte fait allusion, car les comtes de Blois et d'Anjou se combattirent presque constamment pendant toute la première moitié du

scilicet prefato Gausfredo, reliqui sex Matheo de Monte-aureo (1). Sed cum forte finita fuerit, qui auctor fuit venditionis erit et totius census recipiendi. Testes huic rei vidende seu audiende adhibentur et hec eorum nomina :

Hervous frater Gausfredi — Herveus de Monaia — Rainerius homo ejus — Hubertus presbyter — Guarinus clericus — Rainerius de Blesi — Fulco, Girardus, Stabilis, monachi.

XLIX

CONCORDIA CUM FILIIS INGELBALDI, ODONE, RAINALDO ET CETERIS, DE HIS QUE RECLAMABANT APUD SEMITARIUM.

1072

Les moines, pour mettre fin à une revendication des quatre enfants d'Ingebaud, vicaire de Vendôme, du chef de leur père.

XI° siècle, Eudes II et Thibault, comtes de Blois, d'une part, contre Foulques Nera et Geoffroy Martel, comtes d'Anjou, de l'autre ; et, dans la maison d'Anjou même, Geoffroi Martel ne craignit pas de la faire à son père Foulques Nera.

(1) Mathieu de Montoire avait un frère nommé Dreux ; tous les deux paraissent dans un grand nombre de chartes de la deuxième moitié du XI° siècle. Bien qu'ils semblent ne pas avoir appartenu à la famille des seigneurs de Montoire, ils n'en eurent pas moins une situation considérable dans le pays. Un titre de l'abbaye de Noyers apprend qu'ils avaient un troisième frère nommé Hugues Bourguignon. Celui-ci tenait pour le roi le château de Sainte-Maure-en-Touraine ; il y fut assiégé par le comte d'Anjou et périt en le défendant. Mathieu et Dreux portèrent son corps à Marmoutier, où les moines lui donnèrent la sépulture.

sur les terres, les vignes, les maisons et l'église du Sentier, leur donnent quatorze livres de deniers, moitié de Blois moitié du Mans, et réconcilient Eudes et Raynaud avec Guy de Vendôme et Hamelin de Langeais, irrités contre eux à cause de cette revendication.

Notum sit omnibus quod filii Ingelbaldi vicarii de Vindocino, Odo, Rainaldus, Fulcodius et Adelaidis soror eorum, calumniati sunt nobis diu terras et vineas et domos apud Semitarium ex parte patris sui, ipsam quoque ecclesiam ejus loci. De qua calumnia venimus tandem ad hujusmodi finem. Dedimus, scilicet illis IV^{or} simul, quatuordecim libras denariorum, medietatem Blesensium, aliam medietatem Cenomannensium, et reconciliavimus Odonem et Rainaldum Guidoni (1), comiti Vindocini, et Hamelino de Longadiis (2) qui malevolebant illis propter hanc calumniam, et ita dimiserunt simul omnes IV^{or}, in capitulo nostro, totam illam calumniam. Et quicquid reclamabant apud Semitarium, clamaverunt solutum et quietum Sancto Martino et monachis ejus, et postea pro hac ipsa re misimus eis in pactum, quod ubicumque aliquis ipsorum IV^{or} morietur, in Turonico vel in Vindocinensi, si amici ejus miserint nuntium mortis ejus, huc ad Majus Monasterium mittetur illic monacus unus ad conducendum huc defunctum, ita tamen ut amici illius procurent portitores et expensas ad devehendum. Monacus enim nihil horum procurabit, sed solummodo ibit cum illis. Facta est concordia et hec convenientia in capitulo nostro, anno Domini abbatis Bartholomei VIII, VI kalendas

---

(1) Guy, comte de Vendôme, voy. note ch. XI.
(2) Hamelin de Langeais, voy. note ch. IV.

Aprilis, et ibi affuerunt et hec omnia audierunt et viderunt et testes sunt : Guido, comes Vindocini, qui tali pacto dimisit eis suam malivolentiam si ipsi deinceps non exeant de hac concordia vel convenientia — Hamo de Valle — Fulco de Bœria — Burcardus cantor — Gaufredus Fulcradus — Joslinus homo Hamonis — Simon filius Frodonis de Vindocino — Guillelmus filius Ascelini vicarii — Boninus — Giraldus cocus — Josbertus cocus — Herveus cocus — Guillelmus de Anglica terra — Isembardus — Hubertus filius Hervei — Harduinsis et Galterius filii Racherii — Hilduinus sartor — Gauterius cellararius — Johannes hospitalarius — Martinus coquus Fulconis de Bero.

L

NOTICIA DE QUARTERIO CAPELLE DE SEMITA ET TERRA DE ROSCOIS.

XIe siècle

Hugues, fils de Gausbert, vend à Marmoutier le quart de la chapelle du Sentier et sa terre de Ferrière et de Rochau, proche le Mont-Hildulfe, du consentement de ses frères Gislebert, Hervé et Guismand. Les deux premiers reçoivent cinq sols chacun et le dernier vingt, pour avoir aidé à la transaction. Archambaud, prévôt de Vendôme, du fief de qui dépendaient ces biens, reçoit cent sols pour son autorisation, et Guy, oncle du vendeur, six.

Nosse debebitis, si qui eritis, posteri nostri Majoris scilicet hujus habitatores Monasterii Sancti Martini,

Hugonem filium Gausberti de Axia vendidisse nobis quarterium capelle de Semita et terram omnem quam apud Montem Hildulphi in loco scilicet quem Ferrariam de Roschois appellant, habebat. Cui venditioni Gislebertus et Herveus atque Guismandus fratres ejus annuerunt, Archembaldo preposito Vindocini (1), de cujus hec erant fevo, sua idem confirmante auctoritate, solidis a nobis acceptis C. Qua de causa, uni eorum, Guismando videlicet, pro eo quod non solum favit sed etiam auxilio fuit, XX solidos dedimus, et quinque pro auctoramento singulis duobus ipsius fratribus, Widoni quoque avunculo eorum VI solidi sunt dati, eo quod et ipse nobis hujusmodi auctoramentum fecit. Terminatur autem prefata terra, a parte orientis, terra quam emimus a Lisoio Jeusa filio Burchardi, ab occidente terminum habens vallem Fontis-Ventalis, a meridie vero conjungitur potestati nostro Guastinensi, continuo tractu se extendens usque ad terram Sancti Martini de Castello-novo, et inde, usque dum preveniatur ad terram Rotberti et Hugonis filiorum Isembardi de Rupibus, Gausfredi « Freslave » cognominati. Illam autem partem que ad aquilonem respicit determinat terra eorumdem Rotberti videlicet et Hugonis, que communis habetur inter eos et Gauscelinum Guasnachiam filium Gualterii, usque quo perveniatur ad terram Mainardi forestarii, quam vulgus Villam-inventam appellare consuevit. Harum duarum terrarum spaciis eo usque vallatur a parte septemtrionali quousque eam ab oriente dividat initium terre predicti « Lisoii » et ab occidente memorata vallis Fontis-Ventalis. Quot autem mansuris constet

---

(1) Archembaud, prévôt de Vendôme, voy. note ch. XVII.

pro magnitudine ipsius non potuit estimari, sed hoc pro certo sciendum, quod quicquid terre proscriptus Hugo, intra has terminationes eatenus habuerat et possederat, totum liberum consuetudine ac omni redhibitione, X^{cem} a nobis acceptis denariorum libris, in jus nostrum vendicione transfudit perpetua. Ex quo, cum primum nobis apud Vindocinum, per domnum Fulconem fratrem nostrum quem ob id illuc miseramus, fecisset guerpitionem, postea, hoc Majus Monasterium veniens, secundam in capitulo nostro, quodam fuste qui apud nos, nomen ejus inscriptus, in testimonium servatur, presente domno abbate Alberto, fecit guerpitionem ; ex quibus duabus guerpitionibus et auctoramento Archembaldi prepositi, testes sunt hii, hoc ordine suscripti : De prima guerpitione et Archombaldi prepositi auctoramento testes sunt hii : Ingelbaldus Brito — Hugo filius ejus — Teduinus de Rua Vassallaria — Hamelinus clericus, filius Avisgaudi prepositi — Adelelmus Butafocum — Ulricus nepos ejus — Fulcradus Clavusmortalis — Roszo de Lavarzinio (1) — Guarinus filius Odonis secretarii — Abelinus homo Ingelbaldi — Morandus filius Andree — Archembaldus Benevenisti. De secunda Guerpitione, sunt isti : Tetbaldus de Busloo, homo ejusdem

(1) Roszo ou Rostho de Lavardin, chevalier, fut un personnage considérable, comme le prouve la présence de son nom dans un certain nombre de chartes. Il s'était emparé de la cour et de l'église de la Ville-l'Évêque, que le comte Geoffroi Martel et Agnès, sa femme, avaient données aux moines de la Trinité de Vendôme. Après la mort du comte, il s'efforça de les retenir ; mais, quand il se sentit près de mourir, il appela sa femme Heldevise, exprima devant elle ses regrets d'avoir molesté les moines, et ordonna à son fils Roger de leur restituer l'église ; ce que fit celui-ci, du consentement de sa mère et de ses frères et sœurs (1078). (Baluze, arm. 11, T. 2, n° 47, f° 268.)

Hugonis — Rainaldus junius — Arnulfus frater ejus — Rainaldus cocus — Hilduinus sartor — Rainaldus frater Michaelis — Adraldus clericus de Cambone — Ursus — Odo Cornuellus — Rotbertus de Elemosina — Guarnerius de Elemosina et Ernaldus frater ejus — Fulco monacus — Isembertus monacus — Hildebertus monacus — Hii tres tantum de monachis nostris prime guerpitioni interfuerunt. De auctoramento fratrum aliorum, sunt hii : Humbertus cognatus eorum — Fulchodius de Banasta — Hildebertus vicarius de Lavarzino (1) — Ingelerius presbyter. — De famulis : Johannes conversus — Rainaldus curtesius — Otbertus et Guicherius et Rainardus de Lavarzino. De monachis : Fulco prior — Hildebertus monacus — Fulcherius monachus — Beraldus monacus — Albertus monacus.

LI

NOTICIA DE GUERPITIONE RECLAMATIONIS HUGONIS ET GAUSFREDI ET HAIMONIS.

1062

Les moines obtiennent des trois frères Hugues, Geoffroy et Haimon de Lavardin, l'abandon de la réclamation qu'ils faisaient de la moitié de la dîme, de la sépulture et de l'offrande appartenant à l'église du Sentier, en donnant un arpent de vigne à l'un, huit sols de deniers à l'autre, cinq sols au troisième, et à tous les trois la participation aux bonnes œuvres du monastère.

Nosse debebitis, si qui eritis posteri nostri Majoris scilicet hujus habitatores Monasterii Sancti Martini,

---

(1) Hildebert, vicaire, est le père du célèbre Hildebert de Lavardin, qui fut évêque du Mans de 1097 à 1125, et archevêque de Tours de 1125 jusqu'à sa mort, survenue en 1134.

Hugonem et Gausfredum et Haimonem tres fratres de Lavarzino, guerpivisse nobis sub regimine nunc agentibus domni abbatis Alberti, anno ab incarnatione Domini millesimo LX°"° II°°, omnem reclamationem quam faciebant de medietate decime et sepulture et oblationis, que ex terra quam tenuerat Lisoius, cognomento « Ioisa », quamque ab eo redemeramus, pertinebat ad ecclesiam de Semitario. Pro qua guerpitione dedimus uni eorum unum arpennum vinee, alteri solidos denariorum VIII, tercio quinque, totis tribus benefactum loci nostri, et ita guerpiverunt. Testibus istis : Mainardo cellarario — Rotberto hospitalario — Ildegario mariscaldo — Boselino pistore — Rainaldo pistore — Ebrardo ostiario.

LII

DE HILGODO CUNEARIO, QUI VENDIDIT NOBIS PLAXITIUM QUODDAM APUD SEMITARIUM QUOD POSTEA CALUMNIAVIT.

1070

Hilgod avait vendu à Marmoutier un plessis situé près du Sentier, à la condition que, s'il venait à cette obédience deux fois au plus par an, il y serait reçu comme un frère. Un jour qu'il y était allé et avait demandé à manger au serviteur de l'hospice, celui-ci lui opposa un refus. Hilgod, violemment irrité, s'empara du plessis. Il s'ensuivit un procès au plaid de Châteaurenault, à la suite duquel le plessis fut rendu aux moines et le serviteur châtié par les verges.

Notum sit fratribus nostris scilicet Monachis Majoris Monasterii quod Hilgodus Cunearius venit quadam vice in hospitale[m] nostrum, et loquens cum famulo hospitalis quesivit dari sibi ad prandendum. Famulus autem negligens querere dominum suum monachum, nihil dedit ei. De qua re ille valde iratus discessit abiitque ad Semitarium et saisivit plaxitium quod olim nobis vendiderat. Quod cum nobis nuntiatum fuisset, porrexit illuc domnus Odo prior noster iniitque cum eo placitum in Castro Rainaldi ante portam ipsius castri que est a meridie. Ubi, interrogatus ille quare saisisset plaxitium nostrum, respondit : fuisse conventionem, quando nobis illud vendidit, ut si veniret in hospitale nostrum semel aut bis in anno, reciperemus eum sicut fratrem nostrum. Venerat autem semel et susceptus non fuerat. Interrogavit eum prior noster si fuisset locutus cum monacho hospitalario, et respondit : non, sed tantummodo cum famulo. Et propter hoc cum non posset alii imputare culpam nisi famulo, dixit prior non esse consuetudinem nostram de tali forisfacto facere aliam emendationem nisi tantummodo de famulo sumere corporalem disciplinam, hoc est verberibus eum castigare. Suffecit illi hec emendatio et dimisit nobis terram nostram solutam et quietam, sicut vendiderat. Et memoravit in ipso placito convenientias quas habemus cum eo pro ventione illius terre, scilicet ut si semel aut bis in anno veniens ad nos in hospitali nostro, manducare petierit, non ei denegemus ; et si ad conversionem venerit, cum eo quod afferet recipiatur, aut si ante mortuus fuerit, si se ad nos deferri fecerit, ut eum sepeliamus. Quibus ab eo memoratis et a nostra parte confirmatis, discessum est in pace ab utraque parte. Actum anno VI domni abbatis Barth[olomei] (1).

---

(1) Barthélemy, abbé de Marmoutier de 1064 à 1084.

Hujus rei testes : Letbertus bastardus — Rotgerius Perchuinus — Guarinus filius Teodelini — Rainaldus Morinus — Fulco Rana — Odo Longobardus — Guillelmus de Bello Videre. De nostris : Hildebertus monacus — Sigeuntus — Gosbertus de hospitali.

LIII

CONCORDIA CUM GAUFREDO DE TURNIACO DE MANU FIRMA, ET CUM FRATRE EJUS DROGONE.

1070

Geoffroi de Turne intente un procès aux moines qui avaient reçu une mainferme de Dom Otbert, sous le prétexte qu'ils devaient lui payer des reliefs sur le prix de cette terre et lui fournir un vicaire. Il fut jugé que les reliefs n'étaient dus que sur un prix de cent sols, mais sans vicaire. Les moines donnent quatre livres de deniers à Drogon, frère de Geoffroi, une vache à sa femme et quatre deniers à son fils Geoffroi, pour leur consentement à cet accord.

Notum sit fratribus nostris scilicet monachis Majoris Monasterii quod manum firmam quam dedit nobis domnus Otbertus moriens, apud Vindocinum, calumniatus est nobis Gaufredus de Turniaco (1),

---

(1) Geoffroi de Turne. Trois frères, Jean, Pierre et Geoffroi prirent la croix, et, à cette occasion, firent, en 1217, des donations au monastère de la Trinité de Vendôme. (Pièces manusc., original appartenant à la Société Archéologique de Vendôme.) Cette famille existait encore au XV° siècle. Amaury de Turne rendit aveu en 1457 à Louis de Bourbon, comte de Vendôme, pour le fief de Turne, autrement dit la Roche-Beaudoin.

dicens nos debere relevamentum dare secundum precium terre et habere vicarium in ea. Sed cum veniremus de hoc ad judicium, dissertum est et definitum, relevamentum illius terre non esse, nisi de precio centum solidorum, id est VIII⁰ solidos et IIII⁰ʳ denarios, nec deberi in ea esse vicarium. Quod cum ille non posset, reliquit utramque calumniam et recepit relevamentum suum, scilicet VIII⁰ solidos et IIII⁰ʳ denarios. Quod ut ille libentius faceret et res firmior esset, dedimus ei XL solidos et ipse dedit nobis fidejussorem Matheum de Monte-aureo (1), quod si quis inferat nobis calumniam aut damnum, pro sua parte ipse acquietabit nobis calumniam et damnum restituet. Actum apud Montem-aureum, in platea mercati super stallos, anno domni abbatis Barthollomei] VII. Hujus rei testes : Albericus de Monte-aureo (2) — Matheus et Drogo (3) frater ejus — Fulcodius de Baunsta — Malgerius filius Amalrici de

---

(1) Mathieu de Montoire, voy. note ch. XLVIII.

(2) Albéric de Montoire, succéda dans cette seigneurie à Nihard, qui mourut vers 1062, ne laissant qu'une fille nommée Placentia, et qui fut mariée à Odon de Montdoubleau. Albéric, dont on rencontre le nom pour la dernière fois en 1071, avait peut-être pour frères Mathieu et Dreux de Montoire.

(3) Dreux de Montoire paraît dans un grand nombre de chartes avec son frère Mathieu. De Mathilde, sa femme, il eut trois fils et quatre filles. (Voy. Livre des Serfs, ch. 71.) Norman, l'un de ses fils, grièvement blessé dans un combat contre Geoffroi de Mayenne, fut fait prisonnier par celui-ci et jeté dans ses prisons de La Chartre. Comme il se voyait en danger de mort, il fit appeler les moines du prieuré de Villedieu (de la Trinité de Vendôme), et les pria de le revêtir de l'habit de religieux. En reconnaissance, il leur donna la moitié de l'église de Marthaicum. (Baluze, charte de la Trinité.)

fisco (1) — Rainaldus filius Leterii. De nostris :
Odo monachus — Sigevertus monachus — Ascelinus
monachus — Johannes conversus — Landricus cellararius de Vindocino — Guandelbertus de Semitario.

Fratri quoque ejus Drogoni, cognomento Cauli, dedimus IIII^{or} libras denariorum, et concessit nobis
eandem manum firmam jam deinceps absque vicario
et absque relevamento in perpetuum tenere, annuante
uxore sua Aremburge nomine, cui pro hoc dedimus
unam vaccam, et filio ejus Gausfredo qui habuit inde
IIII^{or} denarios, duos alios infantes tunc habebat tantum qui nondum poterant loqui. Actum apud Lavarzinum ante Avelinam (2) Salomonis filiam. Hujus rei
testes : Matheus de Montorio — Joscelinus Roignardus — Gautherius Granerius — Garinus rastellus —
Hugo filius Fulberti — Fulcradus frater ejus — Guido
— Teodericus venator — Laurentius de Buziaco —
Simon filius Harduini — Simonellus filius Garini.
De nostris : Giraldus mutiolus — Rainardus — Odo
monachus — Ascelinus monachus.

Censum autem consuetudo est reddi apud Vindocinum.

---

(1) Amaury du Fol.

(2) Aveline, fille de Salomon de Lavardin et femme de Hervé
de Beaugency, frère de Landri ou Lancelin Ier de Beaugency.
Peut-être avait-elle été mariée en premières noces à un seigneur du nom de Marcoard. (Voy. ch. CXIV.) Elle gouverna
avec Hervé, son mari, la seigneurie de Lavardin, après la
mort de Salomon, peut-être pendant la minorité de son frère
Haimeri dit Gaumard.

LIV

NOTICIA DE QUADAM PARTE TERRE MONTIS HILDULFI AB ODONE LANDANO EMPTA.

1065

Les moines ayant acheté du chevalier Eudes, pour vingt livres de deniers, sept manses et trois borderies de terre dans le Vendômois, du consentement de son frère naturel Hilgod, comme leur frère aîné Avisgaud, qui avait possédé cette terre, en avait donné un manse en dot à sa femme Hodierne, celle-ci en jouit sa vie durant, et le manse retourna aux moines, à sa mort. Peu après, Hermensende, fille d'Eudes, qui réclamait un tapis et une courtine que les moines lui avaient promis, disait-elle, pour son consentement, reçoit dix sols au lieu du tapis.

Nosse debebitis, si qui eritis posteri nostri Majoris scilicet hujus habitatores Monasterii Sancti Martini, redemisse nos, XX libris (sic) denariorum pictavensium ab Odone milite quodam, quem Landanum cognominant, septem mansuras et tres borderias terre quantum scilicet videbatur obtinere intra possessionem juris nostri, sive plus, minus ve sit quam diximus, quo in pago sita Vindocinensi, a principali villa tota nuncupatur possessio Montis Hildulfi, favente Hilgodo naturali fratre suo Securi, sive ut loquitur vulgus, Cuneata cognominato. Horum autem germanus Avisgaudus quondam dictus, qui ut natu major ita terram illam obtinuerat prior, unam ex ipsam mansuram (sic) uxori sue nomine Hodierno dederat in dotem. Hoc igitur, uxor nunc Galterii, cognomento Granerii, mansuram illam quoad vivet obtinebit. Ea moriente, in nostrum, cum reliquis, dominium, nullo alio hereditante, concedet. Acta et pacta sunt hec, testibus istis : Gauterio, vicario de Calvo-monte —

Herveo Corvosino — Gualterio Pane-parato (1) — Mainardo vicario de Calvo-monte — Fulcone Rufo — Ulrico Rego — Rodulfo de Chilziaco — Otberto decano — Herveo monacho (2) et vice-comitis (sic) Ebrardo capellano — Godfredo filio Fulberti — Guarino vicario de Blesis — Rainorio homine sancti Martini.

Post paucos annos quam hec emptio a Landano facta est, Hermensindis filia ejus calumniari eam cepit, dicens pro auctoramento illius, tapetum I vel cortinam sibi, cum nuptui traderetur, a nobis promissum fuisse. De quo tandem concordia invicem habita, dedimus ei pro tapeto X solidos per Iohannem de Vallo monachum tunc hospitalarium, et auctorizavit nobis perpetuo, tam ipsa quam maritus ejus Rainaldus, venditionem patris sui sicut ab eo facta fuerat. Testibus istis : Gausfredo cellarario — Mainardo hospitalario — Bernardo mariscalco — Michaele Rufo — Rotberto Francisco — Ingelrico sartore — Boselino pistore — Hildemaro de Rupibus — Guarino clerico de Semita — Rainaldo pistore — Bernardo monacho panetario.

LV

NOTICIA DE AUCTORAMENTO HUGONIS, FRATRIS HAMELINI DE LENGIACIS, SUPER TERRAM DE SEMITARIO.

1065

Lisois Juisia ayant vendu aux moines une terre sise au Sentier, avec le consentement d'Hamelin de Langeais, de qui il la te-

---

(1) Painparé, com^e de St-Martin-des-Bois, canton de Montoire.
(2) Il semble que *capellano* devrait être placé entre *vice-comitis* et *Ebrardo*. Un Hervé, vicomte de Blois, se fit moine après 1040.

naît en fief, Hugues, frère d'Hamelin, la revendique, disant que les moines, qui avaient payé très cher l'autorisation de son frère, ne lui avaient pas demandé la sienne. Ceux-ci l'appellent en conciliation à leur chapitre, où, après avoir accepté la participation à leurs bienfaits avec quatre livres de deniers, il accorde son autorisation. La même année, leur troisième frère Gauthier reçoit vingt sols pour renoncer à toute revendication.

Pateat successoribus nostris habitatoribus scilicet Majoris hujus Monasterii Sancti Martini post nos futuris, terram quam Lisoius Iuisia nobis apud Semitarium vendiderat, Hamelino de Lengiacis, a quo eam in fevum habebat, auctorizante, Hugonem (1) fratrem Hamelini nobis calumniatum fuisse, dicendo scilicet quod cum fratris sui auctoramentum super terra illa habenda multis redomissemus nummis, suum ne requisitum quidem fuisset a nobis. Unde, cum jam nos depredatus fuisset, invitavimus eum ad concordiam paci et quieti ex more consulentes. Venit itaque in capitulum nostrum, acceptoque a nobis societatis nostre benefacto et IIII^{or} denariorum libris, quicquid frater suus nobis auctorizaverat gratanter et ipso per fusticulum quondam domno abbati Bartholomeo, dans illum in manu, auctorizavit. Deinde super altare ecclesie nostro eundem posuit fusticulum. Testibus istis : Seranno milite — Gausfredo de Lerniaco — Willelmo de Piris — Gausfredo de Salmuro (2) — Wilberto calvo — Gausfredo homine Rotberti Bodardi — Hugone homine Seranni — Frotmundo, qui recepit denarios — Sigemaro collarario — Rotberto collarario

(1) Hugues avait pour frères Gauthier et Hamelin de Langeais, voy. note ch. IV.
(2) Geoffroi de Saumur.

— Alberto pistore — Otgerio carpentario — Vaslino de Tavenno — Hildemaro flevotomatore — Durando de Parciaco — Herveo Francisco — Archembaldo pistore.

Eodem vero anno, tertius eorum frater, nomine Gualterius, in capitulum nostrum veniens, guerpivit eandem calumniam, cui dedimus XX solidos. Testibus istis : David mercatore — Ernaldo clerico — Giraldo coquo — Odone coquo — Bernardo coquo — Rotgerio sartore. Data mense maio, anno ab incarnatione Domini MLXV, presidente nobis domno abbate Barthol[omeo].

LVI

NOTICIA DE CALUMNIA HUGONIS, FILII EVE, SUPER QUADAM TERRA SEMITARII

Entre 1063 & 1084

Hugues, fils d'Eve, après avoir longtemps mis les moines à contribution pour une terre qu'il leur revendiquait, reconnaissant enfin qu'il a mal agi, leur en abandonne la libre et paisible possession, et reçoit pour cela cinquante livres avec l'association aux bienfaits du couvent. Ne pouvant leur rendre tout ce qu'il leur avait pris, il se fait l'homme de l'abbé et des religieux, qui lui promettent la sépulture à Marmoutier, s'il s'y fait apporter après sa mort.

Notum sit fratribus nostris Majoris scilicet Monasterii monachis, Hugo filius Eve, calumniatus est nobis diu quandam terram apud Semitarium, et cum propter illam multa nobis abstulisset, recognoscens tandem quod malo egerat, venit in capitulum nostrum et ibi guerpivit totam calumniam et clamavit nobis solutam et quietam illam terram, datis ei pro hoc L solidis et benefacto nostro. Et quod non poterat reddere ea que nobis abstulerat, devenit homo domni Barthol[om]ei abbatis (1), vice omnium nostrum promisitque se acquietaturum nobis illam terram ab omnibus. Nos quoque promisimus ei, quod si mortuum se faciat huc afferri, sepeliemus cum. Hujus rei testes : Ascelinus de Prato ad quercum (2) — Ursio cocus — Gausbertus cocus — Lambertus cocus — Petrus cocus — Odo cocus — Johannes sartor — Gausbertus hospitalarius — Giraldus muciolus — Odo de Nigrone — Gausfredus Campio — Ingelbertus major — Balduinus — Lambertus, frator ejus.

LVII

NOTICIA DE CALUMNIA DROGONIS DE LAVARZINO SUPER QUADAM PARTE TERRE DE SEMITARIO

1064

Drogo Cholet de Lavardin revendique aux moines la terre que leur avait vendue Odon de Blois, disant que le comte Geoffroi en avait donné l'investiture à Geoffroi dit l'Emporté, père de sa femme. Les moines prouvèrent que leur prieur avait payé aux filles et à la femme de ce Geoffroi, déjà mort à ce moment, l'abandon de ce qu'elles pouvaient réclamer de cette terre; Drogo, condamné dans plusieurs procès, non seulement refusait d'exécuter les sentences, mais causait de grands domma-

---

(1) Barthélemy, abbé de Marmoutier de 1064 à 1084.
(2) Prochône, localité voisine de Châteaurenault (Indre-&-Loire).

ges aux moines. Enfin il se démet de toute revendication moyennant quarante sols pour lui et sa femme, et une truie pleine pour sa belle-sœur non mariée.

Nosse debebitis, si qui eritis posteri nostri Majoris scilicet hujus habitatores Monasterii sancti Martini, Drogonem Choletum de Lavarzino (1) hujus modi calumniam intulisse nobis super terra illa de Semitario quam Odo Landanus de Bleso vendiderat nobis. Dicebat enim Comitem Gausfredum (2), Gausfredi hujus temporis Andecavorum comitis avunculum, genitori uxoris sue, Gausfredo cognomento Hativato, terre illius saisimentum dedisse, et ob id etiam Gausfredum illum socerum suum in bello occubuisse. Ad hec nostri referebant testes et littere domnum Fulconem nostrum id tempus priorem, de hoc ipso saisimento, nostra omnium vice, cum filiabus Gausfredi illius Hativati jam defuncti, Aremburge et Osana his nominibus et cum Guntrea matre earum, dato quidem precio concordasse, easque quicquid in terra de Semitario reclamare poterant ad integrum guerpivisse. Quo cum in multis placitis ventilata fuissent verba, et ille non solum justicie non adquiesceret quam nobis omnes placiti concedebant judices, verum etiam res nostras rapiendo, dampna nobis crebra in-

---

(1) Dreux Cholet de Lavardin. — Il fut peut-être l'auteur de la famille Cholet, qui, au XII° siècle, avait des possessions à Dangeau, dans le Dunois. (Cart. de Tiron, note de la charte LXXI). — Gilles Cholet, seigneur de la Choletière, fut, avec André Ronsard, capitaine du château de Montoire et Jean Georget, exécuteur testamentaire de Madame Blanche de Roussy, comtesse de Vendôme, première femme du comte Louis de Bourbon (22 août 1422).

(2) Geoffroi le Barbu, comte d'Anjou, neveu de Geoffroi Martel.

ferret, causando si quidem uxorem suam minoris fuisset etatis quando id auctorizasset ; tandem voluissemus, noluissemus, XL solidos et illi uxori sue donavimus, liberos quidem necdum habentibus, porcam quoque pregnantem sorori uxori[s] sue que necdum nubserat, Osane. Atque ita, tam Drogo ipse quam et due sorores quicquid in terra illa calumniabantur, nobis ex integro guerpivere, matre earum priorem concordiam retinente. Acta sunt hec agentibus nunc nobis sub regimine domni Bartholomei abbatis, anno ab incarnatione Domini MLXIIII. Testibus istis : Herveo de Lavarzino (1) — Ingelgerio Torquevillanum — Roszone de Lavarzino (2) — Germano Loripode — Hugone filio Gaudrici — Guidone filio Gisleberti.

LVIII

DONUM BURCHARDI ET FRATRIS EJUS DE ALODIIS DE BURZEIO

1071

Bouchard, chanoine de Saint-Maurice, et son frère Geoffroi, donnent aux moines, le jour où ils ensevelirent leur mère, tout ce qu'ils possédaient dans leurs alleux de Burzai près Vendôme, terres, prés, vignes, bois, serfs et serves, ainsi que les hôtes, ne faisant exception que pour les fiefs militaires.

Burchardus canonicus sancti Mauritii (3) et Gausfredus frater ejus venerunt in capitulum nostrum, ea

(1) Hervé de Beaugency, mari d'Aveline de Lavardin.
(2) Roszo de Lavardin, voy. note ch. L.
(3) Bouchard, chanoine de Saint-Maurice. — Saint-Maurice est le vocable primitif de la cathédrale de Tours, aujourd'hui Saint-Gatien.

die qua sepelivimus matrem eorum, et dederunt Sancto Martino et nobis quicquid in dominium habebant in alodis de Burzeio apud Vindocinum, terram cultam et incultam, prata, vineas, boscum, servos et ancillas et hospites, et omnino omnia, exceptis fevis militum de quibus nichil dederunt. Actum anno domni abbatis Bartholomei VII°, mense aprili, ipso die sepulture matris eorum. Hujus rei testes : Odo filius Ingelberti — Guarnerius cellararius — Ermenulfus archipresbyter — Antonius — Gautherius presbyter — Lambertus diaconus — Hugo frater domni Arraldi monachi — Johannes nepos abbatis — Ebbo — Rotbertus Aculeus — Ernulfus major — Benedictus de Rupibus — Archembaldus cellararius — Otgerius carpentarius — Josbertus cocus — Bernardus cocus — Hervous cocus — Lealdus pistor — Martinus Torna ad ripam — Guarnerius carpentarius de.....

LIX

NOTICIA ADDELE DE ALODIS BURZIACI

XI° siècle

Adèle, mue par ses sentiments de profonde piété, donne à Saint-Martin, pour le salut de son âme, et du consentement de ses enfants, tous les alleux qu'elle possède en propre dans Burzai, garantis de toute revendication.

Interminabile atque perpetuum animarum fore credimus emolumentum si dum quisque terram motibus corporeis inhabitat, semper de conversatione cogitet celestis patrie et contemptu rerum temporalium sibi thesauros inmarcescibiles cumulet indeficientium divitiarum quodque remanendo perire poterat in hoc seculo, aut in alimonias pauperum aut in usus, distribuatur, virorum omnipotenti Deo et sanctis ejus, die noctuque famulantium. Quapropter ego, in Dei nomine, Addela (1), nobilitate genitoris mei Fulcherii preclara subjectionique Hugonis conjugis mei devota, reminiscens proprie actionis pondus atque supplicium quod pro ea merui pertimescens, assensu voluntateque omnium filiorum ac filiarum mearum, concedo pro absolutione anime mee, sancto Martino Majoris Monasterii, ad usum scilicet fratrum ibidem omnipotenti Domino servientium, omnes alodos juris proprii quos in Burziaco habere videor, absque mortalium omnium calumnia. Si quis autem heredum meorum, quod non eveniat, vel quelibet intromissa persona, donationem hanc alodorum meorum quos de proprio jure in sancti Martini transfero dominium, inquietare presumpserit, ad effectum quod concupierit, non perducat, sed prevalente justicie amatorum decreto convictus, non sine magna confusione discedat, et insuper, cum beato Martino iniisse conflictum se sentiat. Hec vero donatio ut firma stabilisque imperpetuum fiat, manu eam propria firmavi, atque cunctis filiis filiabusque meis corroborandam tradidi. Fulcherius — Gauscelinus — Gausbertus — Adelelmus — Rotbertus Timo — Rainaldus de Turre — Adelelmus Butta focum.

(1) Adèle, femme de Hugues, 1ᵉʳ seigneur de Montdoubleau, était fille de Foucher-le-Riche et de Hildearde ou Adelarde, dame de Bezoi. Voy. note ch. XXX.

LX

NOTICIA DE TERRIS QUAS [ROT]BERTUS BRACHETUS CALUMNIABATUR APUD BUZIACUM ET APUD BURZEIUM

1062

Robert Brachet, bâtard de Rodulfe le Roux, revendique aux moines quelques parcelles de terre intercalées dans celles qu'ils ont à Bezai et une terre d'une charrue près Burzai. Or, ces terres avaient été laissées par Rodulfe, mort sans enfants légitimes, à son frère Geoffroy, lequel les avait données aux moines pour un cheval de XV livres, dont Rodulfe leur avait fait remise pour sa sépulture. Bien que la revendication fut reconnue injuste par la cour de Vendôme, les moines donnent trente sols à Robert pour avoir la paix et son autorisation.

Nosse debebitis, si qui eritis posteri nostri Majoris scilicet hujus habitatores Monasterii sancti Martini, Rotbertum quemdam cognomento Brachetum, Rodulfi cognomine Rufi filium bastardum, calumniam intulisse nobis, sub regimine nunc agentibus domni abbatis Alberti, anno ab incarnatione domini MLXII, super quibusdam terre particulis inter ceteras nostras apud Buziacum sitis, et super alia itidem terra unius carruce apud Burzeium consistente. Quas scilicet terras sicut et cetera sua, predictus pater Rotberti Rodulfus, quod matrimonialem filium non habebat, fratri suo Gausfredo nomine, cognomento Hativato, moriens reliquerat, et ille nobis dederat pro equo XV librarum, quem nobis pro sua sepultura Rodulfus ipse dimiserat. Quamvis itaque judicatum publice fuerit in curia Vindocinensi, injustam esse calumniationem Rotberti, tamen propter habendam quietem XXX solidos dedimus illi, atque ita et ipse nobis terras illas auctorizavit, et si ab alio quolibet calumnia deinceps surrexerit, se nobis illas acquietare spopondit, et sponsionis sue fidejussores hos dedit : Ingelbaldum Britonem (1) — Wlgrinum filium ejus — Salomonem filium Ivonis.

Acta et pacta sunt hec, testibus istis : Fulcone comite Vindocinensi (2) — Salomone filio Ivonis — Chotardo filio Gauscelini Budelli (3) — Ingelbaldo Britone — Wlgrino filio ejus — Ascelino Chotardo — Gundraco Bastardo — Fulberto telonenrio — Benedicto Blanchardo.

LXI

DE ULTIMA DONATIONE ALODORUM DE BURZEIO.

XIe siècle

Adèle, mère de Foucher de Vendôme, donne aux moines, pour le repos de son âme, tous ses alleux de Bursai, s'en réservant la moitié sa vie durant. Par la suite, elle abandonne aux moines cette moitié, avec le consentement de son fils, de sa fille Agnès, femme de Gilduin de Maillé, et de leur fils.

Notum sit fratribus nostris scilicet monachis Ma-

---

(1) Ingelband le Breton, chevalier de Vendôme. Voy. note ch. CXXVIII.

(2) Foulques l'Oison, comte de Vendôme de 1050 à 1066.

(3) Gauscelin Budellus. Voy. note ch. CXXV.

joris Monasterii quod Adela (1), mater Fulcherii vindocinensis, dedit nobis pro anima sua omnes alodos suos de Burzeio, ita ut ipsa, dum viveret, haberet eorum partem dimidiam, nos aliam dimidiam. Post mortem autem ejus totum possideremus, et sic per aliquot annos communiter eos tenuimus. Postea cum adhuc esset sana et incolumis, pro majore mercede anime suo, reliquit nobis et ipsam partem quam tenebat, et fecit ut in vita sua, ipsos alodos totos ad integrum possideremus solutos et quietos, annuente filio suo Fulcherio et filia sua Agnete, uxore Gelduini de Malliaco, et filio ipsius Agnetis Hugone. Testes concessionis et Hugonis hi sunt : Guarnerius filius Guillelmi — Rotbertus Mansellus et frater ejus Rainaldus presbyter — Adelardus de Lavari.

LXII

DE ALODO BUZIACI DE PARTE HUGONIS DUPLICIS.

Avant 1040

Le chevalier Hugues, au souvenir de la multitude de ses fautes, craignant le jugement dernier, fait l'abandon à Dieu et à Saint-Martin de son alleu de Bezai, dans le Vendomois, tant pour le salut de son âme que de celle de ses proches.

Quisquis divine retributionis flagrat amore quatinus, post devictum hujus transitorii seculi certamen, me-

---

(1) Adèle, appelée aussi Hildearde, dame de Bezai, femme de Foucher Ier le Riche, et mère de Foucher II. Voy. note ch. XXX.

reatur voce piissimi judicis optantissima quiete consolari, consequens atque dignissimum credimus et confitemur ut et hic fideli sanctione, misericordia Dei cooperante, provehi ad incrementa sancte conversationis atque devotionis spe et ambitione tendat et quicquid aut fastus inique vite contulerit, aut inertia humane imbecillitatis, ut assolet fieri mortalibus, indixerit pro vectu et supplemento piissimarum precum sanctorum sublevetur; itaque ego, in Dei nomine Hugo (1), vir armis militaribus deditus, reminiscens meorum multitudinem peccatorum et ultimi judicii diem fortiter expavescens, atque cum electis quibus Deus in illa dicturus est die : « Venite benedicti patris mei, percipite regnum quod vobis paratum est » aggregari desiderans, concedo Deo et Sancto Martino in loco Majoris Monasterii, aliquid de rebus meis quod mihi a parentibus meis precedentibus dimissum est, videlicet alodum meum in pago Vindocinensi constantem, in villa que nuncupatur Buziacus, tam pro anime mee quam pro absolutione animarum patris mei et matris, nec non pro salute filiorum ac filiarum mearum, eo etiam modo trado predictum alodum, jam dicto loco et monachis ibidem deo servientibus, ut ab

---

(1) Hugues Dublellus, Dubellus, Duplex, Doubleau, fondateur du château de Montdoubleau, fut l'un des fidèles du comte de Chartres Eudes II. On lui connait plusieurs enfants qu'il eut de sa femme Adèle, fille de Foucher le Riche et de Hildearde ou Adèle, dame de Bezai, savoir : Hugues, qui fut archidiacre de Vendôme, Hervé, Odon, mari de Placentia, fille de Nihard de Montoire, avec qui il continua la maison de Montdoubleau, Geoffroi, Gislebert, Adam, et un second Odon, qui fut moine, et plusieurs filles dont l'une nommée Emeline fut femme du chevalier Guismand de la Chape.

Hugues Doubleau, qui mourut entre 1030 et 1040, eut pour successeur dans la seigneurie de Montdoubleau son fils Odon.

hodie et in antea libere et quiete possideant, nemine contradicente. Si quis autem de heredibus meis, aut aliqua intromissa persona, contra hanc donationem, quam libera mente et propria voluntate ex rebus mihi a progenitoribus concessis faci (sic), aliquam calumniam monachis, post meum decessum, inferre voluerit, nisi cito humiliatus ad eos proferens emendationem venerit, in primis Dei omnipotentis et perpetue Virginis Marie atque omnium electorum Dei iram incurrat, et cum Iuda traditore atque Simone mago vivus in infernum descendens, semper ibi ardeat, ac deinde irritum fiat quod vindicat. Ut autem hec auctoritas pleniorem in Deo optineat firmitatem, manu propria eam sub signo sancte crucis firmavi manibusque filiorum nec non et fidelium meorum affirmare rogavi ✠.

Signum Hugonis archidiaconis filii ejus. — S. Odonis filii ejus. — S. Hervei filii ejus. — S. Gausfredi filii ejus — Item filii ejus Gisleberti — S. Hugonis. — S. Hervei militis ejus. — S. Rotberti Marcelliacensis. — S. Frotgerii. — S. Helgodi. — S. Lamberti vicarii. — S. Gualterii. — S. Rainardi. — S. Christiani majoris.

LXIII

NOTICIA BETTELINI.

XIe siècle

Le chevalier Bettelin de Blois, pour échapper au châtiment de ses fautes et parvenir au ciel, donne à Saint-Martin sa part de l'alleu de Ville-Malard.

Notum sit universis successoribus nostris, militem quemdam de Blesi, Bettelinum nomine, divinitatis compunctum amore, non solum pro pena quam pro delictis suis promeruit evadenda, verum etiam pro patrie celestis adipiscende desiderio, dedisse Sancto Martino Majoris Monasterii ad augendam videlicet sustantiam qua monachi ibidem conditori omnium servientes sustentantur, illam partem suam alodi quam apud villam Malardi (1) habere videlatur. Nomina vero testium qui donationi huic affuerunt, subsignare studuimus.

S. Bettelini, qui hanc partem alodi Sancto Martino contulit — Hamelini majoris — Richardi majoris — Rotberti majoris — Rainaldi Suceti — Hildeberti coqui — Otberti cellararii — Gualcherii pistoris — Guarini coqui.

LXIV

NOTICIA DE HUGONE CORDELLA.

1061 - 1077

Hugues, dit Cordella, vend pour quinze sols de deniers, aux moines Isembert et Ascelin, une terre de deux bœufs et un arpent de pré, libres de toute coutume ou redevance, et sis entre les alleux de Saint-Martin, près Bozai.

Notum fiat posteris nostris quod quidam Hugo nomine, cognomine Cordella, duorum terram boum et unum prati agripennum, utrumque autem inter alodos Sancti Martini Majoris Monasterii in IV^{or} locis

---

(1) Peut-être Villemalard, commune de Fossé, arrondissement de Blois.

apud Buzaicum (1) situm, domno Isemberto et domno Ascelino nostris monachis vendiderit. Hujus autem terre, ab omni consuetudine atque redhibitione omnino absolute, XV^{cim} solidi denariorum, jam dicto Hugoni pro ea dati, precium extitere. Testes qui quando hoc factum est affuere hii sunt : Ingelbaldus Brito (2) — Guicherius Tallahar homo ejus — Salomon frater ejus — Hilgodus filius Burcardi de Caresmo (3) — Adelelmus Butta-focum — Benedictus Blancardus — Wlgrinus cellararius Ingebaldi.

LXV

NOTICIA DE VENDITIONE TETBERGE SORORIS GAUSFREDI FILII ERMENRICI.

1030 - 1060

Le comte Geoffroi, en rendant aux moines de Marmoutier la terre située dans le Vendomois entre la Glandesse et la Gubernesse, leur demanda de remettre à Tetberge, sœur de Geoffroi fils d'Ermenric, un manse de terre, deux arpents de vigne et autant de pré, sur la partie qu'avait tenue ce dernier. Mais Tetberge leur en fit plus tard l'abandon pour sept livres de deniers, et autorisa, du consentement de ses fils, le délaissement fait par son frère de toute la partie qu'il avait tenue.

Nosse debebitis, qui futuri estis posteri nostri, quod quando Gausfredus (4) comes reddidit loco isti, scilicet Majori Monasterio Sancti Martini, terram

---

(1) Bezai, commune de Nourray, canton de Saint-Amand (Loir-et-Cher). — Sur la marge supérieure du manuscrit on lit le mot Besay d'une écriture fort ancienne.

(2) Ingelband Breton. Voy. note ch. CXXVIII.

(3) Hilgod, fils de Bouchard de Caresmot. Voy. note ch. XIII. Il semble être le même personnage qu'un Hilgod, neveu de Odon Doubleau.

(4) Geoffroi Martel, comte d'Anjou. Voy. note ch. XX.

vindocinensis pagi inter torrentes duos sitam, Glandessam et Gubernessam, de parte quam tenuerat Gausfredus filius Ermenrici, dimissa erat a nobis, rogatu jam dicti comitis, Tetberge cuidam sorori ipsius Gausfredi, una ejusdem terre mansura et duo arpenni vinee prati (1) quoque duo. Sed ipsa postea, septem libris denariorum acceptis, et hec omnia nobis rursum dimisit, et guerpitionem quam frater suus fecerat de tota illa terre predicte parte quam tenuerat, auctorizavit, annuantibus ad hoc filiis suis : Odone, Rainaldo, Johanne, Fulcodio. Testes autem hujus rei et auctoramenti filiorum ejus ita distincti. De guerpitione ejusdem femine in capitulo facta, sunt hii ; De auctoramento filiorum ejus apud Montem-aureum facto, isti : Gaufredus frater Tetberge — Benedictus de Sturniaco, homo ejus — Mainardus forestarius — Ebrulfus cellararius — Hildebertus cocus — Letardus carpentarius — Arnulfus cementarius — Hilduinus sartor — Rotbertus sartor — Martinus clericus de capella — Frodo medicus — Gualterius pistor — Salomon de Lavarzino (2) — Marcoardus

---

(1) Le manuscrit porte *parati*, par erreur sans doute pour *prati*.

(2) Salomon, seigneur de Lavardin, fils de Schebrand de Mayenne et de Aveline, dame de Lavardin. Il fut l'un des chevaliers du comte Geoffroi Martel et l'un de ses secrétaires forestiers de la forêt de Gâtines. Il fonda au pied de son château de Lavardin un prieuré sous l'invocation de Saint Gildéric et le donna à Marmoutier. Il mourut vers 1062, laissant de sa femme Adèle un fils appelé Halmeri, surnommé Gaumard de Lavardin, et des filles : Eve, mariée à Aimeri d'Alluyes, des seigneurs de Saint-Christophe en Touraine, Aveline, femme de Hervé, frère de Lancelin de Beaugency, Béatrix et Milesende ou Mathilde. On ne sait si ces deux dernières furent mariées. Cependant on voit que Salomon eut deux gendres, l'un nommé Marcoard et l'autre Robert. (Ch. CXXI.)

Il fut inhumé à Lavardin. Son fils Gaumard était déjà avancé

gener ejus — Nihardus de Monte-aureo (1) — Fulcodius de Banasta — Matheus de Monte-aureo (2) — Drogo (3) frater ejus — Archembaldus prepositus de Vindocino (4) — Hugo filius Teduini — Salomon frater Taillahart — Hugo Claebertus — Durandus forestarius — Mainardus forestarius — Hildebertus vicarius (5) — Fulbertus de Lavarzino (6) — Leufredus forestarius — Amalricus de Fisco — Lambertus homo Sancti Martini — Ingelbaldus presbyter Sancti Martini.

LXVI

DE VINEIS QUAS DEDIT AMALRICUS.

1032 - 1064

Amalric achète aux moines trois arpents de vigne avec maison et pressoir à Huisseau en Vendomois, avec la faculté de leur

en âge lorsqu'il épousa Marie de Vendôme, fille du comte Geoffroi de Preuilli (dit Jourdain) et de Nifraise ou Euphrosine de Vendôme. Marie était sœur de Geoffroi Grisegonelle, comte de Vendôme après Geoffroi Jourdain, d'Engelbaud, archevêque de Tours, et de Barthélemy de Vendôme, qui fit des donations au prieuré de Saint-Gildéric (ou Joudry) au Perche. — De Gaumard et de Marie de Vendôme sont issus : 1° Jean de Lavardin, qui leur succéda et mourut sans postérité; 2° Richilde, héritière de son frère Jean, qui épousa Jean Ier comte de Vendôme, et porta la seigneurie de Lavardin dans la maison de Vendôme ; 3° Milesende, mariée à Nivelon de Fréteval.

(1) Nihard, premier seigneur connu de Montoire, mourut vers 1061 ou 1062. Il ne laissa qu'une fille nommée Placentia et qui fut femme d'Odon seigneur de Montdoubleau.

(2 & 3) Mathieu et Dreux de Montoire Voy. note ch. XLVIII et LXXXV.

(4) Archembaud, prévôt de Vendôme. Voy. note ch. XVII.

(5) Hilbert, vicaire. Voy. note ch. L.

(6) Fulbert de Lavardin. Il se fit moine à Marmoutier.

rendre après sa mort, ou s'il lui plait, de son vivant, ces biens avec les constructions qui pourront y être ajoutées. De plus, de peur que le bien de saint Martin ne périclite entre ses mains, il y ajoute deux autres arpents de vigne de son propre.

Omnium noticie orthodoxorum volumus ut liqueat quod Amalricus tres agripennos vinearum Sancti Martini in Vindocinensi pago emit, cum domo et torculari, in villa cui Usella (1) vocabulum est, ea lege ut post obitum suum, aut si sibi placuerit, se vivente, illos Sancto Martino cum omni quod ibidem edificaverit, agripennorum causa reddat. Sed, ne apud illum Sancti Martini res minoretur, cum istis predictis dat similiter alios duos agripennos vinearum in eadem villa, de suo proprio, simili lege ut et ceteros. Nec vero largitur eos implicitos seu alicui obnoxios, sed ab omnium hominum calumpniis, ab omni etiam lege, preter censum, absolutos. Quod ut stabilius atque inviolatissimum permaneat, hujus rei testium hic continentur nomina.

Domnus abbas Albertus (2), testis — Gilduinus miles, testis — Eubrardus cellararius, testis — Ascelinus, testis.

LXVII

NOTICIA VIVIANI MILITIS.

XIe siècle

Le chevalier Vivian, homme de Bouchard du Pin, pour l'amour

---

(1) *Usella*, Huisseau-en-Beauce, commune du canton de Saint-Amand, arrondissement de Vendôme. — Dans la marge supérieure du manuscrit on lit, d'une écriture fort ancienne, le mot Uyssoau.

(2) Albert, abbé de Marmoutier de 1037 à 1064.

de Dieu et le salut de son âme, donne à saint Martin six arpents de terre labourable de son alleu et touchant la terre donnée au même saint par Hubald le Veneur, proche Ulmète.

Notum fiat successoribus nostris quod miles quidam Vivianus nomine, homo videlicet Burchardi de Pino (1), divinitatis amore compunctus, dedit Sancto Martino Majoris Monasterii senioribusque ibidem omnipotenti Deo famulantibus, campum unum terre arabilis ex alodo suo, pro anime sue remedio, nec non et pro beneficio venerabilis loci. Est autem hic campus prope terram illam que ab Hubaldo venatore memorato Sancto data fuit, juxta villam scilicet que vocatur Ulmeta, arpennos circiter VI in se continens. Ut autem hujus donationis cartula certior firmiorque videretur, nomina testium qui fieri donum terre istius viderunt et audierunt subter signare curavimus. S. Adelelmi. — S. Rainaldi. — S. Benedicti majoris. — S. Tedonis majoris.

LXVIII

EMPTIO HILDUINI DE TRIBUS SORORIBUS ET DE INFANTIBUS OTGERII.

1064 - 1077

Le moine Hilduin achète des trois sœurs Guilburge, Adé-

---

(1) Bouchard des Pins. — Les Pins, aujourd'hui commune du département d'Indre-et-Loire, faisait partie jadis du Bas-Vendomois, et fut, aux XIII° et XIV° siècles, le siège d'une seigneurie importante.

*lasie et Dodète sept arpents de leur alleu de Claireau;
celles-ci en donnent un huitième pour le repos de l'âme d'une
autre de leurs sœurs. Le même Hilduin achète ensuite treize
arpents de l'alleu des enfants d'Otger Pelé, qui lui donnent un demi-arpent en sus pour le repos de l'âme de leur
père.*

Omnium successorum nostrorum adveniat cognitioni quoniam Hilduinus, Sancti Martini monacus, comparavit de tribus sororibus, de Guidburgeta scilicet et Adelasia atque Dodeta, arpennos VII alodi consistentes apud villam que Clarellum (1) apellatur. Que quidem sorores, postquam pretium acceperunt pro VII istis arpennis, dederunt etiam et octavum Sancto Martino Majoris Monasterii pro anima cujusdam sue sororis. Rursus in eadem villa, comparavit idem monachus XIII arpennos alodi de infantibus Otgerii Pelati. Qui videlicet infantes, accepto pro XIII^{cim} precio, dederunt memorato Sancto pro anima patris sui dimidium arpennum. Nomina vero testium qui has emptiones fieri videntes et audientes affuerunt, subter habentur inserta : Brehardus de villa Gumberzena (2) — Dodo de alodo — Benedictus Blancardus — Ridbertus de Logiis (3) — Herbertus carrarius — Gualterius berzerius — Harduinus serviens — Christianetus.

(1) Claireau, ancien fief, aujourd'hui ferme, près de Saint-Amand, canton de Vendôme. Dans la marge du manuscrit on lit d'une écriture fort ancienne le mot Claireau.

(2) Gombergeon, commune du canton de Saint-Amand (Loir-et-Cher).

(3) Les Loges, hameau de la commune de Lancé, canton de Saint-Amand (Loir-et-Cher).

LXIX

NOTICIA DE TERRA RAHERII FILII GUARINI CANONICI SANCTI GEORGII.

1050 - 1063

Rahier, fils de Garin, chanoine de Saint-Georges de Vendôme, vend à Marmoutier pour trois livres de deniers, une terre de deux bœufs proche Nareil-lès-Vendôme, du consentement d'Odon, d'Adelade sa femme, sœur du vendeur, et de leurs quatre fils, ainsi que de ses deux autres sœurs et des fils de l'une d'elles, qui reçoivent à cet effet des sommes diverses. Cette terre est libre de toute redevance sinon deux sols et deux deniers de cens.

Nosse debebitis, si qui eritis posteri nostri Majoris scilicet hujus habitatores Monasterii Sancti Martini, Raherium filium Guarini, canonicum sancti Georgii vindocinensis, vendidisse nobis sub regimine nunc agentibus domni abbatis Alberti (1), terram ad duos boves, in Vindocinensi territorio sitam, apud villam scilicet Navolium nuncupatam. Emitque eam domnus Fulcodius noster monachus et prior, et domnus Ascelinus noster item monachus, Buziaci prepositus, frater domni Adelardi nostri nichilominus monachus, libris denariorum III existente precio, faventibus universis de quorum reclamatione poterat esse, suspicio hoc est Odone clerico, Adelade uxor[e] ejus, sorore prefati Raherii clerici qui hanc de qua loquimur terram vendidit, et Guarino, Raherio, Simeone, atque Odone, filiis ejusdem Odonis, nepotibus scilicet

---

(1) Albert, abbé de Marmoutier, de 1037 à 1064.

Raherii, Hadvisa quoque sorore ipsius, uxore Fulberti Truselli cum filiis suis Petro et Nihardo, et alia nichilominus sorore Raherii nomine Alsende, quorum singuli, alii quidem plus, alii minus pretii pro suo acceperunt auctoramento, non amplius tamen omnes quam solidos III. Est autem eadem terra ab omnium hominum omnimoda redibitione vel exactione liberrima, preter II solidorum et II denariorum censum qui ex ea solvitur ad festum Sancti Baptiste Iohannis. Testes affuerunt hii : Fulco Vindocinensis (1) comes — Archembaldus prepositus (2) — Ingelbaldus Brito — Gauscelinus Bodellus (3) — Fulcradus filius Gauscelini bastardi — Constantius presbyter — Frodo de Sancto Victore — Chotardus nepos Hildeberti monachi — Hugo Passa pictavinos — Burchardus frater ejus — Hubertus presbyter.

LXX

NOTICIA DE CONVENIENTIA
HUBERTI CLERICI DE VINDOCINO, QUAM HABUIT NOBISCUM.

1047 - 1077

Ansberge, mère d'Hubert clerc de Vendôme, ayant été admise au bénéfice de l'association de Marmoutier, lui laisse, après sa mort, sa dot consistant en un arpent de vigne et deux de terre, avec le consentement des chanoines de Saint-Georges.

(1, 2 et 3) Foulques (l'Oison), comte de Vendôme, Archembauld, prévôt, Ingelband le Breton, Gauscelin Bodellus, sont des personnages rencontrés souvent déjà dans nos chartes.

dans la terre desquels ils se trouvent. Après que sa mère fut morte et ensevelie par les moines, Hubert obtient d'eux la jouissance de ce bien sa vie durant, à la condition qu'à sa mort ils auront tout ce qu'il possède.

Nosse debebitis, si qui eritis posteri nostri Majoris scilicet hujus habitatores Monasterii Sancti Martini, Ansbergam matrem Huberti clerici de Vindocino, in capitulum nostrum venisse, acceptoque societatis nostre benefacto, dotalicium suum, unum arpennum scilicet vinee et duos terre, canonicis Sancti Georgii in quorum terra adjacent, annuentibus, nobis post obitum suum condonasse. Que, cum obisset atque a nobis sepulture mandata fuisset, rogavit nos supradictus Hubertus ut arpennos illos eum, dum viveret, tali pacto tenere sineremus, ut cum eisdem in dominium nostrum deveniret quicquid ipse possidere videretur, die vel hora qua obiret. Cujus nos peticioni sub hac consensimus convenientia, testibus istis : Benedicto Blanchardo — Ermenaldo claudo — Hildeberto monacho de Buzinco tunc temporis preposito, cum quo Hubertus convenientiam istam habuit.

LXXI

NOTICIA DE TERRA CURTIS OZII.

XIe siècle

Le moine Isembert, qui gouvernait le lieu de Saint-Médard-les-Vendôme, achète du chevalier Roger un manse de terre à Courtozé, contenant le labour de quatre bœufs en deux ans. Le prêtre Ansaud, ayant acheté du même Roger, pour le donner aux moines, un bois de trente arpents, sis au même lieu, un autre Roger et Aucher son frère, se désistent, moyennant une compensation du vendeur, du droit de mort bois qu'ils prétendaient avoir. Enfin Geoffroi, leur frère, donne son consentement pour une selle d'une valeur de trois sols et demi.

Noverint nostri successores quendam monachum Majoris Monasterii, Isembertum nomine, qui regebat locum Sancti Medardi territorii vindocinensis, a Rogerio milite quodam ejusdem castri emisse unam terre mansuram in loco qui vocatur Churtis ozii (1). Que mansura cujusdam fuit hominis qui apellatus est Stabilis. Spacii tantum continet quantum duobus annis, IIII possint exercere boves, sita jux[ta] mansuram Raimbaldi cujusdam. Emit etiam Ansaldus (2) vindocinensis presbyter, frater Burchardi de Caresmo, ab eodem Rotgerio in possessionem prefatorum Sanctorum, boscum supradicti loci qui dicitur Curtis ozii. In cujus spacio bosci XXX^{ta} vel amplius motiantur arpenni. Rotgerius autem quidam, cognomento Piperaria et Alcherius frater illius, ex eodem bosco sui juris esse dixerunt mortuum boscum. Quos statim Rotgerius ille qui vendebat, qui cognominabatur et ipse Piperaria quique, ut notior fiat, filius fuit Gauscelini cujusdam militis ejusdem cognominis, possessionis parilis commutatione oblata, silere compulit. Hic vero Rotgerius habebat fratrem nomine Gausfredum qui cum prefatis venditionibus annuere aliquandiu distulisset, tandem rogatus a quibusdam quos contemnere non poterat, annuit, accepto tamen ali-

---

(1) Courtozé, commune d'Azé, canton de Vendôme (Loir-et-Cher).

(2) Ansauld, frère de Bouchard de Caresmot. Voy. note ch. XIII.

quantulo precio, sella scilicet solidis empta tribus et dimidio. Testes horum, subter ascripti :

Rotgerius de Turre — Rainaldus frater ejus — Vivianus caput de ferro — Isembertus carpentarius — Mainardus — Alricus — Rotbertus frater ejus — Hildebertus frater amborum — Guismandus famulus, homo Sancti Martini — Isembertus monachus.

LXXII

NOTICIA FRODONIS.

Vers 1060

Frodon de Vendôme, pour le salut de son âme et de celle de tous les siens, donne à Saint-Martin un manse de terre à Ulmetum et trois arpents de bonne terre comprenant le labour d'une charrue, avec la vicairie et les coutumes, le tout chargé de dix-huit deniers de cens. Il y ajoute la moitié d'une autre terre d'une charrue, se réservant de disposer de l'autre moitié à sa mort. L'archidiacre Hugues, du fief de qui la terre dépendait, reçoit sept livres pour autoriser ces dons. — Le moine Hilduin achète des deux fils de Letgarde un arpent de pré dans le même endroit.

Notum sit omnibus sancte Dei ecclesie fidelibus quendam de Vindocino Frodonem nomine, dedisse, pro anime sue remedio conjugisque proprie nec non et parentum suorum, Sancto Martino Majoris Monasterii atque senioribus Deo ibidem famulantibus, unam mansuram terre consistentem apud villam que apellatur Ulmetum, et ex altera parte in eadem villa III arpennos terre quam fertilis, quantum uni sufficit carruce, cum tota vicaria et omnibus consuetidunibus, solidam videlicet et quietam sicut eam eatonus tenuerat. Cujus tamen donationis terra scilicet mansura cum arpennis tribus annuatim in festivitate Sancti Martini estivali IIII^{to} videlicet Nonas Julii, reddidit de censu denarios X et VIIII. Dedit iterum in eadem villa terram ad alteram karrucam memorato Sancto, sed ad medietatem quamdiu vixerit ipse, et si in morte sua placuerit ei ut totam dimittant (*sic*) Sancto Martino, bene se res habebit. Si quominus et magis filiis suis partem suam dimittere voluerit, eandem societatem quam cum patre habebat Majoris locus Monasterii, cum filiis habebit, ut scilicet ad medietatem terram excolant. Denique, Hugo archidiaconus (1) in cujus fevo terra consistit, auctoritate sua utramque donationem, teste Burchardo de Quaresmolt (2), et Teduino de Maini, firmavit, cujus rei gratia VII libras accepit. Ceterum, quod in eadem terra supradicte ville, Hilduinus Sancti Martini monachus unum arpennum prati coemit de Gualterio ac Rainaldo Letgardis filiis, ideo emptionem ipsam in una eademque noticia, non inconvenienter esse scribendam curavimus. Cujus si quidem emptionis census qui trium est denariorum et oboli, die festivitatis Sancti Beati (3), VII^{mo} idus Mai reddendus, instituitur; nomina autem testium qui causa videndi et audiendi ad hanc producti fuerant emptionem subternotare studuimus.

Benedictum videlicet majorem — Hubertum homi-

---

(1) Hugues l'Archidiacre, fils de Hugues Doubleau. Voy. note ch. II.

(2) Bouchard de Caresmot. Voy. note ch. XIII.

(3) Saint Bienheuré ou saint Bié ; suivant une tradition locale, il habita une grotte située à mi-hauteur de la colline qui domine un faubourg de la ville de Vendôme, portant son nom. Une église fut élevée en son honneur devant cette grotte, qui y fut comprise, et elle fut l'église de la paroisse Saint-Bienheuré, l'une des quatre que la ville de Vendôme avait jadis.

nem Sancti Martini — Andream et filium ejus, Haldricum nomine.

Nomina autem testium qui donationem suprascriptam prime terre, scilicet quam Frodo fecit Sancto Martino, fieri viderunt et audierunt, sunt hec :

Rainaldus de Turre (1) — Engelbaldus Brito — Avesgaldus prepositus — Andreas dives — Adolelmus, homo Sancti Martini — Vitalis et Benedictus, homines ejusdem Frodonis.

LXXIII

CONCORDIA CUM ARNULFO GENERO DOMNI OTBERTI.

1064 - 1077

Arnulfe, gendre d'Otbert, revendiquant une mainferme près de Fontinetum, que celui-ci avait donnée en mourant à Marmoutier, du consentement de sa femme Hiolende, les moines, pour éviter toute contestation, se l'associent pour un tiers de cette mainferme, et lui en cèdent en propre trois arpents de vigne et un bois, dont ils se réservent une part de revenu. Néanmoins, pour établir que seuls ils ont des droits sur ces biens, ils en paient les reliefs et en acquitteront le cens chaque année. Arnulfe, par reconnaissance, concède aux moines sa terre de Nourray, dont il se réserve, sa vie durant, la moitié du revenu ou l'équivalent en grain.

Notum sit fratribus nostris, scilicet monachis Majoris Monasterii, quod domnus Otbertus quando venit

---

(1) Rainaud de la Tour, fils cadet de Jérômie, seigneur de Lisle (canton de Morée, Loir-et-Cher), et de Sarrasine. — Il fut excommunié pour avoir commis des déprédations sur les biens du monastère de la Trinité de Vendôme. Il vivait au commencement du XII° siècle.

ad conversionem, in ea infirmitate de qua mortuus
est, dedit nobis, annuente sua uxore Hielende, quandam manum firmam in vindocinensi apud Fontinetum (1), ita ut dimidium statim possideremus ad
presens, aliam medietatem post mortem uxoris sue.
Quod cum audisset Arnulfus, gener ejus, calumniatus est eam, dicens quod domnus Otbertus, quando
desponsavit ei filiam suam, fecerit ei donum de omnibus terris suis. De qua re cum nollemus contentionem habere cum eo, per consilium et voluntatem
domne Hielendis, associavimus eum in terciam partem illius manus firme. Solus autem tenebit tres
arpennos vinee qui pertinent ad illam manum firmam
et boscum ad faciendam domum suam, et ad sua necessaria, et ut custodiat eum, sed de reditibus ipsius
bosci habebimus partem nostram, sicut de reliqua
terra, excepto si extranei homines qui non pertinent
ad illam manum firmam forisfecerint in ipso bosco,
de emendatione eorum nichil habebimus. De ipso
autem bosco sumet monachus noster ad omnia necessaria sua quantum volet, sicut ipse Arnulfus.
Illam vero terciam partem et cetera que diximus,
tenebit de domno abbate aut in fevum, aut in amicitiam, ita ut recognoscat se nichil juris in ea habere,
nisi quantum ei a nobis concessum est ad tempus.
Propter quod etiam nos dedimus relevamentum totum et nos soli dabimus singulis annis censum, videlicet ut hoc sit quasi probamentum neminem jus
habere in ea nisi nos (2). Quod si heredem habuerit

(1) Peut-être Fontenailles, commune de Nourray, canton de
Saint-Amand.
(2) La précaution prise par les moines pour conserver leur
droit est à remarquer.

de filia domni Otberti, ille similiter eandem partem patris tenebit. Illo autem mortuo, vel si sine herede Arnulfus mortuus fuerit, statim eadem pars ad nos revertetur. Quilibet autem prior mortuus fuerit, ipse vel domna Hielendis, dividemus cum superstite in duas partes usumfructum totius terre, utroque mortuo, totam terram solutam et quietam possidebimus. Pro hoc tanto beneficio quod eum, scilicet sicut diximus, in supradictam manum firman associavimus, Arnulfus nolens esse ingratus concessit nobis terram de Nuceriis (1), ita ut dum ipse vixerit domus ei dimidiam partem de reditibus ipsius terre aut tantumdem annone apud Vindocinum. In hac vero terra nullus suorum hereditabit, sed mortuo Arnulfo, statim possidebimus eam solutam et quietam. Testes qui hoc viderunt et audierunt sunt hii. De hominibus Sancti Martini : Giraldus Morolus — Benedictus Blancardus — Landricus, cellararius noster de Vendocino — Homines ejusdem Arnulfi qui huic convenientie affuerunt, sunt isti : Rainerius Chanardus — Guillelmus capellanus ..... domni Otberti.

LXXIV

NOTICIA RAINARDI DE LANCIACO (2).

XIe siècle

Le chevalier Rainard, pour son salut et celui de ses père et mère, donne à Marmoutier son bien de Monceau, près Lancé. Sa

---

(1) Nourrai, commune du canton de Saint-Amand.
(2) Lancé, commune du canton de Saint-Amand.

mère, qui avait eu ce bien en dot, reçoit des religieux six livres de deniers, Fulcois, fils de Rodulfe Marmion, touche huit sols pour les ventes, et Adraldus, frère de Rainard, donne son consentement pour une paire de chaussures écarlates, à condition que les moines paieront pour cette terre trois sols de cens au susdit Fulcois à la Saint-Martin d'hiver, huit deniers à Frodon le jour de Saint-Jean à la foire de Blois, et quatre à la Saint-Denis aux fils d'Alsende.

Notum sit omnibus Sancte Dei ecclesie fidelibus et precipue successoribus nostris, militem quendam Rainardum (1) nomine, filium Odonis de Calmariaco, tam pro anime sue remedio, quam pro absolutione animarum patris et matris, dedisse Sancto Martino in loco Majoris Monasterii, ad usum videlicet fratrum ibidem omnipotenti Deo servientium, terram illam quam apud Moncollum (2) et apud Lanciacum cultam et incultam habere videbatur, scilicet : terram arabilem, prata, vineas et aliquantulum silve. Mater autem ejus, in cujus dotalicio haec terra consistebat, pro eo quod proprio filio, ad hoc donum faciendum, eandem terram in vita sua reliquit, libras VI accepit de denariis ejusdem Sancti Martini ; Fulchosius vero, Rodulfi Marmionis filius, VIII inde solidos sibi de venditionibus recepit. Adraldus autem filius Ermengardis, frater ejusdem Rainardi, caligas etiam habuit vermiculas, annuende causa ipsius donationis. Ea vero ratione memoratus vir prefatam terram Sancto Martino monachisque suis contulit, quatinus ipsi in perpetuum eam libere ac quiete possiderent, tantum-

(1) Rainard, fils d'Odon de Daumeré et de Ermengarde ; il avait un frère nommé Adrald. — Daumeré, canton de Durtal, arrondissement de Baugé (Maine-et-Loire). — Le manuscrit porte, par erreur, sans doute, *Calmariaco* pour *Dalmariaco*.

(2) Monceau ou Le Monceau, hameau commune de Lancé, canton de Saint-Amand (Loir-et-Cher).

modo censum solventes tribus terminis in anno : festivitate scilicet Sancti Martini hiemali, III idus novembris, solidos III predicto Fulchosio ; Rursus festivitate Sancti Johannis, IIII Kal. Septembris, foro videlicet Blesis, denarios VIIII Frodoni filio Archingerii ; Item festivitate Sancti Dionisii, VII idus octobris, denariis IIII, filiis Alsendis. Quod si forte aliquis terminorum istorum, sive per oblivionem seu per negligentiam ministri Sancti Martini, preterierit, non reddito censu, salva donatione ista, census ipse legaliter emendetur. Nomina vero testium qui donationem istam fieri videntes et audientes affuerunt subternotare curavimus. S. Odonis Rufi. — S. Willelmi de Monte-aureo. — S. Drogonis filii Francherii. — S. Hugonis de Campaniaco (1). — S. Hubaldi majoris. — S. Engebaldi de Buziaco. — S. Drogonis presbyteri.

LXXV

CYROGRAPHUM INTER BERENGERIUM DE LANCIACO ET NOS.

Vers 1070

Le moine Ascelin, préposé à l'obédience de Lancé, poursuit Bérenger de Lancé en restitution d'une vigne qu'il détenait depuis quelque temps, comme l'ayant achetée de son prédécesseur. Bérenger, condamné en justice à rendre la vigne, offre aux moines soixante sols pour qu'ils la lui laissent sa vie durant, et, après lui, à un seul héritier. Mais ceux-ci ne consentent à la lui céder que jusqu'à la mort de sa fille

---

(1) Champigny-en-Beauce, arrondissement de Blois.

Richilde. Ils donnent les soixante sols à Ingelbaud le Breton pour qu'il se démette d'une vicairie qu'il imposait injustement sur leur terre de Monceau.

Notum sit fratribus nostris scilicet monachis Majoris Monasterii, Berengerio de Lanciaco aliquanto tempore tenuisse quandam vineam nostram, tali scilicet ratione, quod dicebat se emisse illam a monaco nostro preposito illius obedientiæ. Postea cum domnus Ascelinus monacus noster eidem obedientiæ preesset, causa sollicite inquisita, cognoscens quod non haberet illam ex consensu capituli nostri, calumpniatus est eam, et cum venissent inde uterque ad placitum, judicatum est illum debere nobis reddere vineam nostram. Cum ergo ille cogeretur eam reddere, petivit ut acciperemus ab eo LX solidos et dimitteremus ei vineam in vita sua et uni heredi post se. Quod, cum a nobis impetrare non posset, ad hunc tandem finem devenit, scilicet pro illis LX solidis concessimus ei vineam hoc modo, ut dum filia ejus, Richildis nomine, vixerit, teneat eam ipse, vel illa, mortua autem illa, ad nos vinea nostra redeat. Illos vero LX solidos dedimus Ingelbaldo Brittoni qui huic convenientiæ aderat, pro eo ut dimitteret vicariam quandam quam injuste immittebat in terram nostram de Moncello (1). Utriusque rei testes, hoc est et convenientiæ hujus cum Beringerio, et guerpitionis vicariæ ab Ingelbaldo, afferunt isti :

Vulgrinus filius Ingelbaldi Brittonis — Simon filius Frodonis — Gundacorus — Alfredus filius Micaelis

(1) Le Monceau, hameau de la commune de Lancé, canton de Saint-Amand (Loir-et-Cher).

— Herbertus clericus — Johannes major de Moncello.
— Petrus et Giraldus et Ursio coqui — Odo — Josbertus.

LXXVI

NOTICIA HUBALDI VENATORIS.

XI⁰ siècle

Hubaud le veneur, ayant légué en mourant à Saint-Martin, pour le repos de son âme, six arpents de terre censive près d'Ulmeta, sa femme et ses fils donnent leur consentement, pour des provisions que leur livre le moine Hilduin. La reddition du cens est fixée à la Saint-Denis.

Notum sit successoribus nostris Hubaldum venatorem, in morte sua, dimisisse Sancto Martino Majoris Monasterii fratribusque Deo ibidem servientibus, pro animae suae remedio, sex arpennos terrae censivo quam ipse proprio precio emerat. Haec autem terra juxta villam que vocatur Ulmeta consistit, et quia uxor illius ac filii voluntate propria donum hoc auctorizaverunt, ideo dedit eis Hilduinus monachus tantum de substantia predicti Sancti quantum inter se ipsos concorditer invenerunt, quam etiam substantiam tradidit eis Tedo major. Census vero terre supradicte, qui sex habetur denariorum, festivitate sancti Dionisii, septimo videlicet idus octobris, reddendus instituitur. Testium autem nomina quibus videntibus et audientibus donum factum est istud subtus inserta sunt : Algerii et Fulconis, foristariorum (*sic*) — Benedicti et Tedonis majorum — Constantini et Christiani, hominum Sancti Martini.

LXXVII

NOTICIA DE AREA MOLENDINI DE MOLINA QUEM HAINRICUS DEDIT.

1037 - 1060

Hainric de Vendôme donne à Saint-Martin l'aire d'un moulin sur le Loir, au lieu appelé la Mouline, et payant à Guismand de Vendôme douze sols de cens le jour de Saint-Jean-Baptiste.

Nosse debebitis, si qui eritis posteri nostri Majoris scilicet hujus habitatores Monasterii Sancti Martini, Hainricum quendam de Vindocino, fratrem Odonis decani, donasse Sancto Martino et nobis sub regimine agentibus domni abbatis Alberti (1) unam aream molendini, in Ledo fluvio, in loco qui Molina (2) dicitur sitam, reddentem censum XII denarios Guismando de Vindocino (3) ad nativitatem Sancti Johannis Baptiste, donasse vero eam solidam et quietam sub testimonio istorum quorum nomina hec sunt : Mainardus hospitalarius — Arembertus vicarius — Fulco monachus noster tunc prior — Morinus cellararius de Vindocino — Ebroinus clericus filius Guidonis pratarii.

(1) Albert, abbé de Marmoutier, de 1037 à 1064.
(2) La Mouline, commune de Saint-Firmin-des-Prés, canton de Morée (Loir-et-Cher).
(3) Guismand de Vendôme ou de la Chappe, gendre de Hugues Doubleau. Voy. note ch. XXIV.

LXXVIII

NOTICIA DE RELEVAMENTO MOLENDINI CONSTANTII.

Le moine Dom Foulques paye à Herbert, fils de Gautier Guasnache, les reliefs pour le droit de rivage du moulin de Constant, sur la Glandesse, dans la terre de Mont-Hildulfe, avec le consentement de Rahier du fief de qui il dépendait.

Nosse debebitis, si qui eritis posteri nostri Majoris scilicet hujus habitatores Monasterii Sancti Martini, domnum Fulconem monachum nostrum relevasse de Herberto filio Gaulterii Guasnachio cognominati, ripaticum molendini cujusdam olim Constantii, qui habetur in Glandessa fluviolo terre Montis-Hildulfi, auctorizante Raherio de Clusa folio (2), Alcherii de Vallibus de cujus fevo obtinebatur, testibus istis : Eleopa (3) nepote thesaurarii — Amelino ex Chirpello — Pagano homine Raherii — Alcherio filio Gauslini — Guarino clerico de Semita — Fulcone monacho — Hildeberto monacho.

(1) Voyez la note de la ch. CXVIII.

(2) C'est sans doute *filio* qu'il faut lire.

(3) *Eleopa* pour *Cleopas*, fils de Malrau de Nouatre, était neveu de Ganelon, trésorier de Saint-Martin de Tours, qui fonda le château de Montigny-le-Ganelon, près Cloyes (Eure-et-Loir), et cousin de Nihard de Montoire. (Voy. Cart. de Marmoutier pour le Dunois, ch. XXII.)

LXXIX

NOTICIA DE CALUMNIA HUBERTI FILII ROTBERTI SUPER TERRA DE FONTE VENTALI.

1068

Hubert, fils de Robert de Marrei, après avoir revendiqué aux moines la terre de Fontenailles, que son père leur avait vendue, disait-il, sans son autorisation, la leur donne pour quinze sols de deniers.

Notum sit fratribus nostris Majoris scilicet Monasterii monachis quod Hubertus filius Rotberti de Marreio (1) calumniatus est nobis terram de Fonte ventali, quam pater suus vendidit nobis, dicens se non auctoravisse venditionem patris sui, de qua calumnia venimus ad hanc concordiam cum illo. Dedimus scilicet ei quindecim solidos denariorum, et auctoravit illam patris sui venditionem, quam prius calumniabatur. Actum apud Sanctum Laurentium in Guastina (2), anno ab incarnatione domini MLXVIII, cujus rei testes :

Gauslinus homo ipsius Huberti — Hubertus homo ipsius Huberti — Mainardus de Ferraria — Her-

---

(1) Robert de Marray. — Marray, commune du canton de Châteaurenault (Indre-et-Loire), contiguë à l'ancien Bas-Vendomois. — On rencontre souvent des membres de la famille de Marray dans les chartes vendomoises.

(2) Saint-Laurent-en-Gastine, commune du canton de Châteaurenault (Indre-et-Loire), faisait partie de l'ancien Bas-Vendomois.

bertus de Guasnachia — Tetbaldus de Nuzilliaco — Gausbertus major — Giraldus Mocellus — Haldricus villanus — Odo de Sancto Laurentio — Odo monachus — Hildebertus monachus — Guastho monachus — Sigevertus monachus.

LXXX

NOTICIA DE GUERPITIONE LETBERTI SUPER RECLAMATIONE TERRE ADELELMI BUTA - FOCUM.

1062

Letbert, fils bâtard de Rainaud du Château, avec Herbaud, son homme, abandonne pour dix sols toutes les réclamations qu'il faisait au sujet du tensement ou droit de protection sur la terre qu'avait auprès du Sentier Adelelmus Boutefeu.

Nosse debebitis, si qui eritis posteri nostri Majoris scilicet hujus habitatores Monasterii Sancti Martini, Letbertum (1), filium bastardum Rainaldi de Castro, una cum Herbaldo homine suo, guerpivisse nobis sub regimine nunc agentibus domni abbatis Alberti (2), anno ab incarnatione domini MLXII, omnem reclamationem quam faciebat pro taxamento terre que Adelelmi Buta-focum apud Semitarium [habebat], et accepisse pro ista guerpitione solidos X. Testibus istis :

(1) Letbert, fils naturel de Rainaud de Châteaurenault et frère de Guicher.
(2) Albert, abbé de Marmoutier, de 1037 à 1064.

Odone Landano — Hilgodo fratre ejus — Teoderico de Avaziaco — Warino de Fago — Galterio Paneparato (1) — Raherio filio Roszonis — Rainaldo maurello. De monachis : Fulcone priore monacho — Adraldo, preposito de Cambone, monacho — Hugone, de Beziaco preposito, monacho.

LXXXI

NOTICIA DE HIS QUE RECLAMABAT FROTMUNDUS IN TERRA ADELELMI BUTA - FOCUM.

1062

Fromont, qui revendiquait aux religieux deux parcelles de terre qu'Adelelmus Boutefeu leur avait données en se faisant moine chez eux, se désiste pour un muid de froment.

Nosse debebitis, si qui eritis posteri nostri Majoris scilicet hujus habitatores Monasterii Sancti Martini, Frotmundum quendam calumniasse nobis sub regimine nunc agentibus domni abbatis Alberti (2), anno ab incarnatione Domini MLXII, duas particulas, hoc est duo hospitia terre quam nobis Adelelmus Butafocum apud nos deveniens monachus donaverat. Cujus calumpniationis hic fuit finis : unum modium frumenti a nobis idem Frotmundus accepit, et quod

---

(1) Paimparé, localité de la commune de Saint-Martin-des-Bois, canton de Montoire (Loir-et-Cher).
(2) Albert, abbé de Marmoutier, de 1037 à 1064.

calumpniabatur perpetua guerpitione, dimisit. Testibus istis : Archembaldo preposito Vindocinensi — Odone secretario — Constantino, canonico Sancti Georgii — Bernardo Rego — Gervasio (1) filio Lancelini de Vindocino — Rotgerio filio Gascelini de Cons — Gauscelino Troia — Adelelmo filio Adelelmi Butafocum — Johanne converso — Fulcone priore et monacho — Hugone monacho — Adelelmo Butafocum jam monacho.

LXXXII

DE CALUMNIA MONACHORUM VINDOCINENSIUM SUPER QUADAM CONSUETUDINE TERRE GAUSFREDI, FILII ERMENRICI ET TERRE ADELELMI BUTAFOCUM.

1050 - 1062

Les religieux de la Trinité de Vendôme revendiquant à ceux de Marmoutier la moitié du pasnage, dans la forêt de Gastines, sur les porcs des paysans habitant une partie de leur terre du Sentier, avec l'exemption du même droit pour leurs propres porcs. Dom Foulques, prévôt de cette terre, obtient de Foulques, comte de Vendôme, la confirmation de cette coutume, en lui donnant cinquante sous et un verrat, et à sa

---

(1) Gervais, fils de Lancelin de Vendôme. — Il paraît être le Gervais de Vendôme qui donna, en 1090, l'église de Saint-Secondin au monastère de Marmoutier. (Grand cart. de Marmoutier. Bibl. Nat., ms. latin, n° 5441. T. 1, p. 463)

femme Pétronille une truie avec ses petits. Il prouve en même temps que cette coutume s'étend à la terre qu'Adelelmus Boutefeu a donnée à Marmoutier en se faisant moine.

Nosse debebitis, si qui eritis posteri nostri Majoris scilicet hujus habitatores Monasterii Sancti Martini, Vindocinenses monachos Sancte Trinitatis calumniari voluisse nobis, sub regimine nunc agentibus domni abbatis Alberti, consuetudinem illam terre nostre de Semitario, ejus scilice[t] partis quam dudum tenuerat Gaufredus filius Ermenrici, hoc est, ut de porcis rusticorum eandem partem terre incolentium dimidium habeamus pasnatici in silva Guastinensi (1), de nostris vero propriis quos in eadem terra habuerimus nullum in illa silva cuiquam pasnaticum reddamus. Pro qua scilicet calumnia adiit domnus Fulco noster monachus, ejusdem terre prepositus, Fulconem (2) comitem Vindocinensem, et datis ei quinquaginta solidis et uno verre, uxori quoque ejus nomine Petronille (3) scrofa una cum porcellis suis, eandem consuetudinem, quamvis ille eam nobis cum eadem terra jam auctorizasset, etiam nunc tamen ab ipso, favente predicta conjuge sua, perpetuo nobis auctorizari obtinuit. Partem quoque illam supradicte terre nostre quam Adelelmus Butafocum tenuerat et apud nos deveniens monachus nobis donaverat, eandem prorsus consuetudinem habere et de fevo Archembaldi (4) prepositi Vindocinensis fuisse, su-

---

(1) La forêt de Gastines. — Elle couvrait toute la partie méridionale du Vendomois.
(2) Foulques l'Oison, comte de Vendôme, de 1050 à 1066.
(3) Pétronille de Châteaurenault, femme de Foulques l'Oison.
(4) Archembaud, prévôt de Vendôme. Voy. note ch. XVII.

prafatus monachus Fulco, coram Vindocinensi comite Fulcone, racionabiliter monstravit, et contradicentes omnes manifeste convincit. Acta sunt hæc, testibus istis : Archembaldo preposito — Ingelbaldo Britone — Wlgrino filio ejus — Salomone filio Salomonis portarii — Hugone fratre ejus — Mainardo forestario — Gislulfo preposito de Ferraria — Letfredo forestario — Hu ne Passapictavinum — Airico de Fractavalle — ufredo filio Ivonis — Fulberto teloneario — Fulcone monacho et priore — Guarino clerico de Semitario — Amelino clerico filio Avesgaldi — Raherio clerico.

LXXXIII

NOTICIA DE MANUFIRMA DE CURBATURA ET ALODIIS DE ARENIS.

1037 - 1062

Roger, fils de Mainard d'Areines, à l'article de la mort, donne à Saint-Martin la part des alleux d'Areines et de la mainferme de la Courbature qu'il possédait près du château de Vendôme avec son frère Adelelmus Boutefeu, et le quart du moulin de Ronsart sur la Housée ; ces biens étant libres de toute redevance autre que six deniers de cens aux moines de Saint-Florent. Adelelmus obtient du chapitre la jouissance, sa vie durant, de la terre et du moulin, à condition qu'il les laissera, à sa mort, à Saint-Martin, avec sa propre part. Quelques années après, Ruinaud, fils de Roger, autorise la donation faite par son père pour deux chevaux que lui donnent les moines et son admission à leur association.

Notum sit successoribus nostris, quod Rotgerius,

filius Mainardi de Arenis (1) ad extrema perductus, dederit Sancto Martino, pro anima sua, partem alodiorum et manufirmæ quam cum Adelelmo fratre suo, Butafoco cognomine, habebat; et unum simul quarterium molendini in Uoscia (2) siti quem vulgus Ronzart appellat. Qua de causa, cum a nobis sepulture mandaretur, predictus frater ejus, qui eum huic Majori Monasterio tumulandum deportari fecerat, domnum Guanilonem fratrem nostrum Buziaci tunc propositum, vice omnium, de molendino et terra revestivit, designans eam, et liberam ac quietam tradens, sicut ipse fieri rogavit, quando ei moriens elemosinam suam commendavit. Est autem terra hoc in pago Vindocinensi, castello contigua a parte orientali et in duobus per partes divisa locis, Curbatura et Arenis appellatis; manus-firma si quidem est apud Curbaturam; alodia vero haut longe apud Arenas, supra ripam Uosie, consistunt. Hujus, igitur terre, que in his sive aliis ad eam pertinentibus adjacet locis, partem propriam prefatus vir, cum bosco et vinea que ad manum-firmam pertinet, pro anima sua, ut dictum est ita liberam obtulit, ut nichil redibitionnis ex ea solvatur cuiquam, nisi denarios IV census de manufirma monachis Sancti Florentii (3), que, postquam hoc modo, in jus Sancti Martini Adelelmo vice fratris defuncti, liberam eam sicut ipse tenuerat, tradente, devenit, peticione ipsius eundem

---

(1) Areines, commune du canton de Vendôme (Loir-et-Cher).

(2) La Housée, petite rivière, affluent de la rive gauche du Loir, dans laquelle il se jette dans la commune d'Areines, au-dessus de Vendôme.

(3) Les moines de St-Florent sont ceux de St-Florent, de Saumur.

Adelelmum a domno abbate Alberto, auctoritate capituli, tam terram quam et molendinum, hac ratione concessum est possidere, ut utrumque, in vita sua, tantummodo teneat et possideat; et post suum decessum absque contradictione aliqua, nemine suorum hereditante, Sancto Martino cum tota sua parte relinquat. Unde sunt testes, Benedictus Blanchardus, major potestatis nostrœ Buziacensis, et prescriptus frater noster Gualo qui terram suscepit, necnon et Fulcranus presbyter de Mairiaco, qui cum ipsis pariter commandando elemosine Rotgerii et dono terrœ interfuit. Quod, postquam ita factum est et Adelelmus, conventione accepta, descriptam terram cum molendino jam per aliquot annos ex nostra auctoritate tenuisset, Rainaldo nepoti ejus filio Rotgerii, ob patris donum auctorizandum, caballi duo et societas nostra a memorato abbate nostro, in capitulo, data est, ubi et auctorizamenti donum, ut moris est, fecit et donum patris sicut cum fecisse promissum est coram cunctis fratribus, libenter Sancto Martino bis auctorizavit, his videntibus et audientibus, qui testes producuntur veritatis. De priori auctoramento sunt hi : Herluinus homo ejusdem Rainaldi — Ebrulfus cellararius — Rotbertus sartor — Hilduinus sartor — Durandus risellus — Michael coquus. De secundo, isti : Ingelbaldus Brito — Odo decanus — Durandus vicarius Gaufredi comitis — Guillelmus de Capella — Raherius decanus — Archembaldus prepositus — Benedictus Blanchardus — Benedictus cellararius — Morinus Bothardus — Ascelinus monachus — Gualo monachus, qui secundum equum Rainaldo dedit, quando hoc secundo coram his testibus auctorizavit.

LXXXIV

NOTICIA DE VILLA BRESMA (1).

Richilde, femme de Roger de Vendôme, donne en mourant à Saint-Martin, pour le salut de son âme et de celle des siens, ce qu'elle avait en domaine dans son alleu de Ville-Bresme. Plus tard, ses fils élèvent une revendication, à laquelle les moines mettent fin en donnant un chanfrein à l'un et à l'autre une paire de chaussures écarlates.

Notum fore volumus omnibus sancto Dei ecclesie fidelibus, quod Richildis, uxor Rotgerii de Vendosmio, moriens, dedit Sancto Martino hoc quod in dominio habebat in suo alodo quod dicitur Villa-Bresma (2), scilicet tertiam partem tam de bosco quam de plano, pro redemptione animo senioris sui, et sue filiorumque suorum, Ugonis videlicet, Rotgerii, Rainaldi, Ivonis, Rotberti quemquidem alodum postea tenuerunt monachi Sancti Martini, multis annis, solidum et quietum. Sed nunc, instigante cupiditate, duo ex filiis suis Rotbertus et Ivo calumniam de hoc nferre presumpserunt. Quapropter nos Sancti Martini reclamantes, ipsique gratia Dei, rationem recognoscentes coram hominibus patrie, omnem finem fecimus, namque matris sue elemosinam annuerunt Sancto

---

(1) Cette charte est reproduite avec une rubrique différente sous le n° CLXXVIII. Le Roger de la Tour qui y figure, avec sa femme et ses fils, semble être un personnage différent du Roger de la Tour dont il est parlé dans la note de la charte XXX.

(2) Ce lieu, qui est aujourd'hui inconnu, se trouvait entre Pinoches (commune de Crucheray) et Lancé, canton de Saint-Amand.

Martino, nemine reclamante. Et ut hec notitia absque calumnia in perpetuum firma sit, dedimus Ivoni unum chanfrenum et Rotberto unas caligas vermiculas. Ad hanc vero conventionem audientes et videntes hi fuerunt producti testes, quorum nomina subter habentur scripta :

S. Rainaldi
S. Arnulfi
S. Guillelmi
S. Odonis clerici
S. Augerii clerici

S. Guillelmi sacerdotis
S. Henrici sacerdotis
S. Constantini sacerdotis
S. Fulcherii filii Hugonis.

LXXXV

NOTICIA TEODERICI.

XI° siècle

Thierry, du château de Vendôme, vend à Hilduin, moine de Saint-Martin, douze arpents de terre proche la terre de Monceau, laissée audit Saint par Rainaud de Daumère. Il est constitué pour cette vente un cens de douze deniers payable à Blois, à la foire de Saint-Jean.

Notum nostris successoribus fiat, Teodericum de castro Vindocino filium Hugonis de villa Mereni, vendidisse Hilduino Sancti Martini monacho XII^{cim} arpenna terre juxta terram Moncolli consistentes, quam Rainaldus de Dalmeriaco (1) contulit jam dicto sancto. Cujus venditionis census, qui duodecim est

---

(1) Rainaud de Daumeré. — Daumeré, canton de Durtal, arrondissement de Baugé (Maine-et-Loire).

denariorum, festivitate sancti Johannis, IV Kal. septembris, foro videlicet Blesis, instituitur reddendus. Si vero per oblivionem vel per neglectum ministralis ejusdem sancti terminus prefati census preterierit reddendi, salva venditione legaliter emendetur. Nomina autem testium qui venditionem hanc fieri videntes et audientes affuerunt, subter notata sunt. Rotbertus major — Ingelbaldus — Junanus — Hubaldus major — Giroardus : isti sunt villani Sancti Martini.

LXXXVI

DE CONSUETUDINIBUS LOIRI ET FORGETIS.

1066

Foulques, comte de Vendôme, visité à l'article de la mort par l'abbé Barthélemi, donne à Saint-Martin toutes les coutumes qu'il possédait sur la terre de Loiri et de Forgetis, savoir la vicairie, la commandise et le charroi.

Nosse debetis, si qui eritis posteri nostri hujus scilicet Majoris habitatores Monasterii Sancti Martini, Fulconem comitem Vindocinensem (1) infirmatum ad mortem visitatum a domino abbate Bartolomeo (2) apud Ferrariam (3), donnasse Sancto Martino et

---

(1) Foulques l'Oison, comte de Vendôme, de 1050 à 1066.

(2) Barthélemy, élu abbé de Marmoutier en 1064. (1064-1084)

(3) La Ferrière, commune du canton de Châteaurenault (Indre-et-Loire), faisait partie de l'ancien Bas-Vendomois et était située dans la forêt de Gâtines.

nobis, anno tertio sub regimine nobis agentibus jam dicti domni abbatis MLXVI ab incarnatione Domini, consuetudines omnes quas habebat in terra de Loiri et de Forgetis, vicariam (1) scilicet et commendisiam et carreium et omnino omnes, si quas alias in villis supradictis habebat consuetudines. Hujus rei testes : Ingelbaldus Brito (2) — Hamelinus clericus — Harduinus prepositus — Hugo frater Teudelini — Guarinus frater ejus. Annuit supradicte donationi uxor ejusdem comitis nomine Petronilla (3), et tunc apud Ferrariam, et post paucos dies apud Vindocinum, mox tumulato viro suo, supra ipsius tumulum. Hujus rei testes : Albericus de Monte - aureo (4) — Ingelbaldus Brito — Wlgrinus filius Ingelbaldi — Rainaldus (5) cantor frater ipsius Petronille — Fulcherius de Turre (6) — Matheus de Monte-aureo (7) — Drogo frater ejus — Totbaldus filius Loterii

(1) *Vicaria*, droits exigés par le vicaire du seigneur, dans le district sur lequel s'étendait sa juridiction. — *Commendesia*, tutelle ou protection accordée par un seigneur à ses vassaux ou sujets, et pour laquelle ceux-ci lui payaient un tribut ou émolument. — *Carreium*, charroi que les sujets étaient tenus de faire pour le seigneur.

(2) Ingelbaud-le-Breton. Voy. ch. CXXVIII.

(3) Pétronille de Châteaurenault, femme de Foulques l'Oison, comte de Vendôme.

(4) Albéric de Montoire. Voy. note ch. LIII.

(5) Rainaud de Châteaurenault, chantre, était frère de Pétronille, femme de Foulques l'Oison, comte de Vendôme.

(6) Foucher de la Tour. Voy. note ch. X.

(7) Mathieu de Montoire. Voy. note ch. XLVIII.

LXXXVII

NOTICIA DE MOLENDINO FULBERTI.

Après 1062

Constant de Ranay et ses fils ayant réclamé aux moines le cens du palage d'un moulin que leur avaient vendu Hilgod et sa mère, moulin dont le palis se trouvait sur la terre de ce Constant, il est établi par des témoignages probants qu'il n'avait jamais été payé de cens pour ce palis, mais seulement un cens de quatre deniers de motage, c'est-à-dire pour la terre nécessaire à l'entretien de l'écluse. Aussi Fulbert de Lavardin, qui avait longtemps payé ce cens avant de se faire moine, fait défendre la cause des moines par un de leurs hommes armé de l'écu et du bâton. Le champion de Constant ayant été vaincu, celui-ci s'engage à payer l'amende fixée par Albéric de Montoire. Constant, sa femme et ses fils, qui, plus tard, s'étaient révoltés contre cette sentence, durent se désister de toutes leurs prétentions à la suite d'un nouveau procès. Seulement il leur fut fait remise de trente sols sur l'amende à laquelle ils avaient été condamnés, et de dix sols à un des fils de Constant qui avait tué le meunier.

Nosse debetis, si qui eritis posteri nostri Majoris scilicet hujus habitatores Monasterii Sancti Martini, Constantium de Radenaco (1) una cum filiis suis Hugone et Berengerio, expetisse censum de palatico molendini quem nobis vendidit filius Burchardi de Caresmo (2) nomine Hilgodus et Guitburgis mater

---

(1) *Radenacum*, Ranay, château commune de Saint-Martin-des-Bois, canton de Montoire (Loir-et-Cher), siège d'une seigneurie au moyen âge.

(2) Hilgod, fils de Bouchard de Caresmot. Voy. ch. LXIV. Il fit des donations au prieuré de Croixval (canton de Montoire), dépendant de l'abbaye de Tiron. (Cart. de Tiron, ch. LXXIV).

ipsius ; nam palus ejusdem molendini fixus erat in terra ipsius Constantii. Censum tamen de illo reddi nunquam fuit consuetudinis. Id que jam dudum probabili fuerat ratione monstratum a Salomone de Lavarzino (1) contra Nihardum de Monte-aureo (2), cum aliquando terra illa in ipsius Nihardi devenisset fevum, nunquam scilicet fuisse consuetudinis pro palo illo reddere censum. Quod actum est eo tempore quo molendinum ipsum tenebat Gauterius cognomento Granarius, qui testis hinc nobis extitit idoneus, et hoc ita tunc fuisse probatum omni lege probare paratus. Nec solus quidem ipse, sed et omnes qui eundem molendinum hactenus tenuerunt, de palo illo censum non esse reddendum similiter asserunt ; et quidem census IV denariorum de terra illa reddebatur, non tamen pro palatico, sed pro motatico (3), hoc est pro eo quod ex ipsa terra prenditur ad opus excluse molendini illius. Cum ergo hunc ad palaticum vergtere (*sic*) voluisset ille Constantius ad istum tandem res est deducta finem, Fulbertus de Lavarzino (4) qui censum illum motatici, dum esset in seculo, annis multis reddiderat, et nunc noster monachus factus erat, defendi fecit contra illum, per quendam nostrum hominem scuto et baculo cum campione ipsius Constantii decertantem, pro palo illo censum nec se unquam reddidisse nec esse jure reddendum. Quod et ille vellet nollet quandoque recognovit et

---

(1) Salomon de Lavardin. Voy. note ch. LXV.
(2) Nihard de Montoire. Id.
(3) *Palaticum* et *motaticum*, droit d'enfoncer des pieux et de prendre des mottes de gazon pour entretenir les chaussées du moulin.
(4) Fulbert de Lavardin se fit moine à Marmoutier.

omnem in perpetuum reclamationem illius palatici, superato in ipsa decertatione suo campione, guerpivit, bellumque injuste assumptum, prout placuisset Alberico de Monte-aureo (1), sub cujus hec acta sunt judicio, legaliter, emendaturum se spopondit. Testibus istis : Alberico de Monte-aureo — Hugone de Villa malorum (2) — Adam filio ejus — Frotmundo senescalco — Odone Rufo — Matheo de Monte-aureo — Drogone fraire Mathei — Fucodio de Monte-aureo — Arnulfo filio Leodegarii — Arnulfo de Alneto — — Hilgodo filio Herberti — Fulcrado filio Fulberti — Gaufredo famulo — Rainaldo fratre ejus — Evrardo famulo — Rodulfo qui fuit famulus — Guicherio famulo — Gaufredo carpentario qui fuit noster campio — Guarino monacho — Hugone monacho — Fulberto monacho.

Post ita cum adhuc filii Constantii contra justiciam jam manifestissimam pro suo posse rebellarent, facto rursus placito, coacti sunt omnes, tam Constantius ipse quam supranominati duo filii ejus et adhuc tertius nomine Lisoius, quidquid circa molendinum illum reclamaverant seu reclamabant, in perpetuum guerpire ex toto et guerpitionem suam sacramenti juratione firmare, ut nichil unquam pertineat ad eos de molendino ipso vel de altero qui est juxta ipsum, neque de exclusis eorum, neque de ulla re omnino quo fint propter eos. Illud tantum molaticum suum accipient, quod antiquitus accipiebant et omnia prorsus ad molendinos pertinentia ab universa reclama-

---

(1) Albéric de Montoire. Voy. note ch. LIII.
(2) Hugo de Villemalour. Villemalour, ancien fief, commune de Saint-Martin-des-Bois, canton de Montoire.

tione clamaverunt et juraverunt, perpetuo quantum ad ipsos manere quieta. Ad quod tamen, ne se dicerent violentia potius quam justicia cogi, satis oblatum prius illis est, ut si quicquam se juris aut rectitudinis habere putabant in his que guerpire habebant, tota libertate monstrarent. Quod quia nullo modo valuerant, una cum uxore sua Constantius ipse et filii ejus guerpitionem illam omnes, sicut est superius intimata, fecerunt, ita perdonatis illis XXX sol. de emendatione supramemorati belli, et alii X^{cem} de forisfacto Berengerii filii Constantii qui ciciderat (*sic*) molendinarium eorumdem molendinorum. Acta sunt hæc, testibus istis : Alberico de Monte-aureo — Odone Rufo — Hugone de Villa-malorum — Adam filio ejus — Matheo de Monte-aureo — Teduino filiastro ejus — Guillelmo Bucello — Guillelmo de Ruiliaco (1) — Fulcodio de Banasta — Fulcone filio ejus — Lamberto homine Drogonis — Micaelo Rufo — Isamberto filio Hervei — Hugone Chadeberto — Bernardo Talevato — Gaufredo filio Ermenrici — Teoderico fratre ejus — Hugone filio Aimerici — Tetbaldo sororgio ejus.

LXXXVIII

NOTICIA HERBERTI DE PRATELLA.

XIe siècle

Herbert, chapelain de Rainard, pour le salut de son âme, donne à Saint-Martin : 1° une mainferme de terre censive à Pratella en Vendomois, contenant la terre d'une charrue et

---

(1) Guillaume de Ruillé. — Ruillé-sur-le-Loir, département de la Sarthe.

deux arpents de prés, avec le consentement de Rainard, de qui il les tenait, et de Scherius, son neveu. Cette mainferme est redevable de deux sols de deniers de cens à Foucher de Turne à la Saint-Martin d'hiver. 2° Deux arpents d'alleu, dont l'un est un plessis où se trouve une maison, et l'autre, à la suite, contient la grange.

Notum sit cunctis successoribus nostris, quoniam Herbertus, capellanus Rainardi nepotis Girardi de Reiniaco (1), compunctus amore divino, dedit pro remedio anime sue sancto Martino Majoris Monasterii, ad usum videlicet fratrum ibidem omnipotenti Deo famulantium, unam manufirmam terre censive in pago Vindocinense consistentem, in villa que vocatur Pratella, hoc est, terram unius carruce cum tribus arpennis pratorum, jussu atque auctoritate ejusdem Rainardi a quo ipse eam tenere videbatur, favente etiam Scherio nepote ipsius Rainardi. Census autem istius manufirme qui denariorum solidis constat duobus, Fulcherio de Turniaco (2) redditur missa Sancti Martini hiemali. Rursus annuente, prefato Rainardo, eodemque Scherio nepote suo, dedit idem presbyter Sancto Martino duos arpennos alodi quem similiter ab ipso tenebat Rainardo. Ex quibus scilicet arpennis, unus est plaxitium in quo domus habetur una, alter vero est ad exitum ubi grangica consistit. Ut autem hec donatio stabiliorem in Deo videretur optinere firmitatem, ipse Rainardus atque Scherius nepos ejus, per deprecationem memorati presbyteri, firmaverunt eam coram Odone Rufo et uxore ejus Osibia nomine, vidente Rainaldo clerico.

(1) *Reiniacum, Regni,* commune du canton de Saint-Amand (Loir-et-Cher).
(2) Foucher de Turne. Voy. note ch. LIII.

LXXXIX
NOTICIA DE AREA MOLENDINI APUD RADENACUM JUXTA MOLENDINUM FULBERTI.

1062

Hilgod, fils de Bouchard de Caresmo, avec sa mère, ayant vendu à Marmoutier pour quarante-cinq sols de deniers poitevins une aire de moulin proche le moulin Fulbert à Ranay, Gautier soulève, du chef de sa femme, une revendication, à laquelle les moines mettent fin en donnant vingt sols à sa femme et cinq à son fils, à son beau-fils et à sa sœur.

Nosse debetis, si qui eritis posteri nostri Majoris scilicet hujus habitatores Monasterii Sancti Martini, Hilgodum (1) filium Burchardi de Caresmo, una cum matre sua Guitburge, vendidisse nobis sub regimine nunc agentibus domni abbatis Alberti, anno ab incarnatione Domini millesimo LXII°, unam aream molendini juxta molendinum Fulberti apud Radenacum (2); cujus fuit areae pretium XLV solidi denariorum pictavensium, sed calumniavit eam nobis postea Gauterius, cognomento Granarius, ex parte uxoris suae, cujus calumniationis hic fuit finis. Vigenti solidos dedimus ejusdem femine filio, Gauterii filiastro, nomine Huberto et sorori ejus V; atque ita toti IV^{or} perpetuo guerpiverunt quicquid in illo reclamabant

---

(1) Hilgod de Caresmo. Voy. note ch. XIII. Ce personnage paraît comme témoin dans une charte du Cartulaire de Tiron, vers l'année 1123.

(2) Ranay, château commune de Saint-Martin-des-Bois, canton de Montoire (Loir-et-Cher).

molendino. Testibus istis : Herveo de Lavarzino (1) — Rosthone de Lavarzino (2) — Galdrico de Lavarzino — Fulberto de Lavarzino (3) — Fulcherio homine ejus — Johanne converso — Gauterio presbytero de Chimiliaco (4) Ingelgerio presbytero de Lavarzino.

XC

NOTICIA DE TERRA HERLUINI EXPLORANTIS METAM.

1065

Le chevalier Herluin de Vendôme, du consentement de sa femme, vend à Saint-Martin pour quatre livres six sols la terre du Mas, près Bezai, de quatre bœufs et libre de toutes coutumes et revenus hors six sols de cens. Tous ceux qui avaient à titres divers des droits sur cette terre donnent leur autorisation, savoir : le sénéchal Rainaud, Rodulfe, vicomte du Lude, pour un muid d'orge et son fils Hubert pour vingt sols de deniers, Rainard pour quinze sols, Harduin pour quarante sols et son association au couvent, et sa sœur Harduise pour deux sols. Herluin et sa femme Odeline, qui s'étaient réservé la jouissance de cette terre pendant leur vie, après avoir été admis à la même association, en font donation à Saint-Martin après leur mort. En raison de quoi ils payeront aux moines quatre deniers de cens à la foire de Blois.

Nosse debetis, si qui eritis posteri nostri Majoris scilicet hujus habitatores Monasterii sancti Martini,

---

(1) Hervé de Lavardin. Voy. ch. LIII, note 4. — (2) Rosthon de Lavardin. Voy. ch. L, note 1. — (3) Fulbert de Lavardin. Voy. note ch. LXXXVII.

(4) Chemillé, commune du canton de Chateaurenault (Indre-et-Loire).

Herluinum militem quendam Vindocinensem, cognomento Explora metam, vindidisse nobis sub regimine nunc agentibus domni abbatis Alberti (1), terram ad IV^{or} boves, liberam totius consuetudinis et reditus, preter VI solidos censum qui ex ea solvitur ad festum decollationis sancti Baptiste Johannis. Consistit autem apud Buziacum, inter terras nostras in Vindocinensi scilicet territorio, et appellatur terra de Manso (2); emitque eam domnus Ascelinus noster monachus prepositus Buziaci, frater domni Adelardi nostri item monachi, libris IV^{or} et VI solidis precio constante, auctorizantibus Rainaldo senescalo de cujus erat fevo et Rodulfo (3) vice comite de Lusdo de quo idem Rainardus tenebat necnon et Harduino filio Guineberti, cum sorore sua Harduisa, qui et ipse de Rainardo tenebat. Qui Harduinus societatem beneficii nostri in capitulo et XL pro hoc a nobis accepit solidos, et jam dicta ejus soror II. De quorum prima auctorizatione quam fecerunt apud Lavarzinium, cum his qui secundam a solo Harduino fieri super altare, quando in nostram societatem susceptus est, viderunt, distincte inferius annotantur testes; his premissis de emptione nostra ab Herluino et auctoramento uxoris ejus Odeline quod gratanter fecit in capitulo nostro, suscepta cum eodem viro suo in beneficium societatis nostre, ubi etiam uterque hujus modi, Sancto Martino, donationem de parte prescripte

(1) Albert, abbé de Marmoutier de 1037 à 1063 ou 1064.
(2) Le Grand-Mas, ferme, commune de Nourray, canton de Saint-Amand (Loir-et-Cher).
(3) Rodulfe, vicomte du Lude. Il eut pour femme Agathe, fille de Foulques l'Oison, comte de Vendôme. Ils donnèrent, en 1070, au monastère de la Trinité de Vendôme des biens qu'ils possédaient à Pezou. Ils avaient un fils nommé Hubert.

terre quam sibi in vita sua tantum retinuerant, fecit ut quilibet eorum prior obierit, partem que se ex eadem terra contigerit, cum his que in ea ab eis exculta et edificata fuerint, nobis relinquat, et hoc similiter, de reliqua parte posterius morientis fiet. In cujus rei recognitionem IV^{or} denariorum censum ex eadem terra annuatim, ad feriam Blesis, nobis solvent. De quorum venditione et auctorizatione, ecce hi sunt testes. De venditione hii : Beringerius decanus — Hubertus manens — Benedictus Blanchardus — Hubertus matricularius — Bernardus Dives — Morinus cellararius — Constantinus canonicus — Ademarus Tredaldus — Guinerius frater ejus — Balduinus de Manliaco — Giraldus talemerarius — Rainaldus monachus. De auctorizatione Odeline uxoris ejusdem Herluini, isti : Guido homo eorum — Mainardus hospitalarius — Ebrulfus cellararius — Hubertus infirmarius pictavensis — Arnulfus sartor — Gauscelinus de Belvidere. De prima auctorizatione Hardunii filii Guineberti et Adviso sororis ejus apud Lavarzinum, hi : Arnulfus Chochar — Benedictus Blanchardus — Germanus de Lavarzino — Aurannus famulus — Gauscelinus. De secunda solius (*sic*) Harduini in capitulo isti : Gaufredus, homo ejus — Mainardus hospitalarius — Gaufredus coquus — Otbertus major — Tetbaldus major. De auctoramento Rodulfi vicecomitis, pro quo habuit unum modium ordei : Fulbertus telonearius — Morinus famulus — Benedictus Blanchardus — Ascelinus Chotardus. De auctoramento Rainardi, pro quo habuit XV^{cim} solidos : Germanus Loripes — Fulcherius de Turre — Salomon filius Ivonis — Morinus famulus — Benedictus Blanchardus. Hubertus filius Rodulfi vicecomitis, acceptis a domno Gauscelino monacho nostro de Buziaco tunc temporis preposito XX denariorum solidis, auctorizavit hec omnia apud Vindocinum, anno ab incarnatione Domini MLXV. Testibus istis : Ingelbaldo Brittone — Wlgrino filio ejus — Hilgodo de Caresmo — Fulcrado filio Gauscelini Bastardi — Gundraco Bastardo — Rotberto Bracheto — Benedicto Blanchardo.

XCI

NOTICIA DE CALUMNIA GUIDONIS SUPER QUADAM PARTE TERRE AD MESUM ALDEVINI ET DE HIS QUE NOBIS POST OBITUM SUUM CONDONAVIT.

1050 - 1063

Guy et Gautier intentent aux moines, devant la cour du comte Geoffroi, un procès en revendication d'une terre de deux bœufs, près le Mès d'Aldevin, qu'ils prétendent être une acquisition de leur père. Bien que condamnés, ils ne cessent pas leur revendication. Mais Gautier en mourant obtient de Guy son désistement, à condition que le moine Hildebert lui pardonnera, à lui Gautier, le méfait qu'il a commis au Sentier, lorsqu'il tenta, en sa présence, de tuer l'homme de St-Martin en lui lançant sa pique à six reprises. Guy donne encore aux moines sa terre censire du Mès d'Aldevin avec ses prés et le moulin de Villefrain, après sa mort, s'il ne laisse aucun héritier de sa femme.

Notum esse volumus quod Guido et Galterius calumniabantur nobis Majoris scilicet Monasterii monachis, ad mesum Aldevini (1), terram ad duos boves, dicentes quod fuerat emptio patris eorum Gisleberti : De qua causa placitaverunt in curia comitis Gaufredi (2) cum Archembaldo preposito Vindocinensi et ibi judicatum est quod tortum habebant ; et tamen propter hoc non cessaverunt calumniari. Sed postea Gauterius cum moreretur, precatus est Guidonem ut hanc calumniam guerpiret, tali pacto ut Hildebertus monachus perdonaret sibi opprobrium et injuriam quam, apud Semitarium, fecerat ei idem Gauterius de homine Sancti Martini quem, ob calumniam illam, voluit occidere coram illo, lanceans illi sex vicibus suam hastam ; et ita factum est apud Lavarzinum, ante donnam Avelinam, et in eodem loco donavit nobis insuper Guido, apud mesum Aldevini, suam terram censivam cum pratis suis et molendinum de villa Fredani (3) ; hec omnia post mortem suam habenda, si moreretur sine herede de conjuge. Acta sunt hec, testibus istis : Avelina (4) uxore Hervei — Rosthone de Lavorzino (5) — Hugone filio Galdrici — Drogone Choleto (6) — Germano Loripede — Frederico portario — Gandelberto qui habet feminam Morandi — Alranno pilo sorico — Gaufredo famulo nostro de Lavarzino — Rainardo fratre ejus.

(1) Lieu inconnu aujourd'hui, mais qui était sur la commune du Sentier, canton de Châteaurenault (Indre-et-Loire), et sur la rive du ruisseau qui coule de Monthodon, nommé alors la Gubernesse et aujourd'hui le Rondil.
(2) Geoffroi Martel, comte d'Anjou et de Vendôme, ch. XX.
(3) Moulin de Villefrain, sur la Brenne, commune d'Authon.
(4) Aveline de Lavardin et Hervé. Voy. note ch. LIII.
(5) Rosthon de Lavardin. Voy. note ch. L.
(6) Dreux Cholet. Voy. Voy. note ch. LV.

XCII

DE CONCORDIA CUM GAUSCELINO GASNACHIA ET FRATRIBUS EJUS HERBETO ET ARCHEMBALDO.

Vers 1060

Gauscelin Gasnache apaise une revendication relative à la terre de Fontenille qu'il avait vendue aux moines, se déclarant prêt à soutenir par le duel qu'elle leur appartenait. Peu après, sur le refus d'un cheval qui lui aurait été promis pour cela, disait-il sans preuve, et après leur avoir causé beaucoup de mal, il finit par s'arranger avec eux en acceptant dix sols et le bienfait de leur association pour lui et ses frères Herbert et Archembaud. Alors ce dernier autorisa la vente, ce qu'il n'avait pas fait encore. Plus tard, le prévôt de cette terre écarte une nouvelle revendication de l'un de leurs frères en prouvant qu'il lui avait déjà donné une truie avec trois petits; il y ajoute pourtant un demi-setier de mouture.

Notum sit fratribus nostris Majoris scilicet Monasterii monachis quod in terra de Fonte Ventali quam vendidit nobis Gauscelinus Guasnachia (1), insurrexit calumnia, quam ipse Gauscelinus repressit et acquietavit, asserens terram illam juris esse Sancti Martini, et ad hoc probandum etiam pugnam facere paratus. Post aliquantum tempus cepit dicere quod pro illa acquietatione pepigit sibi dare equum unum Fulco prior, qui jam tunc defunctus erat, quod quamvis neque per testem, neque aliquo modo posset probare, tamen quia noluimus ei equum reddere,

---

(1) *Guasnachia*, sorte de vêtement.

fecit nobis pro eo multa mala. Sed postea tandem venimus ad concordiam cum illo, et accipiens a nobis X solidos, venit in capitulum nostrum et dimisit illam querelam, et benefactum nostrum, quod prius acceperat, accepit iterum cum fratribus suis Herberto et Archembaldo clerico, qui Archembaldus auctorizavit tunc primum venditionem fratris sui de terra illa, quod prius non fecerat. Hujus rei testes : Gaufredus de Sancto Amando (1) — Alexander de Rupibus (2) — Sulpicius filius Sulpicii (3) — Arembertus de Rupibus. De nostris : Rothertus cellararius — Archembaldus cellararius — Petrus coquus — Ursio coquus.

(4) Post annos plures, supradictorum trium fratrum Germanus nomine Guarinus, calumniam nobis, de terra ipsa, rursus emovit. Cujus calumniam frater noster, domnus Sigevertus prepositus tunc terre illius, ita revicit, quia legitimos testes habuit quod ante aliquod tempus, dederat illi porcam unam cum tribus porcellis, et ille concesserat quod de terra illa fecerant fratres sui. Etiam tunc tamen dedit eidem dimidium annone sextarium, ipseque rursum venditioni terre suum publice est professus assensum. Testibus istis : Huberto de Marreio (5) — Gaufredo de Marreio — Rainaldo serviente — Rainaldo famulo — Sigeverto monacho — Mainardo monacho.

(1) Geoffroi de Saint-Amand. Voy. ch. XLII.
(2) Alexandre des Roches, des seigneurs de Roche-Corbon, sur la Loire, entre Amboise et Tours.
(3) Sulpice, fils de Sulpice, sans doute des seigneurs d'Amboise.
(4) Ce paragraphe se trouve en note au bas de la page, d'une autre écriture que celle du reste du manuscrit.
(5) Hubert et Geoffroy de Marray. Voy. note ch. LXXIX.

XCIII

AUCTORAMENTUM HARDUINI FILII GAUFREDI FORTIS DE TERRA DE NUCERIIS ET FRATRIS EJUS GUILLELMI.

1064 - 1077

Hielende, femme d'Otbert, et son gendre, ayant donné aux moines la terre de Nourray, qu'elle avait reçue en dot de son oncle Geoffroi-le-Fort, Harduin, fils de Geoffroi, leur donne son consentement pour douze sols, et s'engage à leur obtenir celui de son frère Guillaume.

Notum sit fratribus nostris, scilicet monachis Majoris Monasterii quod terram de Nuceriis (1) dedit Gaufredus Fortis in maritagium nepti sue uxori domni Otberti, nomine Hielendi. Cumque haberemus ipsam terram ex concessione ipsius Hielendis et Arnulfi generi sui, dedimus XII solidos Harduino filio supradicti Gaufredi, et concessit eam etiam ipsa nobis, habuitque conventionem quod fratrem suum Guillelmum faceret eam nobis concedere. Hujus rei testes : Guillelmus presbyter — Landricus cellararius — Benedictus Blanchardus — Rainerius Chanardus.

Postea venit frater ejus Guillelmus in capitulum nostrum et accepit benefactum hujus loci, et auctorizavit nobis supradictam terram et quicquid parentes sui dedissent nobis vel darent de teloneo de Trevis. Testibus istis : Galterio et Harduino filiis Galcherii Petro et Josberto coquis.

(1) Nourray, commune du canton de Saint-Amand (Loir-et-Cher).

XCIV

AUCTORAMENTUM RODULFI VICECOMITIS DE MESO ET DE TERRA DE NUCERIIS.

1071

Le vicomte Rodulfe enlève beaucoup de butin aux moines auxquels il recendiquait le Mès de Bezay et la terre de Nourray qu'ils avaient eue d'Otbert, disait-il, sans son autorisation; et comme il les menaçait de faire pis encore, ils lui donnent cinquante sols, et, à sa femme Agatho, un denier d'or pour avoir cette autorisation.

Notum sit fratribus nostris scilicet monachis Majoris Monasterii, quod Radulfus vicecomes (1), filius vicecomitis Radulfi de Lusdio, calumniatus est nobis mesum de Beziaco et terram de Nuceriis quam habemus ex domno Otberto, dicens se nobis eam non auctorizasse, et pro hoc quadam vice magnam predam de nostro abduxit. Cumque adhuc pejora minaretur, dedimus ei quinquaginta solidos, quos accipiens, quod prius calumniabatur auctorizavit nobis, id est mesum (2) et terram de Nuceriis (3), ipse uxor sua Agathes (4) que pro hoc habuit unum denarium aureum. Actum in pago Vindocinensi apud Rupes,

(1) Le vicomte Rodulfe était fils de Rodulfe, vicomte du Lude, et d'Agathe de Vendôme. Voy. ch. XC.
(2 et 3) Le Grand-Mas, aujourd'hui ferme dans la commune de Nourray, canton de Saint-Amand.
(4) Agathe, femme de Rodulfe, vicomte du Lude, était fille de Foulques l'Oison, comte de Vendôme, et de Pétronille de Châteaurenault.

anno domini abbatis Bartholomei VII^{mo} (1). Testibus istis : Huberto Borello — Hugone de Villamalorum (2) — Rotberto de Martiniaco (3) — Tetbaldo parvo — Guarnerio Bodino — Leodegario de Rupibus — Rotberto archidiacono — Adelelmo nepote ejus — Huberto Salva granum — Hugone monacho — Ascelino monacho. De famulis : Durando Calvello — Johanne de Beziaco.

Illos quinquaginta solidos solvit domnus Ascelinus monachus apud Castellum novum in domo Fulcherii canonici de Vindocino, ipso Fulcherio teste et Fulcherio nepote ejus filio Landrici, et Rainaldo clerico ejus. Johanne monacho sancti Karilepphi (4), et Totfrido famulo ejus.

XCV

NOTICIA AMELINÆ UXORIS DROGONIS.

XIe siècle

Ameline, femme de Dreux, du château de Vendôme, donne en mourant à Saint-Martin, pour sa sépulture, et du consentement de son mari et de ses trois fils, l'alleu qu'elle avait eu de son père, à Nourray.

Notum fieri volumus successoribus nostris, Ame-

---

(1) Barthélemy, abbé de Marmoutier de 1064 à 1084.
(2) Villemalour, ancien fief, commune de Saint-Martin-des-Bois, canton de Montoire.
(3) Martigny, ancien fief, commune de Huisseau-en-Beauce, canton de Saint-Amand.
(4) L'abbaye de Saint-Calais (Sarthe) a fait longtemps partie du Vendomois.

linam uxorem Drogonis de Castro Vindocino, matrem Fulcherii et Rainaldi atque Drogonis, in morte sua, dimisisse Sancto Martino Majoris Monasterii, pro sepultura sua, illum alodum quem apud villam que Nucerius (1) appellatur habebat ex parte patris sui ; hanc autem dimissionem fecit utique ipsa, assensu ejusdem Drogonis mariti sui, annuentibus etiam tribus supradictis filiis suis. Nomina vero testium qui dimissionem hanc viderunt et audierunt videri subscripi possunt : Hilduinus Sancti Martini monachus, recepit donum — Drogo presbyter hoc vidit — Villelmus monachus affuit et Gauscelinus monachus recepit alodum ipsum, post mortem ejusdem Ameline.

XCVI

NOTICIA FILIORUM DROGONIS.

XIe siècle

Les trois fils de Dreux, du château de Vendôme, donnent à Saint-Martin, pour la sépulture de leur père, leur alleu de Lancé, joignant la terre que Thierry a vendue au moine Hilduin.

Notum fiat successoribus nostris quod Fulcherius et Rainaldus et Drogo filii Drogonis de Castro Vindocino dederunt Sancto Martino, pro patris eorum sepultura, illum alodum quem habere videbantur apud villam que appellatur Lanceius (2). Qui videlicet

---

(1) Nourray, commune du canton de Saint-Amand (Loir-et-Cher).

(2) Lancé, commune du canton de Saint-Amand (Loir-et-Cher).

alodus juxta terram illam (1) situs est quam Teodoricus, Hugonis filius, vendidit Hilduino ejusdem Sancti Martini monacho. Nomina vero testium qui fieri donum hujus alodi viderunt et audierunt, subter notata videntur.

Gualo parvus de Lavarzino — Drogo presbyter — Hildegarius homo Fulcherii — Fulbertus de Lavarzino.

XCVII

NOTICIA BREHARDI QUI DEDIT NOBIS TERRAM IN BURZIACO ET APUD TRIDIACUM UNUM ARPENNUM PRATI ET DIMIDIUM.

1064 - 1077

Bréhard, pour le salut de son âme, donne à Saint-Martin cinq arpents, tant prés que terre labourable, d'un alleu sis à Burzai près de la villa nommée Mansilis ou l'Alleu, et, de plus, près de Tridiacus, un arpent et demi de pré payant un cens annuel de dix deniers, à la fête de Sainte-Marie.

Notum fiat posteritati nostre quondam virum, nomine Brehardum, igne divino compunctum, dedisse pro remedio anime suo, Sancto Martino Majoris Monasterii ad incrementum scilicet rerum quibus fratres, ibidem omnipotenti Domino servientes, sustentantur V arpenos alodi, tam prata quam terram arabilem,

---

(1) La terre que Thierry vendit au moine Hilduin semble bien être celle qui prit plus tard le nom de Villethierry, et c'est aujourd'hui un hameau de la commune de Crucheray, composé de deux fermes, sises au nord-est de Lancé.

sitos in Burziaco apud villam que Mansilis vel Alodus appellatur; rursus, in alio loco, vir idem dedit jam dicto Sancto, apud villam que Tridiacus appellatur, arpennum et dimidium prati, solventem annuatim censum decem denariorum, missa Sancte Marie VIII° Kal. Aprilis. Nomina vero testium qui hanc donationem fieri videntes et audientes affuerunt, subternotare curavimus : Otbertus cellararius — Otbertus camerarius — Hildebertus coquus — Benedictus Blanchardus — Andreas — Morandus filius ejus.

XCVIII

NOTICIA AREMBURGIS UXORIS RAINALDI.

Vers 1060

Aremburge, femme de Rainaud, pour le salut de son âme, donne à Saint-Martin trois manses de terre labourable, savoir : deux près de Bierno et le troisième près de Pictavis.

Hoc sciant succe[ssor]es nostri, quod quedam matrona nomine Aremburgis (1), uxor Rainaldi de Castello, compuncta divino amore, dedit pro remedio anime sue Sancto Martino Majoris Monasterii ad augendam scilicet substantiam quam fratres ibidem supernæ divinitati famulantes sustentantur, tres mansuras terre arabilis ; duas videlicet apud villam consistentes que Bierna vocatur, terciam vero in villa quam Pictavim appellant. Ut autem hec donatio prefato matrone certiorem videatur optinere firmitatem,

---

(1) Aremburge, femme de Rainaud de Châteaurenault.

nominibus testium qui facta donatione eadem affuerunt, huic cartule finem imposuimus :

Richardus major — Hamelinus major — Rotbertus major — Rainaldus major — Otbertus cellararius — Otbertus camerarius — Hildebertus coquus — Guarinus clericus.

XCIX

NOTICIA RAINARDI CLERICI DE LISTRIACO.

XI° siècle

Le clerc Rainard, du château de Vendôme, pour le salut de son âme, donne à Saint-Martin une mainferme censive près de Listriacus, de trois sous de deniers de cens payable à Blois à la foire de Saint-Jean-Baptiste, avec amende en cas de non paiement.

Notum sit successoribus nostris, clericum quendam de Castro Vindocino Rainardum nomine, pro anima sua dedisse Sancto Martino Majoris Monasterii, ad usus scilicet necessarios augendos monachorum ibidem omnipotenti Deo famulantium, unam manufirmam terre censive apud villam que Listriacus appellatur; census vero istius terre, qui tribus solidis est denariorum festivitate sancti Johannis IIII Kal. septembris, foro videlicet Blesis, reddendus annuatim instituitur. Et si forte per oblivionem aut per neglectum ministri Sancti Martini, terminus preterierit reddendi, salva manufirma, census legaliter emendabitur. Nomina vero testium qui donationi terræ istius affuerunt, subterscribere non negleximus : Rainardi clerici, qui istam manufirmam dedit — Gisleberti et Huberti fratrum illius — Andreæ presbyteri napotis ipsius.

C

NOTICIA FULGERII FILII HUGONIS.

Vers 1047

Le chevalier Hugues de Vendôme et sa femme Adile donnent à Saint-Martin, par amour de Dieu et pour le pardon de leurs fautes, une partie de leurs bénéfices, comprenant des terres, des églises et des alleux. Quelque temps après, leur fils Foucher étant venu confirmer et déposer la donation sur l'autel du Saint, reçoit de l'abbé un cheval, tel qu'il avait été convenu entre eux.

Notum fieri volumus omnibus nostris successoribus, quod quidam miles de Vindocino, Hugo nomine, necnon et uxor ejus (alias ejus conjux) Adila, suorum reminiscentes peccatorum ut eis Deus propitiari dignaretur, pro ejus amore contulerunt Sancto Martino Majoris Monasterii de suis beneficiis, videlicet terras et ecclesias atque alodos. Deinde aliquanto temporis spacio interjecto, filius eorum nomine Fulcherius, ad Sanctum Martinum veniens, res superius memoratas loco Majoris Monasterii pro sui patris ac matris redemptione, et ipse favendo, concessit, et donum super ejusdem Sancti altare posuit. Quo utique facto, ut concessa firmius in posterum perdurarent, dedit ei domnus abba quendam equum qualem inter se concorditer invenerunt. Nomina vero illud fieri videntium et audientium subterscribere curavimus. S. Fulcherii, qui hanc notitiam firmavit, et super altare Sancti Martini posuit. S. Huberti Andecavensis episcopi (1) — S. Radulfi Fratris Otgerii de Viariis — S. Radulfi vicecomitis de Vindocino (2) — S. Huberti filii Frodonis — S. Herberti Barbe — S. Guarini clerici — S. Algerii clerici de Morenna — S. Rainaldi filii Burchardi Gene — S. Hildeberti coqui.

CI

NOTICIA DE DUOBUS ARPENNIS PRATI APUD MARTINIACUM.

1065

Gausbert, maire de Saint-Maurice près Villeporcher en Vendomois, donne à Marmoutier, en échange du bienfait de l'association, deux arpents et demi de près, proche Marmiacum, et libres de toute coutume, hors la remise du cens.

Nosse debetis, si qui eritis posteri nostri Majoris scilicet hujus habitatores Monasterii Sancti Martini, hominem quendam, Gausbertum nomine, qui majoris

---

(1) Hubert, évêque d'Angers de 1010 à 1047, était fils de Hubert, vicomte de Vendôme, et d'Emeline. Il eut un frère nommé Rodulfe. (Bibl. Nat. ms. latin, n° 5441. Cartul. de Marmoutier, T. 1, f. 392.)

(2) Rodulfe, vicomte de Vendôme, était neveu de Hubert, évêque d'Angers ; sa femme se nommait Emeline. Ils eurent pour enfants Hubert, qui fut vicomte de son père, du temps du comte Bouchard III, Raoul, surnommé Payen, parce que, bien qu'il fût déjà grand, il n'avait pas encore été baptisé, et deux filles Godehilde et Hadeborge. Cette dernière fut femme du vicomte Etienne, dont la fille, Emma, fut comtesse du Mans.

officio in terra Sancti Mauricii (1) apud Villam Porcheri (2) in Vindocinio, fungebatur, in capitulum nostrum, anno ab incarnatione Domini MLXV, venisse acceptoque societatis nostre benefacto, arpennos prati duos et dimidium ab omni consuetudinum, preterquam census, redibitione, quietos apud villam Marmiacum [sic] (3) nuncupatam, Sancto Martino et nobis dedisse. Donum etiam de his primo in capitulo factum, deinde super altare ecclesiæ nostræ, testibus his, imposuisse, Viviano homine nostro de Luchis et Berlaudo famulo secretariensi.

CII

NOTICIA IVOLINI FILII SALOMONIS CLERICI.

Le chevalier Ivelin de Vendôme, touché de componction, donne à Saint-Martin, du consentement de ses fils, deux pièces de terre labourable, l'une à Pictavis, l'autre à Tridiacus, auxquelles il ajoute, à sa mort, une masure alleudiale sise au même lieu. Ivelin mort, ses fils le portent à Marmoutier pour le faire ensevelir, et donnent aux moines, en échange du tapis qui avait recouvert le corps de leur père, un champ d'alleu devant l'église de Gombergean.

Notificari volumus successoribus nostris, quod

---

(1) La terre de St-Maurice, c'est-à-dire de la cathédrale de Tours, aujourd'hui St-Gatien, dont le vocable primitif fut St-Maurice.
(2) Villeporcher, commune du canton de Saint-Amand.
(3) Martigny, ancien fief, aujourd'hui ferme commune de Huisseau, canton de Saint-Amand. — Il faut lire *Martiniacum*, comme dans la rubrique, au lieu de *Marmiacum*.

quidam miles de Vindocino, Ivolinus nomine, filius Salomonis clerici, divina miseratione compunctus, dedit Sancto Martino ad usum scilicet fratrum in loco Majoris Monasterii omnipotenti Domino servientium, II^os campos terre arabilis, unum videlicet consistentem in villa quo Pictavis appellatur, alterum vero apud villam Tridiacum, annuentibus filiis suis Guicherio atque Rodulfo. In qua etiam villa, id est Tridiaco, dedit idem vir moriens prefato Sancto unam mansuram alodisin. Quo siquidem mortuo, predicti filii ejus Guicherius atque Rodulfus, portaverunt eum tumulandum ad Majus Monasterium, et in redemptionem unius tapeti quod patri mortuo suppositum fuerat, ut est consuetudo nobilium, dederunt ipsi filii monachis unum campum alodi, apud villam Gumbergenam (1), situm etiam ante ecclesiam. Nomina vero testium qui hæc omnia fieri videntes et audientes affuerunt, subter inserta sunt.

S. Guicherii et Rodulfi filiorum ejus — S. Arnaldi — S. Guaufridi — S. Atœrii — S. Mali vicini.

CIII

NOTICIA DE VINEIS QUAS TENET ADELELMUS (2).

1050 - 1060

Le chevalier Adelelme tient de Saint-Martin trois arpents de

---

(1) Gombergean, commune du canton de Saint-Amand (Loir-et-Cher).
(2) On voit le mot *Monpansier*, écrit d'une écriture fort an-

vigne près du château de Vendôme, ayant appartenu à son cousin le moine Vulgrin, et avec cette convention qu'il les aura, sa vie durant, et qu'à sa mort ils reviendront, sans contestation, à Saint-Martin.

Notum sit omnibus vivis et victuris sancte Dei ecclesie fidelibus, quod Adelmus miles tenet tres arpenos vinearum prope castrum Vindocini sitos, de Sancto Martino. Ipse vero vinee fuerunt Wlgrini monachi consanguinei sui. Est autem convenientia inter ipsum et monachos sancti Martini ut eas tantummodo teneat in sua vita, et post suum decessum revertantur ad Sanctum Martinum, nemine reclamante. Et ut hoc firmum maneat, horum testium nomina qui convenientiam firmare viderunt et audierunt subternotata sunt :

S. Fulconis Vindocinensis comitis (1)
S. Joscelini Budelli S. Ingelbaldi vicarii
S. Viviani filii Burchardi S. Gauscelini hominis Adelelmi
S. Fulcolini filii Rotberti Plani
S. Constantini sacerdotis
S. Leodegarii sacerdotis S. Ingelbaldi filii Salomonis
S. Otgerii S. Guarini clerici Sancti Martini
S. Adelelmi S. Lamberti Carnificis.
S. Gauscelini Gorgerii

cienne, dans la marge du manuscrit. Cela indique, sans doute, que des vignes étaient situées à Montpancier, climat de la commune de Vendôme situé au-dessus du hameau de la Haute-Chappe.

(1) Foulques l'Oison, comte de Vendôme de 1050 à 1066.

CIV

NOTICIA DE CONVENIENTIA HAMELINI CLERICI (1).

1050 - 1064

Le clerc Hamelin de Vendôme, après avoir reçu vingt sols pour autoriser la vente faite aux moines, par son frère Hubert, d'une terre au Sentier, la revendique, à la mort de ce dernier. Mais il finit par renoncer à toute réclamation sur toute la terre du Sentier ou du Mont Hidulfe, à la condition qu'avec sa participation aux bienfaits du couvent, il recevra, chaque année, non seulement lui, mais l'un de ses héritiers après sa mort, un muid de froment, un de seigle et un d'avoine, et qu'il sera admis, s'il le demande, à la vie monastique, avec ce qu'il possédera. Il autorise encore pour dix sols l'achat fait par son frère de deux coliberts, et donne à Saint-Martin tout ce qu'il possédera à sa mort.

Nosse debetis, si qui eritis posteri nostri Majoris scilicet hujus habitatores Monasterii Sancti Martini, Hamelinum clericum de Vindocino, fratrem Huberti filii Avisgaldi, cum auctorizasset nobis, XX solidis acceptis, terram de Semitario quam idem frater suus vendiderat nobis, illo tamen postea mortuo, de eadem rursus emovisse calumniam. Qua de re istum tandem cum illo fecimus finem : in nostrum capitulum venit, benefacti nostri participationem accepit, et sponsionem, quod annis singulis dum viveret, ipse solus non, autem post eum quisquam heres illius unum modium frumenti, alterum segalis, tercium

(1) Cette charte a été publiée dans la *liber de Servis majoris monasterii*, sous le n° XIII de l'appendice.

avenæ a nobis acciperet, et ad monachatum susciperetur, cum his que haberet, si quando petisset; atque ita ex integro nobis ipse guerpivit quicquid omnino jure ullo reclamare poterat, non solum in ea terre parte quam suus frater vendiderat, sed etiam in tota illa terra de Semitario sive de Monte Hidulfi (1), sicut habetur inter Glandessam et Gubernessam, et a fonte de Fago, usque ad fontem Ventalem, prout determinatur in cartis de ejus redditione a Gaufredo comite (2) facta conscriptis. Duos quoque colibertos Galdricum et Aufredum vocatos, a supradicto suo fratre dudum emptos, ita nobis auctorizavit, ut X tamen pro hoc solidos ab ipsis V, scilicet acceptaret a singulis. Postremo omnia que haberet quandocumque obisset, post se nobis habenda donavit, et de universis que dicta sunt, donum fecit Sancto Martino, domp que abbati nostro id tempus, Alberto (3) et nobis, idque super altare ecclesie nostro posuit, huc usque interim gesto rei testibus istis : Gausfredo Campione — Giraldo buccario de Turonis — Alerio homine ejus — Giraldo coco — Ursione coco — Bernardo coco — Ingelrico sartore — Rot-

(1) Les noms *Mons Hildulfi* et *Semitarium* s'appliquent à une même localité, celle qui s'appelle aujourd'hui le Sentier (commune du canton de Châteaurenault, Indre-et-Loire). Au folio 170 du tome 103 de la Collection Decamp, département des manuscrits de la Bibliothèque Nationale, on trouve une copie d'une charte de notre Cartulaire relative à *Mons Hildulfi*, avec cette mention : *Alias le Sentier*. On la trouve aussi désignée dans d'anciens titres sous le nom de *Mont Hilduel*. Voy. *Histoire de Marmoutier*, t. XXIV, p. 325, des *Mémoires de la Société Archéologique d'Indre-et-Loire*.

(2) Geoffroi Martel, comte d'Anjou et de Vendôme. Voy. note ch. XX.

(3) Albert, abbé de Marmoutier de 1037 à 1064.

berto hospitalario — Totbaldo majore — Johanne converso — Rodulfo de Balgiaco (1) — Warnaldo tanatore — Johanne filio Benedicti — Hilduino filio Durandi — Ingelberto filio Richardi. Post hec autem, in curia Fulconis Vindocinensis comitis (2), totam suam nobiscum conventionem publice propalatam plurimi audierunt, ex quibus pauci subter ascripti sunt : Fulco comes — Hamelinus filius Hamelini — Rainardus de Ruga Vassalorum (3) — Hugo filius Teudelini — Vuarinus frater ejus — Rainardus de Ferraria — Fulbertus filius Petri — Raherius propositus sancti Georgii — Gausfredus Punge follem — Salomon vicarius (4) — Totbaldus filius Leterii — Godefredus frater Ancelini.

CV

NOTICIA FULCHERII RICHI DE ALODO SPINACHIAS.

XIe siècle

Foucher le Riche, pour le salut de son âme, donne à Saint-Martin son alleu de Spinache, sis à quatre milles au sud du

---

(1) Rodulfe de Beaugé. — Beaugé, arrondissement de Maine-et-Loire.

(2) Foulques l'Oison, comte de Vendôme, de 1050 à 1066.

(3) Rainard de la rue des Vasseleurs. On rencontre, dans les chartes, plusieurs membres de cette famille : un *Fulcradus de Ruga Vassaloria* vend à Marmoutier une partie du cimetière de Villeberfol (Cartul. pour le Dunois, ch. CVI), et un *Geoffroi de Ruavasselor* est témoin d'une donation de terre située à Houffry, faite vers 1130 au monastère de Tiron (Cart. de Tiron, ch. CLVII).

(4) Salomon, vicaire du comte Foulques l'Oison, était fils d'Otrad. Voy. note ch. XXXV.

château de Vendôme, et libre de toutes revendication, coutume ou redevance, et, en outre, vingt arpents de terre de son domaine voisin, exempts de toute redevance autre que vingt deniers de cens que les moines, par reconnaissance et pour affirmer le don, lui attribuent malgré lui.

Notum sit successoribus nostris quod Fulcherius de Vindocino (1) cognomento Richis divinitatis amore compunctus, pro anime sue remedio dedit sancto Martino Majoris Monasterii, ad usum scilicet fratrum ibidem omnipotenti Deo servientium, quendam in pago Vindocinensi, IIII^{or} fere milibus ab ipso castro a parte australi procul situm, alodum qui Spinochias (2) appellatur, ab omni calumnia omnique consuetudine seu alicujus redditus exactione liberum atque absolutum, sicut ipse eatenus tenuerat. Donavit etiam eidem Sancto, de terra quam juxta eundem alodum in dominium habebat, arpennos circiter XX^u, ea videlicet ratione ut monachi Sancti Martini libere et quiete eos sicut ipsum, alodum eterna possideant hereditate, nichil pro ipsis servitii aut consuetudinis persolventes, nisi tantum denariorum XX^u censum, quem ipsi pro recognitione, quo res firmior foret, Fulcherio, invita sua sponte, immisere. Qui census, annis singulis ad festivitatem sancte Marie VIII Kal. Aprilis, a monachis persolvetur. Et si quicquam de eodem censu reddendo tardi aut negligenter extiterint, salva supradictorum arpennorum donatione, id ipsum eis legaliter liceat emendare. Ut vero donationis ejusdem hec cartula certiorem videatur habere

---

(1) Foucher de Vendôme, dit le Riche. Voy. note ch. XXX.
(2) Pinoches, hameau de la commune de Crucheray, canton de Saint-Amand (Loir-et-Cher).

firmitatem, ipsorum testium qui ad hoc videndum fuerunt producti, nomina inferius annotata continentur per ordinem : Giraldus major de Gilliaco — Rainaldus presbyter de Sancto Leobino — Morandus de Vindocino — Durandus presbyter de Sancto Martino — Rotbertus Timonus servus Fulcherii — Fulcradus Bastardus.

CVI

DE ALODO FULCODII DE BANASTA.

Vers 1064

Fulcois de Banasta vend aux moines une terre de son alleu, dans le Vendomois, divisée en quatre parties sises à Nouant, Chasote, Rigny et Villoison. Les limites et l'étendue de ces terres n'ont pu être établies, vu le grand nombre de localités dans lesquelles elles sont dispersées, mais Foulques les vend sans exception ni retenue, sinon trois sous de cens payables à la Saint-Georges, et avec l'autorisation de sa femme et de ses fils, la seule dont il ait besoin.

Nosse debebitis, si qui eritis posteri nostri Majoris scilicet hujus habitatores Monasterii Sancti Martini, Fulcodium de Banasta, vendidisse nobis quandam sui alodii terram cum pratis omnibus que in ea consistunt. Precium vero quod inde habuit IIII^{or} fuerunt libre. Est autem eadem terra in pago Vindocinensi, in IIII^{or} per partes consistens locis ; quorum primus Nojentus (1), secundus Chasotes (2), tercius Regnia-

---

(1) Nouant, près de Saint-Amand (Loir-et-Cher).
(2) Peut-être Cherotes, métairie, commune de Saint-Amand. En 1120, on trouve Rainaud Cherotte, frère de Hugues de Crucheray. (Grand Cart. de Marmoutier, ms. n° 5441, t. II, p. 467.)

cus (1) et quartus villa Oisonii (2), vulgari more appellati sunt. Determinationes vero ejus et quantitas, propter locorum et ignotarum undique consistentium terrarum in quibus dispersa jacet diversitatem, describi non potuit. Sed hoc de ea sciendum, quod quicquid terre et prati in his IIII^{or} denominatis locis, prefatus Fulcodius eatenus habuerat et possederat, totum nobis de reliquo sub quiete habendum et possidendum, sicut ipse per se habuit et possedit, pretio quod diximus contradidit, nichil sibi prorsus excipiens vel retinens, preter trium solidorum censum, cujus exstat terminus festum sancti Georgii, VIIII Kal. mai. At quoniam ejus, ut promisimus, erat alodium, auctoramentum alicujus super hoc queri non opus fuit, preter uxoris sue nomine Hildesindis ac filiorum suorum Fulconis, Aimerici, Petri, Gillonis, Hugonis Adeladis. Sed ipsorum quesito et impetrato, quod erat juris Fulcodii in eternum factum est nostrum, ipso nobis vendente et quodam fratre nostro Ascelino, Buziaci tunc preposito, pro nobis emente, quod factum esse constat, domno abbate Alberto regimine nostri tenente Monasterii, testibus istis : Gauscelino Reopart — Stephano Munezel — Hugone fratre ejus — Benedicto Blanchardo — Hugone Chaeberto — Germano Loripede de Lavarzino — Fulcodio prior. Hi posteriores testes de auctoramento uxoris Fulcodii et filiorum ejus sunt, quod factum est quando omnes pariter, contactu manuum, cartam hanc firmaverunt, approbantes venditionem ipsius quam hac convenientia ab ipso nobis factam esse constat, ut si quando de prefata terra calumnia

(1 et 2) Rigny et Villoison sont situés dans la commune de Saint-Amand.

mota adversum nos fuerit, ab illa eam expediat, et solidam et quietam, sicut vendidit nobis, faciat. Testes : Rainaldus de Castello (1) — Rainaldus senescalcus Rainaldi — Odo Langobardus, Stephanus et Benedictus qui supra.

CVII

NOTICIA ALODI DE VILLA CADILONE.

XIe siècle

Les deux filles de Fulcois, Isomburge et Raimburge donnent en mourant à Saint-Martin, pour leurs sépultures, leur part de l'alleu de Villa Cadilon ; la dernière y ajoute celle qu'elle avait reçue de son frère le sénéchal Gislebert, à la condition qu'à sa mort elle la laisserait à Saint-Martin pour le repos de son âme. Guarin, leur neveu, vend aux moines pour trois livres de deniers sa part du même alleu, pour le repos de l'âme de sa mère.

Noticiæ volumus ut veniat posteritatis nostræ quod Isomburgis filia Fulcoii moriens, co[n]tulit Sancto Martino Majoris Monasterii atque monachis ibidem Deo servientibus, pro sepultura sua, partem suam alodi de villa Cadilone (2). Raimburgis autem soror ejus dedit similiter Sancto Martino, pro loco suo, partem suam alodi quam in eadem villa videbatur habere, et illam quoque partem quam frater suus Gislebertus senescalcus huic Raimburgi ea conventione reliquerat, ut eam ipsa moriens Sancto Martino

(1) Rainaud, seigneur de Châteaurenault.
(2) Peut-être Chaillou, commune et canton de Saint-Amand.

dimitteret, pariter cum altera dedit prefato sancto, pro sua et pro fratris anima. Guarinus etiam earum nepos, tercie sororis filius, cui pater fuerat Gauscelinus, pro anima matris sue dedit eidem Sancto partem suam, acceptis tamen pro ea tribus denariorum libris de substantia Sancti Martini. Hujus autem rei fidejusssor est Gauscelinus de Blesi, ea ratione ut si quis forte surgens huic parti quam ille Sancto Martino partim contulit et partim vendidit, calumniam inferre voluerit, iste eam sine ulla retractione liberari ab omni etiam inquietudine procuret. Nomina vero testium qui hoc videntes et audientes affuerunt subter inserta sunt : Johannis de Barra — Tetgisii — Rainerii — Huberti hominis Sancti Martini.

CVIII

NOTICIA DE ALODIBUS VILLÆ CADILONIS.

XIe siècle

Après la mort de Fulcois, ses enfants jouissent en paix de leur part de son alleu de Villa Cadilon. Mais Gislebert, l'un d'eux, voyant la mort approcher, laissa sa part à sa sœur Halmburge, à la condition que, lorsqu'elle mourra, les deux parts passeront, pour le repos de leur âme, dans le domaine de Saint-Martin, ce qui fut fait et son corps transporté à Marmoutier. Même don est fait par sa sœur Isemburge. Mais Fulcolin, leur jeune frère, qui avait refusé par cupidité de livrer ces dons, saisi peu après d'un mal horrible, invoque Saint Martin, et lui restitue les parts d'alleu contre un présent des moines.

Fulcodius de Villa Cadilonis quando mortuus fuit, alodem suum, id est Villam Cadilonis, infantibus suis reliquit. Qui etiam fraterno more per partes cum diviserunt, et in vita sua quisque suam partem solide et quiete tenuerunt. Unus vero ex ipsis Gislebertus nomine cum diem sue mortis cerneret imminere, suam partem de predicto alode dimisit Ramburgi sorori sue, et per talem convenientiam, ut quamdiu ipsa viveret, eam partem teneret, post obitum autem suum partes amborum, id est Gisleberti et Raimburgis pro animabus eorum, in Sancti Martini transirent dominium. Raimburgis ergo cum moreretur, apud Majus Monasterium jussit deferri corpus suum, et per Hainricum presbyterum qui corpus ejus illuc conduxit, donum de ipsis alodibus transmisit; Isemburgis quoque soror ejus, femina Hildebaldi, vidente Tedelino, dum migraret a seculo, suam partem reliquit Sancto Martino. Sed Fulcolinus adolescentior frater, cupiditate cecatus et futuri finis ignarus, dona non concessit; cunctos alodes Sancto Martino tulit. Brevi tandem tempore transacto, horribili correptus est morbo, cujus dum angustaretur cruciatibus, Sanctum Martinum cepit invocare seque reum de alodibus quos ei tulerat vehementer increpare. Accepto igitur dono eos reddidit, uxore ejus favente, in cujus fuerant conscripti dote.

Hoc vidit domnus Hilduinus monachus — Odo Longobardus — Andreas de villa Senatore — Adelelmus nepos ejus — Dodo suus homo — Bertrannus suus homo.

CIX

NOTICIA ALODI DE FAVERILLIS QUEM SALOMON CLERICUS DEDIT SANCTO MARTINO.

XIe siècle

Salomon, de l'ordre des Clercs, par amour de Dieu, donne à perpétuité à Saint-Martin, et du consentement de son fils, son alleu de Faverilles, en Vendomois. Menaces contre quiconque tenterait d'inquiéter les moines dans leur libre et paisible jouissance.

Auctoritate divina misericorditer instructi, quum hujus seculi finem in proximo futurum expectamus, necesse est ut unusquisque nostrum ex eo quod sibi ab omnium largitore conceditur bonorum, prout prevalet, satagat quomodo post obitum suum et delictorum veniam et gaudium adipisci mereatur eternum. Quod si sospitate corporis vel etate prevalente miserabiliter decepti, cursum vite nostre longiorem putantes, salutem anime procurare negleximus, saltem circa finem existentes, quanto propinquiorem mortem conspicimus, tanto nobis exigente culpa vehementius timeamus, et illius piissimi conditoris nostri cui sacrificium penitencie non in numero annorum, sed in cordis ac sp[iritu]s contritione est, clementia fusis lacrimis expetentes, nunquam de ejus nos misericordia desperandos esse credamus. Hac igitur fiducia confidens ego in Dei nomine, Salomon ordine clericali preditus, pro subventione anime meo ad presens ab hac vita migraturae, concedo, assensu ac voluntate Ivolini filii mei, Sancto Martino loco Majoris

Monasterii, ad usum scilicet fratrum ibidem universitatis Domino famulantium, alodum juris mei situm in pago Vindocinensi, in villa quam Faverillas nominant, eo tenore, quatenus monachi prelibato loco deservientes, illum libere et quiete in perpetuum possideant, nemine resistente. Si quis autem, quod absit, ex heredibus sive pro heredibus meis, seu aliqua intromissa personna surgens, hanc donationem alodi quem, libera mente ac propria voluntate, de jure proprio in dominium Sancti Martini transfundo, manu sacrilego presumptionis inquietare temptaverit, non solum ad id quod concupierit non attingat, verum etiam nisi cito resipuerit, cum omnium episcoporum maximo, sese certamen inisse sentiat. Ut vero donationis hujus cartula certiorem crederetur obtinere firmitatem, manu eam propria firmavi atque filio meo Ivolino corroborandam tradidi.

S. ejusdem Salomonis.   S. Yvolini filii ejus
S. Fulcherii fratris Salomonis.   S. Fulconis filii ejus
S. Landrici generis Salomonis.   Salomonis.

CX

NOTICIA ALODI DE CLARELLO.

XIe siècle

Odon le Roux et son frère Rainaud donnent à Saint-Martin, pour le salut de leur âme, leur alleu de Claireau. Leur cousin Bettelin y ajoute, pour le même motif, sa part d'un alleu sis au même lieu.

Notum fieri volumus cunctis successoribus nostris, quod Odo Rufus et Rainaldus frater ejus amore divino compuncti, pro redemptione animarum suarum dederunt Sancto Martino Majoris Monasterii optentu scilicet augendarum rerum quibus fratres ibidem conditori nostro famulantes substentantur, alodum quem apud Clarellum (1) habere videbantur, et Bettelinus eorum consobrinus eodem attactus amore, dedit similiter eidem Sancto, pro anime sue remedio, partem suam illius alodi quem in eadem habebat villa. Horum autem donorum cartula certiorem ut optinere credatur in perpetuum firmitatem, testium qui eisdem donis affuerunt, nominibus insertis, eam includi curavimus. Raherius homo Adelelmi — Wlgrinus clericus — Fulcherius suus homo — Gauscelinus homo Adelelmi — Otgerius frater ejus.

CXI

NOTICIA FULCHERII DE SAVONARIIS.

XII° siècle

Foucher le Riche, pour le salut de son âme, donne à Saint-Martin un manse de terre proche Savonnière et joignant la terre de Spinoche, que son père Foucher de Vendôme avait déjà donnée au même Saint.

Notum fiat successoribus nostris quoniam Fulcherius Richi Fulcherii (2) de Vindocino illius moriens,

---

(1) Dans la marge du manuscrit on voit écrit, d'une très ancienne écriture, le mot Cleray. C'est un ancien fief, aujourd'hui ferme nommée Clairean, commune et canton de Saint-Amand (Loir-et-Cher).

(2) Foucher II de Vendôme, dit le Riche. Voy. note ch. XXX. Il vivait encore en 1118.

dimisit Sancto Martino Majoris Monasterii ad usum scilicet monachorum qui Deo ibidem deserviunt, pro redemptione anime sue, unam mansuram terre, consistentem apud villam que « Savoneries » appellatur, scilicet juxta terram que ab eodem Fulcherio patre suo data fuit memorato Sancto, apud villam que Spinochias (1) dicitur. Ut autem donum hujus terre ampliorem videretur habere firmitatem, nomina testium illud fieri videntium et audientium subter inserere studuimus. S. Rotberti Timonis prepositi, qui jussu ejusdem Fulcherii terram ipsam mensuravit. — — S. Fredaldi. — S. Otgerii majoris.

CXII

NOTICIA DE ALODIS QUOS DEDERUNT FILII FULCRADI.

XIe siècle

Les enfants de Fulcrade, Rainaud, Odon et Hersende, donnent à Saint-Martin, pour le salut de leur âme et de celle de leurs parents, leur alleu du Mas, avec ceux de Villemarais et de Villebadain.

Notum esse volumus omnibus fidei christiane cultoribus donum quod faciunt Sancto Martino Majoris Monasterii de alodis suis, Rainaldus et Odo filii Ful-

---

(1) Pinochos, hameau, commune de Crucheray, canton de Saint-Amand (Loir-et-Cher).

cradi atque Hersendis, pro redemptione sua, ac animarum suorum parentum. Donant itaque Sancto Martino alodum nomine Mansus, et illos de villa Maras, necnon et illos quos habent apud villam Badain (1), sine calumnia vel ulla consuetudine.

CXIII

NOTICIA DE BENEDICTO ET UXORE EJUS.

XIe siècle

Benoit d'Ulmeta et sa femme, après avoir accepté durant leur vie le bienfait de Marmoutier, lui donnent après leur mort, pour le salut de leur âme, tout leur avoir, de telle sorte qu'à la mort du premier sa part sera acquise aux moines.

Posteritatis nostre volumus ut pateat cognitioni, quoniam Benedictus et uxor ejus nomine (2) apud villam que vocatur Ulmeta commanentes, pro redemptione animarum suarum dederunt post obitum suum Sancto Martino Majoris Monasterii, accepto in vita sua beneficio loci, omnem su[b]stanciam suam, ita quoque ut quilibet horum ab hac vita decesserit prior, statim pars ejus in predicti Sancti transferatur dominium. Hujus autem conventionis testes qui videntes eam atque audientes affuerunt, subter notare..... (3)

(1) Villebadain, ferme, commune de Villeromain, canton de Selommes (Loir-et-Cher).
(2) Le nom est resté en blanc dans le manuscrit.
(3) Les noms manquent.

CXIV

NOTICIA DE QUARTA AD MINDEIZ ET VINEIS AD VILLENAS.

1034 - 1067

L'abbé dom Albert et les frères de la Celle de Saint-Gildéric concèdent à Salomon de Lavardin et à sa femme Adèle, avec l'assentiment de leur gendre Marcoard et de sa femme, un quarteron de terre à Meindeiz et cinq arpents de vigne près de Villène, à la condition que si cette Celle, qu'ils avaient fondée pour le repos de leur âme, venait jamais à être détruite et les moines à en être chassés, la terre, les vignes et tous les acquêts, mainfermes ou autres possessions réunies à la Celle, feront retour à Saint-Martin.

No[ti]cia convenientie quam fecit domnus Albertus (1) abbas et monachi Sancti Martini cum Salomone de Lavarzino (2) et Adela uxore sua, favente Marcoardo eorum genero et uxore sua. Unam quartam terre, in loco qui vocatur Mindeiz et quinque arpennos .ince apud Villenas, habebat Sanctus Martinus, juxta castellum illius, que quidem, ipsis valde petentibus, concessit domnus abbas Albertus et alii fratres loco sancti Gilderici, qui est Cella beati Martini, per istam quam dicturi sumus convenientiam. Si quis forte fuerit in vita eorum vel post obitum, sive sua, seu proginie aliena, qui ipsam cellam quam pro redemptione anime sue fundaverunt, destruat, et

---

(1) Albert, abbé de Marmoutier de 1037 à 1064.
(2) Salomon de Lavardin et Adèle, sa femme. Voy. note ch. LXV.

monachos Sancti Martini qui ibi habitant vel etiam habitaturi sunt, inde ej[i]ciat, quarta et vineæ ad Sanctum revertantur Martinum, et omnes emptiones et manufirmæ et predia que jam predicte cello emerunt vel empturi sunt, nemine reclamante, in Sancti Martini transfundantur dominium. Et ut hoc scriptum super altare Sancti Martini posuerunt et donum..... (1).

CXV

NOTICIA DE GUISMANDO ET FILIO EJUS QUOS DEDIT GAUSCELINUS BODELLUS SANCTO MARTINO (2).

1040 - 1060

Gauscelin, dit Bodellus, chevalier du château de Vendôme, ayant donné à Saint-Martin, du consentement de sa femme Adeladis, et pour trente-cinq sols, un Colibert avec son jeune fils et toute sa postérité, Roger Piperatura, à qui Gauscelin avait déjà donné ce Colibert, reçoit trente sols pour son autorisation. Chotard et Lisiva, enfants de Gauscelin, donnent la leur, l'un pour six deniers, l'autre pour trois écus. Dans la suite, les moines donnent dix sols à un frère de Chotard pour qu'il se démette de son plein gré d'une revendica-

(1) Les deux dernières lignes de la charte originale (aux archives de Loir-et-Cher) sont effacées, usées et totalement illisibles. — Au dos, on lit : Par cest tittre appert que le mot Gildéric et que le mot Martin de Lavardin n'est qu'une même obédience, et est la quarte mention de cinq arpents de vigne à Mindo, à Villaine.

(2) Charte publiée dans le Livre des Serfs de Marmoutier sous le n° IX de l'appendice.

tion qu'il avait faite à ce sujet, bien qu'elle eut été jugée mal fondée devant la cour du comte, à Vendôme.

Notum fieri volumus nostris successoribus, quod miles quidam de Castro Vindocino nomine Gauscelinus (1) cognomento Bodellus, dedit Sancto Martino Majoris Monasterii colibertum quendam, nomine Guismandum, cum parvulo ejus filio David nominato, et omni deinceps posteritatis sue fructu, acceptis una quidem vice XXX^{ta} solidis, altera vero quinque. Sed et Rotgerius cognomine Piperatura, cui Gauscelinus ipsum Guismandum dederat, XXX^{ta} solidorum interveniente precio, auctorizavit eum Sancto Martino. Adeladis (2) quoque, uxor Gauscelini, annuit et Chotardus filius Gauscelini, sed de alia uxore (3), qui sex ob hoc denarios accepit, et Lisiva filia Adeladis, que etiam tres, propter hoc auctoramentum, nummos

(1, 2 et 3) Gauscelin ou Joscelin, surnommé Bodellus (le ventru), un chevalier du château de Vendôme, fut un personnage puissant. Sa femme Ermentrude et lui donnèrent à cens, l'an 1002 sous le règne de Hugues, l'église de Thoré, consacrée à Saint Denis, et, au cours de la maladie dont il mourut, il donna au couvent de la Trinité la moitié de l'église de Nourray, autorisa la moitié de celle de Thoré, qui dépendait de son fief, et fit remise de cinq sols qui lui étaient dus chaque année pour un repas qu'il avait droit de prendre à Thoré (Bibl. Nat. coll. Gaignières, ms. 17049, pp. 687 et 693). — De sa femme Ermentrude il eut deux fils, Pierre Chotard et Helles. Il épousa en secondes noces Adelaïde, sœur de Lancelin de Beaugency et de Hervé, mari d'Aveline de Lavardin. Adelaïde était déjà veuve elle-même et avait une fille Lisina ou Lisiva. — Gauscelin, appelé aussi Joscelin, semble avoir été le fondateur du château de la Joscelinière ou Jousselinière (commune de Saint-Ouen, canton de Vendôme), qui, au XVe siècle, s'élevait sur une motte, enceinte d'un double fossé. C'était un fief d'assez grande importance, qu'une fille de la maison de Vendôme porta par mariage dans celle de Montigny (le Ganelon), d'où il passa dans celle des du Bellay.

habuit. Comes autem Gaufredus (1), de cujus illum fevocolibertum tenebat Gauscelinus, gratis huic dono pro liberalitate solita favit, et cartam hanc que de hac re scripta est, coram curie sue frequentia, firmavit, et manus proprie caractere signando corroboravit. Testes omnium que hic dicta sunt noticie huic subscripti sunt : Constantinus canonicus sancti Georgii (2) — Gandelbertus de Solomis (3) — Drogo frater supradicti Constantini — Hamelinus frater ejus clericus — David vicarius — Fulbertus telonearius — Rainaldus Madalgius — Fulcradus Clavus mortalis — Andreas prepositus — Albertus talemerarius — Odelinus homo David vicarii — Fulcherius frater ipsius Guismandi.

Postea Elias (4), frater Chotardi, calumniatus est eundem servum, et habuit cum eo de hac re placitum domnus Odo prior noster apud Vindocinum, in curia comitis Guidonis (5). Ibique calumnia illius injusta judicata est. Sed nos amantes omnia facere in pace, et quia firmiora sunt ea que ex voluntate fiunt, dedimus ei X solidos ut calumniam illam gratanter dimitteret. Quod et fecit, testibus istis : Guidone comite — Ingelbaldo Britone (6) — Wigrino filio ejus —

---

(1) Geoffroi Martel, comte d'Anjou et de Vendôme. Voy. ch. XX.

(2) Constant, chanoine de la collégiale de Saint-Georges, fondée en 1040, dans le château de Vendôme, par le comte Geoffroi Martel et la comtesse Agnès, sa femme.

(3) *Gandelbertus de Solomis.* — Selommes, chef-lieu de canton, arrondissement de Vendôme.

(4) Elias, frère de Pierre Chotard. Tous les deux étaient fils de Gauscelin Bodellus.

(5) Guy, comte de Vendôme. Voy. note ch. XI.

(6) Ingelbaud le Breton. Voy. ch. CXXVIII.

Odone Rufo — Fulcherio de Turre (1) — Drogone de Monte-aureo (2) — Tetbaldo filio Leterii — Rainaldo de vico vassalorum — Landrico — Giraldo muciolo — Benedicto Blanchardo — Rotgerio filioque ejus Hainrico — Hildrado.

CXVI

NOTICIA DE MOLENDINO ANSALDI PRESBYTERI.

1040 - 1060

Burchard, après la mort du clerc Ansaud, son frère, s'empare d'un moulin situé sur le Loir, à Vendôme, et que ce dernier avait, avec son consentement, donné à Saint-Martin. L'abbé Albert porte l'affaire devant la cour du comte Geoffroi, où Burchard finit par reconnaître avoir mal agi. Mais, sur la prière de Geoffroi et de ses hauts dignitaires compatissants à la pauvreté de Burchard, les moines lui laissent la moitié du moulin, sa vie durant, à cette condition, acceptée par ses fils, qu'à sa mort cette moitié fera retour à Marmoutier, franche de toute revendication.

Omnibus notum percognitumque fieri volumus sancte Dei ecclesie cultoribus, quod quidam clericus nomine Ansaldus (3), divino ut credimus flatu animatus, quandam partem sue possessionis, videlicet molendinum super alveum fluminis Lidi, in burco Castri Vindocini positum, Majoris Monasterii monachis, suo fratre Burchardo (4) annuente, tribuit. Post

---

(1) Foucher de la Tour. Voy. note ch. X.
(2) Dreux de Montoire. Voy. note ch. LIII.
(3 et 4) Ansauld, frère de Bouchard de Caresmot. Voy. notes ch. XIII et XIV.

cujus excessum ipse Burchardus, divina humanaque judicia non metuens, extensa manu cupiditatis vim inferendo, molendinum sibi usurpavit. Post aliquantum vero temporis, Gaufrido (1) comite apud Vindocinum consistente, Albertus (2), tunc Majoris Monasterii abbas, junctis sibi qui cum illo aderant monachis, curiam adiit, et totam causam, ut erat ab exordio, in dispositionem comitis suorumque fidelium misit. Sed predictus Burchardus, post multas circonlocutiones atque anfractus verborum in plena curia, judicio equitatis convictus mentis retractatione se nequiter egisse circa Majoris Monasterii monachos recognovit. Igitur hujus rei facta discussione, tam Gaufredus comes quam alii hujus seculi dignitate pollentes, illius paupertati compatientes, predictum abbatem et qui cum eo erant fratres conveniunt, deprecando ut sibi, quamdiu advixerit, medietatem molendini consentiant, tali conditione posita, ut post ejus obitum, eadem pars libera atque ab omnium insidiatorum calumnia quieta, annuentibus suis filiis Gervasio, Hilgodio atque Galterio, ad locum Majoris Monasterii redeant. Hujus conventionis cyrographum ut firmum in perpetuum maneat, Gaufridus comes auctoritate sua firmavit suisque fidelibus corroborandum tradidit, quorum nomina subscripta sunt :

S. Gaufridi comitis.
S. Salomonis de Lavarzino (3).

S. Odonis Claudi de Lineriis.
S. Odrici.

(1) Geoffroi Martel. Voy. note ch. XX.
(2) Albert, abbé de Marmoutier de 1037 à 1064.
(3) Salomon de Lavardin. Voy. note ch. LXV.

S. Aimerici de Fagia (1).
S. Galterii Tisonis.
S. Hugonis Manducantis britonem.
S. Guismandi filii Guismandi (2).
S. Galterii filii Drogonis.
S. Bartholomei.
S. Fulcradi.

S. Rainaldi filii Fulcradi.
S. Odonis Rufi.
S. Achardi.
S. Bernardi Rivelli.
S. Hugonis filii Gelduini.
S. Burchardi.
S. Gervasii filii ejus.
S. Galterii filii ejus.
S. Hilgodi filii ejus.

CXVI bis

NOTICIA ROTHONIS DE VILLA MALARDI.

1034 - 1064

Rothon étant venu à Marmoutier donne à Saint-Martin, en retour de son admission au bénéfice de l'association, sa part de l'alleu de Villemalard, se réservant, sa vie durant, la moitié des coutumes des villains. Mais, à sa mort, toute la terre reviendra à Marmoutier, et, de plus, cent sols de deniers de son argent, pour que sa mémoire soit gardée parmi les familiers des moines.

Notum sit omnibus sancte Dei ecclesie fidelibus, quod Rostho filius Rotgerii Divitis, venit ad Majus Monasterium in presentia domni Alberti abbatis, et accepto loci beneficio, dedit Sancto Martino totam suam partem de alodibus Ville Malardi, tali conve-

---

(1) Aimeri de Fayo, sans doute Fayo-le-Château, commune du canton de Selommes, arrondissement de Vendôme.

(2) Guismand, fils de Guismand de la Chappe, gendre de Hugues Doubleau. Voy. note ch. LXII.

nientia ut quamdiu ipse vixerit, habeat de consuetudinibus villanorum partem unam et sanctus Martinus alteram. Si vero monachus Sancti Martini terram in suo dominio exercere voluerit, talem partem predicto Rothoni reddiderit qualem ipse ad laborandum miserit. Si autem nichil miserit, totus laboris fructus Sancto Martino erit, et post ejus obitum, terra Sancto Martino remanebit quieta et soluta, et centum solidi denariorum de sua pecunia, ut inter monachorum familiares ejus fiat memoria. Cujus rei testes, qui audierunt et viderunt, subtus notati sunt : Fulbertus — Hugo clericus — Gauzcelinus — Fulcherius.

CXVI ter

[DE ALODO VILLE MALARDI (1) QUEM DEDIT ODO RUFUS ET FRATER EJUS (2)].

1040 - 1060

Les fils de Fulcrade, Odon le Roux et Renaud donnent à Saint-Martin, pour le salut de leur âme, leur part de l'alleu de Villemalard.

Notum fiat successoribus nostris quod Odo Rufus Fulcradi filius et Rainaldus frater ejus, divino compuncti amore, pro animarum suarum redemptione dederunt sancto Martino Majoris Monasterii, ad res

---

(1) Peut-être de Villemalard, entre Marolles et Fossé, arrondissement de Blois.
(2) Il n'y a pas de rubrique en tête de cette charte dans le manuscrit, mais celle rapportée ici se trouve inscrite dans la marge inférieure du folio.

scilicet augendas, quibus fratres ibidem omnipotenti Deo famulantes sustentantur, alodum de Villa Malardi, illam vidolicet partem quam ipsi illic habere videbantur. Nomina vero testium qui dationem istam fieri viderunt et audierunt subtus notata continentur : Wlgrinus clericus — Fulbertus suus homo — Raherius homo Adelelmi — Gauscelinus homo Adelelmi — Otgorius frater ejus.

CXVII

CARTA COMITIS GAUFREDI DE DONATIONE MONTIS HILDULFI (1).

1055

Le comte Geoffroi donne aux moines de Marmoutier une vaste terre au midi de la forêt de Gastine, avec deux églises et leurs revenus, à condition qu'ils paieront un cens de vingt sols aux religieux de Vendôme, à qui il avait donné antérieurement l'une d'elles, et qu'ils rachèteront les parties de cette terre qui dépendent du bénéfice des chevaliers du comte. Les moines auront la moitié du panage dû pour les porcs des paysans dans la forêt, ainsi que le droit d'y prendre tout le bois de chauffage et de construction dont ils auront besoin. Geoffroi, pour donner plus de poids à ce don, le fait confirmer par le roi Henri, et accepte trois mille sols des moines, qui s'engagent, de leur côté, à célébrer à perpétuité pour lui un anniversaire semblable à ceux de leurs abbés ; enfin il condamne quiconque irait contre ces dispositions à payer son pesant d'or pur ou un poids décuple d'argent.

Quod auditum sepe est, doctor ille gentium : in fide et veritate, bonum, inquit, facientes non deficia-

---

(1) Territoire voisin du Sentier, canton de Châteaurenault (Indre-et-Loire).

mus, tempore enim suo metemus non deficientes. Ego quidem Gaufredus (1) comitatus Andecavensis naturalis heres, sed preter eum per urbes plures et castra hujusmodi potestatis sub Dei ordinatione minister, putavi michi obtemperandum tam salutifero monitori, obediendum preceptori tam utili, et quia brevi hoc tempore indeficienter seminantem opera bona bono mercedis indefectiva messio per secula eternitatis expectat, licet bona operari multa non valeo, pauca saltem si approbet Deus que, michi eo miserente, cepta sunt, turpi deserere defectione non debeo. Insederat itaque meo cordi jam inde ab adolescentia, si quos agnoveram religiositatis sacre pura devotione cultores, sedulitate multa colere, tueri fortiter, liberaliter juvare. Interea suggeritur michi ab hujusmodi quibusdam quos vel maxime verebar offendere, monachos dico Majoris Monasterii Sancti Martini, retinere me, vel ex meo beneficio milites meos, ac si quibus aliis ipse donaveram, sui juris terram quandam in pago Vindocinensi, de latere meridiano Guastinensis silve sitam, amplitudinis non parve. Cujus quidem longitudino orientem versus ab occidente porrecta initium sumit in valle quadam sibi contigua, que et ipsa a meridie tendens ad aquilonem in sui fine fontem habet quem solent vocitare Ventalem, alterum habens non longe a suimet principio qui nuncupatur et ipse Fons de Fago. Non hic tamen est ille qui ab eodem longius ad orientem disparatur, simile habens vocabulum et Glandesso fluviolo donare videtur initium. Ab oriente vero terre

---

(1) Geoffroi Martel recueillit le comté d'Anjou dans la succession de son père, le comte Foulques Nera.

illius longitudo fluvio finitur qui Bredana (1) vocatur. Porro latitudo illius tanta habetur quanta est inter fluviolos Glandessam (2) et Gubernessam nuncupatos interque rivulos qui per hiemales pluvias ab ipsis fluviolis ad usque fontes superius nomi[na]tos, ex media sui parte versus fluviolos, ex media profluunt versus fontes illos. Unde et ille qui a parte consistit aquilonali, ex ea medietate quam Gubernessam fluviolum profluens petit, Gubernacula nomen accepit. Verum quod terram hanc monachos illos obtinere ego videram nunquam aliquandiu, fateor, suggestionem dicentium sibi eam debere restitui dissimulanter audivi. Tum illi sui in eam juris antiquitatem relationibus non improbandis exponere, violentias anteriorum Castri Vindocinensis Comitum conquerendo memorare, sueque repetitionis justiciam probabili satis ratione monstrare, agere hoc et in mea curia placiti publici constituto judicio, et in concilio generali cui presidebat Hildebrannus (3) vicarius pape Romani, clamore super his facto. Tandem sanioris ego sententie assumpto consilio, incautum putavi, ob unius nunc offensionis ingratitudinem preterito, mihi, circa Dei famulos devotionis, apud Deum vacuare mercedem. Ergo, qui ad reformandum illis jus, ut asserebant antiquum, justicia quantum michi videbatur non poteram cogi, vel ad formandum dehinc futurum ita me ipse benivolentia coegi, ut etiam si juris illorum

---

(1) La Brenne, petite rivière qui passe à Châteaurenault.

(2) La Glaise, petite rivière qui passe au Sentier, au Boulai, et se jette dans la Brenne au-dessus de Châteaurenault.

(3) Hildebrand présida, comme légat du pape, le concile de Tours en 1055. Il fut, plus tard, élu pape sous le nom de Grégoire VII.

predicta terra nunquam antea fuerit, ex hoc et in perpetuum, me donante, jam sit. Pateat igitur universorum notioni mortalium, donasse me Sancto Martino, cujus excellentia nominis nulla eget adjectione cognominis atque in suo Monasterio Majori Deo sibique famulantibus monachis, integritate tota sepedictam terram, a vicaria, bannaria atque ab hujusmodi consuetudinibus universis, uti habetur antiquitus, omnimodis liberrimam una cum duabus ecclesiis earumque omnibus omnino reditibus, que ibidem ab antiquis sunt constructe temporibus, licet harum unam noviter nunc extra eandem removerint terram monachi vindocinenses (1), quibus illam cum quadam terre ipsius parte donaveram. Universa ergo hec Martino nunc beatissimo suisque famulis tota, ut dictum est, integritate concessi, ea ratione dumtaxat ut partem ex his quam vindocinensibus monachis, ut pretaxatum est, antea dederam, habeant ex hoc isti de predictis Majoris videlicet Monasterii monachis censum inde XX^{ti} solidorum octavis Pentecostes eisdem reddituri quotannis. Eam vero partem que a plurimis hominibus, non ex meo specialiter sed ex meorum obtinetur beneficio militum, auctoramento freti meo totoque fideli preter dandas obtinentibus commutationes auxilio, suis preciis redimant illi. At eam quam Gaufredus Ermenrici filius primo de Archembaldo Vindocinensi preposito habuerat, meque eam commutatione possessionis alterius ab eodem Archembaldo redimente, de me solo nunc habebat, data huic nichilominus alia possessione ac precio competenti, sepe nominato Sancto suisque

---

(1) Les moines de la Trinité de Vendôme. — Ce monastère fut fondé, en 1033, par le comte d'Anjou Geoffroi Martel.

absque ulla mox refragatione, contradidi, cum eo
etiam consuetudinis cujusdam privilegio, et quod
in ea precedentes obtinuerant possessores, hoc est
ut de porcis rusticorum eandem incolentium dimidium habeant pastionatici in silva Guastinensi, de
suis vero propriis, quos in eadem terra habuerint,
nullum in illa silva cuiquam pastionaticum reddant.
Est autem et alia, non hujus tantum partis sed terre
totius descripte superius, antiqua consuetudo quam
simili modo ego quoque concessi, id est ut eam in-
habitantes omnes tam dominantes videlicet quam
subditi ad universos proprios usus edificationis scilicet constructionisve cujuscumque vel foci ex sepedicta silva sumere non vetentur. Archembaldo igitur,
ut supra taxavi, pro commutatione partis illius honorem dedi vel queque possederat quidam castri
quondam Lucacensis honoratus nomine Achardus
atque filiam ipsius in conjugem. At vero Gaufredo,
Ermenrici scilicet filio, solidos pictavensis monete
quingentos II^{as} que mansuras silve Guastinensis,
Eosdem denique viros, Archembaldum scilicet atque
Gaufredum, in eorumdem monachorum feci venire
capitulum, et quicquid unquam juris in illam terram
visi sunt habuisse, usque in eternum a se suave progenie non repetendum, spontanea voluntate guerpire,
quorum guerpitionis singulorum inferius annotabun-
tur testes. Veni postea illuc et ego una cum archiepiscopo Turonensi Bartholomeo nomine atque Eu-
sebio Andecavensi pontifice cumque abbate sancti
Albini Teoderico et sancti Sergii Wlgrino clericorum
quoque preter hos ac laicorum frequentia grandi,
donumque totius terre illius cum reliquis que memo-
ravi, quod alibi apud castrum scilicet Salmurense
jam feceram, cernentibus qui uderant omnibus in

eodem capitulo monachis feci, atque ipsi Sancto Martino dum super altare illius ecclesie posui, faventibus atque auctorizantibus nepotibus meis ita nuncupatis : Fulcone (1) vindocinensium comite naturali, Gaufredo (2) et altero Fulcone (3). Atque ut firmius res roboraretur, auctoramento domini mei Francorum regis Henrici (4) quod feceram firmari sategi. Non tamen est omittendum quod idem monachi, ob causam de qua huc usque dictum est, solidos mihi tria milia dederunt. Quod ego prospiciens rei firmitati profuturum, dum non solum mea donatione jus novum acquirere, sed etiam sua redemptione recuperare videntur antiquum, precium illud acceptandum michi esse putavi, quod multis quoque modis possum eis recompensare si velim. Orationum autem suffragia ab eis petivi ipse et impetravi interque etiam illud obtinui ut anniversaria mei (sic), post obitum, memoria ita in perpetuum agatur tam ab ipsis tunc presentialiter viventibus, si ita contigerit, quam ab omnibus futuris successoribus suis, ut sibi agere mos est defuncti alicujus illius loci abbatis. Ut vero nostre probitionis assertio intemeratum obtineat mundo perseverante vigorem, cartam istam primus ego, dehinc suprataxatus nepos meus Comes Vindocinensis Fulco, cui post me specialius competebat, sacratissimo crucis in eadem effigiato vexillo, quo adversus omnem

---

(1) Foulques l'Oison, héritier naturel du comté de Vendôme et neveu de Geoffroi Martel, comte d'Anjou.

(2) Geoffroi le Barbu, qui recueillit la Touraine dans la succession de son oncle Geoffroi Martel, comte d'Anjou.

(3) Foulques le Réchin, frère de Geoffroi le Barbu, et comte d'Anjou après son oncle Geoffroi Martel.

(4) Henri Ier, roi de France de 1031 à 1060.

— 189 —

possit esse tuta calumniam, munivimus atque sua testificatione mumiendam, stipulatoribus tradidimus subtus ascriptis. Adversus hec quisquis infaustus ille hujus unquam nostre liberalitatis calumniator emerserit, frustrata sua et in irritum penitus deducta calumnia, insuper sceleris apud sui temporis judices reus nefarius audax, ad corporis proprii pondus auri speciem purissimi atque propurgati decuplum ex[s]olvere cogatur argenti.

Signum Gaufredi † comitis
Signum † Henrici regis
Signum † Fulconis comitis
S Bartholomei archiepiscopi (1)
S Eusebii episcopi andecavensis (2)
S Teoderici abbatis S^{ti} Albini (3)
S Wigrini abbatis S^{ti} Sergii (4)
S Gaufredi decani S^{ti} Martini
S Roberti cantoris S^{ti} Martini
S Gaufredi decani S^{ti} Mauricii
S Rainaldi nepotis ejus
S Landrici archidiaconis Andegavensis
S Gaufredi Rotundini
S Lisoii de Ambazia
S Alberici fratris ejus
S Rainaldi de Haia
S Johannis de Cainone
S Bernardi de S^{to} Aniano
S Hugonis de Contadello
S Gaufredi filii Otonis
S Archembaldi Borrelli
S Gaufredi de Insula
S Gaufredi Cattonis
S Haimonis de Intramnis

(1) Barthélemy de Chinon, archevêque de Tours de 1052 à 1070.

(2) Eusèbe Bernon, évêque d'Angers de 1047 à 1081.

(3) Thierry, abbé de Saint-Aubin d'Angers de 1055 à 1060.

(4) Vulgrin, abbé de Saint-Serge d'Angers de 1030 à 1055. En cette dernière année, il fut élu évêque du Mans.

S Gaufredi Papabovem (1)
S Fulcradi de Salmontiaco
S Gauscelini Rotundatoris
S Otgerii filii Mauricii Comitis
S Rotberti de Campania
S Guillelmi fratris Ascionis vicarii.

De familia Sancti Martini :

S Ebrulfi cellararii
S Durandi forestarii
S Rotberti sartoris
S Arnulfi sartoris
S Hilduini sartoris
S Ingelrici sartoris
S Johannis conversi
S Frodonis medici
S Galterii pistoris
S Rainaldi pistoris
S Durandi riselli
S Frogerii mariscalci
S Rainaldi coqui
S Tetbaldi piscionarii
S Michaelis ruselli.

Testes de guerpitione Gaufredi filii Ermenrici :

Matheus de Monte aureo
Drogo frater ejus
Hildebertus coquus
Otbertus et Tetbaldus majores
Johannes de Parciaco
Giraldus sartor
Rainaldus filius Rainerii
Galterius filius Amalgisi
Herbertus villanus.

De guerpitione Archembaldi prepositi Vindocinensis :

Landricus homo ejus
Matheus de Monte aureo
Durandus risellus
Rainaldus coquus
Rotbertus et Hilduinus sartores
Galterius Esguarez
Ebrulfus cellararius
Frodo medicus

(1) Geoffroi Papeboeuf, auteur de la famille des Papeboeufs, seigneurs de Rilly.

Hæc omnia ut firmius roborarentur suo postea Francorum Rex auctoramento Heinricus, ut promissum est, firmavit, eo videlicet anno quo filium suum fecit regem ordinari Philippum (1), paucis ante illam ordinationem diebus, tunc scilicet quando obsidebat castrum Teodemerense nuncupatum, in pago Carnoteno noviter a quodam Guaszone (2) constructum, cartamque istam proprio, ut cernitur, sigillo munivit, testibus, scilicet hinc adhibendis istis quorum hec sunt nomina :

Tetbaldus comes (3)
Rodulfus comes
Ivo de Curba villa (4)
Girogius filius ejus (5)
Gauzlinius de Leugis (6)
Hugo vicedominus (7)
Fulcherius archidiaconus Sancte Marie

Ivo frater Odonis camerarii
Gauscelinus de Fraenivilla
Rotbertus de Villa in oculo (8)
Niellus vicecomes
Guiscelinus capellanus regis

(1) Philippe, associé à la couronne en 1059 par le roi Henri, son père, après lequel il régna de 1060 à 1108.

(2) Guaszon bâtit le château de Châteauneuf-en-Thimerais, arrondissement de Dreux (Eure-et-Loir).

(3) Thibaut III, comte de Chartres et de Blois, décéda en 1089.

(4) Yves de Courville. Voy. note ch. II.

(5) Girole de Courville, fils de Yves.

(6) Gauzelin de Leves. La maison de Leves fut l'une des plus puissantes du pays chartrain au XIIe siècle. Elle donna deux évêques au diocèse de Chartres.

(7) Hugues Ier, Vidame de Chartres, de la maison de Meslay-Fréteval. Il accompagna Guillaume de Normandie à la conquête de l'Angleterre, en 1066.

(8) Robert de Villeneuil, fils de Robert II, vicomte de Blois. Il fut père de Robert IV, vicomte de Blois, mais il ne paraît pas avoir été revêtu lui-même de cette dignité, qui resta co-

Drogo clericus ejus
Domnus abbas Albertus
Gualterius monachus
Galo monachus
Tanginus monachus
Herveus monachus, quondam vice comes (1).

De familia sancti Martini :

Herveus major Fontiscari
Ansegisus major
Herveus sartor
Rotbertus sartor
Galterius mariscalcus
Andreas de ponte.

CXVIII

NOTICIA AUCTORAMENTI FULCONIS (2) VINDOCINENCIS COMITIS DE TERRA MONTIS HILDULFI (3).

1050 - 1066

Les moines, après bien des alternatives de jouissance et de dépossession de la terre et des églises du Sentier et de Mont Hildulfe, sont rétablis dans leur possession par Geoffroid, comte d'Anjou qui détenait alors le comté de Vendôme, Foulques, son neveu, héritier naturel dudit comté, avait reçu de l'abbé

pendant pendant plusieurs siècles dans sa descendance, représentée par les seigneurs de l'Isle en Vendomois (canton de Morée, arrondissement de Vendôme).

(1) Hervé, vicomte de Blois. Il se fit moine à Marmoutier en 1041, ou plus tôt.

(2) Foulques l'Oison, comte de Vendôme de 1050 à 1066.

(3) Mons Hildulfi. Il est difficile de déterminer le lieu qui a porté le nom de Mons Hidulfi; mais il était certainement dans le voisinage de Monthodon (Mons Hildonis), commune du canton de Châteaurenault (Indre-&-Loire), et situé sur le plateau qui s'étend entre celle-ci et le Sentier. Il y a lieu de remarquer

Albert, lorsque celui-ci était en instance à ce sujet, deux chevaux de prix en échange de la promesse de cette réintégration, promesse qu'il ne put exécuter, ayant peu après perdu sa seigneurie. Il reçut encore, pour son autorisation, cinquante sols de deniers et un troisième cheval de prix.

Nosse debetis, si qui eritis posteri nostri Majoris scilicet hujus habitatores Monasterii Sancti Martini, quod vobis tradere pergimus, cartæ monumento istius : est in pago vindocinensi, juris nostri quedam terra de latere meridiano Gunstinensis silve sita, amplitudinis non parve, cujusquidem longitudo orientem versus ab occidente porrecta, initium sumit in valle quadam sibi contigua, que et ipsa a meridie tendens ad aquilonem, in sui fine fontem habet quem solent vocitare Ventalem, alterum habens non longe

e passage de cette charte, où il est dit que l'église du martyr S¹ Etienne est appelée église de Monthildulfe, et que celle de Monthodon a toujours été (et est encore) dédiée à ce même saint.

Cette terre que, d'après l'Histoire de Marmoutier (p. 235. t. 24 des Mémoires de la Société Archéologique d'Indre-&-Loire), on trouve nommée Monthildudel dans d'anciens titres, était contiguë à la partie méridionale de la forêt de Gastines. Elle s'étendait sur tout le plateau compris entre la vallée de la Glaise (Glandessa des chartes), qui descend du Sentier au Boulay, pour aller se perdre dans la Brenne, et celle du Rondy (Gubernessa des chartes), qui, après avoir arrosé Monthodon et l'ancienne abbaye de l'Etoile, se jette également dans la Brenne, au-dessus de Châteaurenault.

Des deux églises mentionnées dans notre charte, dédiées l'une à Saint Pierre, l'autre à Saint Etienne, la première fut celle du Sentier, qui forma une commune jusque vers la fin du premier quart de ce siècle, époque à laquelle elle fut réunie à celle de Monthodon; la seconde est celle de Monthodon même, où l'abbaye de la Trinité de Vendôme avait eu un prieuré, dont il reste encore quelques bâtiments.

a suimet principio, qui nuncupatur et ipse fons de Fago. Non hic tamen est ille qui ab eodem longius disparatus, simile solet habere vocabulum, et Glandesse fluviolo donare videtur initium. Ab oriente vero, nostre illius terre longitudo fluvio finitur, qui Bredana vocatur.

Porro, latitudo illius tanta habetur, quanta est inter fluvios Glandessam et Gubernessam nuncupatos, interque rivulos, qui per hiemales pluvias ab ipsis fluviolis ad usque fontes superius nominatos, ex media sui parte versus fluviolos, ex media profluunt versus fontes illos. Unde et ille qui a parte consistit aquilonali, ex ea medietate qua Gubernessam fluviolum profluens petit, Guberniculi nomen accepit. Ipsius autem Gubernesse ultériorem quoque ripam prata occupant, ad eandem pertinentia terram, ea tantum quorum est situs contra mausum ut dicitur Aldevini, V scilicet, plus minus, arpenni. In qua videlicet terra duo habentur ecclesie, unam honorem sancti martiris Genesii antiquis constructa temporibus, ecclesia olim de Fontaniliis vocitabatur; hac postmodum apostolorum principi consecrata Petro, dicitur nunc capella de Semitario, altera autem, nomine titulata prothomartiris Stephani, ecclesia appellatur de Monte Hildulfi, que cuncta quieta nostri olim tenuere majores; qua autem, fraude quibusve violentiis, eadem amiserint, qualiterque successores eorum, nostri precessores juste ea recuperaverint et rursus injuste perdiderint, aliis penes nos litteris notificatum ac notificandum et presentibus habetur et posteris.

Nobis quoque qua ratione, post labores multos multaque pecuniarum impendia, ab Andecavensi comite

Gaufredo (1), qui et vindocinensem comitatum, solus tunc temporis obtinebat, illa ipsa possessio sit reformata, extat apud nos ipsius edita nomine comitis cartula testis. Hoc autem id specialiter notificandum putavimus, quod primo quidem ante reformationem juris ablati, cum tamen jam jamque reformandi nobis spem gereremus, auctoramentum super hoc expetivimus Fulconis, qui vindocinensis comitatus naturalis heres, obtinente tamen avunculo suo suprataxato comite Gaufredo (2), honoris hujus aliquandiu jam remanserat expers; et quidem dum illum prius obtineret, a domno abbate Alberto (3) equis non parvi precii duobus acceptis, spoponderat ipse jus illud restituere nobis, sed implere istud, amisso paulo post honore, non potuit. Postea ergo, ob illud auctoramentum, tercium eidem preciosum et ipsum donavimus equum, atque ad recuperationem illam, non tantum suum nobis perpetuum prebuit auctoramentum, verum et contra adversantes omnes, quantum unquam posset, spopondit auxilium, aut ipse scilicet suum recuperaret honorem, aut minime; deinde cum a sepedicto comite Gaufredo restitueretur nobis illa possessio, ipse quoque Fulco etiam tunc affuit, propriaque, quod actum est, auctorizatione firmavit; ut eadem carta testatur, quam inde fuisse conscriptam supra significavimus. Denique etiam, tunc unam ci-

---

(1) Geoffroi Martel, comte d'Anjou et de Vendôme. Voy. note charte XX.

(2) Geoffroi Martel rendit, en 1050, à son neveu Foulques l'Oison, le comté de Vendôme, qu'il lui avait enlevé pour le punir des mauvais procédés dont il usait envers sa mère, sœur de Geoffroi.

(3) Albert, abbé de Marmoutier de 1037 à 1084.

dem ob istud auri unciam donavimus. Post ista nichilominus, cum idem ipse in paternum esset honorem, Gaufredo comite restituente, regressus, ac paulo post Turonis veniens, sabato ante XL^{mam}, in nostro accepisset monasterio mansionem et percontatus utrum auctoramento quod bis antea fecerat, etiam tunc annueret, id quo perpetuo firmum esse debere censeret, ita se censere respondit, nec ab annuendo ulla unquam refragatione posse demoveri. Ob quod et tunc L^{ta} solidos denariorum equumque a nobis accepit XL solidorum. Hujus rei testes infra notavimus, prime auctorizationis Fulconis ipsius, primitus annotatis, testibus istis :

Harduino homine Fulconis
Wlgrino preposito
Guarino vicario
Giraldo filio Herberti
Raherio de Rupibus
Odone nauta
Guarino filio Gradulfi
Fulcone priore
Ebrulfo cellarario
Galterio pistore
Gauzlino forestario
Rainaldo pistore
Rotberto sartore
Tetbaldo majore filio Rainaldi
Fulcone filio Girberti
Hugone filio Wlgrini
Hildemaro de Buriaco
Herveo filio Gausberti
Otberto decano
Ebrardo decano
Ermenfredo canonico
Hildeberto et Ernaldo monachis
Frotgerio mariscalco
Archembaldo famulo
Frotmundo filio Ulgerii
Hugone filio Martini
Gaufredo coquo
Archembaldo pistore.

Jam de suprascripta postrema confirmatione prioris auctoramenti :

Odone rufo — Fulcodio priore — Ernaldo monacho — Ingelbaldo Britone — Fulcone monacho — Matheo de Monte aureo — Hildeberto monacho — Rodulfo monacho.

Signum Fulconis comitis.

CXIX

NOTICIA POSTREMI AUCTORAMENTI FULCONIS VINDOCINENSIS COMITIS DE TERRA MONTIS HILDULFI.

1050 - 1066

Foulques prétendait n'avoir donné aux moines son autorisation que pour une partie de la terre du Mont Hildulfe; mais, devant l'affirmation contraire de Geoffroi, il finit par reconnaître ce qu'il avait fait. Comme il murmurait en arrière qu'il ne jouissait pas d'une liberté suffisante, lorsqu'il avait donné cette autorisation, n'ayant pas encore recouvré sa seigneurie, les moines ajoutent à leurs dons antérieurs un cheval de prix et un vase d'argent.

Nosse debetis si qui eritis posteri nostri Majoris scilicet hujus habitatores Monasterii Sancti Martini, Fulconem (1) vindocinensem comitem cum nobis, et ante recuperationem sui honoris et postea, auctorizasset terram quam nobis reddiderat, in pago vindocinensi, Gaufredus (2) avunculus ejus comes aude-

(1 & 2) Voyez pour ces personnages les notes de la charte CXVIII.

cavensis, eum dixisse postmodum collocutoribus malis inductum, de quadam se parte, non de tota terra illa auctorizasse, neque se hoc fecisse aliter unquam recogniturum, nisi eum Gaufredus comes recognoscere faceret, cujus redditioni suum ipse etiam tunc presens, prebuerat auctoramentum. Venimus itaque cum isto ad comitem illum, qui mox audita causa, Fulconi respondit probaturum se eidem, etiam jurejurando si vellet, quod terram illam tota nobis integritate et ipse reddidisset et ille auctorizasset. Ita tandem Fulco quod fecerat recognovit, idque se fassus est, ultra non debere diffiteri. Statim denique ab eodem comite regressus, ad istud monasterium venit, capitulum nostrum intravit, terram nobis omnem, universis qui aderant audientibus, gratanter auctorizavit, ejus etiam finibus, ne quid inde ambigeretur ulterius, ibi tunc in auribus omnium denominatis, qui ita se habent: Longitudo quidem illius orientem versus ab occidente porrecta, initium sumit in valle quadam sibi contigua, quo et ipsa a meridie tendens ad aquilonem in sui fine fontem habet quem solent vocitare Ventalem; alterum habens non longe a suimet principio, qui nuncupatur et ipse fons de Fago. Non hic tamen est ille, qui ab eodem longius ad orientem disparatus, simile solet habere vocabulum et Glandesso fluviolo donare videtur initium. Ab oriente vero, nostre illius terre longitudo fluvio finitur qui Bredana vocatur. Porro, latitudo illius tanta habetur, quanta est inter fluviolos Glandessam et Gubernessam nuncupatos, interque rivulos qui per hiemales pluvias ab ipsi[s] fluviolis adusque fontes superius nominatos, ex media sui parte versus fluviolos, ex media profluunt versus fontes illos. Unde et ille qui a parte consistit aquilonali, ex ea medietate qua Gubernessam fluviolum profluens petit, Gubernaculi nomen accepit. Preterea, quia summurmurabat antea idem Fulco quod auctorizationes quas fecerat priusque honorem proprium recuperasset, animo non satis libenti fecisset, nunc se istam gratantissime et tota facere voluntate clara, est voce professus, quandoquidem paternum obtinens honorem de sua faceret terra quod vellet. Dedimus igitur ei, die ipsa, preter illa que dederamus antea, equum unum obtinum [sic] et non parvi precii vas quoddam argenteum. Testes autem qui auctorizationi huic, preter monachos, de laicis interfuerunt, hi sunt: Ingelbaldus Brito — Drogo frater Mathei — Frodo de Sancto Victore — Tedasius (1) de Rupibus — Guillelmus de Niorto — Durandus millescuta — Tetbaldus major — Durandus forestarius — Stephanus presbyter — Giraldus Muzols — Hildegarius mariscalcus.

Qui vero affuerunt ubi Gaufredus comes comitem Fulconem recognoscere auctoramentum quod fecerat fecit, sunt hii: Ingelbaldus Brito — Drogo frater Mathei — Giraldus filius Berlaii — Guillelmus de Monte Sorello — Hugo camberlencus — Beringerius camerarius sancti Martini — Gauslinus decanus sancti Maurilii Andecavensis — Fulco monachus — Rodulfus monachus.

(1) Tedasius. Thise des Roches (des seigneurs de Roche-Corbon) était vignier de la Touraine septentrionale, dont le territoire s'étendait de la Loire au Vendomois et des frontières du Blésois à la Choisille. (Voy. la notice en tête du Cartulaire pour le Dunois, p. 35.)

CXX

NOTICIA DE PARTE TERRÆ MONTIS HILDULFI QUAM TENEBAT LISOIUS FILIUS BURCHARDI GEUSE.

XI° siècle

Après que Geoffroi eut rendu aux moines la terre du Mont Hildulfe, Lisois, qui en tenait une partie d'Hamelin, promet de la restituer aux moines pour le prix qu'elle vaut, si Hamelin, son seigneur, y consent; ce qui fut fait devant le chapitre, où tous les deux s'étaient rendus, sur la prière du comte, et où ils reçurent, Lisois vingt sols de deniers, et Hamelin dix. Le même Lisois, ayant donné Hamelin pour fidéjusseur contre toute revendication ultérieure, reçoit en retour un quarteron de terre et deux arpents de vigne, et tous les deux sont admis au bénéfice de l'association avec Richilde, femme de Lisois, qui lui avait donné la susdite terre en dot et leurs trois enfants.

Memoria preteritorum representat attestatio litterarum, proinde scripto hoc discant nostri successores quod postquam comes Gaufridus rectum sancti Martini recognoscens, terram omnem Montis Hildulfi quam per se possidebat, huic Majori Monasterio reddidit, multi qui, ex ea que restabat, aliquid tenebant, auctoritatis ejus assensu qui summus terrae illius erat dominus, de partibus suis nobiscum ad concordiam venere. Horum unus, Lisoius filius Burchardi Geuse (1) erat qui partem quamdam de Hamelino (2)

---

(1) Geuse *(Joues)*. — Bouchard... aux grosses joues, le Joufflu.
(2) Hamelin, fils de Gautier de Langeais. (Voy. note ch. IV.)

filio Galterii de Lengiaco tenebat. De qua cum a nobis interpellatus esset, ut eam sancto Martino, cujus fuerat juris, accepto precio restitueret, ipseque, petitioni nostre se consensurum promisisset, si tamen domini ejus Hamelini super hoc auctoritas impetrari potuisset, ad hoc tamdem causa producta est, ut deprecatione prefati comitis, ad capitulum nostrum Hamelinus cum Lisoio, die statuta, sua sponte, veniret. Quibus presentibus, quicquid terre in pago vindocinensi apud ecclesiolam quam vocant capellam de Semita Lisoius habebat, cum vineis et pratis, Sancto Martino perpetuo guerpivit. Hamelinus annuit et uterque simul domnum Albertum abbatem nostrum vice omnium nostrum, quodam fuste qui penes nos servatur in testimonium revestivit; ob quam causam Lisoio XX libre denariorum sunt date, et Hamelino propter auctorizamentum X^{cem}, at earum quas Lisoius habuit pars pictavensis et pars turonice monete fuit, Hamelini vero X^{cem} tote fuere pictavenses, quod idcirco dicimus ut per hoc rei veritas agnoscatur. De terra vero sciendum, quia ad predictam capellam de Semita qui ibidem intra terram nostram habetur, a meridiana parte incipit et continuo tractu per septemtrionalem fluvioli Glandesse ripam ad occidentem extenditur, usquedum perveniatur ad terram Gausberti de Aissa ibique terminum accipit. Cujus terre quantitas XI^{cim} fere estimatur habere posse mansuras. Cum igitur hanc terre partem omnem, sine diminutione ac redibitione aliqua, libere et quiete Sancto Martino ambo tradidissent, hoc modo: Lisoius Hamelinum dedit fidejussorem, ut eam ab his qui ex ea aliquid tenent adquietet et ab omni in posterum calumnia, si forte insurrexerit, expediat et liberet. Unde preter pecuniam quam inde habuit, data est ei in cambionem una quarta terre cum duobus arpennis vince, et superpositis cujusdam domus que erat Lavarzinii Quarta autem est apud Mindei in terra prefati Hamelini, et arpenni in alio loco Mindei similiter dicto, in terra Alcherii filii Gauscelini venatoris. His ita ab utraque parte acceptis et firmatis, recepti sunt ambo in beneficium nostre societatis, et ne in posterum calumnia ulla remaneret, Richildis uxor Lisoii, et filii ejus Lisiardus et Eudo atque Ada, jussu patris, hoc enim ipse pepigerat nobiscum, eadem postea, gratis auctorizaverunt; propter quod Richildis, in cujus dotem prescriptam terram Lisoius dederat, a jamdicto abbate nostro in capitulo nostrum accepit beneficium, et cum ea pariter idem filii ejus, licet absentes, recepti sunt. Sed antequam illud acciperet, eandem terram sicut maritus ejus guerpiverat, interrogata, respondit, gratanter se Sancto Martino auctorizare. Unde etiam guerpitionem fecit, teste Richardo de Noiastro patre ejus et aliis quamplurimis qui jusum distincte cum his annotantur, qui Lisoii atque Hamelini testes existunt guerpitionis.

Testes guerpitionis Lisoii et Hamelini sunt hii: Abelinus filius Ingelgerii de Cormarico — Florentinus de Lenginco — Gaufredus Guisnardus — Godefridus de Rupibus — Aimo nepos ejus — Ebrulfus cellararius — Stephanus cellararius — Rotbertus sartor — Durandus risellus — Michael Rufus — Rainaldus pistor — Constantius Tailla fers — Erveus ostiarius — Hildulnus sartor — Landricus de Gastina — Galterius Esguarez — Lealdus pistor — Guaningus de Castro.

Testes guerpitionis Richildis uxoris ejus sunt isti: Rodulfus de Alneto — Rotgerius de Castello Rainaldi — Hugo filius Rotberti Plani — Hugo de Crozilla — Mainardus de Jerusalem — Arembertus vicarius — Ausegisus major — Stephanus cellararius — Galterius pistor — Durandus forestarius — Hildebertus coquus — Letardus carpentarius — Otgerius cellararius — Rainaldus coquus — Rotbertus sartor — Galcherius presbyter — Hugo clericus — Lealdus pistor — Galterius Esgarez — Odo nauta — Gaufredus Polcetus — Andreas amusnator.

CXXI

NOTICIA DE VENDITIONE PARTIUM TERRE MONTIS HILDULFI QUAS VENDIDERUNT ROTBERTUS ET FRATRES EJUS ET ARMULFUS VICINUS.

Avant 1062

Les moines achètent, pour trois livres de deniers, quatre manses de terre faisant partie de leur terre de Mont Hildulfe, et que tenaient les frères Robert et Hugo, avec leur frère naturel Isombard, et un quatrième tenancier nommé Arnulfe; cela du consentement d'Hubert, de qui ils la tenaient. Les moines payent aussi aux trois mêmes frères six livres de deniers pour une autre terre qu'ils tenaient d'un nommé Frédéric, près la fontaine Ventale, et pour une partie d'une troisième terre, qu'ils avaient en commun avec Gauscelin, lequel reçoit cent sols pour sa part. Plusieurs, qui avaient des droits sur ces biens, reçoivent, pour leur autorisation, savoir : Alcherius cent sols, Odon le Roux huit livres de deniers, Robert de Murrei quarante sous, et Salomon de Lavardin, seigneur suzerain, vingt sols.

Nosse debobitis, si qui eritis posteri nostri Majoris scilicet hujus habitatores Monasterii, Rotbertum quemdam et Hugonem fratrem ejus Isembardum quoque istorum amborum non matrimonialem fratrem et Arnulfum cognomento Vicinum de Guastina, partem quamdam tenuisse terre illius que ad hunc locum Majoris Monasterii pertinens, prope Villam illam sita est quam Montem Hildulfi appellant, et hujus partis videlicet Sancto memorati loci Martino, et nobis venditionem fecisse, preciumque libras tres denariorum extitisse. Cujus quantitas IIII^{or} mansurarum estimatur non continuatim extensa, sed in locis separata duobus. Pars una est apud Villam repertam, altera apud Plaxitium Arnulfi jam semel nominati. Pars illa que est apud Villam repertam ab oriente et ab aquilone terre Mainardi venatoris conjungitur, a reliquis vero partibus nostre unitur. Porro, pars illa que apud Plaxitium sita est, a septentrione habet metam idem Plaxitium, ab oriente terram de Trapa que est vindocinensium monachorum, a meridie terram Lisoii Joise, ab occidente totam noam in se continens, terminatur ad terram Ascelini Chotardi, que dicitur mansura Sedelinne. Hanc supradicti homines terram ab Huberto filio Avisgaldi tenebant, cujus auctoramentum expetitum facillimo affuit. Hii nichilominus prenominati tres fratres haut longe ab hac descripta superius terra et aliam terram, videlicet Frederici, prope fontem Ventalem feruntur tenuisse, et pro hac nobis vendita et pro parte illius quam communem habebant cum Gauscelino filio Galterii cognomento Gunsnachii, VI denariorum libras accepisse, quos in venditione partis sue, secutus Gauscelinus ille filius Galterii, pro ea centum a nobis dati sunt solidi. Hæc quoque terra ab omni prorsus consuetudine absoluta, finibus continetur istis, a plaga videlicet orientali terra Hugonis filii Gausberti de Axia, a meridiana terra canonicorum turonnensium Sancti Martini, ab aquilonali terra Mainardi venatoris, ab occidentali valle fontis Ventalis. Alcherius, filius Gauscelini venatoris de quo tenebant terram istam prefati viri, datis eis centum a nobis solidis, ad confirmandam venditionem auctoramentum suum attulit. Odo Rufus et ipse non negavit suum; sed cum pro hoc accepisset libras VIII^{to} denariorum, porro Rotbertus de Marrei (1) de quo tenebat partem suam supradictus Gauscelinus filius Galterii, quia cum daret ei Gauscelinus venator filiam suam uxorem, addidit illi et terram illam, ipse etiam Rotbertus scilicet ad hoc confirmandum, XL solidis provocatus accessit; sed et Salomon (2) de Lavarzino, hujus terre principalis dominus existens, huic emptioni corroboramte, manum extremam imposuit, adductus ad hoc, et ipse solidis XX. utrarumque venditionum sive emptionum, testes inferius distincte sunt annotati, producendi ad convincendam calumniam, si forte in posterum surrexerit. Hii sunt prioris emptionis testes : Rainaldus coquus — Gauzlinus forestarius — Durandus forestarius — Ebrulfus cellararius — Giraldus pistor — Ursio — Michael Rufus — Rainaldus pistor — Adraldus coquus — Rotbertus presbyter. Secunde emptioni testificantur idem ipsi testes auctoramenti Salomonis: Odo — Roszo de Lavarzino — Galdricus homo Salomonis — Galterius grenerius — Fulbertus de Turre — Arnulfus Vicinus Rotbertus filiaster Salomonis — Hubertus Raddura.

Testes auctoramenti Odonis Rufi : Mathens de

---

(1) Robert de Marray. (Voy. note ch. LXXIX.)
(2) Salomon de Lavardin. (Voy. note ch. LXV.)

Monte aureo — Drogo frater Mathei — Fulcodius de Banasta — Mainardus forestarius — Rotbertus de Marrei — Gaufredus homo ejusdem Rotberti — Gauscelinus filius Galterii Gasnachii — Alcherius filius Gauscelini de Gastinel — Gerbertus de Booleto.

Testes auctoramenti Alcherii sive Rotberti de Marrei, necnon et venditionis partis Gauscelini filii Galterii : Matheus de Monte aureo — Drogo frater ejus — Fulcodius de Banasta — Arnulfus Vicinus — Gaufredus de Marrei — Herbertus frater predicti Gauscelini — Martinus astarius — Girbertus de Booleto Mainardus forestarius — Fulco monachus — Hildebertus monachus.

CXXII

NOTICIA DE ALODIO DE REGNIACO.

Avant 1064

Les moines concèdent à Rainard, sur sa demande, trois arpents de vigne à Lavardin, qu'ils avaient eus de Sèhèrius lorsqu'il s'était fait moine, à la condition qu'à son décès ces vignes feraient retour à Marmoutier, en bon état de culture, avec tout le blé qu'il possèderait. En retour, Rainard leur abandonne son alleu de Rigny, proche l'église de Saint-Amand, dont il leur avait déjà donné une partie, du consentement de sa femme, de ses enfants et petits-enfants, qui sont admis pour cette raison au bénéfice de l'association. Germain de Lavardin fait de même d'une autre partie de cet alleu qu'il tenait de Rainard; à cet alleu est attaché le droit de justice pour son possesseur sur tout habitant coupable d'un délit entraînant l'épreuve du duel ou du fer chaud, ainsi que le droit, pour ses habitants, de prendre, dans la forêt voisine, le bois dont ils ont besoin, sauf le cas de constructions à faire en dehors de l'alleu, où ils devront se faire autoriser par le forestier.

Nosse debebitis, si qui eritis posteri nostri, Majoris scilicet hujus habitatores Monasterii Sancti Martini, Rainardum (1), senescalcum de Calunna, petisse a domno abbate nostro Alberto et a nobis, uti ei tres arpennos vinearum apud Lavarzinum in terra Gauscelini Rotunnardi sitos, quos Seherius, nepos Herberti presbyteris, huic loco monachus deveniens dederat, habendos in vita sua, tantum hac convenientia concederemus ut post ejus decessum, diligenter culti sicut a nobis sibi forent traditi, nullo suorum hereditante vel jus in eis aliquid proclamante, cum toto blado in nostrum dominium redirent, et si jam forte collectum et adhuc non expensum penes se esset, totum cum arpennis ad nos rediret. Cujus petitionem suscipientes, concessimus ei convenientia qua petiit memoratos arpennos et ipse dedit nobis in recompensationem illorum, quendam alodum suum, Regniacum nomine, quod habebat in Vindocinensi, ex quo quandam nobis jam dederat partem, quod ita solidum et quietum sicut ipse habuerat, cum tota integritate sui et consuetudinibus omnibus, nichil prorsus ex eo diminuens vel sibi retinens, Sancto Martino et nobis habendum in possessionem eternam; non tantum recompensationis nostri in eum collati beneficii, quantum sue ipsius animo salutis gratia donavit, annuentibus ad hoc uxore ejus Godchilde, et Sezilia atque Milensonde ejus filiabus, necnon et Gaufredo de Lorazois, genero ipsius, marito ejusdem Milensondis, cum filiis suis Rainaldo et Eudone, et accipientibus pro hoc isdem Rainaldo scilicet uxore et filia ejus ac genero in capitulo nostro beneficium

---

(1) Rainard Senechal de Chalonne est peut-être le même que Rainard, neveu de Girard de Rigny. (Voy. ch. CXXIII.)

societatis nostre, adjunctis quoque, licet absentibus, filiis Gaufredi atque uxore ejusdem. In quo capitulo prius donum de eodem alodio ad integrum, sicut dictum est, fecit et postea illud super altare cum uxore ac filia posuit. Sed restabat ex eo pars quedam, quam Germanus de Lavarzino, quidam familiaris noster, de eo in fevum tenebat, quam similiter, ipso audiente et annuente Germano, in eodem capitulo nobis post ejus obitum donavit, aut in vita ipsius, si ipse adhuc vivens relinquere eam nobis voluerit. Est autem idem alodium in pago, ut premissum est, vindocinensi, parrochia videlicet Sancti Amandi, haut longe ad meridianam plagam ab ecclesia ipsius Sancti, nullum ex se, preter decimam, solvens redditum neque consuetudinem alicui. Terminatur autem ab orientali parte terra Ascelini vicarii de Castello Rainaldi, et ab occidentali terra quam appellant de Culturis, que ejusdem Rainardi est et fratris ejus Burchardi filiique Rainaldi Jouse, nomine Gaufridi; inde terra Sancti Mauricii, quam dicunt de Fontanis, incipiens tractu continuo meridianum latus illius determinat, usque quo perveniatur ad prefati Ascelini terram, qua orientalem ipsius, sicut dictum est, determinante partem, ab ipsa scilicet ad eam usque quam diximus terram de Culturis, que determinat occidentalem, totum illud alodii spacium, quod in medio ad septentrionalem plagam adjacet, situ suo ab aliis dividunt terris, terra sancti Georgii (1) et terra Salomonis (2) vicarii, aliaque que dicitur terra de Querqubus, quam Harluinus Spiamciam cognomine, de

---

(1) Monastère de Saint-Georges-des-Bois, près Montoire (Loir-&-Cher).

(2) Salomon, vicaire, était fils d'Otrod. (Voy. note ch. XX.)

sepedicti Rainardi fevo tenet. His itaque determinationibus circumquaque finiens, hujus modi infra se obtinet privilegium, ut si forte incolarum ejus aliquis in aliquo excedit, unde aut bellum faciendum, aut solitum candentis ferri judicium sit deportandum, vel alio quolibet modo quo peccari potest delinquit, non ad alium quemlibet pertineat judicare de his, sed qui dominus et possessor est alodii est et per se ipsum districtor et judex forisfacti, cujuscunque generis sit, et legis emendationem exigit, ita ut si judicium illud apud predicti sancti Amandi ecclesiam fuerit deportatum, non tamen pro hoc de eo aliquid ad alium pertineat nisi ad ipsum; similiter et de bello quod in eodem alodio faciendum est fiet. Eadem est et lex de reo qui alicunde aufugiens in eo consecutus fuerit et captus. Est adhuc et aliud quod habent omnes incole ejus genus privilegii. Assumunt enim de silva proxima quam vulgo Champeis (1) nominant, non alicujus expectata jussione, quantum in usus proprios opus est. Sed si extra terminos alodii aliquid ex ea voluerint edificare aut construere, aut inibi commanentes in usus proprios assumere, jam non nisi prius expectata et impetrata forestarii jussione aliquid eis licebit contingere. De his ita, jam de nostra Rainardo concessione et illius nobis donatione simulque de auctorizatione uxoris ac filiarum ejus, generi quoque ejus filiorumque illius, ecce testes veritatis qui interfuerunt annotentur isti:

Hi de nostra:	Alterius de Veson
Herbertus Turmels	Germanus de Lavarzino
Herbertus de la Landa	Fulcodius de Bellissimo

(1) Champast, commune d'Ambloy, canton de Saint-Amand.

Isti de parte Rainardi: Martinus de Chamartio
Ebrulfus cellararius Raimbertus Maltalanz
Garnerius major Girbaldus de capella
Hilduinus sartor Rainaldus Turbatus
Gauslinus forestarius Durandus forestarius
Johannes conversus Rotbertus presbyter et
Ansegisus Guillelmus clericus

CXXIII

NOTICIA DE REGNIACO

Avant 1047

Le chevalier Rainard, pour le salut de son âme et de celle de ses parents, confère à Saint-Martin l'alleu de Rigny, à condition que, tant qu'il vivra, les moines auront la moitié des coutumes de cette terre, et qu'après sa mort il leur restera, à perpétuité et sans contestation, une charrue de terre et cinq arpents de prés.

Omnium sancte Dei ecclesie fidelium, precipueque nostrorum successorum cognitioni liqueat quod quidem miles, Rainardus (1) nomine, Girardi de Regniaco nepos, pro suorum parentum remedio animarum, immo et sue anime redemptione, Sancto Martino Majoris Monasterii alodum de Regniaco contulit, ea quidem ratione ut de consuetudinibus terre, ipso vivente, medietatem Sanctus Martinus habeat, post excessum vero, nisi reliquum in sua vita qualicumque modo eidem Sancto concessum fuerit, procul

---

(1) Rainard, neveu de Girard de Rigny, était fils de Odon de Daumeré et d'Ermengarde. Il avait un frère nommé Adrald.

dubio, unius carrugœ terra in omni satione et V arpenni pratorum de eodem alodo cum supradicta medietate, nullo id contradicente, Sancto Martino remaneat in perpetuum. Hujus vero doni cartula ut firmioris auctoritatis optineat rigorem, nomina testium qui his interfuerunt inferius subnotare curavimus :

Hubertus episcopus (1)
Herbertus capellanus Rainardi
Fulbertus filius Galterii Bonevenit
Germanus serviens Rainardi
Otbertus de Camera
Ernulfus coquus
Richardus major
Rainaldus major
Otbertus cellararius
Goscelinus mariscalcus
Gaufredus coquus
Frotmundus sacerdos

CXXIV

NOTICIA RAINARDI ET FULCODII DE MONCELLIS

Avant 1060

Le chevalier Rainard, pour le repos de son âme et de celle de ses père et mère, laisse à perpétuité à Saint-Martin la libre et paisible possession de sa terre de Monceau, près Lancé, pour laquelle les moines payeront seulement trois sols de cens à Fulcois, huit deniers à Frodon et quatre aux fils d'Alsende. Le même Fulcois reçoit, en outre, huit sous de ventes ; la mère de Rainard, qui avait eu cette terre en dot, reçoit six livres de deniers pour son consentement, et son frère une paire de chaussures écarlates. Mais après la mort de Rainard et celle du moine, prévôt de cette terre, le susdit Fulcois, pré-

---

(1) Hubert, évêque d'Angers. Voy. note ch. C.

tendant que ce moine ayant été vicaire de la terre, des reliefs lui étaient dus à sa mort, élève une revendication qui est rejetée. Malgré cela, les moines lui donnent vingt sous pour avoir son consentement et celui de ses fils.

Notum sit omnibus Dei ecclesiæ fidelibus et precipue nostris successoribus, militem quendam Rainardum nomine, filium Odonis de Dalmariaco, tam pro anime sue remedio quam pro absolutione animarum patris ac matris, dedisse Sancto Martino in loco Majoris Monasterii ad usum videlicet fratrum ibidem omnipotenti Deo servientium, terram illam quam apud Moncellum et apud Lanciacum cultam et incultam habere videbatur, scilicet terram arabilem, prata, vineas et aliquantulum silve. Mater autem ejus in cujus dotalitio hæc terra consistebat, pro eo quod proprio filio ad hoc donum faciendum eandem terram in vita sua reliquit, libras VI accepit de denariis ejusdem Sancti Martini. Fulcodius vero, Rodulfi Marmionis filius, VIII inde solidos de venditionibus recepit. Adraldus autem, filius Ermengardis, frater ejusdem Rainardi, caligas etiam habuit vermiculas, annuendo causa ipsius donationis. Ea vero ratione, memoratus vir prefatam terram Sancto Martino monachisque suis contulit, quatinus ipsi in perpetuum eam libere ac quiete possiderent, tantummodo censum solventes tribus terminis in anno, festivitate scilicet Sancti Martini hiemali, III Idus novembris, solidos III predicto Fulcodio; rursus festivitate Sancti Johannis, IIII Kalendas septembris, foro videlicet Blesis, denarios VIII Frodoni, filio Archongerii; item festivitate Sancti Dionisii, VII Idus octobris, denarios IIII filiis Alsendis. Quod si forte aliquis terminorum istorum, sive per oblivionem seu per negligentiam ministri Sancti Martini preterierit, non reddito censu, salva donatione ista, census ipse legaliter emendetur. Quamdiu ergo qui illam dederat advixit Rainardus, solidam ac quietam et absque ullius calumnia eam habuimus; sed eo defuncto, Hilduino quoque nostro monacho illiusque terre preposito similiter defuncto, Fulcodius supradictus, cui III solidi reddebantur, eam nobis inquietare cepit et calumniari, mentiens monachum illum nostrum terre illius fuisse vicarium, ideoque justum esse ut relevaretur, quandoquidem esset defunctus. Unde in placito convictus nec jus sibi vindicare potuit nec ejus injusta calumnia in aliquo prevaluit. Tamen, ut moris est monachorum paci semper studere et quieti, XX solidos ei dedimus ut eam deinceps quietam ab omni penitus calumnia nobis annueret ac filios suos annuere faceret. Quod et ipse annuit et filii ejus Fulco videlicet, Aimericus, Egidius. Utriusque autem rei et donationis videlicet Rainardi et Fulcodii, filiorumque ejus firmationis, testium nomina hac in pagina sunt subscripta; sed priores seorsum subscripsimus donationis, posteriores eque seorsum firmationis.

S Odonis Rufi
S Guillelmi de Monte aureo
S Drogonis filii Francherii
S Hugonis de Campaniaco (1)

S Salamonis de Lavarzino
S Odonis Rufi
S Mathei de Monte aureo
S Drogonis fratris ejus
S Rosthonis de Lavarzino
S Tetbaldi filii Leterii

(1) Hugues de Champigny. — Champigny, commune du canton d'Herbault, arrondissement de Blois (Loir-&-Cher), a fait partie du Vendomois jusqu'en 1329, année en laquelle le comte de Blois, Guy de Châtillon, et celui de Vendôme, Bouchard VI, firent un accord pour régler les limites de leurs comtés.

S Hubaldi majoris
S Ingelbaldi de Beziaco
S Drogonis presbyteri.
S Algerii, filii Guarini
S Arnulfi filii Leodegarii

S Constantini, canonici Sancti-Georgii
S Drogonis, fratris ejus
S Huberti clerici
S Benedicti Blanchardi
S Ranaldi junii

CXXV

NOTICIA RAINARDI DE MONCELLIS

Vers 1060

Rainard donne aux moines une mainferme sise à Monceau, dans le Vendômois, moyennant quatre sous de cens qu'ils payeront à Fulcois de Lavardin, trois à Thierry, huit deniers à Lambert, et quatre à Vivian. Sur son conseil, les moines donnent à sa mère, qui avait eu cette mainferme en dot, sept livres pour son consentement.

Notum sit omnibus sancte Dei ecclesie fidelibus quod ego Rainardus de Dalnariaco dedi Sancto Martino Majoris Monasterii unam manufirmam que est sita in Vindocinensi pago apud locum qui appellatur Moncellus (1). Redduntur etiam IIII solidi denariorum de censu pro ipsa manufirma, in hibernatica festivitate Sancti Martini Fulcodio de Lavarzinio, III solidi Teoderico, VIII denarii Lumberto et Viviano IIII denarii. Erat autem hec manufirma, quando eam Sancto Martino dedi, conscripta in dote genitricis meae; sed monachi, consilio meo, dederunt ei VII libras denariorum eo quod in vita sua donum

---

(1) Le Monceau ou le Mousseau, commune de Lancé, canton de Saint-Amand (Loir-&-Cher).

quod feceram concessit, et manufirmam monachis guerpivit ; nomina autem testium qui hoc viderunt et audierunt subter notata sunt :

Otbertus cellararius   Hildebertus coquus
Otbertus camerarius   Gaufredus coquus

CXXVI

NOTICIA HERSENDIS DE PUTELLIS

1060 - 1080

Le chevalier Gradulfe et sa femme Hersende donnent à Saint-Martin, pour le repos de leur âme et du consentement de leurs enfants, une mainferme censive à Putaux, et plus tard trois arpents de vigne à Carcona. Peu après, Gradulfe étant parti pour Jérusalem, Hersende obtient pour elle et pour les siens la participation aux prières et aux aumônes du couvent. Pour donner plus d'autorité à cette donation, les moines payent à Lancelin de Beaugenci, du fief de qui relevait la mainferme, vingt sols pour son autorisation et celle de ses fils. Guy donne son consentement en conservant les six sols de cens qu'il avait sur cette mainferme.

Universis sancte Dei ecclesie fidelibus precipue quod successoribus nostris innotescere volumus, quoniam miles quidam de Castro Duno, Gradulfus (1) nomine, atque Hersendis uxor ejus, amore compuncti divino, dederunt Sancto Martino, pro redemptione animarum suarum, in loco Majoris Monasterii, faventibus cunctis eorum infantibus, Fulcherio scilicet, Petro, Guidone et Hadensi, unam manufirmam terre censive consistentem in pago vindocinense apud villam que Putel-

---

(1) Gradulfo de Montigny, surnommé le Blanc chevalier de Châteaudun, avait pour femme Hersende, fille de Foucher II le Riche. Elle était sœur d'Ingelbaud Breton. (Voir Cartulaire de Marmoutier pour le Dunois, ch. CII.)

lus (1) nominatur. Quam videlicet manufirmam contulit Fulcherius de Vindocino eidem Hersendi filiæ suæ, quando eam copula decoravit maritali. Rursus in villa que Carcona vocatur dederunt et ipsi prefato Sancto III arpennos vinearum. Hanc donationem fecerunt ambo annuentibus, ut dictum est, eorum infantibus, apud Castrum Dunum in domo sua, teste Gauscelino, fratre ipsius domine, qui presens aderat, duobus etiam Sancti Martini monachis Johanne videlicet atque Gualone presentibus. Post paululum vero temporis, hec eadem Hersendis, directo in Jerusalem eodem conjuge suo, venit cum quibusdam familie sue militibus ad Majus Monasterium implorandi gratie Sancti Martini suffragium, rogans more precario ut sibi beneficium loci tribueretur, cujus petitioni domnus abba cum ceteris fratribus assensum prebens, non solum illi atque conjugi suo infantibusque suis verum etiam cunctis qui simul cum ea venerant, ipsa deprecante, quod postulaverat exhibuit. Effecta itaque particeps orationum nec non et elemosynarum loci, fecit item donum ejusdem manufirme ac vinearum quas conjux ejus et ipsa apud Castrum Dunum contulerant, et posuit illud super altare Sancti Martini. Est autem haec manufirma ab omni quidem consuetudine libera et quieta, sed tantum modo censum solvit VI solidorum in festivitate Sancti Johannis Baptiste quo indubitanter VIII° Kalendas Julii celebratur. Et ut haec datio pleniorem obtinere crederetur auctoritatem, Lancelinus de Balgenciaco (2), de cujus fisco

---

(1) Puteaux, ferme, commune de Villerable, canton de Vendôme.

(2) Lancelin de Beaugency, entre 1060 et 1080. C'est en cette dernière année qu'il fonda, en faveur de la Trinité de Vendôme, le prieuré du Saint-Sépulcre de Beaugency.

erat, acceptis XXⁱⁱ solidis, auctorizavit, et ut itidem filiis suis facere persuaderet convenientie fuit; sed et Guido (1), filius Simonis, cui census quem suprediximus quotannis solvitur, auctorizavit, censum accepit, solidam esse probavit. Nomina vero testium illius donationis et hujus auctorizationis subter notare curavimus :

Johannes monachus
Gualo monachus
Teodericus Jalardus
Fulcherius filius Gradulfi
Petrus frater ejus
Guido et ipse filius Gradulfi

Lancelinus de Balgenciaco
Guarnerius prepositus
Guido filius Simonis
Gauscelinus frater Hersendis.

CXXVII

NOTICIA BURCHARDI DE CARESMOHT (2)

Vers 1050

Un nommé Jean de la Chapelle Anchéri avait acheté une terre de quatre bœufs, payant six deniers de cens, pour la laisser à perpétuité à Saint-Martin et à Saint-Médard, aux mérites duquel une église anciennement bâtie en ce lieu doit sa re-

(1) Guy, fils de Simon de Beaugency, n'est pas nommé dans l'art de vérifier les dates. Simon était frère de Lancelin.

(2) Bouchard de Caresmot, Caresmoth ou de Karesmoth, paraît avoir été le chef d'une famille de ce nom, qui fut considérable dans le Vendomois aux XI et XII siècles, et dont les membres paraissent dans diverses chartes de cette époque. Il

nommée. Bouchard, noble homme du fief de qui elle relevait, accorde aux moines que, s'ils étaient jamais expulsés de ce lien, la terre ferait retour à Marmoutier.

Omnia commoda prediorum que in ecclesiis per orbem terre diffusis fideles Christiani delegant, aut religiosi quique in eisdem æcclesiis commorantes, viva sollicitudine vel acquirunt vel comparant, deberi inscriptis posteritati hominum per noticiam conservare, satis compertum habemus. Hoc ergo scientes, propterea in vita nostra ea que in hac cella Beati Martini Majoris Monasterii per nostram sollicitudinem gratia divina confert, et nos in scriptis posteris relinquimus, ut si qui perversi deinceps extiterint qui de his aliquid calumniare presumant, sint in testimo-

avait un frère nommé Ansauld, qui était prêtre et chanoine de Saint-Georges, et qui fit des donations au prieuré de Saint-Mard, comme on l'a vu plus haut.

Sa femme se nommait Guitburge. Il en eut trois fils, Gervais, Gautier et Hilgod, et une fille, mariée à Dacfred Leroux. — Hilgod eut d'Adelino, sa femme, deux fils, Garnaud et Haimeri, et une fille. Garnaud d'accord avec sa mère et sa sœur qui était religieuse au monastère de Saintes (fondé par Agnès, comtesse de Vendôme), fit en 1091 des donations à la Trinité de Vendôme. Mais il n'eut pas toujours des sentiments aussi bienveillants à l'égard des moines, auxquels il causa plus tard de sérieux dommages. Il envahit un jour une terre nommée Campum Cropatum, injuria et maltraita le moine qui en avait l'administration, et le jeta même à bas du cheval sur lequel il était monté ; mais ensuite, plein d'inquiétude et de crainte de se voir excommunié pour ce méfait, il se présenta nu avec des verges dans la main pour faire amende honorable devant le maître-autel de la Trinité. Là, il fit serment sur l'Évangile de ne plus jamais molester les moines, et, sur l'ordre de l'abbé, le doyen lui donna trois coups avec les verges qu'il avait apportées (Charte de la Trinité.)

On trouve encore un Archambauld de Karesmo, chanoine d'Orléans, qui, du consentement de son frère Hilgod, remet à Girard, abbé de Vendôme, l'église de Coulommiers, qu'il possédait par droit héréditaire. (Charte de la Trinité.)

nium damnationis ipsorum, que scripta aut a nobilibus quibusque viris firmata, retinentur. Habebat itaque apud capellam Anscherii (1) quidam homo, nomine Johannes, terram ad quatuor boves, que unoquoque anno, in festivitate Sancti Beati, sex denarios persolvebat in censum. Quam videlicet comparatam, ut Beato Martino Sanctoque Medardo, cujus meritis in supradicta cella ab antiquis constructa, in honore ipsius ecclesia fulget, perpetualiter remaneret; petivimus à quodam nobili viro, Burchardo nomine, in cujus fisco erat, ut ex sua parte illam predictis Christi confessoribus auctorizaret. Qui benigne annuens petitioni nostre jussit nobis istam cartam fieri sub tali ratione ut si aliquando, irruentibus causis invidie, a supradicta cella Sancti Martini monachi fugarentur, ipsa terra ad locum Majoris Monasterii transferretur. Postea vero, in conventu nobilium virorum, firmavit eam ipse Burchardus et isti alii nobiles viri quorum hic sunt nomina subterscripta :

S Burchardi   S Ansaldi (2) presbiteri
S Effridi   S Ivonis decani
S Teduini   S Hugolini.

CXXVIII
NOTICIA DE VINEIS RANDENI (3)
1060 - 1084

Un certain Randenus ayant laissé en mourant, à Marmoutier, deux arpents de vigne au-dessus de Vendôme, Ingelbaud le

(1) Aujourd'hui La Chapelle-Enchéri, commune du canton de Selommes (Loir-&-Cher).
(2) Ansauld, frère de Bouchard de Caresmot. Voyez la note précédente.
(3) Cette charte a été publiée dans le Livre des Serfs, sous le n° XV de l'appendice.

Breton s'en empare, en disant que Randenus était son serf. Les moines, plutôt que de plaider, donnent, tant à lui qu'à sa femme et à ses fils, quatre livres quinze sols et six deniers. Eudes le Roux, sur la terre de qui se trouvaient ces vignes, prétendant qu'elles ont été achetées, réclame quinze sols de ventes, et refuse de confirmer la vente de ces vignes, à moins qu'on ne lui fournît un vicaire, à la mort duquel lui ou son héritier touchera des reliefs. Quelque injuste que cela leur semble, les moines lui donnent satisfaction en lui comptant dix autres sols.

Homo quidam de Vindocino, Randenus nomine, dimisit nobis moriens, in loco supra Vindocinum qui Villa Domni appellatur, duos arpennos vineæ Morenam et Mixtitiam nuncupatos. Hos Ingelbaldus Brito (1) de Vindocino abstulit nobis, cum jam homo obisset, dicens eum servum suum fuisse. Cui, etsi carta contradiceret defuncti, nos tamen concordare potius cum injustissimo pervasore quam placitare elegimus; unde am illi quam et uxori ejus Hildegardi quatuor denariorum libras et X solidos donavimus, filiis quoque eorum, primogenito, nomine Wlgrino, V solidos, Fulcherio et Paganello III denarios singulis; Hugo

---

(1) Ingelbaud ou Engebaud le Breton, ou de Vendôme, personnage que l'on rencontre très fréquemment dans les chartes vendomoises de la seconde moitié du XI° siècle. Il fit des donations au monastère de la Trinité de Vendôme et au prieuré de Saint-Gildéric (au Perche), dépendant de Marmoutier. Il eut pour femme Hildegarde, fille de Foucher II le Riche. (Voy. ch. XXX, note 1.) On la trouve aussi nommée Domina, Dometa, Dometella, dans des chartes ayant pour objet la donation qu'elle fit à Marmoutier de la moitié de l'église de Lancé. On leur connaît quatre fils, Vulgrin, Geoffroi-Payen, Hugo et Foucher. Ce dernier était clerc. Plusieurs membres de cette famille firent des donations aux abbayes de la Trinité de Vendôme et de Marmoutier. C'est par là que la première reçut le moulin de Beton (sur la rivière de la Houzée), et la seconde les églises de Saint-Martin et de Sainte-Marie de Lancé, et celles de Crucheray et de Nourray.

nichil inde accipiens venditionem parentum gratis auctorizavit. Ex quibus Ingelbaldus et Hugo ad nos in capitulum nostrum venerunt donumque ibi fecerunt de vineis, ac super altare œcclesie nostre reportaverunt. Quatuor reliqui auctorizaverunt hoc apud Vindocinum, divisis in membrana, qui utrique auctoramento interfuerunt testes de auctoramento Ingelbaldi et Hugonis : Guismandus de super Bolon — Fulcradus filius Gauscelini — Gaufredus frater Fulcradi — Gundacrius bastardus.— De nostris: Ulricus Perdriellus (1) — Frodo medicus — Rotbertus hospitalarius — Giraldus Mucellus — Bernardus coquus — Nihardus — Constantius, Ursio, Odo, coqui. — De auctoramento Hildegardis, Wulgrini, Fulcherii et Paganelli : Guismandus de super Bolon — Fulbertus telonearius — Landricus cellararius noster de Vindocino — Hazuisus talemerarius.

His ita peractis, Odo Rufus, in cujus terra vineo sepedicte consistunt, dicens eas emptas a nobis, venditiones inde XV solidos requisivit, quos sibi paciscentibus nobis, negavit se pro his vineas nobis, nisi sub vicario, auctorizare, quo scilicet superstite quietas eas habemus; defuncto autem, aut ab Odone aut ab herede suo, relevaremus. Verum hoc cum injustissimum appareret, homini tamen satisfecimus, donantes illi X solidos super prefatos XV; atque ita vineas nobis in perpetuum auctorizavit in curia Hervei de

---

(1) C'est sans doute ce personnage qui a donné son nom à la Roche-Perdrielle ou Perdriau, fief situé dans la paroisse des Haies, et où il y avait une chapelle sous l'invocation de N.-D. de Lorette, qui était desservie par les religieux de l'abbaye de l'Etoile.

Lavarzino (1), Testibus istis : Herveo de Lavarzino — Avelina uxore ejus (2) — Matheo de Monte aureo (3) — Drogone fratre ejus — Et primoribus de Lavarzino omnibus qui tunc curie inerant, Gauscelino monacho nostro de Buziaco tunc temporis preposito per cujus manum facta fuerunt hec omnia.

CXXIX (4)

NOTICIA DE INGELBALDO BRITONE

Vers 1060

Ingelbaud de Vendôme renonce à toute coutume sur les terres de Saint-Martin, excepté sur celle de Saint-Gilderic, pour les cas de ban, d'incendie, de rapt et de vol. En compensation de toutes ses forfaitures envers les moines, il donne à Saint-Martin six manses de terre à Orgis et deux à Saint-Gilderic, la glandée pour trois cents porcs dans la forêt du Perche, et le bois sec, les rotes, rollons, gaules, chevilles, houssines et autres choses du même genre à l'usage des moines de Saint-Gilderic et de leurs gens, ainsi que l'accès libre des herbages et des eaux pour leurs bestiaux.

Omnibus sancte Dei ecclesie fidelibus compertum precognitumque fieri volumus, quod domnus Ingelbaldus de Vindocino in capitulum Sancti Martini Majoris videlicet Monasterii venit, ibique dimisit quod nullam consuetudinem amplius in ejusdem Sancti requirat

---

(1 & 2) Hervé et Aveline de Lavardin. Voy. note ch. LIII.

(3) Mathieu de Montoire. Voy. ch. XLVIII.

(4) Cette charte est transcrite une seconde fois, mais avec une rubrique différente, sous le n° CLXXV bis. — Ingelbaud le Breton. Voyez note ch. CXXVIII.

terris, nec capiat, neque capere faciat, exceptis IIII^{or} causis de terra sancti Gilderici, videlicet banno, incendio, rapto et furto, et hec mensurate et cum moderantia, ab iis hujuscemodi culpis deprehensis accipiat; cetera vero justicia, in monachorum Sancti Martini arbitrio, pendeat. Hoc quoque similiter dimisit, quod a monachis vel ab hominibus Sancti Martini in sua curia placita per consnetudinem fieri amplius non requirat. Propter forfacta vero que nobis fecerat donavit Sancto Martino VI mansuras terre apud Orgerias (1), in villa vero Sancti Gilderici (2) duas, Evrehardi scilicet et Olivardi, et de silva Pertici (3) pastionem ad trecentos porcos per singulos pascendos annos, et de ejusdem silve sicco bosco, ad opus monachorum apud Sanctum Gildericum commorantium suorumque hominum, quantum eis in omnibus sufficiat, similiter quoque retortas et rollones, stimulos quoque et cavillas et hucias, et si quid hujusmodi aliud eis in rurali opere necesse fuerit; et quod ibidem habitantium bestiæ herbarum aquarumve liberos

---

(1) Orgis, hameau de la commune de Villerable, canton de Vendôme.

(2) Le droit que donne Ingelbaud, de faire paitre 300 pourceaux dans sa forêt du Perche, donne à penser que la *Villa St Gilderici* de cette charte était située sur le territoire qu'occupe aujourd'hui la commune de Chauvigny, canton de Droué (Loir-&-Cher), c'est-à-dire en plein Perche vendomois, dans laquelle il y avait une très antique chapelle dédiée à saint Gilderic, que les habitants du pays appellent saint Joudry. — La permission qu'il donne encore de prendre dans sa forêt les bois nécessaires aux usages de l'agriculture est également intéressante. Les retortes, qui sont les harts ou liens formés avec des branches flexibles pour lier les fagots, se nomment encore *rottes* dans le pays.

(3) La forêt du Perche.

ingressus regressusque habeant. Quorum tamen omnium largitionum est convenientia, ut suum seniorem a quo ista in beneficium tenet, annuere faciat. Simul, hoc quoque annuendo, firmavit dona et laxationes quas habent monachi Sancti Martini Majoris Monasterii vel habituri sunt, in suis terris, necnon et emptiones quas fecerunt vel facturi sunt. Quibus ita concessis, dedit ei domnus abbas nostri loci societatem, et quidquid Sancto Martino forfecerat ei perdonavit, ea tamen ratione, ut si factam infregerit convenientiam, nolens eam deinceps, ut inter nos pro hujusmodi causa constitutum est, emendare, queque perdonata requisita reddat, suasque querelas quas adversum nos faciebat ulterius non requirat. De cetero quoque in consequentibus futuro, nobiscum hanc etiam firmavit convenientiam, ut in terris Sancti Martini nichil amplius tollat aut tollere faciat, et si aliquis suorum hominum aliquid in ejusdem Sancti terris forfactum fecerit, infra XV^{cim} dies ex quo ad eum clamor factus fuerit, rectum inde factum habeat: Et ut hoc firmiorem auctoritatem haberet, hos domno abbati dedit fidejussores, scilicet Raginaldum filium Burcardi, Adelelmum, Gauscelinum Bastardum, Odonem Langobardum, Avisgaldum de Longo prato (1), Hugonem filium Evæ, Hugonem fratrem Mathei, Fulcradum filium Ingelbaldi : ad hoc scilicet, ut si accepti damni, ut prediximus, infra suprascriptos XV dies rectum factum non habuerit, isti infra alios XV dies, forfactum emendent. Quod si facere neglexerint, tanquam transgresse convenientiæ convicti culpabiles, queque forfacta ubi accusati fuerint, quisque

---

(1) Longpré, commune du canton de Saint-Amand.

cum sua lege emendet. Nomina vero testium qui his interfuerunt inferius annotantur : Harduinus (1) filius Corbonis — Tetbaldus frater ejus (2) — Tedasius (3) — Bernardus Tiro — Rainaldus juvenis — Eblo archipresbiter — Droco vicarius — Hubertus de Pratella — Richardus major — Warnerius major — Rotbertus major — Rainaldus major — Otbertus cellararius — Andraldus — Hildegarius mariscalcus — Gauscelinus clavellus — Signum domini Ingelbaldi + et uxoris ejus Hildegardis — Fulcherii filii Hugonis —Otberti filii Seguini — Rainaldi filii Fulcradi — Bernardi — Mainardi.

CXXX

DE ALODO RUCIACI

1050-1060

Le chevalier Foucher et sa femme donnent à Marmoutier, pour le repos de leur âme, un alleu à Rucé, qu'ils avaient acheté d'une nommée Hermengarde et de son fils.

Interminabile atque perpetuum animarum fore credimus emolumentum, si dum quisque terram inhabitat, corporeis motibus pro augmento superne habitationis et contemptu temporalium, cumulet sibi thesauros immarcescibiles indeficientium divitiarum, quodque remanendo perire potest in hoc seculo in

---

(1) Hardouin, fils de Corbon, seigneur de Roche-Corbon, près de Tours.
(2) Thibaut des Roches (Roche-Corbon), fils d'Hardouin. Voy. note ch. XLII.
(3) Tedasius ou Thise des Roches.

alimoniis panperum vel in usibus distribuitur virorum Deo die noctuque serventium ; idcirco ego, in Dei nomine, Fulcherius (1) miles et uxor mea Aldeardis (2) et filii nostri Wlgrinus et Fulcherius, reminiscentes nostrorum facinorum acervitatem, tradimus loco Sancti Martini Majoris Monasterii et monachis ibidem Deo servientibus, tam presentibus quam futuris, quendam alodum juris nostri situm in pago Vindocinense in villa Rusciaco (3), quem dato precio ex quadam femina Hirmengardi ac filio ejus Cadilone comparavimus ; hunc itaque, pro remedio animarum nostrarum et salute corporum, de nostro jure in dominio supradicti loci et monachorum ibidem Domino famulantium transfundimus cum omnibus que ad ipsum pertinere videntur terris (*)..............

CLIX

NOTICIA DE STEPHANO CAMBACANIS DE FERRARIA (4)

1032 - 1084

Etienne Jambe de Chien, qui était devenu serf en épousant une serve de Marmoutier, s'étant remarié en secondes noces à une

---

(1 & 2) Foucher & Aldéarde. (Voy. note ch. XXX.)

(3) Sans doute Villeruche, commune de Landes, canton d'Herbault (Loir-&-Cher).

(4) Cette charte a été publiée sous le n° VI de l'appendice du Livre des Serfs de Marmoutier.

(*) Ces derniers mots se trouvent au bas du verso de la page 32 du manuscrit. Il paraît que plusieurs feuillets manquent, et cela depuis longtemps déjà, car la note « *multa desunt* » qui indique cette perte, est d'une écriture du XVII° siècle *in cunto*. [Baluze, tom. 77, f. 281, a copié aussi la note *multa desunt*.]

C. M.

femme libre, prétend prouver par le duel qu'il n'est pas serf; mais avant le combat il vient au couvent faire sa soumission à Saint-Martin.

Notum sit omnibus quod Stephanus Cambacanis de Ferraria accepit in conjugio ancillam Sancti Martini per quam et ipse servus est. Sed cum illa mortua esset et accepisset conjugem aliam mulierem liberam, abnegavit se esse servum Sancti Martini et de hoc arramivit 'lum contra nos. Intra terminum autem quo bellum fieri debebat, recognivit se male egisse, venit in capitulum Majoris Monasterii et dedit recognitionem suam, scilicet secundum consuetudinem, imposuit super caput suum IIII^{or} denarios et per illos tradidit se Sancto Martino et monachis ejus, videntibus istis : Constantio Brientio de Ferraria — Giraldo coco — Bernardo coco — Odone cellarario — Otgerio de Elemosina.

CLX

DE MOLENDINO QUEM VENDIDIT UXOR BERNERII RUILLI

1038 - 1083

Deux familiers de Marmoutier qui avaient acheté, d'une nommée Eve, et pour le couvent, le moulin de Narcil, ne pouvant rassembler de suite les cent sols qu'il coûtait, s'associent à Michel, monétaire de Vendôme, à la condition que pour les cinquante sols qu'il leur fournissait, ledit Michel et après lui son héritier auraient, leur vie durant, dans les émoluments une part qui après leur mort reviendrait au monastère avec le reste du moulin. Eve touche l'argent en présence et avec l'autorisation du comte de Blois et aussi de Bouchard de Caresmo.

Nosse debebitis, si qui eritis posteri nostri Majoris scilicet habitatores Monasterii Sancti Martini, quod

Eva quedam femina Blesensis, que fuit uxor cujusdam Bernerii Ruilli cognomento, molendinum de Navolio quem appellant, eidem Sancto vendiderit. Hec emptio facta est a duobus familiaribus nostris, Ansaldo (1) videlicet presbytero canonico Sancti Georgii atque Mainardo. Qui Mainardus in laicali adhuc tunc erat habitu, sed monachus noster post modum futurus. Hi itaque duo homines absque uxore et liberis degentes, et ob hoc que (sic) Dei sunt, non quomodo uxoribus placerent, querentes in emptionibus suis quas faciebant, non heredum, qui sibi nulli erant, successionem, sed suarum tantummodo animarum lucra cogitabant. Proinde cum supra femina molendinum illum venalem exposuit, non sibi sed prefato Sancto ut venderetur uterque expetiit; sed quia solidorum numerus centum, quod erat molendini precium, ab eis tam cito collegi non poterat, fides enim res eorum aliquantum jam in opus simile consumpserat, necessitate compellente, quandam Michaelem (2) nomine vindocinensem monetarium adierunt eumque in illa quam faciebant emptione secum participem asciverunt: cujus admissio in participando molendino firmata est tali pacto ut pro modulo pecu[ni]e que ad emendum illum ab ipso daretur, partem quoque sortiretur in illius emolumento, cujus tenende in vita sua licentiam ipse haberet, atque unus tantum post ipsum suus heres, post cujus ab hac vita migrationem, nulla persona quantum ad ipsum por-

(1) Ansauld, prêtre, chanoine de Saint-Georges, frère de Bouchard de Carosmot. Voy. note ch. CXXVII.

(2) L'intervention du monetaire Michel pour procurer l'argent est une véritable opération de banque.

tinebat succederet que eandem licentiam sibi presumere accederet, sed et hec pars tunc sicut et relique quas nobis prefati homines donabant nostra deveniret. Sumptis igitur Ansaldus atque Mainardus suis L solidis, et acceptis totidem soli[d]is Michaelis, hoc totum enim ut diximus precium erat molendini, ad domnum Isembertum (1) quemdam fratrem nostrum, qui loculo illi Sancti Medardi construendo insistebat, porrexerunt, et ut illam pecunie summam Blesim usque deferret ibique supradicte femine traderet ab eo postulare. Quorum ille postulationi adquiescens, memoratum castrum adiit et in ejusdem turre, Tetbaldo (2) comite ad cujus fevum pertinebat non solum presente sed et auctoramento suo firmante, emptionem jam crebro repetite femine pecuniam illam exhibuit. Burchardus (3) quoque de Caresmo auctoramentum fecit partis illius molendini quam donaverat nobis Ansaldus frater ejus, et filii ipsius Burchardi, Hilgodus atque Gualterius. Qui molendinus super flu[vi]um qui Ledo nuncupatur haud longe a Navolio situs est. Hii sunt testes conventionis cum Michaele facte : Burchardus de Caresmo — Galterius presbyter — Guido homo Ansaldi — Bertrandus homo Mainardi — Galterius molendinarius — Fulco molendinarius.

(1) On voit que c'est le moine Isembert qui construisit les lieux réguliers du prieuré de Saint-Mars.

(2) Thibaud III, comte de Blois de 1038 à 1089. Ce passage établit que des terres situées presque sous le château de Vendôme relevaient en fief du comté de Blois.

(3) Bouchard de Caresmot. Voy. ch. CXXVII.

CLXI

DE CALUMNIA SUPER HILDRADUM SERVUM & FILIOS EJUS (1)

1071

Après la mort d'Hugues, son fils Guillaume revendique la moitié des enfants d'une coliberte de son père, qu'avait épousée Hildrad, serf de Saint-Martin. Il est jugé à Montoire que les enfants nés d'un serf et d'une coliberte ne doivent pas être partagés, mais que les fils suivent la condition du père. Hildrad prétendant qu'il était colibert, le prévôt Ascelin fait jurer par Aucher de Villerable qu'il est serf.

Notum sit fratribus nostris, scilicet monachis Majoris Monasterii, quod quidam servus Sancti Martini et noster nomine Hildradus duxit uxorem quandam colibertam Hugonis filii Teudonis, de qua habuit IIII^{or} liberos. Post mortem Hugonis, filius ejus Guillelmus calumpniatus est nobis medietatem filiorum, propter colibertam patris sui. De qua re domnus Ascelinus monachus, tunc prepositus obedientie Buziaci, iniit placitum cum eo apud Montorium, in feria Sancti Laurentii (2), ibique judicatum est quod nati de servo et coliberta non debent partiri, sed patrem sequuntur omnes filii, ideoque calumniam ejus esse injustam; et cum ille contenderet illum fuisse colibertum, guadiavit ei domnus Ascelinus jurare quod ille servus fuerit, non colibertus, quod jusjurandum fecit ei fieri per unum hominem ejusdem familie,

---

(1) Cette charte a été publiée sous le n° XXIX de l'appendice du Livre des Serfs de Marmoutier.

(2) La fête de Saint-Laurent de Montoire. L'église de Montoire était sous le vocable de Saint Laurent.

nomine Alcherium de Villa-Rebla (1), apud Rupes episcopi. Acta sunt hec anno VII^{mo} domni Bartholomei (2) abbatis. Placiti facti apud Montorium testes sunt hii: Matheus de Montorio (3) et frater ejus de cujus fevo coliberta fuit — Malgerius, gener Drogonis (4) — Rosto de Lavarzino (5) — Hubertus Muscipula — Sevinus de Sancto Karileppho (6) — Helinandus de Fractavalle — Achardus de Rupibus — Frotmundus de Artins (7) — Gaufredus Caulis. De nostris : Benedictus Blancardus major — Martinus Lorinus — Hildradus de Buziaco — Morgandus carpentarius — Telesbellus Deus — Petrus filius Richildis. Juris jurandi testes : Leodegarius de Rupibus — Benedictus Blancardus — Hugo de Villa Malorum (8) — Hugo nepos Leodegarii — Hildradus — Fulbelinus — Gauterius.

CLXII

DE AUCTORAMENTO GRADULFI SUPER ALODIIS VILLE SENATORIS

1063

Gradulfe donne son autorisation aux moines pour les alleux de Villa Senator que leur avait donnés son cousin, avec l'église

(1) Villerable, commune du canton de Vendôme.
(2) Barthelemy, abbé de Marmoutier de 1064 à 1084.
(3) Mathieu de Montoire. Voyez charte XLVIII.
(4) Dreux de Montoire. Voyez note LIII.
(5) Rosthon de Lavardin. Voyez note L.
(6) Sevin de Saint-Calais. Saint-Calais, chef-lieu d'arrondissement, département de la Sarthe.
(7) Artins, commune du canton de Montoire.
(8) Villemalour, ancien fief, aujourd'hui ferme, commune de Saint-Martin-des-Bois, canton de Montoire.

de Gombergean, et il est admis pour cela à la participation aux bonnes œuvres des religieux.

Nosse debebitis, si qui eritis posteri nostri Majoris scilicet hujus habitatores Monasterii Sancti Martini, Gradulfum filium Fulconis auctorisasse nobis, sub regimine nunc agentibus domni abbatis Alberti, anno ab incarnatione domini M° LX° III°, alodia de Villa Senatoris que dederat cum ecclesia Ville Gumberge (1) Salomon filius Ivonis, cognatus suus; quod videlicet auctoramentum fecit in capitulo nostro, accepta pro hoc quantum dari potuit a nobis, participatione in omni nostro deinceps benefacto. Testibus istis : Viviano Brochardo de Insula (2) — Ivone Foliolo — Gaufredo, frater ejus — Petro, avunculo ejus — Warnerio de Insula — Lamberto de Tavenno (3) — Johanne Converso — Alcherio, homine ipsius Gradulfi — Rotgerio Perticuino — Guarino de Rupibus — Haimone cellario — Frotgerio de Parciaco — Odelino Venditore.

CLXIII

NOTICIA DE JOSBERTO PULLO

1050 - 1063

Josbert Poulleau, à ses derniers moments, remet spontanément à dom Ascelin, prévôt de Burzai, la terre de Saint-Martin qu'il tenait de l'abbé de ce lieu.

---

(1) Gombergean, commune, canton de Saint-Amand (Loir-et-Cher).

(2) La famille de l'Isle, à laquelle appartient ce personnage, semble être celle de l'Ile-Bouchard (en Touraine), et non de l'Isle (en Vendomois).

(3) Tavent, prieuré de Marmoutier, arrondissement de Chinon (Indre-&-Loire.)

Notum sit quod Josbertus Pullus, quando venit ad finem suum, reliquit sponte sua terram Sancti Martini quam tenuerat ab abbate hujus loci, et reddidit eam domno Ascelino monacho nostro, tunc preposito obedientie de Buziaco. Testibus istis : Benedicto — Hildrado — Gauterio.

CLXIV

NOTICIA ASCELINI DE VILLA MAINARDI

1060

Ascelin donne à Marmoutier toute sa terre de Villemenard, ferme et paisible, avec les prés, la voirie et toutes les coutumes, du consentement de sa mère et de ses frères. Guicher, du fief de qui dépendait cette terre, et sa femme autorisent cette donation, ne demandant d'autre récompense que la participation aux prières des frères religieux.

Universalis universi noverint ecclesie filii, maxime vero successores nostros in hoc monachice milicie cenobio signandos, non lateat Ascelinum filium Otberti terram omnem quam habebat in villa Mainardi, solidam et quietam, Sancto Martino Majoris Monasterii, cum pratis et vicaria et omnibus omnino consuetudinibus, sicut eam eatenus tenuerat, dedisse, matre ejus nomine Tescelina et fratribus Adelelmo et Hugone gratis annuentibus, et spontanee. Denique Guicherius (1), de cujus erat terra fevo, et Beatrix uxor ejus huic auctoritatem suam donationi prebuere manus, hac in parte, ab omni excutientes munere, nisi quod in orationibus admitti sperant a fratribus

---

(1) Guicher II, de Châteaurenault, et Beatrix sa femme.

Majoris Monasterii, quorum hoc usibus donum cedit militis supradicti. Nomina ad postremum eorum qui ibi ad istius testimonium donationis citati sunt hic, ad hujus cartule munimentum sub annotati [sic] sunt : Rainaldus filius Burchardi — Letbertus (1) frater Guicherii — Odo Landanus — Sulpicius filius Bernardi — Fulbertus frater Alcherii — Beroardus — Ascelinus — Gausiridus — Herveus corvesinus.

CLXV

NOTICIA DE CALUMNIA GUARINI FILII GRADULFI IN MOLENDINIS DE VARENIS

1065

Guarin, fils de Gradulfe du château de Blois, abandonne pour onze sols la revendication qu'il faisait contre les moines, des moulins de Varennes en Vendomois, ainsi que sa plainte au sujet de son bois de Fontaine-Mesland, dont une parcelle avait été coupée, disait-il, par leurs hommes.

Nosse debebitis, si qui eritis posteri nostri Majoris scilicet hujus habitatores Monasterii Sancti Martini, Guarinum filium Gradulfi, de castro Blesensi, calumniasse nobis molendinos de Varenis (2), qui sunt in pago Vindocinensi, que calumnia hoc tandem fuit fine sedata, XL solidos a nobis accepit, et tam molendinos illos in perpetuum nobis quietos fore cla-

---

(1) Letbert, fils naturel de Rainaud de Châteaurenault, et frère de Guicher 1ᵉʳ. Ch. LXXX.

(2) Varennes, hameau de la commune de Naveil, canton de Vendôme (Loir-&-Cher).

mavit quam dimisit omnes alias, si quas adversum nos videbatur habere querelas, illamque nominatim quam habebat de bosco suo qui est apud Fontem Merlandi (1), a nostris, ut dicebat, hominibus aliquantula parte succiso. Actum anno ab incarnatione Domini M° LXV°, presidente nobis anno secundo domno abbate Bartholomeo, agente domno Odone, nostro tunc temporis priore. Testibus istis : Hugone preposito — Hainrico de Fractavalle (2) — Hademaro forestario — Guarino filio Fulcradi — Herveo de Monediaco (3) — Belino, homine prepositi — Helix, homine ejusdem — Fulberto Campione. De nostris : Gausfredo Campione — Rodulfo de Molendino sico.

CLXVI

NOTICIA DE MOLENDINIS DE VARENIS

1062

Un jugement public déclare mal fondée la révendication que faisaient Hugues Cadebert et sa femme Aiga des moulins de Varennes, près Vendôme, disant que la mère de cette dernière les avait reçus en dot de son mari Giroie du Lude. Il était seulement dû, d'abord audit Giroie et à sa femme, et ensuite à Hugues et à Aiga, trois sols de cens sur ces moulins. Cependant, pour apaiser à tout jamais cette réclamation, les moines leur donnent, ainsi qu'à Lancelin frère d'Aiga, onze sols plus une truie pour la femme.

---

(1) Fontaine-Mesland, prieuré de Marmoutier, canton d'Herbault (Loir-&-Cher).

(2) Fréteval, commune du canton de Morée (Loir-&-Cher). On y voit les ruines importantes d'un donjon du XI° siècle.

(3) Peut-être Monnay, entre Epeigné & Neuvy-le-Roi (Indre-et-Loire).

Nosse debebitis, si qui eritis posteri nostri, Majoris scilicet hujus habitatores Monasterii Sancti Martini, Hugonem cognomento Cadebertum uxoremque suam nomine Aigam, calumniam intulisse nobis, sub regimine nunc agentibus domni Alberti abbatis, anno ab incarnatione Domini M° LXII°, super molendinis de Varennis, prope castrum Vindocinum sitis, asserente eadem Aiga, quod idem molendini dominici fuerunt Girogii de Lusdo (1), isque eos in dotem dederit uxori sue matri ipsius Aige, quod falsum esse judicio probatum est publico. Fuerunt enim antiquitus molendini ipsi Gulberti de Putolia qui dedit illos Gradulfo, blesensi preposito, cum filia sua. Hic vendidit Odoni cognomento Fessardo et nobis donavit isdem modo apud nos deveniens monachus. Census tantum illorum juris fuit illius Girogii sueque uxoris, et est nunc jam dicti Hugonis et Aige conjugis sue, quique redditur illis annue solidos scilicet III ad festum nativitatis Baptiste Johannis. Ad compescendam tamen ipsorum calumniam quietemque nobis perpetuo redimendam, ipsis et ejusdem femine fratri nomine Lancelino filio Girogii, XI solidos dedimus, adjuncta una porca que specialiter eidem fuit femine data, atque ita toti tres integre perpetuoque guerpiverunt nobis quidquid, preter censum supradictum, in eisdem reclamabant molendinis. Actum testibus istis : Ingelbaldo Britone — Ascelino

---

(1) Girole du Lude. — Le Lude, chef-lieu de canton du département de la Sarthe. — Rodulfe, vicomte du Lude, mari d'Agathe de Vendôme, possédait des biens dans le Vendomois. Voy. ch. XC, note 2.

Chotardo — Randano homine Ingelbaldi — Gausberto Pullo — Mainardo de Ferraria — Durando molendinario de Grava (1) — Benedicto Blanchardo.

CLXVII

NOTICIA DE RUCIACO

Le chevalier Foucher de Vendôme et sa femme Hildéarde, du consentement de leurs fils, et pour leur salut, concèdent à Saint-Martin un alleu à Russiacus, en Vendomois, avec toutes ses dépendances en terres et vignes.

Notum sit omnibus Sancte Dei ecclesie fidelibus, precipueque successoribus nostris, quod quidam militaribus armis deditus, nomine Fulcherius de Vindocino (2), atque conjux ejus Hildeardis (3), consensu etiam filiorum suorum Wigrini videlicet et Fulcherii concesserunt Sancto Martino scilicet loco Majoris Manasterii, ad usum monachorum omnipotenti Deo servientium, quemdam alodum juris sui situm in pago Vindocinensi, in villa videlicet que Ruciacus (4) appellatur. Hunc itaque pro remedio animarum suarum salutemque corporum, de proprio, ut diximus, jure, memoratus vir, in dominium supradicti loci transtulit cum omnibus que ad ipsum pertinere videntur, terris videlicet ac vineis. Hanc autem dona-

---

(1) Durand, meunier de la Grève. Dans un faubourg de Vendôme, qui porte le nom de rue de la Grève, sont des moulins qui ont conservé le nom de Moulins de la Grève.

(2 & 3) Fouché de Vendôme, Héliarde, sa femme, et leurs enfants. Voyez note ch. XXX.

(4) Peut-être Ville-Ruche, près Landes, canton d'Herbault (Loir-&-Cher).

tionem videntium audientiumque fieri nomina testium sunt hec. Gyrorius — Robertus de inter duos boscos — Godifredus de Lusdo — Morandus — Vivianus Walcheri filius — Rotbertus Tinio — Gauscelinus bastardus — Odo Ternerius — Gauscelinus Gorgeradus.

CLXVIII

NOTICIA ALIODI PRESBYTERI

1015 - 1030

Le prêtre Aliodus concède à Marmoutier deux arpents de vigne, trois de pré et trente de mainferme, et après la mort de ses fils, cinq arpents de vigne, quatre de pré, douze de terre labourable et les trois quarts et demi d'un moulin.

Notum sit omnibus Dei cultoribus et maxime successoribus nostris quod Aliodus presbyter tribuit Sancto Martino Majoris Monasterii de vineis arpennos duos, de pratis III, de manufirma XXX, et post excessum Adelendis Raginoldique filii ejus, de vineis arpennos V, de pratis IIII, de terra arabili XII et tres partes unius molendini, et de reliqua quarta parte medietatem. Hec vero dona ne oblivioni tradantur in futuro huic commendantur pargameno. Et ut firma maneat conventio nec contradicatur ab aliquo, horum nomina qui viderunt et audierunt in testimonii loco judicamus revocanda : Hugonem filium Griponis et Lanscelinum suum hominem — Andream — Wlgrinum — Walterium — Johannem sacerdotem — Constantinum — Ansaldum — Beringorium gramaticum — Vuandelbertum — Yvonem — Rotbertum. Hoc autem fuit factum coram Ewrardo (1) abbate, his monachis presentibus : Ingelbaldo — Herviso.

CLXIX

DE BARBATURA

XI° siècle

Les frères Henri et Serannus, après avoir molesté les moines à l'occasion de la revendication de la terre de Barbature, vendue à Marmoutier par leurs ancêtres, finissent par s'amender. Serannus, accablé d'infirmités, renonce en mourant à sa réclamation, et remet aux moines ce qu'il leur avait enlevé, en recommandant qu'on l'ensevelit dans le couvent. Là, Henri et ses sœurs renoncent, sur la tombe de leur frère, à leurs revendications.

Notum sit cunctis presentibus et futuris quod illa terra que appellatur Barbatura jam fuit ad cartam vendita, sed carta transacta, in dominium Sancti Martini est reversa. Erant autem ex eorum progenie qui terram tenuerant, duo fratres Hainricus videlicet atque Serannus. Hi vero terram reclamabant, et pro ejus occasione, multa mala nobis faciebant. Sed misericors Deus qui miro et ineffabili modo quos vult castigat ac vivificat dedit eis recognitionem et compulit eos venire ad emendationem, nam alter eorum, id est Serannus, infirmitate correptus, decubuit, vidensque adesse diem mortis sue penitentiam

---

(1) Evrard, abbé de Marmoutier. Il gouverna ce monastère de 1005 ou 1015 jusque vers 1032. L'abbé Albert, son successeur, le gouvernait déjà en 1037.

egit et terram quam reclamabat guerpivit, et per fratrem suum cuncta que nobis tulerat cum lege restituit, et ita fretus de misericordia Dei, apud Majus Monasterium se sepelire commendavit. Ibique, super sepulturam ejus, fuerunt Hainricus et sue sorores qui omnem calumniam quam faciebant guerpiverunt, et nomina testium qui hoc viderunt et audierunt subter notata sunt (*).

CLXX

DE DUODECIM ARPENNIS TERRE QUOS DEDIT HERVEUS, FILIUS GAUSBERTI, IN BUXELEUCIA

1064 - 1077

La veuve Hildéarde obtient de Dom Hildebert, prévôt de Bezai, de rester dans la terre de Pinoches, où elle avait vécu avec son mari, à la condition de ne se remarier qu'avec l'autorisation dudit prévôt. Un certain Hervé obtient la terre et la femme en donnant à Dom Hildebert trois livres de deniers, douze arpents de terre et le tiers de la dîme établie sur la Villa de la Boissière. Ce qu'apprenant Thébaud, chanoine de Saint-Solenne, son cousin, il revendique cette terre comme sienne; mais il se démet au plaid de Blois, moyennant trois sous et l'association avec les religieux. Hervé s'engage à rester toute sa vie l'homme de Marmoutier, non comme serf, mais comme libre.

Sicut transeunt omnia, sic omnium transit memoria contra quod sit remedium singulare que nolumus mentem evadere, continuo litteris inseri, ut vel sic queant retineri. Confert enim non minimum non solum

---

(*) Ces noms ont été omis dans le manuscrit.

utilitati presentium, sed etiam futurorum. Notum sit igitur omnibus sancte ecclesie fidelibus, tam futuris quam presentibus, quod in territorio Vindocini, quidam homo qui dicebatur Odo degebat in nostra terra, villa quam antiquitus vocant Expinochias. (1) Hic ergo habebat uxorem, nomine Hildeardem, quam mortuus reliquit viduam. Vidua vero hec terram Sancti Martini nolens relinquere, sed sicut suus dominus possederat, possidere, a domno Hildeberto nostro videlicet monacho et de Buziaco tunc prefecto non potuit impetrare aliter nisi se non alterum maritum sumere sine ejus licentia promisisset. Quod libenter illa promisit, et ipse terram illi dedit. Post vero non multo tempore transacto, eam adamavit in uxorem quidam homo qui Herveus dicebatur, frater Alfredi, Galberti de Vindocino filius. Hic quibus potuit modis satagens ut, sicut diximus, eam haberet uxorem, quia nullo modo sine licentia domni Hildeberti fieri poterat, petiit ut eam sibi daret cum terra quam tenebat, et ipse illi daret denariorum tres libras atque XII^{cim} agripennos terre cum tertia parte decime in villa que dicitur Buxolucia constitute, et ab omni inquietudine consuetudinum omnino libere, promittens etiam se dare fidejussores, si calumnia in ea surgeret, quod eam acquietaret. Talem ejus petitionem Hildebertus monachus non renuit, verum feminam illi dedit secundum ejus verbum, data, favente Alfredo fratre suo, prius terra, datis etiam fidejussoribus quorum nomina sunt isti : Dominicus, filius Remigii monachi — Benedictus de Buziaco —

---

(1) Pinoches, hameau de la commune de Crucheray. Il y avait un ancien fief, aujourd'hui ferme.

Hubaldus de Moncellis. Hoc audiens Tetbaldus quidam Blesensis clericus et sancti Solemnis (1) canonicus, ejus autem consanguineus, calumniari cepit terram illam suam esse reclamans. Sed inde placito solemniter habito Blesis, tandem tres solidos et societatem fratrum Majoris Monasterii accepit et eam a se in perpetuum quietam fore concessit. Hujus autem rei testes sunt isti : Letbertus (2) bastardus — Fulcherius Gauscelini filius — Hilgodus filius Huberti — Mainardus et Gauscelinus, fratres Vlgrini prepositi. Alia etiam cum Hildeberto nostro monacho supradictus Herveus popigit que, quamvis longum sit dicere, non oportet tamen reticeri. Pepigit enim quod omnibus diebus vite suo, sic in ejus subjectione se haberet ut homo Sancti Martini, non servus sed liber, nec ab ejus subjectione recederet, seu alicujus alterius monachi ejus obedientie prepositi. Insuper etiam pepigit quod pro forisfacto quod fecisset alicui non deprecaretur aut vastaretur terra Sancti Martini. Et inde rursus istos fidejussores dedit : Bernardum monachum — Bernardum Divitem — Rainaldum Bellum — Fulcradum filium Huberti de Moncellis. Ad hoc vero testificanda et confirmanda testes sunt adhibiti quorum ista sunt nomina : Ingelbaldus Brito (3) de Vindocino — Archembaldus (4) prepositus — David vicarius — Ildegarius Caro leporis — Fulco senescalcus — Hubal-

---

(1) Ancien prieuré-cure de la ville de Blois.

(2) Lethert, fils naturel de Renard de Châteaurenault et frère de Gnicher I".

(3) Ingelbaud le Breton. Voy. note ch. CXXVIII.

(4) Archambaud, prévôt de Vendôme. Voyez note ch. XVII.

dus de Moncellis — Algerius de Villa Brisma — Martinus clericus — Rotbertus filius Lamberti monachi.

CLXXI

DE ALODIS QUE DEDERUNT FILII FULCRADI

XI° siècle

Les fils de Fulcrade et d'Hersende donnent à Saint-Martin, pour le repos de leur âme et de celle de leurs parents, leurs alleux de Manse et de Ville Malast ainsi que ceux de Ville Badain, sans revendication ni coutume.

Notum esse volumus omnibus fidei christiano cultoribus donum quod faciunt Sancto Martino Majoris Monasterii de suis alodis Rainaldus et Odo filii Fulcradi atque Hersendis, pro redemptione sua ac animarum suorum parentum. Donant itaque Sancto Martino alodum nomine Mansus et illos de Villa Malast necnon et illos quos habent apud Villam Badaim (1), sine calumnia vel ulla consuetudine.

CLXXII

DE PLACITO CUM DADONE DE TERRA HILGODI CUNEARII, ET DE GUERPITIONE SUPER EADEM TERRA, QUAM FECIT IDEM DADO IN CAPITULO NOSTRO

Vers 1070

Dadon, gendre d'Eudes Landanus, revendique aux moines une terre qu'ils avaient achetée d'Hubert, avec l'autorisation de

---

(1) Villebadin, ferme, commune de Villeromain, canton de Selommes, arrondissement de Vendôme.

Hilgod Ducoin. Dadon prétendait que Hilgod, oncle de sa femme, lui avait donné cette terre lors de son mariage. L'affaire est portée à Châteaurenault devant l'assemblée des Barons, où Hilgod prouve qu'il n'a jamais donné ni vendu cette terre, sinon à Saint-Martin. Dans la suite, Dadon, reconnaissant qu'il a mal agi, se désiste, lui, sa femme et son fils, de toute revendication, et reçoit quinze sols des moines.

Notum sit omnibus tam futuris quam presentibus Dadonem quendam, generum Odonis cognomento Landani, calumniatum fuisse nobis quandam terram quam vendidit nobis Hubertus filius Avesgaldi, et quam postea auctorizavit nobis Hilgodus qui cognominatur Cunearius, acceptis a nobis XV^{cim} libris denariorum. Dicebat enim Dado quod quando Odo Landanus desponsavit ei filiam suam, Hilgodus Cunearius, frater jam dicti Odonis Landani, avunculus scilicet uxoris sue, quasi pro amore neptis sue quam in conjugio acceperat, dedit ei terram illam. Pro qua calumnia perrexit domnus Segevertus monachus noster ad Hilgodum Cunearium, monuitque eum ut acquietaret nobis terram illam pro qua habuerat a nobis XV libras. Ipse respondit paratum se esse acquietare illam ubicumque ad judicium duceretur. Convenerunt itaque ipse et domnus Severtus monachus noster et predictus calumniator Dado scilicet apud Castrum Rainaldi ante multos barones, et ibi paratus fuit Hilgodus probare omni lege legali, nec Dadoni, nec alii cuiquam se dedisse vel vendidisse terram illam nisi Sancto Martino et monachis ejus, insuper etiam injustam esse omnino calumniam Dadonis. Cumque diu ommutesceret Dado, et ad hoc respondere nil posset, judicatum est ab his qui aderant quod si in presentia Hilgodi verbis ejus non contradiceret falsa erat ejus calumnia, et amplius ei de predicta terra non deberemus.

Hoc judicavit Fulcodius de Banasta, Ernaldus de Salmuro et alii qui et testes hujus rei subscribuntur : Ascelinus Chotardus — Alcherius de Rupibus — Bernardus Bloius — Salomon filius Ivonis — Hugo filius Guarnerii — Joslenus Bobinus — Hubertus (1) prepositus Guicherii — Otbertus filius Ascelini. Postea videns Dado quod, justo judicio, probata est ejus calumnia injusta, et recogitans quod malo egerat erga Sanctum Martinum et monachos ejus, venit in capitulum nostrum apud Majus Monasterium, et Hildeburgis uxor ejus de cujus parte reclamaverat terram predictam et Rainaldus filius eorum, et guerpiverunt omnem illam calumniam, et clamaverunt nobis terram illam solutam et quietam. Et ut melius hoc facerent, dati sunt eis pro hoc a nobis XV solidi. Testes : Burchardus calvus de Calmonte — Odo cellararius — Giraldus coquus — Bernardus coquus — Lealdus hospitalarius — Garnaldus de Chilziaco — Gausbertus coquus — Lambertus homo David mercatoris — Algerius secretarius — Algisus de coquina.

CLXXIII

NOTICIA DE CALUMNIA NIHARDI SUPER MOLENDINO DE CAPPA

Vers 1001

Nihard, fils de Gislebert, du consentement de sa sœur Marie et d'Arnulfe et Archembaud, ses frères, se désiste de la revendication qu'il faisait aux moines du moulin de la Chappe, et le leur abandonne franc de toute eiguerie, relief et coutume

(1) Hubert, prévôt de Guicher de Châteaurenault.

autre que le cens ; ainsi qu'Hildearde avait fait pour un autre moulin qu'elle avait donné à St-Martin pour le salut de son âme. Les moines donnent, pour cette concession, trente sous à Nihard, quinze à Arnulfe, cinq à Archambaud et autant à sa sœur Marie.

Noscant cuncti et presentes et futuri, quia Nihardus (1) Gisleberti filius, pro Dei amore et pro genitoris sui remedio anime, calumniam molendini de Cappa quam Sancti Martini monachis faciebat, annuentibus cum sorore Maria Arnulfo et Archembaldo ejusdem fratribus, sponte sua deseruit et molendini ipsius censum quem Guismandus infans supradictis dederat monachis, non ob aliam, nisi relevamenti, causam diu repudiatum, tandem Deo gratias, volenti animo et sine ulla calumnia recepit, et ipsum quoque molendinum, procul omni vigeria et relevamento, solutum et quietum clamavit, morisque preter censum totius expertem, sicut alterum quem Hildeardis, pro Dei amore ac redemptione anime suo, Sancti Martini monachis dedit. Hujus vero concessionis causa, dederunt monachi Nihardo triginta solidos, Arnulfo XV^{cim}, Archembaldo V, Marie sorori eorum V, videntibus his et audientibus quorum nomina sunt : Hildeardis — Vulgrinus filius ejus — Fulcherius puer — Petrus Chotardus (2) — Goscelinus Hodelli filius — Guismandus infans — Fulcredus Goscolini filius — Gosfridus de Villariis — Hugo Passa-pic-

(1) Nihard, fils de Gislebert Doubleau, voy. note ch. LXII, et arrière-petit-fils de Hildearde de Bezai et de Foucher de Vendôme. Voy. note ch. XXX.

(2) Le manuscrit porte Petrus Chotardus, Gauscelinus bodelli filius ; il semble qu'il faudrait Gauscolini bodelli filius, car Pierre Chotard était fils de Goscelin Bodellus et d'Ermentrude. Voy. note ch. CXV.

tavinum — Rotgerius de Connis — Gundacrius — Rotbertus — Brachedus — Rainaldus vigerius — Ranardus farinardus — Teod[er]icus venator — Hamelinus Avisgot filius — Arnulfus Tetbaldi filius — Otbertus de Solomiis (1) — Hugo Pullus — Benedictus Blanchardus — Landricus Sancti Martini famulus — Olricus canonicus, Odonis filius.

CLXXIV

NOTICIA DE SAISIMENTO HILGODI CUNEARII IN TERRA DOMNI FULBERTI ET IN TERRA ROSTHONIS

1075 - 1085

Hilgot Ducoin abandonne à Dieu et à Saint-Martin, pour quinze sols, la saisie qu'il avait mise injustement sur les terres que Dom Fulbert et Rosthon avaient données aux moines, dans l'alleu de Villemalard, ainsi que sur un bois situé entre Villebresme et Pinoches.

Notum sit omnibus Hilgodum cognominatum Cunearium accepisse a nobis XV^{cim} solidos, et ita dimisse Deo et Sancto Martino quandam consuetudinem, id est saisimentum quod ipse injuste tamen immiserat in terra domni Fulberti (2) monachi nostri et in terra Rosthonis, quas ipsi pro animabus suis dederant nobis, scilicet in alodio quod est apud Villam Malast. Saisimentum quoque dimisit cujusdam bosci qui est inter Villam Bresmam et Spinochias, in

---

(1) Selommes, chef-lieu de canton, arrondissement de Vendôme.

(2) Fulbert de Lavardin. Il se fit moine à Marmoutier.

quantum boscus ille necessarius erit hospitibus qui illic per nos hospitari voluerint, id est quantum illis de eo opus fuerit. Hujus rei testes : Comes Vindocinensis Burchardus (1) — Guicherius de Castro Rainaldi — Gaufredus de Sancto Amando — Garinus filius Teelini — Galterius, nutritor comitis Burchardi — Hugo filius Salomonis — Adelelmus Perchoinus.

CLXXV
NOTICIA DE COMMENDISIA LOIRI ET FORGETIS QUAM PERDONAVIT LETARDUS HOMO GUICHERII

1061 - 1066

Letard, homme de Guicher de Châteaurenault, donne aux moines, pour trente sols, la commandise de Loiri et de Forget, du consentement de sa femme, de son fils, qui reçoit deux sols, ainsi que de ses gendres. Après quoi ils sont tous admis à la participation des bienfaits du couvent. Les seigneurs suzerains de cette terre donnent également leur autorisation, savoir Foulques comte de Vendôme, André Barba, qui reçoit pour cela cinq sols, et Letbert, qui reçoit huit sols quatre deniers.

Notum sit omnibus quod Letardus, homo Guicherii (2) de Castro-Rainaldi, perdonavit nobis commendisiam (3) de Loiri et Forgetis, acceptis a nobis

---

(1) Bouchard III dit le Jeune, comte de Vendôme de 1075 à 1085.

(2) Guicher Ier, seigneur de Châteaurenault et de Château-Gontier.

(3) Commendise, — *tutelle, protection* qu'un seigneur accordait à ceux de ses vassaux ou sujets qui la réclamaient, et en reconnaissance de laquelle ils lui payaient un tribut en émolument. Cet émolument était aussi appelé commendise. (Voy. Ducange.)

XXX^{ta} solidis, auctorizante hoc Hildeburge uxore ejus et Olgerio filio ejus, qui habuit inde II^{os} solidos et filiastris ejus Rotberto videlicet et Gauenchio. Postea vero, veniens in capitulum nostrum apud Majus Monasterium Letardus ipse et uxor ejus, filia et filiastri ejus auctorizaverunt omnes iterum, absque ulla refragatione, predictam convenientiam, et recepti sunt omnes in participatione beneficii nostri a domno abbate nostro tunc temporis Bartholomeo. Auctorizaverunt etiam hoc, non tamen in capitulo, capitales domini ejusdem terre, scilicet Fulco (1) comes vindocinensis, Andreas Barba, qui habuit inde V solidos, Letbertus (2) qui habuit inde VIII solidos et III denarios et o[bolum]. De istorum auctoramentis testes distincte subscripti sunt. De auctoramento Letardi et uxoris ejus, filii quoque et filiastrorum ejus isti sunt, qui testes inde se dixerunt :

Salomon filius Ivonis	Guarinus filius Telini
Herveus filius Rainaldi de Calvomonte	Rainaldus Senescalcus
	Ascelinus de P[rato] ad-
Guillelmus Galestoz	quercum (3)
Archenfredus de Rupibus	Rotbertus Bloinus
Morinus homo Letardi	*De nostris*
Harduinus filius Goncherii	Giraldus coquus
	Giraldus nepos Galierii

De Auctoramento comitis Fulconis testes extiterunt : Ingelbaldus Brieto — Matheus de Monteaureo.

---

(1) Foulques l'Oison, comte de Vendôme de 1050 à 1066.

(2) Letbert, fils naturel de Rainaud, seigneur de Châteaurenault et frère de Guicher. Ch. LXXX.

(3) Préchone, près Châteaurenault (Indre-&-Loire).

De Auctoramento Andreæ et Leberti: Gualterius Panis paratus (1) — Teodoricus de Avaziaco — Mainardus Bricto — Girbertus de Sancto Amando — Giraldus de Gilliaco homo Sancti Martini.

[Ici commence une écriture autre que la précédente, bien qu'à peu près de la même époque, mais les lettres de tête se distinguent par des essais d'ornements.]

CLXXVI

NOTICIA ROTGERII ET UXORIS EJUS RICHILDIS

Vers 1050

Roger de la Tour de Vendôme et sa femme Richilde donnent à Marmoutier, pour le repos de leur âme, l'alleu de Villa Bresma, du consentement de leurs quatre fils.

Omnium in Dei nomine successorum nostrorum noticie volumus ut liqueat Rotgerium de Turro (2) Vindocini et uxorem ejus Richildim nomine, pro animarum suarum remedio, dedisse Sancto Martino Majoris Monasterii, in usum videlicet monachorum ibidem omnipotenti Deo servientium, alodum de Villa Bresma, assensu ac voluntate filiorum suorum, Hu-

---

(1) Ce personnage a peut-être donné son nom à Palmparé, petit hameau de la commune de Saint-Martin-des-Bois, canton de Montoire.

(2) Ce Roger de la Tour semble être un personnage différent du Roger de la Tour, gendre de Foucher le Riche et de Hildearde, dame de Bessy, nommé dans la charte XXXI.

gonis scilicet, Rainaldi Rotberti atque Ivonis. Nomina vero testium qui donationem hujus alodi fieri viderunt et audierunt subtus notata sunt : Arnulfus filius Bernonis — Lanscelinus frater ejus — Burchardus bucca bruna — Ansaldus presbyter (1).

CLXXVII

NOTICIA DE ASCELINO JOTARDO

1043-1064

Ascelin Jotard rend à Marmoutier une partie de la terre de Boiselle et de ce qu'il tenait d'Ingelbaud le Breton, et lui donne le reste pour le rachat de son âme. Les moines lui donnent pour cela dix livres et cinq sols de cens à la Saint-Georges, trente sous à sa femme Haleise, et de moindres sommes à sa fille, à son frère et à ses neveux, par reconnaissance.

Osbert laisse en mourant à Saint-Martin, pour le rachat de son âme, une mainferme à Fontenailles et la terre de Noers. Peu après, son gendre Arnulfe Céochard ayant revendiqué ces biens devant la cour du comte de Vendôme, est condamné pour cela à se dessaisir de ce qu'il avait eu de sa femme ; mais il convient ensuite avec les moines que lui et l'héritier que lui donnerait sa femme garderaient la mainferme pendant leur vie, et que les religieux auraient toute la terre de Noers, qu'ils payeraient deux sous de cens à Droux de Lavardin et prendraient chaque jour de l'année la charge de bois d'un âne pour leur chauffage.

Ascelinus Jotardus, Guillelmi vicarii filius, terram Boiselle atque omnia que ibi de Ingelbaldo (2) Britanno tenebat, sancti Martini monachis Turonis Majoris Monasterii, partim venditioni, partim pro ejus

---

(1) Ansauld, prêtre, était frère de Bouchard de Caresmel et chanoine de Saint-Georges. Voy. note ch. XIV.
(2) Ingelbaud le Breton. Voy. ch. CXXVIII.

anime recompensatione atribuit, Xque ei libras nummorum [monachi] dederunt, et post Pascha ad Sancti Georgii festivitatem V soli[d]os de censu, et Haluise uxori sue XX^u solidos, et Harsense filie sue XII denarios, et fratri suo Richardo X solidos, et Thome nepoti suo VI denarios, et Anxeillo nepoti suo VI denarios, et Ingelbaldi Britonni uxori (1), cui feudum pertinebat, XL solidos dederunt, et Wlgrino filio suo X solidos, et Gausfrido pagano filio suo quendam avene modium, et Fulcherio clerico filio suo X solidos, et Fulconi nepoti suo I denarium, et Andree Brochart I denarium pro recognitione. S. Gundneri — S. Mathei filii sui — S. Rotberti Bracheti — S. Fulcradi de Vico vassallorum — S. Nihardi Rufi — S. Arnulfi fratri[s] sui — S. Gelduini bucelli — S. Roscerii Jotardi hominis — S. Bernardi filii Fromundi de Lavarzino — S. Gausfridi de Atiaco filii Hainrici ceci — S. Orrici canonici — S. Odonis filii sui — S. Andree de Villa Seneor — S. Gualterii de Creveciaco (2). Hanc supradictam conventionem atque terre hujus emptionem fecerunt domnus Jarnigoius et Albericus socius ejus. S. Benedicti Blancardi — S. Drogonis filii sui — S. Johannis majoris Salomonis de Lanceiaco — S. Geraldi de Cuscheriaco — Benedicti fratris sui — S. Baudrici Jotardi hominis — S. Radulfi Joini — S. Hugonis Pulli — S. Josmerii cellararii — S. Bernardi clerici fratris sui — S. Gaufredi Britonis — S. Hervei de Moncelliaco — S. Isem-

---

(1) La femme d'Ingelband le Breton se nommait Hildegarde Voy. note ch. CXXVIII.

(2) Crevecé, ferme, commune d'Epiais, canton de Selommes. Au XIVe siècle, les frères de la Maison-Dieu de Vendôme possédaient une métairie à Crevecé.

bardi de Moncelliaco — S. Gislemeri monachorum hominis.

(*) Osbertus Sevini filius, obitus sui die, manufirmam quandam quam ad Fontemnellum (1) tenebat et terram de Noers (2), anime sue pro remuneratione, Sancti Martini monachis Majoris Monasterii attribuit. Non post multum vero temporis post ejus obitum, Arnulfus Ceochardus filiam suam uxorem duxit omniaque supradicta monachis calumpniavit et in comitis vindocinensis curia, omni generositate procerum vindocinensium ibi circum adstante atque audiente, cum eis postea placitavit, cum Adelelmo videlicet priore, cum Evrardo de Puisat (3) et Gausfrido preposito et Gausfrido Alberici filio; omnisque denique procerum cetus, illum deseisire omnibus que cum uxore sua acceperat, judicavit, quandoquidem antecessoris sui elemosinam injuriose calumpniaverat. Finito vero placito, taliter concordati fuerunt quatinus illis terram de Noers omnino concederet, atque illi manufirmam supradictam, quandiu ille atque heres ejus ex hac uxore procreatus viveret (*), ultronei et absque ulla malivolentia sibi concederent, et uno

---

(*) Les lignes qui suivent sont transcrites, dans le manuscrit, à la suite de ce qui précède, sans aucun intervalle ni interruption, bien qu'elles semblent former une charte complète, mais qui n'a ni rubrique ni numéro. Elle est postérieure à 1077.

(1) Semble être Fontenailles, ancien fief, commune de Nourray.

(2) Nourray, commune du canton de Saint-Amand, arrondissement de Vendôme.

(3) Evrard du Puiset, fils de Gilduin de Breteuil, vicomte de Chartres, fut aussi vicomte après Hardouin, son frère. Il se fit moine vers 1077.

(*) Mot ajouté en interligne d'une écriture différente.

quoque anno, Drogoni Calli de Lavarzino, in domo Bernardi Divitis, duos solidos de censu darent in natali Sancti Georgii, et dominationis causa atque noticia ad unius asini sarcinam quaque die anni, ad morantes et euntes monachos calefaciendum, de luco retinuerunt. S. Guillelmi vicecomitis — S. Gervasii — S. Lancelini filii sui — S. Ascelini de Teiliaco — S. Hugonis transit pictavensem — S. Hugonis plani — S. Jarnigoti monachi — S. Benedicti Blanchardi.

CLXXVIII

DE CALUMNIA FILIORUM ROTGERII DE HIS QUE MATER EORUM NOBIS DEDIT

[Cette charte est un double de celle déjà donnée sous le n° LXXXIV, mais avec une rubrique différente.]

CLXXIX

DE ALODIS SITIS APUD VILLAM QUE VOCATUR VILLARE

[Cette charte est un double de celle déjà donnée sous le n° XVI, avec une légère variante dans la rubrique.]

CLXXX

N[OTITIA] DE REBUS QUAS DEDERUNT ET VENDIDERUNT NOBIS MAKEL ET ALMARUS FRATER EJUS APUD CASTRUM FRACTE VALLIS (1)

1096

L'année de la dédicace de la basilique du Monastère, Robert Michel et son frère Almare donnent à Saint-Martin et ven-

---

(1) Cette charte a été publiée sous le n° CLI, par M. Mabile, dans l'appendice du Cartulaire pour le Dunois. L'original existe

dent aux moines à Vendôme, pour neuf marcs d'argent, ce qu'ils avaient de terre, de cours d'eau et de prés, du château de Fréteval à Vernouillet, ainsi que la place d'un moulin à Morée, et six deniers de cens sur une vigne à Fréteval. Rainaud Leroux, qui tenait en fief ces biens de Nicelon seigneur de Fréteval, reçoit pour son consentement soixante sols, et sa femme dix. Peu après, les deux frères vont confirmer cette vente devant le chapitre, du consentement de Nicelon et de son frère Hamelin; Girard, oncle de ces derniers, venu du château de Montigny pour procéder à la délimitation de ces biens, en fait la remise aux moines.

Notum sit omnibus quod anno dedicationis basilicae Majoris Monasterii ab Urbano papa facto, dederunt beato Martino Majoris Monasterii atque vendiderunt nobis monachis ejus, novem marcis argenti, Rotbertus Michael et Almarus frater ejus, quicquid terre et aquae et pratorum habebant a castro quod vocatur Fracta Vallis (1) usque ad Vernolletum (2), et unam aream molendini apud Moreias (3), juxta molendinum quod jam habebamus ibidem, beatus Martinus et nos ejus monachi, id est in eadem sclusa, et sex denariorum censum de quadam vinea apud Fractum Vallem sita ; quod donum et que venditio facta sunt apud Vindocinum in domo Guillelmi filii Frodonis, ipso eodem teste et Berardo fratre ejus ac Frodone filio ejus et Johanne nepote ejus, testibus

aux archives de Loir-&-Cher. Elle porte au dos le mot VINDOC, qui prouve qu'elle appartient au Cartulaire Vendômois.

(1) Fréteval, commune du canton de Morée (Loir-&-Cher). Seigneurie très importante, ayant appartenu à la famille de Fréteval-Meslay, qui possédait la dignité de Vidame de Chartres. Les ruines d'un donjon du XI° siècle couronnent encore le coteau qui domine la petite ville de Fréteval.

(2) Vernouillet, moulin sur le Loir, commune de Saint-Hilaire-la-Gravelle, canton de Morée.

(3) Morée, chef-lieu de canton, arrondissement de Vendôme.

etiam Rodulfo Merleto et Rotberto cellarario, Martino famulo de Vindocino et Herveo filiastro ejus. Quod donum et quam venditionem illorum concesserunt nobis monachis supradictis, Rainaldus Ruffus, de cujus fevo memorato res erant, et fevum ipsum eo tempore de Nivelone (1) filio Fulcherii, tunc domino Fracto Vallis, tenebat, et uxor ejus nomine ...., unde ipse habuit a nobis XL. solidos et uxor ejus X. Quae concessio facta est apud Vindocinum, testibus istis : Guillelmo Isoardo — Drogone de Espelteriis, ex parte eorum, et ex nostra : Fulcherio filio Dominico — Rotberto archidiacono — Martino famulo de Vindocino et Herveo filiastro ejus — Guillelmo filio Frodonis — Hugone Derramato, famulo domni Gausberti de Camartio. Non multum longe post, venerunt ipsimet ambo fratres, id est Robertus Michael et Almarus, ad Majus Monasterium, et in capitulo nostro acceperunt societatis nostrae beneficium, tempore domni abbatis Bernardi (2), anno ordinationis ejus XIII, et in presentia totius capituli donum et venditionem supradictam firmaverunt et autorizaverunt, et [de]inde omnium supradictarum [rerum] donum super altare dominicum ecclesie posuerunt et sic novem memoratas argenti marcas per manum domni Bernardi panetarii receperunt. Cujus in capitulo facte concessionis, firmationis et auctorizationis testes sunt hi : Sancellinus cella[ra]rius — Arnulfus cella[ra]rius — Ansegisus Bocherius — Johannes Evelinus — Herveus filius Landrici vindocinensis — Bernardus salnerius — Hildebertus Gaulterii — Rainaldus frater

(1) Nivelon III de Fréteval; sa femme se nommait Milesende.
(2) Bernard était abbé de Marmoutier en 1084.

Landrici — Rotbertus de Sancto Medardo. Quod donum et quam venditionem Nivelo filius Fulcherii, tunc temporis dominus Fracto Vallis et Hamelinus (1) frater ejus concesserunt nobis; qui etiam Nivelo misit a Montiniaco castro (2) Girardum avunculum suum, ad dividendam et determinandam memoratam terram et prata et aquam, qui Girardus totum memoratum donum et venditionem nobis concessit, et jussu domini Nivelonis, homines istos de Fracta Valle quorum subscripta sunt nomina, ad dividendam predictam terram duxit. Isti autem fuerunt ex parte Nivelonis : Guarinus de Fracta Valle — Stephanus de Monte Foleto (3) — Hubertus de Buxo — Hugo Palestellus — Matheus — Odo Paganus — Hainricus frater ejus — Rainerius venator — Gradulfus — Herveus Grivellus — Rainaldus frater ejus. Ex parte vero monachorum fuerunt hi : Ingelricus major — Bernardus de Carcohu — Martinus famulus de Vindocino — Herveus privignus ejus — Rotgerius de Sancto Loobino (4) — Arnulfus de Sancto Hilario (5) — Hermundus — Mainardus molendinarius — Gaul-

---

(1 & 2) Hamelin, seigneur de Montigny-le-Ganelon (canton de Cloyes, Eure-&-Loir), était frère de Nivelon de Fréteval.

(3) Montfollet, aujourd'hui Saint-Mandé, jadis petite ville et château, ayant appartenu aux seigneurs de Beaugenci. Une chapelle, dépendant de Saint-Jean d'Onèques, fondée par Raoul de Beaugenci, avant son départ pour la terre sainte (1096), sous l'invocation de Saint Mandé, devint un prieuré de Saint-Laumer de Blois. Voy. Histoire du Dunois de l'abbé Borda, 1884. T. II, p. 176.

(4) Saint-Lubin-des-Prés, ancienne paroisse réunie à celle de Fréteval. L'église, qui était près de la rive droite du Loir, est disparue.

(5) Saint-Hilaire-la-Gravelle, commune du canton de Morée.

terius filius ejus. Quod donum et quæ venditio facta sunt per manum domni Bernardi monachi nostri tunc panetarii, et domni Gausberti Ludovici, monachi nostri, prioris de Camarcio (1). Sciendum preterea quod predictus Almarus Michael qui remanebat, tam pro se quam etiam pro fratre suo Roberto qui volebat post parum in Jerusalem ire cum exercitu Christianorum contra paganos eunte, fecit se ipsum fidejussorem nobis, et apud Fractam Vallem ubi divisio supradicta facta est, ipsis eisdem testibus qui et divisionis sunt (2), et in capitulo nostro similiter ipsis testibus quos in capitulo fuisse descripsimus, quod scilicet memoratum donum et venditionem ab omni calumnia adquietaret. Sed et Rainaldus Rufus se nobis fecit fidejussorem apud Vindocinum, audientibus eisdem testibus quos concessioni suae prescriptae interfuisse notavimus, quod predictas res nobis semper ab omni calumnia acquietaret.

CLXXXI

DE CONCESSIONE MILONIS FILII BLANCHARDI DE BEZIACO

1084 - 1099

Milon se démet dans le chapitre de la revendication qu'il faisait aux moines de la culture de Bezai, et leur accorde ce que ses prédécesseurs leur avaient donné ou vendu.

---

(1) Chamars, important prieuré de Marmoutier, près de Châteaudun.

(2) Le texte de la charte des archives de Loir-&-Cher, publié dans le Cartulaire Dunois, donne la variante suivante : *qui divisiones viderunt.*

Notum sit omnibus quod Milo filius Blanchardi de Beziaco veniens in capitulum Majoris Monasterii, dimisit beato Martino atque nobis ejus monachis, calumniam quam eatenus fecerat nobis de cultura quæ est apud Beziacum (1), et concessit nobis quæcumque nobis vel dederant vel vendiderant prædecessoris (sic) sui. Cujus concessionis donum prius dedit in capitulo, per quemdam parvum baculum, in manu domni abbatis Bernardi (2), et deinde ipsum posuit super altare dominicum. Cujus rei testes sunt hi : Maimardus sanguinator — Gaulterius de Anglia — Gaulterius Clarellus — Odo de Fontanis.

CLXXII

DE OCTO DENARIIS CENSUS QUOS HERBERTUS BOTELLARIUS DEDIT NOBIS

1096

Le chevalier Herbert, bouteiller du comte de Vendôme, conduit par Dom Étienne, prévôt de Bezai, au parloir des sacristains, fait abandon à Saint-Martin de huit deniers de cens, dont quatre de Varennes et quatre de Nareil.

Notum sit omnibus quod Herbertus miles, botellarius comitis vindocinensis, venit ad Majus Monasterium, anno dedicationis ejus, et in die estivalis festivitatis beati Martini venit in locutorium sacristarum, conductu domni Stephani monachi nostri co-

---

(1) On lit dans la marge d'une écriture ancienne le mot *Besay*.

(2) Bernard de Saint-Venant, abbé de Marmoutier de 1084 à 1099.

gnomento Ridelli, tunc prepositi obedientiae Beziaci, et dedit Deo et beato Martino in perpetuum, atque nobis ejus monachis, VIII denarios census, quorum quatuor de Varennis et alios quatuor de Navolio reddebamus ei singulis annis. Cujus rei testes sunt hi : Sancellinus cellararius — Rainnerius forestarius — Algerius sacrista — Algisus cocus. Sciendum quoque quod donum ejusdem census, continuo dum matutinalis missa cantaretur, posuit super altare dominicum, per octo denarios in presentia multorum.

CLXXXIII

DE GUERPITIONE CALUMNIE RAINALDI PRESBYTERI ET FRATRUM EJUS INGELBALDI ET CHRISTIANI

1094

Le prêtre Renaud, Ingelbaud son frère et Chrétien son beau-frère, se présentent la veille de Saint-Martin devant le chapitre; là, pour le salut de leur âme et de celle de leurs parents, ils renoncent, pour eux et pour leur jeune frère Hilgod absent, à la revendication qu'ils faisaient d'une terre sise à Bezai. Les moines de Bezai donnent une maison à Chrétien pour sa renonciation.

Notum sit omnibus quod Rainaldus presbyter et Ingelbaldus et Hilgodus fratres sui, et Christianus sororgius eorum calumniabantur nobis quamdam terram sitam apud Beziacum, juxta culturam nostram. Anno autem ab incarnatione Domini M° XCIIII°, tempore domni Bernardi (1) abbatis, in vigilia tran-

---

(1) Bernard de Saint-Venant, abbé de Marmoutier de 1084 à 1099.

situs Beati Martini, venerunt in capitulum nostrum Rainaldus, Ingelbaldus et Christianus, et guerpiverunt pariter calumniam suam, pro suis et suorum paren tum animabus. Hilgodus vero minor frater qui venir non potuit, per istos guerpivit et postea concessit apu Beziacum. Hujus rei gratia, dedit eis domnus abba Bernardus benefactum nostrae societatis. Testes qu affuerunt sunt hi : Gausmarus, famulus noster d Vindocino (1) — Otgerius de Moisse — Frumentinus filius Ingelbaldi de Ponte — Stephanus de Sartrin — Letbertus filius Giraldi de Sartrino — Archen baldus corvesarius — Gausfredus Nihart — Radulf de Basenvilla. Et sciendum quod supradicto Chris tiano dederunt monachi nostri de Beziaco unum d mum pro sua concessione.

CLXXXIV (2)

DE RAINALDO BELINO DATO NOBIS A HUGONE PRESIDE

1032 1081

Hugues donne à Marmoutier, pour le rachat de l'âme de s père, et du consentement d'Agnès sa femme, son colibert Re naud Belin avec sa femme Milesende, leur postérité et demi-arpent de vigne.

In nomine Regis æterni, ego Hugo Preses Sanc

---

(1) Marmoutier entretenait un moine en résidence fixe à V dôme. Voyez la charte CLXXXVIII dont la rubrique de : Lib tas domus nostro Vindochensis, indique bien ce fait.

(2) Charte publiée dans le Livre des Serfs de Marmouti sous le n° V de l'appendice.

Martino de Majori Manasterio, Raginaldum Belinum quemdam meum colibertum, pro redemptione animæ patris mei Archembaldi (1) domo, atque mulierem ejus Milesendam, quam calumniaveram, liberam esse concedo, fructusque eorum, necnon et dimidium arpennum vineæ quod eorum erat ; atque per Herbertum Bucellum feci donum poni super altare sancti Medardi, Agnete conjuge mea annuente, et hoc confirmatum est in domo sancti Martini Vindocino coram Jarnegode monacho et Vitali : S. Guillelmi Buclari — S. Guillelmi de Villa Senatoris — S. Hugonis Pulli — S. Gosmerii cellararii — S. Rotberti de Sancto Medardo — S. Gausfredi de Sancto Amando — S. Vilerii de Lavarzino — S. Benedicti de Spinochiis — S. Gaulterii de Beziaco — S. Fulconis de Navolio — S. Bernardi clerici — S. Landrici Gosmeri filii — S. Hervei fratris sui — S. Guismaudi de Sancto Medardo — S. Ivonis — S. Ingelbaldi filii Hermoini — S. Hildegarii Diaboli — S. Raginaldi Balcenni — Qui hanc cartam calumniare voluerit centum auri libras persolvat.

[Les chartes qui remplissent les folios cotés de 257 à 260 sont biffées sur le manuscrit, parce qu'elles y ont été rapportées à tort, attendu qu'elles appartiennent au Cartulaire de Marmoutier pour le Dunois. Elles sont comprises dans l'édition que M. Mabile a donnée de ce Cartulaire. Par suite, il n'y a pas lieu de les reproduire de nouveau ici.]

(1) Archambaud, père de Hugues, fut prévôt de Vendôme, et l'un des bienfaiteurs de Marmoutier. Il fit d'importantes donations aux prieurés du Sentier et de Saint-Mars. Voyez note charte XVII.

CLXXXV

CONCORDIA GIRARDI DE MONTE FOLETO DE REBUS QUAS HABEMUS CIRCUM FRACTAM VALLEM

Vers 1100

Girard de Montfollet concède aux moines les acquisitions qu'ils ont faites ou feront dans la partie de la Forêt longue, dépendant de son fief, près de Fréteval, à l'exception des fiefs d'Hubert et de Guillaume fils de Frodon. Il y ajoute Sermaise, faisant partie de la même forêt. Les moines lui remettent cent sous pour cette concession, douze deniers à son fils Geoffroi, cinq sous à sa fille Radegonde, et douze deniers à son autre fille Julienne.

Omnibus sancte Dei ecclesie rectoribus atque cultoribus tam futuris quam modo viventibus, notum fieri volumus quod Girardus de Monte folluto (1) concessit monachis Sancti Martini Majoris Monasterii, de feodo suo circum Fractam Vallem, ex ista parte silve Lognie, quicquid emerant vel empturi erant, excepto feodo Huberti Megnonis filii, quem feodum Guillelmus de Vilers de ipso Huberto Megnonis filio tenet, et excepto feodo Guillelmi Frodonis filii qui feodus est ad destrictu Guignardi, et ex altera parte silve Lognie concessit similiter Sarmasiam (2). Hoc quoque concessit filius suus Gauffridus nomine, qui XII denarios ex ista concessione

---

(1) Girard de Montfollet était de la famille des seigneurs de Beaugenci. Montfollet, aujourd'hui Saint-Mandé. Voyez note charte CLXXX.

(2) Sermaise, village de la commune de Maves, canton de Mer (Loir-&-Cher).

habuit, et Radegundis filia sua similiter hoc concessit, que V solidos ex ista concessione habuit. Concessit hoc etiam Juliana filia sua, que ex ista concessione XII denarios habuit. Ipse vero Girardus de Monte folluto, qui pro remedio sue anime et pro animabus antecessorum suorum omnia ista concessit, de caritate sancti Martini C. solidos pro concessione ista habuit; hujus itaque concessionis testes sunt : Ex parte Girardi — Otgerius qui fuit armiger suus — Odo qui fuit pahagerius suus de Fracta valle — Arnaldus de Papla villa — Hubertus de Bergoano — Benedictus de Vulureio — Bernardus de Villa-avis — Raginaldus de Spieriis — Herveus Grivellus — Nivelo Garini filius — Odo Morellus. Ex parte quidem monachorum : Ingelricus major — Aimardus cellararius — Tetbaldus de Nantuvilla (1) — Haimarus famulus — Hugo Darematus — Frogerius carnifex — Bernardus de Carchehu — Tetbaldus Pelatus — Hubertus carpentarius — Lembertus clericus.

CLXXXVI

DE TERRA QUAM ADA DE VINDOCINO DEDIT NOBIS APUD LINERIAS

Vers 1100

Ada de Vendôme donne à Marmoutier, pour le salut de son âme, une terre d'une charrue à Linières, avec les consentements de Jérémie, qui reçoit pour cela quarante sols, celui de sa femme qui en reçoit dix et celui de ses fils qui reçoivent chacun quatre deniers.

(1) Nottonville, commune du canton d'Orgères (Eure-&-Loir).

Notum fieri volumus omnibus sancte Dei ecclesie rectoribus atque cultoribus tam futuris quam modo viventibus, quod Ada de Vindocino dedit, pro anime sue remedio, terram unius carruge ad villam que dicitur Linerias (1), monachis Sancti Martini Majoris Monasterii ; quod concessit Jeremias (2) qui, ex ista concessione XL solidos habuit, et Sarracena, uxor sua, similiter hoc concessit que, ex ista concessione, X solidos habuit. Hoc quoque donum concesserunt filii sui videlicet Raginaudus et Fulcherius qui, ex ista concessione, unusquisque IIII^{or} denarios habuerunt. Hujus rei testes sunt, ex parte Jeremie : Harduinus de Sarneriis — Gualterius Papilio — Paganus Dublellus (3) — Mainardus suus vernula — Bul-

---

(1) Lignères, commune du canton de Morée (Loir-&-Cher).

(2) Jeremie, seigneur de Lisle en Vendomois (Lisle, commune du canton de Morée), donna son nom à sa seigneurie qui pendant les XIIe et XIIIe siècles fut appelée Lisle-Jeremie. Il descendait de Robert, vicomte de Blois, qui en 989 restaura l'abbaye d'Evron-au-Maine, où les seigneurs de Lisle eurent longtemps leur sépulture. Ils possédèrent aussi pendant plusieurs siècles la dignité de vicomte de Blois. Jeremie, de sa femme que notre charte nomme Sarracena, et qu'une charte de Tiron (la Ve) appelle Arvis ou Helvise surnommée Sacracerra, eut plusieurs fils et plusieurs filles, dont l'une nommée Beatrix fut la première femme d'Ursion de Fréteval. (C'est à tort, suivant nous, que, dans son histoire du Vendomois, M. de Pétigny fait cette Béatrice issue de la maison de Lavardin.) Il donna à l'abbaye de Tiron des biens situés à Mellerot-au-Perche et à Boisrufin, et il confirma la donation que Ursion de Fréteval, son gendre, avait faite de la forêt de Boisrufin à l'abbaye de Saint-Père de Chartres.

(3) Payen-Doubleau. C'est Ilbert-Payen ou Payen de Montdoubleau. Il laissa deux filles, dont l'une Héloïse fut mariée à Geoffroi II, vicomte de Châteaudun. Elle porta en mariage la seigneurie de Montdoubleau dans la maison des vicomtes de Châteaudun. Payen de Montdoubleau prit une part active aux guerres que se firent les fils de Guillaume le Conquérant, dans la Normandie, le Maine et le Perche.

chardus filius Fulberti — Bulchardus filius Nihardi Rufi. Ex parte quidem monachorum : Gausfridus Fergannus — Hugo Darematus — Andreas filius Gualterii de Crusvalle (1).

CLXXXVII

DONUM HERBERTI BARBE ET AGNETE DE VINDOCINO, DE PEREDIACO

1101

Le chevalier Herbert Barba, du consentement de sa femme et de ses fils, et pour le repos de son âme et de celle de ses parents, fait don à Dieu et à Saint-Martin de tout ce qu'il avait dans l'église de Pray, en Vendômois. Agnès de Vendôme, y ajoute, du consentement gratuit de ses filles, l'autel avec les offrandes, le cimetière, la sépulture et la tierce partie de toutes les dîmes de l'église. Les fils de Domitille, récemment décédée, achètent de Saint-Martin ainsi que d'Herbert et d'Agnès, avec le consentement de leurs enfants, une terre contiguë audit cimetière, pour l'obédience de Pray que les moines devaient construire, le tout avec l'autorisation de Lancelin de Vendôme, du fief de qui dépendait l'église.

In nomine summo et individue Trinitatis, Patris et Filii et Spiritus Sancti, Nos monachi scilicet Majoris Monasterii, quod Beatus ipse Martinus et fundavit et abbatiam esse instituit, quod etiam ipse lacrimis propriis et orationibus vigiliis quoque et jejuniis crebris sanctificavit, indicamus presenti scripto, tam futuris quam presentibus, quod anno ab incarnatione Domini M° C° I°, dedit in elemosinam Deo et Beato Martino atque nobis miles quidam Herbertus

---

(1) Croixval, prieuré de Tiron, commune de Ternay, canton de Montoire.

nomine, cognomento vero Barba, concedentibus uxore sua Hersende et quatuor filiis Chotardo, Rotberto, Guillelmo, Rainaldo, pro suis parentumque suorum animabus, per manum fratrum nostrorum domni scilicet Bernardi panetarii nostri, cognomento Flagelli, domnique Stephani, cognomento Ridelli, tunc obedientio Beziaci prepositi, quicquid habebat in ecclesia parrechie Perediaci (1), site in pago Vindocinensi. Cum quo et Agnes de Vindocino, que tantumdem habebat in ecclesia ipsa et in omnibus ad eam pertinentibus redditibus quantum memoratus Herbertus Barba cognominatus, concessit nobis apud Vindocinum, una cum ipso, gratanter, annuentibus filiabus suis Elisabeth, Aia et Christiana, totum ex integro ejus altare, cum omnibus prorsus oblationibus suis, cum tota ecclesia ipsa et cymiterium totum, cum sepultura sua tota, et cum tertia parte universarum decimationum ad ecclesiam ipsam pertinentium, a quibus, Herberto scilicet atque Agnete, emerunt Deo et Beato Martino atque nobis terram quamdam circa cimiterium ipsum jacentem et ad eandem ecclesiam pertinentem filii Domitelle (2), que ante paucos menses obierat, Fulcherius scilicet et Gaufredus, cognomento Paganus, datis pro ea centum solidis vindocinensis monete, concedentibus universis liberis eorum, Herberti videlicet atque Agnetis, quorum nomina superius descripta sunt. Quod pro anima matris sue Domitille fecerunt, ad obedientio Perediaci a nobis, Deo volente, construende, augmentum; que

---

(1) Perai, aujourd'hui Prai, commune du canton de Saint-Amand, arrondissement de Vendôme.

(2) Domitille, mère de Geoffroi-Payen et femme d'Ingelbaud le Breton. Voy. note ch. CXXVIII.

omnia dona vel emptionem concessit vel auctorizavit Lanscelinus (1) de Vindocino filius .... apud ipsum castrum, de cujus feodo ecclesia ipsa erat, et de quo ille Herbertus scilicet atque Agnes eam tenebant. Quorum omnium testes sunt : Ex parte Herberti, Orricus bocellus et frater ejus Hilgodus — Hubertus de Villapresbiteria (2) — Guillelmus prepositus — Rainaldus Hiricins. Ex parte vero Agnetis : Hugo Cumpedibus — Hugo Pullus — Arnulfus filius Tetbaldi — Gaurinus de Adiaco — Mainerius panerius — Martinus Malustinis — Hugo de Cuschereiaco (3) — Odo Buinellus — Paganus de Nuziliaco — Herveus cellararius Domitille — Ex parte autem Lanscelini, Guesferius filius Gaufredi Britonis — Fulcherius de Ferreria (4) — Buamundus — Christianus homo Lancelini — Bernardus filius Drogonis filii Fulberti — Harduinus bibens burdum. Ex parte vero Beati Martini et nostra, Rotbertus archidiaconus — Gaufredus nepos ejus — Gaufredus decanus — Gaufredus Paganus et filii sui — Bartholomeus — Ingelbaldus — Wigrinus — Gaufredus — Fulcherius frater Gaufredi Pagani — Arnulfus crassus — Martinus — Buiardus filius ejus — Herveus filius Buiardi — Gausmarus — Landricus filius ejus.

(1) Le nom du père de Lancelin est resté en blanc dans le manuscrit. Ce Lancelin semble appartenir à la famille de Foucher le Riche. Voy. note ch. XXX.

(2) Villeprouvaire, hameau de la commune de Lunay, canton de Savigny. Jadis chef-lieu d'un fief.

(3) Hugue de Crucherai. Il mourut en 1120 à Vendôme; à ses derniers moments, il donna à Marmoutier 6 sols 6 deniers de cens, qui lui étaient dûs par le prieur de Lancé.

(4) La Ferrière, commune du canton de Châteaurenault. C'était jadis un fief qui se trouvait en pleine forêt de Gâtines.

CLXXXVIII

LIBERTAS DOMUS NOSTRE VINDOCINENSIS

Après 1085

Eufronie, comtesse de Vendôme, se démet de toutes ses recendi-cations touchant Francheville et ses dépendances, ainsi que Pray et Madues, et laisse aux moines la libre et paisible jouissance de tout ce qu'ils tiennent du fief de son mari.

Notum sit omnibus quod Unfrenia (1), Comitissa de Vindocino, remisit omnes prorsus calumnias quas faciebat de Francavilla (2), et de omnibus rebus ad eandem obedientiam pertinentibus, et de Pereio et de Madues et omnino de omnibus rebus quas, illo die, tenebant monachi sancti Martini Majoris Monasterii, et concessit eis habere libere et quiete quicquid tenebant monachi de fevo viri sui. . . . .

(Cetera desunt in manuscripto Cartularii.)

(1) Eufronie, appelée aussi Nifrene et Euphrosine de Vendôme, sœur du comte Bouchard III qui mourut sans postérité. Après la mort de celui-ci, elle recueillit le comté de Vendôme qu'elle porta en mariage à Geoffroi de Preuilly dit Jourdain (1085). Cette charte est malheureusement incomplète, mais la rubrique fait voir que l'abbaye de Marmoutier avait une maison à Vendôme et y entretenait un moine pour la gestion de ses affaires. Voyez aussi ch. CLXXXIII.

(2) Francheville, nom primitif du prieuré de Morée, dépendant de Marmoutier.

APPENDIX

CARTÆ PRIORATUUM VINDOCINENSIUM
MAJORIS MONASTERII

SAINT-MARS LEZ VENDOME

I

DONATIO QUAM FECIT TROANNUS COMES
ET UXOR EJUS BOVA MAJORI MONASTERIO DE REBUS
SUIS IN PAGO VINDOCINENSI

833

Le comte Troannus et Bova, sa femme, donnent à Marmoutier de grandes possessions situées dans la condita de Narcil, en Vendomois, avec réserve d'usufruit pour eux et pour leur fils Troandus, et demandent, en compensation de ce don, la jouissance d'une villa dans le Maine et d'une autre dans l'Avranchin. Ils donnent encore quarante et une pièces d'étoffe pour les serviteurs du monastère, trois mesures de fromage et trente hommes qui, trois fois l'an, travailleront, pendant quinze jours, pour le service du domaine.

Lucrum maximum credimus animarum, si dum quisque de corporeis motibus terram inhabitat, pro augmento cogitat domus æternæ, et de contentu rerum temporalium cumulet sibi munimenta divinarum; aut certe si id quod remanendo perire potuerat in hoc sæbulo (1), in alimoniis pauperum, vel loca distribuantur Sanctorum Dei.

Ideoque ego in Dei nomine Troannus comes et uxor mea Bova, per hanc epistolam donationis vel traditionis donamus, donatumque in perpetuo esse volumus ad monasterium Sancti Martini, qui vocatur Majus, quod est constructum super alveum Ligeris prope Turonis civitate, in honorem Sanctæ Mariæ genitricis Dei et Beati Petri principis apostolorum et Beati Martini confessoris, ab eodem Christi confessore fundatum, unde venerabilis vir domnus Theoto (2) abba esse videtur, vel omni congregationi ibidem consistentium, res proprietatis nostræ in pago vindocinense, in condita Navoliense, in loco nuncupato Marciago (3), id est mansum juris nostri indommicatum, cum domibus ædificiis et reliquis adjacentiis, vineis, silvis, pascuis, cultum et incultum quantumcumque ad ipsum mansum aspicit, et nostra presenti tempore videtur esse possessio, cum mancipiis ibidem commanentibus, id est Godobertum et uxorem ejus Rostedrudem cum infantibus eorum tribus, et in alio loco in ipso pago et in ipsa condita, in loco qui vocatur Villaheiredis, mansos serviles tres, cum suis appendiciis, cum domibus, ædificiis et omnibus adjacentiis suis; et de vinea arpennos duos, terram arabilem sationi ad modios centum sexaginta, de pratis

---

(1) Lisez *seculo*.
(2) Theoto, II° abbé de Marmoutier, fut chancelier de Louis le Pieux.
(3) Marcilly, commune du canton de Vendome (Loir-&-Cher).

arpennos duos, et in tercio loco prope Vindocino castro, in loco qui vocatur campus Martius, mansum in dominicatum cum appendiciis suis, cum domibus, ædificiis et reliquiis adjacentiis et aliis compendiis, viridariis, vineis, campis, pratis, pascuis, perviis ingressis et regressis, aquis aquarumve decursibus, cultum et incultum, rem inexquisitam, et die presente, nostra videtur esse possessio. Donamus præterea ad prefatum monasterium mancipia juris nostri XXX, his nominibus, Johannem Tesdromum, Petrum, Letardum, Ermengardum, Gualdegaudum, Altarium, Audoinum, Theotbertum, Dadronnum, Frotmundum, item Petrum, Rostrodraunum, Herigaudum, Flodaldum, Frotardum, Hiravrum, Rostrodunum, Guntarium, Gedeonem, Hildigisium, tres Baldonem et Benedictonem. Hæc omnia superius comprehensa, id est tam rebus quam mancipiis, vel quicquid in predictis locis habere visi sumus cum omnibus appendiciis vel adjacentiis, ad ipsum monasterium a die presente totum et ad integrum tradimus perpetualiter ad possidendum; ita ut ab hac die, quidquid de suprascriptis rebus vel mancipiis pars predicti monasterii facere voluerit liberam ac firmissimam in omnibus habeat potestatem. Ea vero ratione ut memoratas res vel mancipia quas vobis contulimus, tam nos quam filius noster Troandus, per vestrum beneficium, diebus vitæ nostræ, usufructario ordine tenere ac possidere debeamus. Et petivimus benevolentie vestre ut, pro hujus meriti beneficio, nobis villam vestram cum appendiciis suis, id est Vetus Mansiones(1) que conjacet in pago cinomanico et in abrincadino (2) in illa Muffa,

(1) Le Vieux Mans, près Ponthibaut, à trois lieues de la ville du Mans. (Note de la copie de Dom Housseau.)
(2) Avranches, idem.

diebus vite nostre beneficiare deberetis ; quod ita et fecistis. Et censuimus nos pro hoc, annis singulis ad festivitatem Sancti Martini hiemalem dare censum solidos duos, partibus Sancti Martini vel vestris : et ad illos famulos in monasterio servientibus [sic] sartiles (1) quadraginta unum, unum-quemque longum cubitos undecim et latum cubitos duos, et pullos cum ovis, quantos illi homines solvunt, aut pretium, missa Sancti Martini que est in mense octobrio, de caseo modios tres, et omni anno, per tres vices, homines triginta diebus quindecim ad operandum, qui vivere debent de suo, ebdomada una, et de rebus ejusdem ville alteram, et ad tertium annum, famulos quales et quantos portarius elegerit. Et si de ipso censu tardi aut negligentes apparuerimus intra dies quatuordecim, in duplum restauremus. Et si fuerit post hunc diem, aut nos ipsi, aut ullus de heredibus nostris aut coheredibus, aut alia quelibet extranea vel emissa personna qui contra hunc donationem aliam calumpniam vel repetitionem inferre conaverit, illud quod repetit non vindicet, et insuper illi cui litem intulerit auri libras decem argenti pondo quinquaginta una cum satio (2) fisco muletam componat. Et hæc donatio nostris vel bonorum hominum manibus roborata omni tempore firma permaneat. Cum stipulatione subnixa : ✝ Troanno [sic] comitis — S. Bovane conjuge sua, qui hanc donationem fieri et adfirmari rogaverunt.

S. Guilono   S. Gundacrus   S. Robertos
S. Huningus   S. Evracro   S. Harmano

(1) Lisez *sarciles*.
(2) Lege *socio fisco*. (Note de D. Housseau.)

S. Vuilario	S. Hildeberto	S. Haribert
S. Frincario	S. Frebrado	S. Stephano
S. Frodulfo	S. Baldegario	S. Alberico
S. Orsaldo	S. Erlebaldo	S. Ansegerio
S. Raginbaldo	S. Isembaldo	S. Ragenberto
S. Herimenno	S. Aldeberto	S. Brito
S. Heriberto.		

Data in mense martio, anno vigesimo imperii domini nostri Hludovici serenissimi augusti. Ego enim Irmengrandis, indignus diaconus rogatus scripsi et subscripsi.

Bibl. nat¹⁾. mss. latin, n° 5441ᵃ, p. 341.
— Dom Housseau, vol. I, n° 34.
Imprimé dans l'appendice du tome II des Annales Bénédictines de Mabillon, p. 738, n° 53.

II

DONUM FULCODII DE VALLIBUS

1136

Fulcoi des V.... donne à Marmontier des terres avec leur dime, du consentement de Renaud, du fief de qui elles dépendaient, ainsi que de son fils et de Geoffroi son frère.

Noverint omnes........ quod Fulcodius de Vallibus dedit nobis in generali capitulo, pro remedio anime sue, quamdam terram quam habebat inter terras de communia (1), in qua terra arbor pirus sita est, pari-

---

(1) Biens possédés en commun par des chanoines d'une église cathédrale. (Ducange.)

ter dedit. Dedit insuper nobis decimam totam quam in partibus illis, in duobus locis, habebat. Concessit Guillelmus de Vallibus filius ejus........ post paucos dies, concessit hoc dominus Rainaldus (1) de Castello, de cujus fevo erat, et Rainaldus filius ejus, in una camerarum Majoris Monasterii, Gauffredus quoque frater ipsius Rainaldi...... Testibus ex parte eorum — Gauffredo de Arrablio........ postea concessit Alburgis que et Dometa uxor prefati Fulcodii........ apud Centenai (?) anno MCXXXVI.

Bibl. nat^{le}. mss. latin, n° 5441', p. 343 v°.

III

DE DECIMIS DE PAROCHIA SANCTI MARTINI ET DE JOSCELINERIA, CYROGRAPHUM

1177

Hugues de Saint-Avit et Bernard de la Forest, son serviteur, engagent à Joscelin, prieur de Saint-Medard lez Vendôme, la dîme de la paroisse de Saint-Martin et de la Joscelinière pour soixante livres et dix sols angevins.

Fratres capituli Majoris Monasterii et eorum humilis minister frater Herveus, fidelibus universis, noverint presentes et futuri, quod Hugo de Sancto Avito et Bernardus de Foresta, famulus ejus, in capitulum Majoris Monasterii venientes, invadiaverunt Joscelino monacho nostro, tunc priori Sancti Medardi de Vindocino, decimam de parochia Sancti Martini et de Jos-

---

(1) Renaud IV de Châteaurenault.

celmeria (1) super LX libras et X solidos andegavenses, anno MCLXXVII — Concedentibus Philippo fratre supradicti Hugonis et Domitilla uxore ejus, uxore quoque Bernardi Eliz et filiis suis Herberto, Huberto et Gaufredo.

Bibl. nat. mss. latin. n 5441*, p 345.

IV

DE DECIMA MAGNI CAMPI

1201 - 1211

Geoffroi de Vilers, du consentement de son fils, vend à Gainard de Vendôme les deux tiers de la dîme de Grandchamp, qu'il tenait de Marmoutier, à qui ils donnent le dernier tiers. Gainard remet son acquisition à l'archevêque de Sens, qui s'en dessaisit en faveur du monastère.

Notum sit........ quod Gainardus Vindocinensis emit a Gauffredo de Vilers, assensu Hugonis filii illius Gauffredi, C. libris et C. solidis, duos partes decime quam predictus Gauffredus, apud Magnum Campum, de abbate Majoris Monasterii tenebat; tertiam partem decime Gauffredus et filius ejus Beato Martino Majoris Monasterii ad opus fratrum apud Sanctum Medardum commorantium in elemosinam dederunt........

(1) La Josceliniére ou Jousselinière, ancien fief, aujourd'hui ferme dans la commune de Saint-Ouen, canton de Vendôme, a formé au XIII° siècle une paroisse de 12 paroissiens. Elle était à la présentation de l'abbé de la Madeleine de Châteaudun (Pouillé du XIII° siècle du diocèse de Chartres.)

Gainardus id quod emerat archiepiscopo Senuonensi, tunc forte Turonis reddidit; archiepiscopus de decima Herveum de Villaperor ad opus Majoris Monasterii saisivit.

Bibl. nat¹⁰. mss. latin, n° 5441ª, f. 343 v°.

V

CONCORDIA CUM BURCHARDO MONACHO
DE DECIMA MAGNI CAMPI

1211

Burchard, surnommé le Moine, et les religieux de Marmoutier terminent devant Renaud, évêque de Chartres, un différend survenu entre eux au sujet de la dîme de Grandchamp, dépendant de Saint-Médard; Burchard renonce à rien réclamer de cette dîme.

Raginaldus, Dei gratia Carnotensis episcopus (1), cum inter monachos Majoris Monasterii et nobilem virum Burchardum cognomento Monachum contentio verteretur super universa decima Magni Campi ad domum Sancti Medardi de jure pertinenti, tandem ad pacem convenerunt. Burchardus firmavit quod in predicta decima nihil de cetero reclamaret, sed etiam concessit, uxore sua Marg' et matre sua Dionisia super hiis prebentibus assensum......... sigilli nostri munimine MCCXI........ (2), m. aprilis.

Bibl. nat¹⁰. mss. latin, n° 5441ª, p. 343.

(1) Renaud de Mouçon, 66ᵉ évêque de Chartres.
(2) En cette même année, Jean III, comte de Vendôme, dit l'Ecclésiastique, fit apposer son sceau au bas de cet accord.

VI

CONCORDIA CUM BURCHARDO DE RUPENON, MILITE

1229

L'abbé J. de Bourgmoyen, son prieur et celui de St-Jean en Greve, délégués par le pape pour juger un procès survenu entre les religieux de Marmoutier et le chevalier Burchard de Rupenon, qu'ils accusaient de les avoir dépouillés d'une roche dite la Roche de St-Médard, remettent le couvent en possession de cette roche, à cause de la résistance hautaine du chevalier. Plus tard, Burchard abandonne à Marmoutier tous ses droits sur cette roche, du consentement de sa mère, de sa femme et de ses frères.

Universis........ Frater J. abbas B. M. de Burgomedio (1), et ejusdem loci et Sti Johannis de Gravia (2) priores, judices a domno Papa delegati, salutem in Domino........ Cum contentio verteretur coram nobis auctoritate apostolica, inter abbatem et conventum Majoris Monasterii et Burchardum de Roupenon (3)

---

(1) Bourgmoyen, couvent de la ville de Blois.

(2) St-Jean en Greve, prieuré de l'abbaye de Pont-Levoy, situé à Blois.

(3) Il appartenait à une famille considérable. — Un chevalier du nom de Rupenon, se disposant, en 1123, à partir pour Jérusalem, avait engagé à l'abbé Geoffroi et au couvent de la Trinité de Vendôme, pour soixante sols angevins et deux marcs de pur argent, la moitié de deux moulins, sis à la Chapo, avec la rivière, les pecheries et des prés, qui étaient communs entre sa mère et lui (Charte de la Trinité). — En 1229, l'année même de notre charte, Jean de Rupenon fit un accord, que garantit Raoul, seigneur de Beaugency. Son sceau (triangulaire) était chargé d'une bande accompagnée de six oiseaux éployés (?) posés en orle (Idem). — Bouchard de Rupenon donna, en 1238, du consentement d'Agnès sa mère, d'Eremburge sa femme, d'Agnès sa fille, de Guillaume Rupenon et Geoffroi ses frères, à l'abbé de Vendôme, un pré avec des îles, voisin du pré de l'Abbaye, entre celle-ci et les moulins de la Chapo (Idem).

militem, super hoc quod dicebant quod spoliaverat eos quadam rupe (1), sita apud Vindocinum, quæ vocatur rupes Sancti Medardi, et nos, propter coutumaciam dicti militis, dictos abbatem et couventum in possessionem induximus, elapso anno........ partes composuerunt coram nobis. Dictus Burchardus, assensu matris suæ et uxoris sue et fratrum suorum, dedit et concessit in elemosinam ecclesie Majoris Monasterii quidquid juris habebat in predicta rupe — MCCXXIX prima die maii.

Bibl. nat^{le}. mss. latin, n° 5441², f° 345.

VII

DONATION DES MOULINS DE LA CHAPE

1248

Pierre de Bordeaux, archidiacre de Vendôme, reconnaît, en présence de l'évêque de Chartres, avoir reçu de Marmoutier une maison et ses dépendances, dite la maison de Saint-Médard. Il veut qu'après sa mort les moulins de la Chape, dont il a fait l'acquisition, soient réunis à ladite maison, et que quiconque les tiendra alors paie chaque année au couvent cinquante sols tournois, pour la célébration de son anni-

(1) Le mot *rupes* doit être entendu dans le sens de cave en roc. Ces caves sont celles de Baderan, voisines des moulins de la Chape. On connaît une déclaration rendue en 1635 pour le fief censif et seigneurie de la Roche de Baderan. (Archiv. Nat^{les}. P. 609.)

versaire. La maison et les moulins devront, après son décès, faire retour au monastère.

Omnibus presentes litteras inspecturis M. (1) miseratione divina carnotensis episcopus, salutem in domino. Noverint universi quod Magister Petrus Burdegaliensis, in ecclesia carnotensi archidiaconus vindocinensis, in nostra presentia constitutus recognovit quod religiosi viri G. (2) abbas et conventus Majoris Monasterii turonensis dederunt et concesserunt eidem archidiacono, sive archidiaconatum predictum teneat sive dimittat, quamdam domum cum suis pertinentiis sitam ut dicitur prope Vindocinum, que dicitur domus Sancti Medardi. Recognovit etiam idem archidiaconus se acquisivisse quedam molendina que dicuntur molendina de Capa; que molendina idem archidiaconus voluit et concessit esse in perpetuum predicte domus post decessum dicti archidiaconi, ita scilicet quod quicumque post decessum dicti archidiaconi dictam domum tenebit, reddet singulis annis predictis abbati et conventui quinquaginta solidos turonenses pro anniversario predicti archidiaconi in ecclesia Majoris Monasterii annuatim sollempniter celebrando. Recognovit etiam dictus archidiaconus quod ipse domum predictam, cum pertinentiis et molendinis antedictis, possidebit quandiu vixerit et tenebit, et fructus proventus et exitus ex eis percipiet et levabit, et de bonis que de predicta domo cum pertinentiis et molendinis antedictis receperit quandiu vixerit poterit tam in morte quam in vita suam facere volun-

---

(1) Mathieu ou Macé des Champs, évêque de Chartres de 1246 à 1259.

(2) Geoffroi III de Conan, abbé de Marmoutier de 1226 à 1262.

tatem, et post ipsius archidiaconi decessum, dicta domus cum pertinentiis et molendinis antedictis et aliis meliorationibus quibuscumque in ea a dicto archidiacono factis, dictis abbati et conventui quieta et libera revertetur. In cujus rei testimonium et munimen presentes litteras predictis abbati et conventui, ad petitionem prefati archidiaconi, sigillo nostro dedimus sigillatas. Actum anno domini millesimo ducentesimo quadragesimo octavo, mense februario.

Arch. dép. de Loir-&-Cher — Liasse du Prieuré de Lancé.
Biens fonds — Original sur parchemin.

VIII

DE VENDITIONE TERRE A ROBERTO DE SANCTA GEMMA

1218

Le chevalier Robert de Ste-Gemme, partant pour Jérusalem, vend à Marmoutier huit sextrées de terre près la Galardière.

Universis........ decanus Vindocini........ Robertus de Sancta Gemma (1) armiger, Jerosolimam proficiscens, recognovit vendidisse abbati et conventui Majoris Monasterii VIII° sextariatas terre in territorio et

---

(1) Sainte-Gemme, commune du canton de Selommes (Loir-et-Cher).

dominio dictorum monachorum prope *la Galardiere* (1) precio X^cio libris.. .... . mense julio MCCXLVIII.

Bibl. nat^e. mss. latin, n° 5441^2, f° 345.

IX

DES DIMES DE LA CHAISE, DE BRENIÈRE ET DE L'ETANG DE LA BRICE (2)

1328

Les religieux de Marmoutier et ceux de la Trinité de Vendôme font un accord au sujet des dimes des clos de la Chaise et de Brenière, et de l'étang de la Brice.

Universis......... Frater Johannes (3) permissione divina humilis abbas Sancte Trinitatis vindocinensis ad Romanam Ecclesiam nullo medio pertinentis ordinis Sancti Benedicti diocesis carnotensis......... notum facimus....... quod cum viri religiosi et honesti, abbas et conventus Majoris Monasterii turonensis eidem Romane Ecclesie immediate subjecti, dicerent contra nos quod decime uvarum aliquarum nostrarum vinearum existentium in clauso de Chesa (4) et de Broneriis (5) et de lacu Bricelli (6) ad ipsos......... pertine-

---

(1) La Galardière, climat situé sur les communes de Conan et de Boessem, canton de Marchenoir (Loir-&-Cher).

(2) Cette charte, qui est classée dans le mss. n° 5441^2 de la Bibl. nat^e, où on l'a prise, à l'article du Prieuré d'Orchaise, est reproduite ici parce que les localités auxquelles elles se rapportent sont essentiellement vendomoises.

(3) Jean de Buffa, abbé de Vendôme de 1322 à 1342.

(4 & 5) La Chaise, hameau, et Brenière, lieu dit de la commune de Naveil, canton de Vendôme.

(6) Etang formé par la petite rivière de la Brice, appelé étang de Berger, commune de Thoré, canton de Vendôme.

bant ab antiquo........ tandem ipsi et nos......... ad hanc pacis concordiam devenimus........ Has presentes litteras sigillorum nostrorum fecimus impressionibus communiri........ Datum in nostro vindocinensi capitulo, anno Domini MCCCXXVIII, die lune post festum nativitatis Beati Johannis Baptista.

Bibl. nat^{le}. mss. latin, n° 5441*, f° 107.

X

ACCORD ENTRE JEAN DE VIEUXPONT ET MARMOUTIER

1313-1323

Jehan de Viexpont (1), *chevalier, sire de Vaux, fait un accord avec l'abbé et le convent de Marmoutier au sujet du prieuré de Saint-Mars pour une pièce de terre.*

Bibl. nat^{le}. mss. latin, n° 5441*, p. 345.

(1) Jean de Vieuxpont était de la maison des seigneurs de Courville.

LAVARDIN

XI

NOTITIA DE HIS QUE DEDIT NOBIS SALOMON DE LAVARZINO

1037 - 1047

Salomon de Lavardin et Adèle sa femme fondent à Lavardin, avec le consentement de leurs filles, un prieuré sous l'invocation de Saint Gildéric, et lui donnent des terres libres et franches de toute charge, à la condition que les moines les comprendront dans leurs prières.

Quanta et quam benignissima circa humanum genus Dei existit pietas, nullus mortalium vel corde cogitare vel verbis dicere potest. Invitat enim nos ut post multa perpetrata scelera ad eum redeamus, pie et misericorditer dicendo: Venite ad me omnes qui laboratis et onerati estis et ego vos reficiam. Et in alio loco evangelii, ortatur nos ut de terrenis rebus atque caducis adquiramus celestia et in eternum mansura taliter inquiens: Facite vobis amicos de mamona iniquitatis, ut cum defeceritis, recipiant vos in æterna tabernacula. Iccirco ego in Dei nomine Salomon et uxor mea Adela, concedentibus filiabus nostris Matilde et Avolina, nostrorum reminiscentes multitudinem peccatorum et ultimi judicii diem fortiter expavescentes, atque cum illis fidelibus quibus Deus in illa die dicturus est : Venite, benedicti patris mei, percipite regnum quod vobis paratum est, aggregari desiderantes, donamus ad locum Majoris Monasterii quem Beatus Martinus construxit in honorem Sancte Dei genitricis Marie, et Sanctorum Apostolorum Petri et Pauli consecravit, et monachis ibidem Xristo servientibus, quamdam terram ex canonicis Sancti Georgii comparatam, super ripam Ledi fluv" sitam; in qua videlicet terra construximus ecclesiam in honore Sancti Geldrici confessoris, cui ecclesie de nostris propriis possessionibus donavimus duos scilicet furnilos et unam mansuram de terra in illa villa que vocatur Aferguz (1), et in terra Sancti Genesii (2), terram ad unum modium et dimidium sementis, de vineis tres arpennas, de pratis vero II^os arpennas, super aqua que dicitur Breia, que omnia libere et quiete, nemine contradicente, comparatione legali censualiter tenemus atque possidemus, et ad integrum ab hodierna die in posterum, pro redemptione et remedio animarum nostrarum, tradimus supradicto loco Beatissimi Martini et monachis ibi degentibus in perpetuum possidenda. Adhuc autem concedo ipsis monachis, auctorizantibus Adela uxore mea et filiabus nostris Matilde et Avelina, quicquid eis datum vel venditum fuerit ab omnibus hominibus meis, militibus, burgensibus, servis, ingenuis, tam de meo fevo quam de extraneo. De tota vero terra quam dedi supradictis monachis, sive quam adquirere poterint donatione et emptione, habeant ipsi monachi omnes consuetudines

---

(1) Fargot, ancien fief et château, commune de Montoire. On le voit encore appelé Fergoz dans les titres du XV siècle.

(2) Saint Genès, patron de l'église paroissiale de Lavardin, qui était un prieuré-cure, dépendant du monastère de Saint-Georges-des-Bois.

et forifacturas semper solutas et quietas, sic et ego de mea quam ego possideo, ea scilicet ratione ut semper memoriam nostri in suis orationibus habeant, et pro nobis peccatoribus Dei clementiam exorent, ut cum nobis dies mortis advenerit, non gaudeat de animabus nostris pestifer inimicus, sed eas per Beati Martini intercessionem eripiat misericordia Xristi de manu diaboli et de penis inferni, et transferat ad gaudia paradisii. Si autem aliquis de fratribus et sororibus, vel nepotibus, seu aliis propinquis, aut ullus unquam homo vel femina contra hanc donationem, quam libera mente et propria voluntate ex nostris rebus facimus, aliquam calumniam monachis post nostrum decessum inferre voluerit, nisi cito humiliatus ad eos ad satisfactionem venerit, in primis Dei omnipotentis et perpetue Virginis Marie atque Beati Petri qui habet claves regni celorum seu gloriosi confessoris Xristi Martini, nec non et omnium electorum Dei iram incurrat, et cum Iuda traditore atque Symone mago, seu omnibus inimicis sancte Dei ecclesie, vivus infernum descendat, et semper ibi ardeat, et veniat super animam ejus omne genus infernalium tormentorum per infinita secula seculorum, ejusque calumnia ab omnibus pro nichilo habeatur. Ut igitur hec auctoritas firmior atque stabilior sit, eam manibus nostris subter firmavimus et manibus seniorum nostrorum et multorum virorum nobilium firmandam et corroborandam tradidimus. + Signum Huberti (1) epi[scopi] Andegavensis qui hanc excommunicationem firmavit. + S. Salomonis. S. Adele uxoris ejus.

---

(1) Hubert, évêque d'Angers de 1010 à 1047, était originaire du Vendomois.

S. Mahildis ejus filie. S. Aveline ejus filie.
S. Rogerii generis eorum.
S. Fulcherii Divitis.
S. Viviani.
S. Wlgrini.
S. Wilelmi.
S. Rainaldi siniscalli.
S. Wineberti.
S. Drogonis filii Francherii.
S. Rogerii.
S. Fulberti de Rupo.
S. Gaufredi filii Hilgodi.
S. Waldrici.
S. Hugonis Burelli.
S. Ildiberti Vigerii.
S. Raherii de Boloria.
S. Arnulfi Prefelini.
S. Warini.
S. Teoderici Claudi.

De monachis fuerunt hii:

S. Domni Alberti (1) abbatis.
S. Walterii monachi.
S. Ildeberti monachi.
S. Wilelmi monachi.

Archives de Loir-et-Cher. — Prieuré de Lavardin
Original sur parchemin.

XII

NOTITIA DE DONATIONIBUS SALOMONIS DE QUIBUSDAM
TERRIS ET DE JUSTITIA, QUAS APPROBAT
JOHANNES COMES VINDOCINENSIS.

1032-1060 et 1207

Salomon de Lavardin, Adèle sa femme et leurs filles, donnent à Marmoutier une terre en rive du Loir, sur laquelle ils ont élevé une église en l'honneur de Saint-Gildéric; ils donnent encore, francs de toute redevance, deux fours à Fergoz, des

---

(1) Albert, abbé de Marmoutier de 1037 à 1064.

terres à Saint-Genet, des prés sur la Braye, avec la franchise des terres que les moines pourront acquérir, et ils règlent les droits de justice qui leur appartiendront.
Jean de Vendôme et de Lavardin confirme cette donation en 1207.

Quoniam labilis est hominum memoria et brevis etas, iccirco tam futurorum quam presentium memorie notum fieri desideramus, quod ego Salomon et uxor mea Adela, concedentibus filiabus nostris Matilde et Avelina, in nostrorum remissionem peccatorum dedimus, concessimus et assignavimus ecclesie Beati Martini Majoris Monasterii Turonensis, quamdam terram ex canonicis Beati Georgii (1) comparatam, super fluvium Lidi sitam, in qua scilicet terra construximus ecclesiam in honore Beati Gilderici confessoris, cui ecclesie de nostris propriis donavimus duos furnos et unam masuram in illa villa que vocatur Fergoz (2), et in terra Sancti Genesii, terram ad unum modium et dimidium sementis. De vineis dedimus tres arpennos, de pratis vero duos arpennos, super aquam que appellatur Breia (3). Que omnia libere et quiete, nemine contradicente, comparatione legitima, censualiter tenemus atque possidemus. Hec autem omnia in integrum ab hodierna die in posterum, pro redemptione animarum nostrarum, dedimus supradicto loco Beatissimi Martini et monachis ibidem degentibus, inperpetuum possidenda. Adhuc autem ego Salomon et Adela uxor mea, concedentibus filiabus nostris Mathilde et Avelina, donavimus jam dictis monachis omne quod est in feodo nostro,

(1) Le monastère de Saint-Georges-du-Bois, près Montoire, fondé au VI° siècle.
(2) Fargot, commune de Montoire.
(3) La Braye, rivière qui se jette dans le Loir à Pont-de-Braye.

vel in aliis [locis], datum vel venditum fuerit ab omnibus hominibus meis, tam militibus quam aliis, exceptis tantummodo hominibus meis propriis servilis conditionis. De tota autem terra quam dedi supradictis monachis, sive, ut dictum est, quam donatione vel emptione, vel quolibet alio modo acquierere poterint, habeant in perpetuum monachi ipsi omnes consuetudines et forisfacta, excepto quod raptus et homicidum domino remanebunt. Omnia autem hec monachis integerrime devolverunt, bella siquidem dum in monachorum curia judicabantur, ibidem sine debito terminabuntur. Ea autem ratione predicta monachis [dedi]mus ut memoriam nostri in suis orationibus et pro nobis peccatoribus Dei clementiam exorent. Si autem aliquis ex fratribus et sororibus vel nepotibus seu propinquis, aut aliquis alius, hanc donationem, quam, libera mente et propria voluntate, ex rebus nostris facimus, aliquo modo calupniare temptaverit, indignationem Dei omnipotentis et sacrosancte Romane Ecclesie et omnium Sanctorum Dei se sentiat incursurum. Ut autem hec donatio firma et stabilis rata in perpetuum permaneat, quam antecessores mei mente benigna fecerunt, ego Johannes (1) comes vindocinensis et Lavardini dominus, presentem cartam sigilli mei munimine robaravi. Actum anno gratie millesimo ducentesimo septimo.

**Archiv. de Loir-&-Cher. Prieuré de Lavardin.
Original sur parchemin.**

(1) Jean III dit l'ecclésiastique (1207-1218).

XIII

NOTITIA DE ROGERIO FILIO ROTHONIS DE LAVARDINO.

1032 - 1060

Roger, fils de Rothon, blessé à mort sur la rive de la Loire, devant le château neuf, en compagnie de Salomon de Lavardin, donne à Saint-Martin, par l'entremise du moine Gautier, la terre d'Auton, et aux moines de Lavardin le quart d'un four situé dans le château de Lavardin.

Scire debent nostri presentes et qui futuri sunt Majoris Monasterii monachi, quod Rogerius filius Rosthonis vulneratus ad mortem super Ligeris ripam ante castrum novum (1), in comitatu Salomonis de Lavarzino (2), donavit Sancto Martino et Monachis ibidem servientibus, per manum cujusdam monachi nomine Galterii, qui casu illuc supervenerat, terram de Autona (3) totam, et monachis de Lavarzino, quartam partem furni unius in castro de Lavarzino et totam sepulturam de Villare fauto (4)...

---

(1) Le château neuf de Tours renfermait dans son enceinte l'église de Saint-Martin.

(2) Sulpice d'Amboise, s'était retiré dans l'église de Saint-Martin pour se mettre à l'abri de Foulques le Rechin, comte d'Anjou, qui voulait s'emparer de sa personne. Salomon de Lavardin, son parent, alla le trouver, et l'ayant prévenu du danger qu'il courait, il l'emmena à Roche-Corbon, avec une nombreuse escorte d'amis. (Gesta consulum andegavensium — Spicilege t. X, p. 492.)

(3) Authon, commune du canton de Saint-Amand (Loir-et-Cher).

(4) Villiersfaux, commune du canton de Vendôme (Loir-et-Cher).

.... (1)
hujus rei testes sunt ipse Salomon et Rainaldus Rogerii filius, Rosthonis scutarius et Galterius supradictus monachus, et ejus famulus Ritbertus cognomento Afuitatus.

Arch. de Loir-&-Cher. — Prieuré de Lavardin.
Original sur parchemin.

XIV

NOTITIA DE RECUPERATIONE CONSUETUDINUM DOMUS SEHERII DE LAVARZINO.

1032 - 1060

Salomon de Lacardin fait abandon aux religieux de Saint-Martin de toutes les coutumes qu'il avait sur les maisons du prêtre Herbert et de son neveu Seherius, qui les leur avait données en se faisant moine, savoir : de prendre dans chaque maison un vendangeur pour ses vendanges et un faneur à la saison des foins, et parmi eux, des hommes pour ses chevauchées, et la corvée des ânes partout où il voudrait ; de plus, un denier sur chaque muid de vin vendu, et à crédit tout ce qu'il voulait, six deniers par an sur chacune de ces maisons pour le guet et le droit de justice sur leurs habitants. En échange de l'abandon de ces coutumes, pour lesquelles Herbert et son neveu lui paiaient autrefois sept deniers de cens, les religieux lui donnent des chaussures écarlates et des peaux de chats.

Nosse debebitis, si qui eritis posteri nostri Majoris scilicet hujus habitatores Monasterii Sancti Martini, Salomonem de Lavarzino remisisse nobis, pro anima sua, consuetudines omnes quas habebat in domibus

(1) Quinze lignes sont restées en blanc sur l'original.

Herberti presbiteri et Seherii nepotis ejus, quas idem Seherius, huic loco monachus deveniens, dedit; quæ, ne aliquando ab ipso vel successoribus ejus possint refelli, breviter eas ibi annotavimus, ut sciatis quid ipse remiserit. Habebat itaque ante hoc, consuetudines (1) in his, sicut in cæteris domibus, ut de singulis singulos vindemiatores ad vindemias suas faciendas tolleret, et totidem foenatores tempore sectionis ejusdem etiam numeri, viros in equitatum sumens, corvatam quocunque si vellet de asinis. De unoquoque modio vini vendito denarium habebat et ad credentiam quantum vellet accipiebat, extorquens etiam de unaquaque domo annuatim sex denarios de excubia quam vulgus gaitagium appellat; siqua autem forisfacta rapti vel furti seu sanguinis, vel alia hujus modi in eis vel ab eis fierent, justiciabat ipse et habebat distractionem. Has igitur consuetudines omnes, cum prius Herberto, in vita ipsius ac nepoti ejus Seherio, preter VII denariorum censum quem sibi retinuit, ex toto dimisisset posteaquam idem Seherius apud nos monachus devenit, denuo omnes, pro anima sua sicut dictum est, dimisit, caligis tantum vermiculis et pellibus catinis a nobis propter hoc acceptis, quas ei domnus Ernaldus frater noster, priori vice nostri dedit. Quas licet non ita ut sunt descriptae nominatim expresserit, in hoc tamen comprehenditur quod consuetudines omnes predictarum domorum perpetuo et ad integrum perdonavit, et testes qui interfuerunt isti: Hildebertus vicarius — Fulbertus de Rupe — Ingelerius canonicus — Hubertus homo Herberti presbyteri — Fredericus portarius — Gausfredus famulus monachorum.

(1) La charte porte *consuetudinis*.

Archives de Loir-&-Cher. — Prieuré de Lavardin.
Original sur parchemin.

XV

DE DECIMA QUAM DEDIT FREDERICUS DE LAVARZINO. CENOMANIS.

1037-1064

Le chevalier Frédéric, du consentement de sa femme et de ses enfants, donne à Dieu et à Marmoutier pour l'entretien des moines résidant à Saint-Gildéric la dîme de dix arpents de vigne qu'il tenait du bénéfice de Malran, avec celle de deux champs voisins.

Quisquis fidelium ardore succensus adimplendo preceptionis evangelice, qua cuncti divitias habentes misericorditer admonentur facere sibi de mamona iniquitatis amicos, a quibus cum defecerint, in eterna tabernacula recipiantur, omnium necessatibus communicare studuerit indigentium, precipueque pauperum spiritu quorum, juxta veritatis vocem regnum dinoscitur esse celorum, noverit se indubitanter ab ipso bonorum omnium largitore, qui ei contulit unde sibi tales faceret amicos, se esse inter gloriosiores beatudinis eterne premia percepturum. Ac igitur consideratione, ego Fredericus miles commotus, pro anime mee uxoris quoque Adelais et filii Frodmundi nec non et filie Adelais redemptione, de meis facultatibus, que mihi de beneficio Malranni accidunt, videlicet decimam de decem agripennis vinearum Deo et Sancto Martino Majoris Monasterii, ad victum Sancti Martini monachorum Xristo militantium, in loco Sancti Gilderici in suburbio castri Lavarzini posito, cum mea conjuge et filio nec non et filia, annuens concedo, et concedens annuo. Huic ergo donationi, eadem lege qua supra, placuit mihi adhuc adaugeri aliquid de meo, videlicet decimam duorum camperum hinc et inde huic loco adjacentium, annuente mea conjuge filioque et filia. Harum igitur rerum donationis tam visu quam auditu testes sunt, quorum nomina subscribuntur.

S. Domni Alberti abbatis.
S. Guillelmi.
S. Gaurini.
S. Gauterii.
S. Odonis.
S. Salomonis.
S. Fulberti.
S. Rotberti de Martiniaco.
S. Hildeberti.
S. Gaurini.

Archives de Loir-&-Cher. — Prieuré de Lavardin. Original sur parchemin.

XVI

DONATIO TERRE LESCHERII ET VILLAPETÆ CENOMANENSIS.

1037-1064

Drogo de Bucellis et sa femme donnent au prieur de Lavardin une terre à deux bœufs, située partie à Lescher et partie à Villepète. Les religieux les associent aux mérites de leurs bonnes actions.

Omnibus quibuscumque succedentibus clericis ex mundi naufragio ad hujus veræ salutis portum divina applicuerit pietas, litteris volumus notificari, per quos benefactores hujus loci Majoris scilicet Monasterii res auctæ et a[m]pliatæ, ut dum noverint quorum adminiculo congregationis corpus in Christi militia temporaliter sustentetur, animabus eorum rependere non negligant, unde et eternaliter consolentur; sic namque et fideles ex suorum oblatione optatum sentient remedium, et si quando in eam calumniatores insurrexerint, facilius improbabuntur, scripto eis opposito, quod de suo quisque fieri voluit in testimonium, proinde quaeque a singulis majori huic loco collata sunt in singulis notata sedulis inveniri poterunt. In hac autem notatum sciat omnis posteritas futurorum, quod Drogo de Bucellis et Annua uxor ejus, dederint Sancto Martino Majoris Monasterii, terram ad duos boves, ab omni consuetudine liberam, quae sita est in duobus locis appellatis vulgariter : uno Lescheri, altero Villapeta, et ipsam terram ad presens dimidiam, annuam vero post suum obitum totam derelinquunt; propter quam rem donaverunt illi domnus Albertus et fratres societatem et partem omnium bonorum quae agunt. Hujus rei testes existunt ii quorum nomina haec sunt :

Hubertus Rodulfus, vilinus.	Gausfredus coqus.
Amillus trichorius.	Salomon coqus.
Garinus clericus.	Hildebertus coqus.
Arnulfus sartor.	Durandus sanguinator.
Welterius celerarius.	
Hilduinus sartor.	

Collationné à l'original représenté par Dom Antoine Bonnette, prêtre religieux, dépositaire en l'abbaie de Marmoutier les Tours, et à l'instant à luy rendu par les conseillers du roy, notaires à Tours, soussignés à l'instar de ceux de Paris, le neuf de juillet mil sept cent trente-huit, et a signé

Fr. Antoine Bonnette,
Dépositaire.

Gaudin.   Pallu.

Controllé à Tours, le 10 juillet 1738.
Reçu dix sols.
Duval.

Archives de Loir-&-Cher. — Prieuré de Lavardin.
Copie sur papier.

XVII

NOTITIA DE CONFIRMATIONE COMITIS TETBALDI SUPER TERRAM QUAM DEDIT SALOMON APUD VINDOCINUM.

1041 - 1062

Le comte Thibaud (1), à la demande de son fidèle Salomon, confirme la donation que celui-ci a faite à la Celle qu'il a construite près du château de Lavardin, de deux quartiers de terre, situés en vue du château de Vendôme, et d'un moulin avec quatorze sols de cens.

In nomine summi salvatoris Dei, ego Telbaldus (2), gratia Dei comes, notum immo et precognitum volo esse cunctis Sancto Dei ecclesiæ fidelibus, maximoque successoribus meis, quod presentiam meam adiit quidam fidelis noster nomine Salomon (3), ut de terra quam de nobis tenere videbatur, jure fisci, aliquid concederem Deo et Sancto Marino semper virgini, atque Beato Martino, in cellulam quam ipse apud castrum Lavarzinense, in honorem ejusdem Dei genitricis et Sancti Martini construxit, et quam perpetualiter ad locum Majoris Monasterii delegavit. Cujus petitionem benigne recipiens, ejus voluntatem compleri judicavi. Est autem ipsa terra prope fluvium Liddi, in conspectu castri Vindocinensis. Quantitas vero ejusdem terrae quarte duae sunt, et unum

---

(1) Tibaud III, comte de Blois (1038-1083).
(2) La première ligne de cette charte est en écriture allongée.
(3) Salomon de Lavardin.

molendinum (1), et census XIIII solidi. Et ut hec carta in perpetuum firmior permaneat, manu propria eam firmavi, et manibus fidelium meorum corroborari feci. Qui vero hanc cartulam firmaverunt inferius nominati sunt :

Gilduinus.	Albertus drudus regis.	Mainardus.
Herveus vicecomes (2).		Gauscelinus.
	Nivelo.	Raimundus.
Harduinus.	Rotgerius.	Wlgrinus.
Girardus.	Harduinus.	
Rotbertus.	Hugo.	

Archives de Loir-&-Cher. — Prieuré de Lavardin. Original sur parchemin.

XVIII

DE FULBERTO COLIBERTO DE LAVARDINO. CENOMANIS.

Vers 1055

Robert, chevalier du château de Lavardin, étant mort, deux de ses fils le portèrent à Marmoutier, où les moines l'inhumèrent, bien plus par amitié que dans l'attente d'une rétribution. Cependant, pour que la sépulture ne semblât pas lui avoir été donnée gratuitement, les deux fils, du consentement de leurs autres frères, font don d'un colibert aux religieux, qui les admettent, en retour, au bénéfice de leur association.

Notum sit fidelibus universis et maximo succes-

---

(1) Le prieuré de Lavardin possédait l'un des deux moulins de la rue de la grève, à Vendôme, dits les petits moulins, l'autre appartenant au couvent de la Virginité. Ils sont aujourd'hui réunis en une seule et même usine.

(2) Hervé, vicomte de Blois, se fit moine à Marmoutier en 1041 au plus tôt.

soribus nostris quod miles quidam de castro Lavarzino Rotbertus nomine, cum defunctum fuisset, a filiis suis Huberto et Hugone Majus Monasterium sepeliendus apportatus est. Quem, cum monachi Sancti Martini, gratia magis familiaritatis antique quam dono alicujus terrene substantiæ, sepelissent, tamen ne penitus gratis concessa videretur eadem sepultura, supradicti defuncti filii quemdam Sancto Martino colibertum dederunt nomine Fulbertum, et de suo dominio in monachorum transfuderunt servitium. Quod ceteri quoque Rotberti filii, fratres supradictorum Huberti et Hugonis, videlicet Fulcherius et Rotbertus, libenter annuerunt, et in perpetuum ratum fore sanxerunt. Data est etiam illis omnibus societas beneficii Majoris Monasterii in retributionem coliberti donati ; cujus donationem Bernardus de Sancto Aniano, de quo eum supradicti fratres tenebant, auctorisavit, et uxor ejus nomine Alburgis nec non et filii eorum Gualterius et Bernardus. Horum omnium testes subscripti sunt :

    Ricardus major.
    Guarnerius major.
    Bernardus hospitalarius.
    Rainerius homo supradictorum fratrum.
    Guillelmus frater ipsius Fulberti.

Archives de Loir-&-Cher. — Prieuré de Lavardin.
          Original sur parchemin.

XIX

NOTITIA HERBERTI PRESBITERI DE LAVARZINO.

Vers 1065

Herbert, prêtre du château de Lavardin, donne à Marmoutier une mainferme, située à Nouant et chargée de deux sols de cens.

Notum fiat successoribus nostris quod presbyter quidam de castro Lavarzini, Herbertus nomine, compunctus divinitatis amore, dedit Sancto Martino Majoris Monasterii in augmentum scilicet rerum quibus fratres ibidem omnipotenti Deo famulantes sustentantur, unam manufirmam sub institutione census annuatim reddendi, consistentem apud villam quae Nojentum (1) appellatur. Solvit itaque haec manufirma solidorum censum duorum, die festivitatis Sancti Georgii, VIIII kal. maï. Si vero..... minister Sancti Martini tardus aut negligens inde fuerit, salva donatione, census legaliter emendetur. Ut autem hujus manufirme concessio firmior habetur, testium qui affuerunt eam subter insertis nominibus affirmavimus.

S. Herberti presbyteri qui hanc manufirmam Sancto Martino contulit.

---

(1) Nouant, hameau, commune et canton de Saint-Amand Loir-et-Cher).

S. Ingelbaldi Britonis.
S. Adelelmi Butifoci.
S. Rainaldi filii Fulciadi.

S. Odonis Longobardi.
S. Gauscelini Bastardi et Girardi militis, qui eadem manufirmam calumniabantur; sed ob amorem Sancti Martini reliquerunt eam, videntibus cunctis qui curie Ingelbaldi aderant.

Archives de Loir-&-Cher. Prieuré de Lavardin.
Original sur parchemin.

XX

DONUM AREE CUJUSDAM MOLENDINI APUD NYALCHIAS ET SEX ARPENNORUM SITORUM APUD VILLAM REBLAM, ET DONUM DECEM DENARIORUM CENSUS (1).

Vers 1060 et 1454

Hademad de Moulins donne en mourant à Saint-Martin de Lavardin, à la condition d'être inhumé dans l'église par les moines, la moitié de la place d'un moulin près de Nioches dont, depuis longtemps déjà, il avait donné l'autre moitié, du consentement de son seigneur Thomas de la Geneste. Il donne en même temps son autorisation, qu'il avait refusée jusque là, pour six arpents de terre à Villorable, et dont son père avait fait donation aux religieux, ainsi que pour un moulin et des terres qu'il possédait à Nioches. Thierry de Moulins fait abandon aux religieux de dix deniers de cens qu'ils lui rendaient, du consentement de sa sœur et de son frère, qui en retour, est admis au bénéfice de l'association.

Notum sit his qui post nos futuri sunt habitatores ecclesie Sancti Martini que est apud Lavarzinum,

(1) Vidimus de l'Official de Tours, de 1454.

quod quidam vir, nomine Hademarus de Molendinis (1), veniens ad mortem, donavit ecclesie Sancti Martini et nobis medietatem aree molendini apud Nialchias (2); aliam autem medietatem jam pridem ante plurimos annos dederat nobis, auctorante domino suo. Thoma de Genestia (3) quicquid nobis de ejus fevo donaret, testibus duobus viris, Adelelmo de Rupe et alio Adelelmo Perchuino (4), milite ejusdem Thome, ea conveniencia ut a nobis sepeliretur idem Hademarus apud ecclesiam nostram, cum ejus obitum adveniret, quod et fecimus. Pater autem ejusdem Hademari donaverat prefate ecclesie Sancti Martini apud Villam Reblam (5) VI arpennos terre. Sed ipse Hademarus nunquam voluit hoc auctorare in vita sua; veniens vero ad mortem auctoravit nobis supradictam terram cum area molendini et omni terra quam habebat circa domum nostram, que est apud Nialchias. Hec omnia annuit uxor ejus Letgardis et filii, Theodericus, Rainaldus et Stephanus, et filia ejus Richildis. Testes qui hoc viderunt et audierunt sunt hii : Radulfus frater supradicte uxoris Hademari — Adelelmus de Rupe — Odo frater ejusdem — Rainaldus filius Gauscelini. Ex parte nostra fuerunt hii : Radulfus, prior ejusdem celle Sancti Martini — Constantinus monachus — Ebrardus de

---

(1) Moulins, commune de Lande, canton de Herbault (Loir-&-Cher).
(2) Nyoches, commune de Lande, canton de Herbault (Loir-&-Cher).
(3) Les Genestes, commune de Saunay, canton de Château-renault (Indre-&-Loire).
(4) C'était un personnage notable. Sa femme Hameline était fille du seigneur Salomon, fils d'Yvon (qu'il ne faut pas confondre avec Salomon de Lavardin).
(5) Villerable, commune du canton de Vendôme.

Nialchias — Gauffridus famulus — Stephanus boverius — Guido coquus — Odo famulus domni Radulfi prioris — Donationem aree molendini auctoravit Gauffredus Turmellus et terre que circa domum est, qui ibi advenit, moriente Hademaro, eo quod de illius beneficio eam tenebat Hademarus. Census aree et terre, que circa domum est, redditur filiis Hademari in decollatione Sancti Johannis X denarii.

Noverint nostri successores quod quidam homo Teodericus de Molendinis veniens ad finem, donavit Beato Martino de Lavarzino et monachis ibi Deo servientibus censum X denariorum quos monachi ei reddebant, auctorante hanc donationem Rainaldo fratre supradicti Teoderici et sorore ejus nomine Richilde. Testes qui fuerunt : Adelelmus de Molendinis — Rainaldus cognomento Gauscelinus — Rotbertus sororgius prefati Teoderici — Ingelbaldus Rufus — Garinus Levrellus — Ebroinus de Fos — Ex parte monachorum : Bernardus mulnerius — Gauffridus — Ebrardus — Unfredus — Rambertus — Gausbertus. Monachi fuerunt : Petrus prior et Harduinus de Ponte. Postea veniens supradictus Rainaldus, frater jam dicti Teoderici, in capitulum Lavarzinensi, accepit beneficium nostrum et auctoravit elemosinam quam dederat frater suus coram monachis et plurimis laïcis, et per baculum misit hanc donationem super altare Beati Martini. Testes fuerunt : Letbertus noster prepositus — Bernardus mulnerius — Bencelinus carpentarius et alii plures.

Archives de Loir-&-Cher. — Prieuré de Lavardin.
Original sur parchemin.

XXI

NOTITIA DE MOLENDINO LANDAE DE LAVARDINO.

Vers 1060

Thomas de la Geneste qui revendiquait la moitié d'un moulin sur la rivière de Landes que le viguier Ascelin avait vendu à Saint-Martin, consent sur la proposition du prieur, à porter l'affaire devant la cour de Guicher. Le jugement ayant été favorable aux moines, il fut contraint de se soumettre. Ceux-ci pour conserver la paix et sur sa promesse de ne plus les inquiéter, lui donnent un demi-muid d'avoine; puis ils se rendirent avec lui à sa maison, où ils reçurent le consentement de sa femme et de son fils.

Notum sit omnibus successoribus nostris quod Ascelinus vicarius (1) vendidit monachis Sancti Martini Majoris Monasterii dimidium molendinum in aqua Lenda (2) vocata, et accepit inde tres libras denariorum et decem solidos. Ram[b]urgis nomine hoc annuit, et Adeladis soror ejus, nec non et Guillelmus filius Ascelini, et Guicherius et Fulco fratres ipsius Guillelmi, quinetiam Odolina soror eorum. Unde dati sunt duodecim denarii inter sororem uxoris Ascelini et filios ejus, ea conveniencia ut si post mortem patris eorum, calumnia insurrexerit, ipsi adquietent molendinum ab omni calumnia. Preterea Odo Landanus auctorizavit et accepit venditiones, et census redditur ei unoquoque anno, scilicet viginti

---

(1) Ascelin, Viguier de Châteaurenault. Voir charte CXXII.
(2) Landes, commune du canton d'Herbault (Loir-&-Cher). La rivière se nomme la Cisse-Landaise pour la distinguer de la Cisse avec laquelle elle se réunit au-dessus de Saint-Bohaire.

denarii in festivitate Sancti Johannis de decollatione. Uxor etiam Odonis, nomine Beliardis, firmavit hoc ipsum et filiae ejus Hildeburgis et Hersendis, et ob hoc acceperunt societatem benificii Majoris Monasterii, et duodecim denarii dati sunt inter duas supradictas sorores. Hujus rei fidejussores sunt Odo Langobardus — Guarinus Brito — Rogerius nepos Bernardi Bloii — Berengerius fidejussor. Testes vero isti sunt : Guarinus monachus — Odo monachus — Guarinus clericus — Ulricus raslus — Boroardus de Castello — Landricus mercator — Aillenardus — Ascelinus guardainpatna — Letbertus — Othertus decanus Sancti Sollemnis — Mainnardus de Lenda — Rotbertus sapiens — Ulricus molnerius — Ulricus serviens — Giraldus major de Lenda — Gulbertus clericus — Gauffredus cellararius, de familia Sancti Martini — Rainardus frater ejus — Dado famulus — Giraldus famulus. Post hec extitit quidam miles, Thomas de Genista nomine, qui molendinum predictum nobis calumniabat ; qua de re domnus Radulfus, qui tunc temporis post domnum Hilgodum istius cenobii prior consistebat, nec non et ceteri fratres volentes supradictum molendinum ab omni exactione reddere immunem, porrexerunt ad eumdem equitem precantes ut sue querele justitiam eis consentiret, secundum quod a probis judicibus roboraretur in curia domni Wicherii (1). Quo annuente, ierunt ad predestinatum locum, in quo plures considerantes, qui illuc aderant, predicti militis calumniam, et nostre possessionis equitatem decreverunt omnino nostri juris esse, illique nullam injuriam fecisse ; qui confutatus a predictis judicibus, quamvis invitus conces-

---

(1) Guicher 1er, seigneur de Châteaurenault.

sit. Nos vero, ob pacis custodiam dedimus ei dimidium modium avene, qui cum gratia accipiens promisit, coram omnibus qui ibi aderant, non amplius super hac re querimoniam facere, omnibusque suis subjectis hoc annuere faceret. Deinde Issembertus et Hilgodus nostri monachi ambulaverunt cum prefato milite ad ejus domum, concesseruntque, ipso rogante, Beldiardis uxor ejus atque filius ejus Rainaldus paganus. Hujus concordie testes sunt hi quorum nomina subscribuntur : Wicherius et filius ejus Wicherius (1) — Hademarus de Molendinis — Guauffredus Madronus — Gauffredus de Monteleonii — Eonus — Guilelmus goinchardus — Rainaldus Logobardus — Hugo bocellus — Lettardus — Guilelmus viator — Hugo planus — Martinus de Vindocino — Engelardus famulus — Girardus famulus de Senterio (sic) — Isembertus monachus — Girbertus monachus — Odo monachus — Radulfus prior — Hilgodus monachus — Guarinus filius Tehelini.

Archives de Loir-&-Cher. — Prieuré de Lavardin.
Original sur parchemin.

XXII

DE AUCTORAMENTO HUGONIS DE MOLINO LENDE.

1075-1085

Après la mort d'Ulric surnommé Mauclerc qui avait donné aux moines un moulin sur la rivière de Lande, Hugue, prévôt du

(1) Guicher, fils de Guicher, seigneur de Châteaurenault. Il vivait en 1080.

château de Vendôme, envahit ce moulin dont il enleva les ferrements disant qu'Archambaud, son père, avait donné la liberté à Ulric à la condition que celui-ci tiendrait de lui, comme de son fief, tout ce qu'il acquerrait, de sorte que les moines ne pouvaient posséder cette moitié de moulin sans l'autorisation de son père ou la sienne. Ces derniers n'ayant ni titres ni témoins de cette autorisation, rachètent pour cinquante sols, ce qu'Ulric leur avait donné.

Successorum nostrorum noticie monachorum scilicet Sancti Martini Majoris Monasterii insinuare curamus, quendam virum Ulricum nomine, cognomine malumclericum, donasse eidem Sancto confessori et ejus monachis medietatem molendini in villa que dicetur Lenda (1), unumque agripennum prati, que multis annis quiete habuimus, quandiu videlicet dictus donator advixit. Eo vero defuncto, mox Hugo prepositus castelli Vindocini calumniavit nobis supradictam molendini medietatem, invadens ipsum auferensque ex inde ferrum. Interrogatus cur hoc faceret, respondit illum virum, id est Ulricum, a patre suo Archembaldo (2) libertate donatum, et pro hoc beneficio omnia que emendo adquisierat de eodem suo do[mi]no tenuisse, ac si de ejus fevo ea haberet. Quia ergo medietas illa molendini, hac ratione, de ejus beneficio erat, dicebat non nos posse hanc sine patris sui vel suo, qui ejus heres erat, assensu recte habere. Nos autem, nec litteras habentes quibus probaremus patrem ejus vel ipsum auctorasse donum quod Ulricus nobis dederat, nec testes idoneos inde invenientes, coacti sumus pretio redimere ab eo se-

---

(1) Voy. ch. XXI A. — Au dos : Admortissement et indemnité de la moitié du moulin de Nyoches pour le prieur de Lavardin.

(2) Archambaud, prévôt de Vendôme, avant son fils Hugues, paraît souvent dans nos chartes.

pedictam donationem. Dantur itaque ipsi Hugoni a domno Hugone priore tunc lavarzinensis celle, propter hoc auctoramentum L. solidi. Fratri ejus Gauffredo ut ipse quoque huic rei assentiret II. solidi, alteri fratri eorum cui nomen erat Guillelmus, quique tunc noluit auctorare quando fratres ejus, dati sunt postea quinque solidi, ut hoc ipse quoque assensu suo firmaret. Quod et fecit presente fratre suo Hugone et comite Burchardo set et Landrico homo Sancti Martini.

Testium qui huic placito et auctoramento affuerunt, nomina subterscripta tenentur. Hugo prepositus — Gauffredus frater ejus — Buschardus comes (1) — Hugo calvus — Gervasius filius Lancelini — Nihardus Rufus — Arnulfus frater ejus — Arnulfus de Spelteriis — Drogo filius Fulberti — Rotbertus de Curco — Hugo pretus — Guarinus grossus — Ludovicus de Loches — Hulbertus de Loches — Gaufredus filius Tedonis — Hilgodus filius David vicarii — Alcuinus coquus — Hugo monachus — Rotbertus monachus — Gauffredus prepositus noster.

Archives de Loir-&-Cher. — Prieuré de Lavardin.
Original sur parchemin.

XXIII

NOTITIA DE QUADAM TERRA QUAM ODILERIUS MONACHIS SANCTI MARTINI APUD LAVARZINUM [DEDIT]

XI siècle

Odilerius, venu avec sa femme et son fils au chapitre de Saint-Gilderic de Lavardin, est admis au bénéfice de l'association

(1) Bouchard III le jeune, comte de Vendôme.

des religieux et donne pour leur entretien une terre voisine de Lavardin, libre de toute redevance, et à la condition qu'elle retournerait à Marmoutier, si jamais Saint-Gilderic de Lavardin sortait des mains des religieux.

Notum sit omnibus sancte Dei ecclesie cultoribus quod Odilerius, cum sua conjuge Bernutia et filio suo Guarino, venit in capitulum Sancti Gilderici apud Lavarzinum, et accepto ejusdem loci beneficio, terram quam habebat, eidem loco proximam, que ei hereditario jure succedit, ab omnibus consuetudinibus quietam, ad victum Sancti Martini Majoris Monasterii monachorum inibi Xristo militantium, pro anime sue et uxoris sue necnon filiorum suorum Gaurinni Huberti et alii Huberti, Bernerii, et Hulberti redemptione, Deo et Sancto Gilderico tribuit, tali conditione posita, ut si aliquo modo, quod absit, prefatus locus a Sancti Martini monachorum manu excesserit, eadem terra libera ac ab omni consnetudine quieta ad locum Majoris Monasterii, jam sepe prefati loci capitis, redeat. Cujus rei doni serie istius modi conventionis per acti tam visu quam auditu, testes sunt quorum nomina subscribuntur.

S. Fulberti.	S. A......	S. Gaurini.
S. Hildeberti.	S. Constantii.	S. Hildebairli.
S. Teoderici.	S. Hildeberti.	S. Constantii.

Archives de Loir-et-Cher. — Prieuré de Lavardin.
Original sur parchemin.

XXIV

NOTICIA HELINAUNI DE FRACTA VALLE.

Vers 1070

Helinau de Fréteval donne aux moines de Lavardin, pour qu'ils inhument sa femme dans leur couvent, un cens de deux sols qu'ils lui payaient chaque année pour la terre de Pratella, et la moitié du moulin d'Aunay avec deux arpents de pré. Robert Nigra bodella donne son autorisation pour le moulin qui dépendait de son manoir.

Noverit posteritas nostra quod Elinaunus de Fracta Valle dedit nobis monachis videlicet Sancti Martini Majoris Monasterii, ad locum nostrum constructum apud Lavarzinum in honore Sancti Martini, pro anima uxoris sue tunc defuncte et ut eam sepeliremus in eodem monasterio, duos solidos quos annuatim reddebant illi monachi nostri, de censu terre quam apud Pratellam tenent, et suam meditatem molendini qui est ad Alnetos, et duos arpennos pratorum in eodem loco. Pro molendino, auctoramentum Rotberti Nigrebodelle quesivimus, de cujus casamento erat. Ipso vero auctorizavit cum uxore sua ....(1).... et nos illi dedimus X solid. et uxori sue II^{os} Horum autem omnium testes, donationis videlicet et auctoramenti presenti cartula subnotantur.

Herveus de Lavarzino.   Fulcradus filius Fulberti.
Hugo filius Galdrici.   Guido de Braana.
Mainardus.   Hugo filius Fulberti.

Archives de Loir-et-Cher. — Prieuré de Lavardin.
Original sur parchemin.

(1) Le nom est resté en blanc.

XXV

DE TERRA DE VILLENÆ (1) QUAM DONAVIT HUGO PREPOSITUS BLESENSIS.

1073 - 1089

Hugues, prévot de Blois, et Praxède, sa femme, donnent aux moines une terre, sise à Villene, dépendant du fief de Harduin Ruillus qui leur en avait déjà fait don. En présence du comte Thibaud et avec son assentiment, Hugues y ajoute une autre terre qui lui était venue d'un parent nommé Odo Clavus Mortalis.

Noverint nostri presentes et posteri Hugonem prepositum blesensem et uxorem ejus Praxedem donasse Sancto Martino et nobis Majoris ejus Monasterii monachis terram quam habebant apud Villonam, sive boscum, sive planum, cujus terre pars una erat de fevo Harduini cognomento Ruilli, qui et ipse eam nobis pariter donavit. Altera autem fuerat cujusdam parentis Hugonis, nomine, Odonis cognomine Clavi Mortalis, a quo dimissa erat eidem Hugoni. Cujus donum fecit sepedictus Hugo, coram comite Tetbaldo (2), eodem comite sua hoc concessione auctorizante et suscipiente, loco omnium nostrum, fratri nostro domno Rotberto de Virsone, videntibus et audientibus istis : Rainaldo pagano — Odone Borello — Ascione Borello — Arraldo Grosso bosco — Ascelino vicario — Porro dono alterius partis terre testes af-

---

(1) Villaines, ferme, commune d'Ambloy, canton de Saint-Amand.
(2) Thibaut III, comte de Blois et de Chartres (1037-1089).

fuerunt : Guiltraunus canonicus — Hamelinus de Majumo — Richardus filius Vulgrini — Guitbertus famulus monachi — Giraldus serviens. Utrique autem donationi annuerunt filii Hugonis, id est Guarinus Petrus et Hugo. Itaque jussu ipsius Hugonis et sue uxoris tradidit Dotuinus venator totam memoratam terram supradicto fratri nostro Rotberto, cui traditioni terreque divisioni affuerunt isti : Martinus venator — Giraldus, serviens dicti Martini — Rainaldus boverius — Gualterius de Montibus — Hugo de Montibus — Rotbertus de Montibus.

Archives de Loir-et-Cher. — Prieuré de Lavardin.
Original sur parchemin.

XXVI

CARTA DE LIBERTATE BERTRANNI PRO REQUIE ANIME SALOMONIS DEFUNCTI (1).

1096

Haimeric surnommé Gaimard, seigneur de Lavardin, donne la liberté à Bertran, son serviteur, pour le repos de l'âme de Salomon, son père, avec l'assentiment de Béatrix, sa sœur. Cette donation fut faite à Lavardin sur la tombe de Salomon.

Quisquis sibi a domino nexum peccaminum remitti desiderat, consequens est ut subditorum sibi debitæ vincula servitutis absolvat. Quocirca, in amore om-

(1) Charte publiée dans le Livre des Serfs, sous le n° LIII A.

nipotentis Dei, ego Haimmericus (1), cognomine Gaimardus, de Lavarzino juvenilis dominus, assentiente mihi sorore mea Beatrice, pro anima patris mei Salomonis, huic famulo meo Bertranno libertatem concedo, quatinus ubicunque in quatuor mundi partibus voluerit, veluti liber et quietus, abeat si quis autem hanc libertatem quassare voluerit, iram Dei omnipotentis et Beatæ Mariæ Virginis omniumque sanctorum incurrat, auri centum libras examinati persolvat et nullum obtineat effectum. Data est autem hæc libertas apud Lavarzinum super defuncti Salomonis tumulum, vivente Philippo rege Francorum (2), et Gaufrido (3) comite Vindocinense ad Jerusalem abeunte.

His videntibus et audientibus : Salomone de Fracta Valle — Paulino — Hugone de Pontiaco (4) — Euvrardo et filio ejus Giraudo — Ragenaudo Seseptimo — Golando et fratre ejus Gaufrido — Pagano de Bessiaco (5) — Petro de Votluca — Gaufredo de Mar-

---

(1) Haimeric, surnommé Gaimard, fils et successeur de Salomon de Lavardin, eut trois femmes, Agnès, Godehilde et Marie, et il était déjà avancé en âge lorsqu'il épousa cette dernière. Elle était fille de Geoffroi Jourdain, comte de Vendôme, et sœur de Geoffroi Grisegonelle, aussi comte de Vendôme, d'Engebaud qui fut archevêque de Tours, et de Barthélemy de Vendôme, souche des seigneurs de Bourguerin (au Perche). Il eut plusieurs enfants, Jean et Salomon qui moururent jeunes, Richilde qui en épousant Jean Ier, comte de Vendôme, porta la seigneurie de Lavardin dans la maison de Vendôme, et Milesuide qui fut mariée à Nivelon de Fréteval. (Voy. Livre des Seig^{rs} d'Amboise. Spicilège t. X, p. 538).

(2) Philippe, roi de France (1060-1118).
(3) Geoffroi Jourdain, comte de Vendôme.
(4) Hugues de Poncé. — Poncé, arrondissement de Saint-Calais (Sarthe).
(5) Payen de Bessé. — Bessé, arrondissement de Saint-Calais (Sarthe).

riaco (1) — Guillelmus de Buziaco — Hugone Nigraboella — Gaufrido de Turniaco (2) — Hainrico de Cergis (3) fratre ejus Hildeberto — Fulcodio et fratre ejus Huberto — Caroo — Gaufrido — Richerio — Ulgerio sacerdote qui habuit unde quinque solidos de Bertranno propter triginta missas ad anime requiem defuncti Salomonis — Guillelmo sacerdote capellario, hujus vero cartulæ Arrando sacerdote, scriptore. Adhuc Gibuinus, Gauterius.

Archives de Loir-et-Cher. — Prieuré de Lavardin.
Original sur parchemin.

XXVII

NOTICIA DE QUIBUSDAM REBUS QUE DEDIT ET CONCESSIT
NOBIS GAIMARDUS, DOMINUS LAVARZINI
IN EODEM CASTRO.

Vers 1097

Gaimard, seigneur de Lavardin, reconnaissant avoir causé des torts aux moines de Lavardin, leur donne, en compensation des bœufs qu'il leur a enlevés dans leur obédience du Sentier, dix-sept deniers de cens qu'il recevait sur leur cellier, et une obole qu'il percevait pour chaque somme de vin vendu dans ce cellier, avec le droit de vendre leur vin dans le temps de son ban et de laisser chacun presser librement au pressoir que les moines ont dans le château de Lavardin.

Presentibus et futuris monachis nostris silicet Majoris Monasterii notum fieri volumus quod Gaimar-

---

(1) Geoffroi de Marrai. — Marrai, commune du canton de Neuvy-le-Roy (Indre-&-Loire). Voy. note ch. LXXIX.
(2) Geoffroi de Turno. Voy. note ch. LIII.
(3) Henri de Sargé. — Sargé, commune du canton de Mondoubleau (Loir-&-Cher).

dus dominus Lavarzini (1), abstulit nobis boves de obedientia Semitarii, postea vero facti penitens et se male fecisse recognoscens, concordatus est nobiscum hoc modo. Dedit siquidem nobis pro restauratione boum nostrorum et pro anima sua et parentum suorum, XVII denarios de censu quos accipiebat de cellario nostro Lavarzini, et unum obolum quem habebat de unaquaque summa vini que vendebatur in eodem cellario, ut haberemus ipsum obolum ab emptoribus vini, sicut ipse habebat et concessit ut nunquam dimitteremus vendere vinum nostrum propter bannum. Concessit quoque ut quicumque tam de suis hominibus quam de quibuslibet aliis vellet pressorare in pressorium nostrum ejusdem castri, faceret licite sine ulla calumnia, Concessit enim ut si ipse vel abiquis ex heredibus ejus vellet eru... de dono isto vel de tota concessione supradicta, cogeret eum Hildebertus [tunc] cenomanensis episcopus (2) et qui post eum in episcopatu successerit, et inde misit donum super altare Lavarzini, quod recepit Raherius decamus.

Testibus istis ex parte Gaimardi — Rainaldo Bigarel — Pagano.... fratre ejus — Pagano de Fracta Valle — Willelimo reb... ch — Fulcherio de Ferreria — Vaslino — De nostris Gr. priore Larvarzini — Daniele Calvo, postea abbate de Ebroino — Rainaldo — Johanne Langobardo — Richardo — De famulis — Carpentario Hilduino — Herveo filio Loripedis — Rainaldo — Hoc totum concessit....................
.... his testibus — Fulcherio de Ferreria

---

(1) Gaimard était fils et successeur de Salomon de Lavardin. = Voyez ch. LXV.

(2) Hildebert, évêque du Mans. 1097-1125.

Pagano grielenno....... Raherio decano — Willelmo presbitero — Stephanno presbitero — Herberto clerico — De nostris, Warino priore — Daniele monacho — Rainaldo monacho — Carpentario.

Archives de Loir-et-Cher. — Prieuré de Lavardin.
Original sur parchemin.

XXVIII

NOTICIA DE BURGO VINDOCINENSI

1097

Garin, fils de Fulmerius, et ses successeurs, avaient frauduleusement détenu une partie de la terre dans laquelle était le bourg que les moines de Marmoutier avaient à Vendôme. Après sa mort, Agnès, sa femme, et Hildebert, son fils aîné, furent contraints par jugement de la cour de Geoffroi de Preuilly, comte de Vendôme, de reconnaître qu'ils détenaient cette terre sans l'autorisation du Chapitre général et malgré les réclamations des moines. Radulfe, prieur de Lavardin, leur ayant donné neuf livres, ils s'en dessaisirent par un couteau, qui pendant plusieurs années fut conservé à Lavardin, comme preuve de cette remise. Agnès et son fils se rendirent ensuite dans le Chapitre de Lavardin, où ils renouvelèrent leur abandon en présence de témoins. Puis ayant été admis à la participation des bienfaits de Saint-Martin et à l'association des moines, ils reçurent le couteau par lequel ils avaient fait leur abandon à Vendôme, et le déposèrent de leurs propres mains sur l'autel, en témoignage de la restitution qu'ils faisaient du bien de Saint-Martin, indûment détenu par eux.

Litterali noticia successoribus nostris tradere curavimus quod, anno ab incarnatione millesimo nonagesimo septimo, recuperavimus, justicia.... igente, quiqud Guarinus, Fulmerii filius ejusque successores, de terra illa in qua, apud Vindocinum, burgum habemus, tenuerunt. Quia enim ipse Guarinus terram, sancti dum inde esset serviens, sibi fra[u]dulenter retinuerat; ipso jam defuncto, Agnes uxor ejus et Hildebertus eorum senior filius, Goffredi Prulliacensis (1) tunc vindocinensis comitis suorumque judicio, coacti sunt recognoscere se injuste terram sancti possidere, dum absque generalis capituli auctoramento, immo monachis semper calumpniantibus, eam tam ipse Guarinus quam et ipsi tenuerant. Acceptis itaque a domno Radulfo tunc lavarzinensis cellæ priore novem libris, super omnibus que inibi habuerant gratanter guirpium fecerunt, per quendam cultellum qui et ob hoc per plurimos annos apud Lavarzinum in testimonium guirpi illius servatus est. Hanc guerpitionem et totam convenientiam viderunt et audierunt quamplurimi, ex quibus sufficiant in testimonium tam ex nostra quam ex eorum parte, Salomon de Fractavalle — Harduinus de Ponte — Hugo de Martiniaco — Martinus famulus — Herveth, filiaster ejus — Engelardus famulus — Alcherius de Lavarzino—Galterius nutricius, et quia eorum consanguineus dicebatur, decem solidos ut auctoraret haec que retulimus, a nobis habuit. Quibus ab omnibus concorditer auctoratis, tam Agnes mater quam Hildebertus filius ejus Lavarzinum adierunt, sicut pepigerant, ibique in capitulo totam convenientiam superius scriptam, multis itidem assistentibus, reauctoraverunt. Acceptoque ibi Sancti Martini benefacto fratrumque societatem, cultellum cum quo Vindocini guirpium fecerant accipientes, propriis-

---

(1) Geoffroi Jourdain de Preuilly, comte de Vendôme de 1085 à 1112.

que manibus portantes super altare obtulerant .....
(1)....... scilicet restituentes sancto quod de suo
injuste possederant. Horum nichilominus testes extiterunt : Salomon de Fractavalle — Hugo de Martiniaco
— Harduinus de Ponte — Hugo Britellus— Martinus
et Ledbertus famuli, multique alii. His autem que
retulimus non interfuerant alii duo filii prefati Guarini,
Wlgrinus scilicet et Rainaldus, quos Turonis commanentes in Castello Novo (2) adivimus, ubi et
ipsi in Sancti Martini domo, presente etiam matre,
ibi, Majoris Monasterii benafacto a tribus monachis
quos ad hoc domnus Bernardus abbas, ex consensu
capituli, illuc transmiserat, accepto, reauctoraverunt
gratanter totam convenientiam quam cum matre ipsorum et fratre feceramus. Huic vero terciae auctorationi
interfuerunt monachi qui ad dandum benefactum missi
fuerunt : Rivallonius scilicet sacrista — Matheus —
Mathei de Aureomonte filiaster — Petrusque Britannus. Laici quoque adfuerunt quorum nomina subterscribuntur : Radulfus, popinus Alberi de Malfemer — Johannes Guitbertus — Ebulo Mercator —
Gualterius cambiator — Guido Pedferre — Vitalis
Guineherius — Arraldus de Cella — Rainaldus —
Goscelinus corduanarius — Garellus merchator —
Haldoinus cellararius — Johannes cellararius —
Rotbertus tort chapel — Ascelinus carpentarius —
Stephanus Blanchet.

   Archiv. de Loir-et-Cher. — Prieuré de Lavardin
           Original sur parchemin.

(1) Déchirure dans le parchemin.
(2) Le château neuf de Saint-Martin, de Tours.

XXIX

HILDEBERT, RÉGISSEUR DU CHATEAU DE LAVARDIN, DONNE A MARMOUTIER UNE TERRE DANS LA VARENNE DE VENDOME, POUR QUE SON FILS GEOFFROI SOIT REÇU AU NOMBRE DES MOINES.

XI° siècle

Quidam de Lavarzino castro vir, in rebus agens, Hildebertus nomine, unus filiorum suorum Deo apud Majus Monasterium mancipandum obtulit, et ad cœlestem militiam ut tanto liberius pro parentum salute precaretur, quanto nullis mundanarum quibus ipsi tenebantur impliciti curarum vinculis vinciuntur. Susceptus est autem puer, nomine Gaufridus, a domno abbate Alberto (1) et ceteris fratribus, propter Dei potius amorem et ipsius salutem et patris familiaritatem probatasque in Dei timore mores, quam pro alicujus temporalis emolumento. Dedit tamen prefatus vir Sancto Martino, in conventu fratrum, terram in varenna vindocinensi consistentem, unius carrucæ proscissioni sufficientem, duos de censu solidos, in festivitatem Sancti Martini œstivali, Salomoni de Lavarzino (2) solventem. Quæ ut rata foret in perpetuum firmaque donatio, Salomon, de quo ipse Hildebertus, et comes Tetbaldus (3), de quo Salomon ipsum tenebat terram, gratanter annuerunt. Addidit et unum agripennum terræ arabilis ad Melchim, de fevo suprataxati Salomonis, ipso identidem assensiente. Tribuit adhuc jam dictus Hildebertus Majoris Monas-

---

(1) Albert, abbé de Marmoutier, 1037-1064.
(2) Salomon de Lavardin. Voy. note ch. LXV.
(3) Tibaut III, comte de Blois, 1037-1084.

terii fratribus, duodecim denarios census de uno agripenno Archamberti consanguinei sui, ut sicut in censum istum, idem Archambertus quot annis in solemnitate suprafata reddat eodem Sancto Martino, tenore ipsa eadem celebritate solvat.

Hæc omnia uxor ejus Hersendis nomine et filii, Hildebertus (1) videlicet, Salomon et Drogo, libenter satis auctoraverunt, et qui largitioni huic interfuerunt pro testimonio, si necesse fuerit, subnotati sunt. Guarinus major — Rotgerius — Hildrimus — Gislebertus — Raynaldus.

Bibl. nat^{le}. — Mélanges de Baluze. — Tome 77, p. 209.

XXX

DES PRÉS DONNÉS PAR HODIERNE (2)

XIe siècle

Hodierne, femme de Guillaume de Miseriaco, donne aux moines de Saint-Martin de Lavardin, pour le repos de l'âme de son mari, les prés de Gaard, situés au confluent de la rivière de Sasnières et du Loir, avec l'autorisation de Norman le rateleur, de qui ils dépendaient. Celui-ci remet un cens de huit deniers payable à la Saint-Georges.

Noverit fidelium dilectio, Hodiernam Guillelmi de Miseriaco uxorem, dedisse monachis Sancti Martini Lavarzinum commorantibus, pro ipsius Guillelmi mariti sui suæque animæ salute, prata illa que vulgo prata Gaardi dicuntur, existentia ibi ubi fluviolus illequi Sar-

---

(1) C'est le célèbre Hildebert, qui fut évêque du Mans de 1097 à 1125, et archevêque de Tours, de 1125 jusqu'à sa mort, 1134.
(2) Cette pièce est écrite à la suite de la charte précédente n° XXVIII sur le même parchemin, et de la même main, semble-t-il.

nerias (1) dicitur intrat Ledum. Quod Normannus ratorius (2), ex cujus fevo prata erant, quesivit et voluit et auctoravit, tam ipse quam Paganus filius ejus, censum mittentes ad octo denarios reddendos in festo Sancti Georgii. Huic vero prefatœ Hodierne donnationi, sed et Normanni ratorii filii quoque ejus auctorationi interfuerunt Arnaldus et Golandus, canonici — Stephanus presbyter — Fulco de Banasta — Bancelinus, Girardus, Osbertus, homines Sancti Martini — Gosfredus piscator — Ulricus sutor — Rainaldus peleterius — Hanno — Rainaldus Sochet — Odelarius faber. — Prefatum quoque Normannum et Paganum filium ejus ad haec testificanda nominamus, quibus, ut hec auctorareret [que] premisimus, dederunt monachi, Normanno patri duos solidos, et Pagano filio ejus, singulos suptula res de cordoano.

Archives de Loir-&-Cher. — Prieuré de Lavardin.
Original sur parchemin.

XXXI

NOTICIA DE ASTALAGIO DE LAVARDINO

Vers 1100

Aimeric, surnommé Gaimard, seigneur de Lavardin, et Marie sa femme, donnent à perpétuité le droit perçu sur l'étalage du pain dans tout le bourg de Lavardin, aux religieux qui y résident, pour qu'ils reçoivent moine leur fils Salomon, qui était à l'article de la mort.

Quoniam longua temporum decursione multas res bene gestas sepius oblivioni tradi videmus, nostre

---

(1) La petite rivière de Sasnières se jette dans le Loir entre les Roches et Lavardin.

(2) Ce personnage semble être un préposé à la perception d'un droit sur le ratelage des foins.

posteritatis memorie commendamus quod dominus hujus castri Lavarzini, Aimericus nomine, cognomine vero Gaimardus et Maria (1) uxor ejus, astalagium de pane quod colligitur per totum istud castrum, sicut ipsi libere et absolute habebant, sic monachis hujus sancte æcclesie Dei et Beati Martini libere et absolute habendum in ommi tempore dederunt et concesserunt. Quia enim filio suo, Solomone nomine, in articulo mortis posito, utrique parenti et ceteris coastantibus visum est ipsum puerum magis indigere beneficio quam lacrimis, suprascriptum astalagium pro ejusdem pueri beneficio monachis, ut diximus, donaverunt, rogantes et humiliter postulantes ut eumdem puerum in monachum susciperent; quem, ut rogaverunt, monachi in monachum susceperunt. Hujus autem dati presentes auditores fuerunt quorum hic nomina subscripta habentur: Gauscelinus Dapifer — Hainricus Gundacra — Calud — Bardolus — Hilgodus villicus — Rainaldus de Aula — Hildricus — Rainaldus Pullus, et multi alii. Monachorum vero, quibus hoc in loco existentibus, hec acta fuerunt, hic nomina retinentur: Odo de Sancto Celerino, qui tunc prior erat — Petrus de Turonus — Ivo — Bernerius — Bermundus — Giraldus — Fulcodius.

Archives de Loir-et-Cher. — Prieuré de Lavardin
Original sur parchemin.

Au dos : droit destallage sur tout le pain qui se vend par tout le bourg.

(1) Marie, fille de Geoffroi Jourdain de Preuilli, comte de Vendôme, et de Nifrane de Vendôme, troisième femme de Gaimard, seigneur de Lavardin. Voy. ch. LXV.

XXXII

DE PISCATORIA MOLENDINORUM MONTIS AUREI DE LAVARDINO

1101 — 1136

Haimeric Gaimard, seigneur de Lavardin, du consentement de sa sœur Béatrix, fait don à perpétuité, aux religieux de Saint-Martin, des moulins de Montoire, et confirme tous les dons qu'ils tenaient de ses prédécesseurs. Dom Pierre, prieur de Lavardin, obtient aussi le consentement d'Hamelin de Montoire.

Fidelium dilectioni litteris notificare curavimus, quod Haimericus Gaimardus Lavarzini dominus (1) dedit sancti Martini monachis Lavarzini commorantibus, pro animabus suorum parentum, piscationem suam de molendinis Auremontis perpetuo habendam gratantissime, faciens eis auctoritatem omnium rerum quas sui antecessores sancto Martino et ipsis monachis dederant. Unde faciens donum domno Petro, tunc Lavarzini priori, revestivit eum inde per quendam baculum hulseaticum, ad fenestras lavarzinensis aulae, multis presentibus. Ex quibus sufficiunt in testimonium Matheus Borrel — Giraldus siniscalpus — Hugo Nigrabodella — Ebrardus Seseptimus — Rinaldus Seseptimus — Hilgotus de Brueria — Carotus burgensis — Hubertus frater Falcodii — Lotbertus famulus et Golandus canonicus. Beatrix quoque ipsius Gaimardi soror, hoc donum et hanc auctorationem gratanter auctoravit, sub his iterum testibus qui cum ipsa erant : Galterio bastardo fratre ipsius — Hilgoto de Brueria. Cum priore vero erant Golandus canonicus, Carotus et Lebertus.

(1) Gaimard, seigneur de Lavardin. Voy. ch. LXV.

Deinde jam dictus prior adivit nichilominus Hamelinum de Monteaureo (1), supplicans ut et ipse auctoraret, ne videlicet dum guerra foret inter Lavarzinum et Aureummontem, monachi perderent quod, pace existente, sine contradictione possidebant. Quod Hamelinus gratantissime annuit, prefato priore promittente sibi quatenus die anniversario depositionis Halvise (2) uxoris ejus, monachi de Lavarzino annuatim signa sua sonarent, memoriam tam ejus quam omnium fidelium in orationibus suis facientes. Hoc viderunt et audierunt : Guido de Luceria — Gauffredus Blancus frater ejus — Chainolius siniscalpus Hamelini — Teodericus Venator — Girbertus vigerius — Mauricius minterius, qui cum priore erat. Philippus quoque ipsius Hamelini [filius] hoc gratanter pro anima matris sue auctoravit, presentibus his : Pagano de Sancto Kariloffo, Pagano de Barra... ex auctoratione Gaimardi...........*(parchemin déchiré)*...

Archives de Loir-et-Cher. — Prieuré de Lavardin.
Original sur parchemin.
Rubrique au dos : de piscatoria molendinorum montis aurei

XXXIII

DE HAIILDE COLIBERTA LIBERA EFFECTA (3)
1108 - 1125

Hugues donne la liberté à Haiilde, sa coliberte, pour l'amour de Dieu et le repos de l'âme de ses parents, et aussi pour Odon de Fréteval, à qui cette coliberte appartenait par moitié. Quiconque attaquera cette donation échouera dans sa tentative et paiera cent livres d'or.

Quiconque servicium jure sibi debitum pro Christo

(1, 2) Hamelin de Langeais et de Montoire, et Helvise de Montdoubleau. Voy. note ch. IV.

(3) Cette charte a été publiée dans le Livre des Serfs. Charte XLIX de l'appendice.

amore lauxat in presenti, gratiam qua nos redemit in futuro, pro servicio relauxo, eternam beatitudinem ab ipso domino dicente, consequetur, *dimitte et dimittetur vobis, date et dabitur vobis*. Quapropter, ego Hugo, filius Roberti, hanc colibertam meam Haiildem, pro Dei amore, et pro anima patris mei Roberti, Mascia matre mea et Gaufrido fratre meo, nec non etiam Odone de Frato Vuallo, cujus hec supradicta coliberta dimidia erat, et Agatha uxore sua, et filiis suis Salomone et Ugone concedentibus, liberam facimus. Illa ut deinceps bene ingenua possit existere, tanquam ab ingenuis parentibus esset procreata, et nulli debeat aliquod servicium nec servitutis obsequium, nisi soli Deo cui omnia subjecta sunt. Si vero aliquis de parentibus meis, vel nostris, vel de heredibus nostris, seu aliqua intromissa persona, hujus elemosine libertatem frangere voluerit, ex divina auctoritate omniumque sanctorum excommunicetur, et sua repetitio nihil valeat. et centum libras auri persolvat, et cum proprii corporis duello hominem in ejus nomine adquirat. Hœc libertas fuit facta ad Montem aureum ex parte Hugonis, ad Lavarzinum ex parte Odonis, Leudovico rege Francorum (1) imperante, Ildeberto (2) sancte Dei cenomanensis ecclesiæ pontificatum agente, Petro (3) Montoriensium domino existente. Hujus libertatis sunt testes : Johannes presbiter — Mascelinus de Troo — Herveius de Marches — Guillelmus de Rupibus — Joduinus nepos defuncti Roberti — Teobaldus Corcous — Teodericus et uxor ejus Hermengardis — Paganus pre-

---

(1) Louis VI le Gros, 1108-1137.
(2) Hildebert, évêque du Mans, 1097-1125, et archevêque de Tours, 1125-1134.
(3) Pierre, seigneur de Montoire, 1139-1149.

tor — Gaufridus filius Raginaldi Pexxi — Leburgis mater ejus — Hengerbertus de Carleo — Corbinus venator — Puella filia Hernaudi quochini — Garnerius — Paganus de Pinellis. De Lavarzino : Gaufridus piscator — Simon filius Guiberti — Fubertus Boeta. S. Crus + Odonis — S. Crus + Agathes — S. Crus + Hugonis filii Odonis — S. Crus + Hugonis filii Roberti — S. Crus + Mascie — S. Crus + Gaufridi — S. Crus + Petri de Monte aureo — S. Crus + Philippi filii sui — S. + Salomonis — S. + Johannis fratris Pagani de Fracta Valle, qui Paganus concedit libere omnia esse data, voce absoluta. S. Crus + Ade uxoris Petri de Monte aureo. Hoc signum + Hugonis filii Pagani Fracte.

Archives de Loir-&-Cher. — Prieuré de Lavardin. Original sur parchemin.

XXXIV

DONATION DE LA PÊCHE A NYOCHES

1118

Foucher de Vendôme, dit le Riche, donne à Marmoutier, pour l'entretien des moines de Lavardin, quarante arpens de terre de son alleu de Nyoches, situé à environ quatre milles au sud du château de Vendôme, avec un moulin sur la rivière de Lande, et toutes ses dépendances, tant terres que pescheries.

Universis presentes litteras inspecturis, ego Fulcherius de Vindocino (1), cognomento Richus, divinitatis amore compunctus, pro anime mee remedio,

---

(1) Foucher II le Riche. Voy. note ch. XXX, p. 47.

dedi Sancto Martino Majoris Monasterii ad usum scilicet monachorum omnipotenti Deo in prioratu Sancti Martini de Lavarzino degentium, quemdam in pago vindocinensi .... (1) quatuor fere milibus ab ipso castro vindocinensi a parte australi situm, alodium qui Nyochas (2) vocatur. Do etiam eodem Sancto et dictis monachis, de terra quam juxta eumdem alodium habeo, arpenta circiter quadraginta et molendinum in aqua de Landa, juxta dictum alodium, cum omnibus suis pertinentiis, tam in terris quam piscariis in dicta aqua, sicut catenus possedi, ea videlicet ratione quod dicti monachi de Lavarzino libere et quiete ea possideant eterna hereditate, nihil pro ipsis .... (3) consuetudinis census aut alterius persolventes. Ut vero hec donatio certiorem habeat firmitatem, sigillum nostrum presentibus apponi fecimus, die undecima mensis maii, anno incarnationis dominice millesimo centesimo decimo octavo, in presentia Groaldi propositi Capellæ vindocinensis (4) — Gauterii presbiteri Sancti Martini de Landa (5) — Archembaudi presbiteri Sancti Leobini de Landa (6) — Reginaldi castellani de Vindocino — Foqueti bastardi, nepotis mei — Odonis servi mei — Radulphi prioris de Lavarzino — Hugonis monachi.

Archives de Loir-&-Cher. — Prieuré de Lavardin. Original sur parchemin et copie en papier. — Scel perdu.

(1) Un mot effacé.
(2) Nyochas, commune de Lande, canton d'Herbault (Loir-&-Cher).
(3) Un mot illisible, le parchemin est usé.
(4) La Chapelle-Vendomoise, commune du canton d'Herbault.
(5 et 6) Il y avait deux paroisses dans le bourg de Lande, l'une sous l'invocation de Saint-Martin, l'autre de Saint-Lubin, la seule qui existe aujourd'hui.

XXXV

BAIL D'UNE TERRE PAR LES MOINES DE LAVARDIN A CEUX DE GRANRI

1128

Les moines de Lavardin donnent à bail, pour quinze années, à ceux de Granri, une terre pour laquelle ils fourniront chaque année le quart de la semence, et dont ils recevront le quart de la récolte.

Notum sit omnibus quod monachi lavarzinonses monachis de Granri (1) quandam terram juxta eos sitam preter terram Roberti, usque ad quindecim annos ad colendum tradiderunt, hac indicta convenientia, quod post quindecim annos monachi de Lavarzino suam terram liberam omnimodo solutam et quietam reciperont ; interim autem quartam partem seminis apponentes, quartam partem messis ejusdem terre annuatim acciperent. Quod factum est anno MCXXVIII ab incarnatione Domini, Odone de Sancto Senerico, priore de Lavarzino, et monachis sub eo, Ivone — Girardo — Bermundo — Bernerio — Fulcodio presentibus; laïcis; Hildegario fabro et ejus filiastro carpentario — Boveto Perdriel et Costio.

(Cart. de Tiron. — Ch. XCII. — Edit. de 1883).

---

(1) Granri, aujourd'hui ferme dans la commune de Fontaine-en-Beauce, canton de Savigny (Loir-&-Cher), était un prieuré, sous l'invocation de Saint-Blaise, dépendant de l'abbaye du Gué-de-Launay (Sarthe).

XXXVI

DE MOLENDINO DE HULPINO
(ALIAS DE HERPINO)

1130

Rainaud de Monnaie, fils de Thierry le Veneur, recendique aux moines, la moitié du moulin Herpin, qu'il avait souvent envahi, disant que ce moulin dépendait anciennement de son père; mais par l'entremise de Thibaut, fils de Robert des Roches, son seigneur, et du viguier Malet, il remet tous les droits qu'il avait sur le moulin, du consentement de sa sœur et de ses fils. Les moines lui donnent alors trente sols angevins, et sept à sa sœur et à ses fils.

Notum sit omnibus quod Rainaldus de Monediaco (1), filius Teoderici venatoris, calumniabatur Monachis Majoris Monasterii Lavarzini commorantibus dimidium molendinum qui dicitur de Hulpino (2), dicens eum patris sui antiquitus extitisse, propter quem, cum in multis predictos monachos infestasset, tandem mediante domno ejus Tetbaldo (3), filio Rotberti de Rupibus, et Maleto vicario, ventum est inter eos ad hujuscemodi concordiam. Dimisit namque ipsis monachis predictus Rainaldus illam omnino calumniam, et quicquid juris in eodem molendino habere videbatur eis in elemosinam perpetuo possidendum quieto donavit, et hoc idem sorori sue Ameline et filiis ac filiabus ejus concedere fecit, quorum ista sunt nomina : Haimericus Guido, Matheus, Amiota, Osanna,

---

(1) Peut être Monnaie, chef-lieu de canton (Indre-&-Loire).

(2) Au dos de la charte, on lit : Don du moulin Herpin au-dessus de Lavardin.

(3) Tibaut II, fils de Robert, seigneur de Roches-Corbon (Indre-&-Loire) entre Amboise et Tours.

Hildeburgis. Habuit autem inde jam dictus Rainaldus, de caritate Beati Martini, per manum Rainaldi armarii et alterius Rainaldi fratris ejus, tunc Lavarzini prioris, XXX solidos andegavensis monete; soror vero ejus et filii ipsius septem solidos Testes de concessione Rainaldi sunt monachi : Guillelmus prior — Nicholaus — Rainaldus armarius — Gauscelinus Radulfus cellararius — Constantinus. Laici vero : Maletus vicarius — Leddetus major de Rochetis — Johannes de Mesleto — Rainaldus Coluber — Harduinus Mesletus — Paganus garellus — Bodo coquus — Giraldus prepositus de Dalmeriaco. Testes vero de concessione de Ameline sororis jam dicti Rainaldi et filiorum ejus ac filiarum, que postea ad domum ipsius facta fuit, isti sunt : domnus scilicet Rainaldus armarius et alter Rainaldus frater ejus, sicut jam dictum est, tunc Lavarzini prior. Laici autem : Landricus de Fonte — Rainaldus picletus — Landricus filius Vaslini — Stephanus filius Martini — Rainaldus de Aula, famulus de Lavarzino — Jordanis de hospitali et Johannes famulus, sacriste. Notandum vero et sciendum est quod Hildeburgis, minor filia Ameline, sororis Rainaldi, sexto loco superius nominata, in cunabulis erat, quando hec concessio facta est. Mater vero ejus, que eam nutriebat, vice filie sue, sic mos est, concessionem fecit. Actum anno ab incarnatione domini M. CXXX.

Archives de Loir-et-Cher. — Prieuré de Lavardin.
Original sur parchemin.

XXXVII

CONCESSIO ABSALONIS DE SALMURO DE VINEIS NOSTRIS DE LAVARZINO, QUE DE FEVO SUI ERANT

1130

Les moines de Lavardin reconnaissant que l'entretien du frère commis à la surveillance de la culture des vignes du prieuré qui dépendaient du fief d'Absalon de Saumur, était une charge lourde pour eux, résolvent de les remettre à des hommes qui les cultiveraient moyennant un cens; mais quelques moines dirent qu'il ne pouvait être fait ainsi sans l'assentiment d'Absalon. Sur ces entrefaites, celui-ci, par un heureux hasard, étant venu, fut consulté à ce sujet par l'abbé Odon, et il acquiesça à l'arrangement, à condition qu'il ne perdrait rien du cens qu'il avait coutume de toucher.

Noverint omnes quod nos, conventus videlicet Majoris Monasterii, vineas quasdam apud Lavarzinum habebamus, quarum pars major de fevo Absalonis Rotonnardi de Salmuro erat. Sed cum easdem vineas diu tenuissemus, et parvum commodum inde habuissemus, procuratio quoque et vestitur[a] monachi, qui ad faciendas vineas a nobis deputabatur, multum monach[os] vel domum de Lavarzino gravaret; tandem consultius et utilius esse perspeximus ut aliis hominibus vineas traderemus, qui eas facerent, et nobis certum censum annuatim redderent. Verum cum nonnulli nostrorum dicerent hoc non debere fieri sine assensu Absalonis supra nominati, eo quod omnes pene vinee de fevo ejus essent, contigit, disponente Deo, Absalonem ad nos venire; quem cum super hac re domnus Odo abbas (1) et domnus

---

(1) Odon, abbé de Marmoutier, de 1124 à 1137.

Guillelmus prior convenirent, consilium ab eo quererent, pro consilio laudavit et bono animo concessit ut vineas aliis hominibus traderemus, qui annuum censum inde nobis redderent; ita tamen ut solitum suum censum de eisdem vineis ipse non amitteret. Hanc ejus concessionem audierunt domnus Odo abbas, Guillelmus prior et Rainaldus armarius. De laicis vero, Rainardus de Salmuro — Peloquinus camerarius archiepiscopi Reminsis — Petrus Martini — Villanus major de ponte — Rainaldus major de burgo Majoris Monasterii — Rainaldus Coluber et alii. Actum anno ab incarnatione Domini M. C. XXX.

Archives de Loir-&-Cher. — Prieuré de Lavardin.
Original sur parchemin.

XXXVIII

DONUM BURCHARDI COMITIS VINDOCINENCIS PRO REDEMPTIONE ANIME AGATHÆ UXORIS SUÆ CIROGRAPHE

1185 — 1202

Bouchard, comte de Vendôme, avec Jean son fils, donne aux moines de Lavardin, pour le repos de l'âme de sa femme Agathe, dame de Lavardin, toute sa terre de Varenne et le panage de ses porcs dans la forêt de Gastines. Il fait l'investiture de ce don par un bâton qu'il dépose sur l'autel, avec ses fils Radulfe et Geoffroi, et Agnès leur sœur. En retour, les moines décident de dire, chaque jour, une messe pour l'âme d'Agathe et de ses prédécesseurs.

Lacrimabili stilo, tam presentibus quam futuris, notificari volumus Agatham (1) hujus ville dominam et communem omnium matrem, in die exaltationis sancte crucis, universe carnis debitum persolvisse, pro cujus animo redemptione Burchardus (2) ejus

---

(1 et 2) Agathe, dame de Lavardin, femme de Bouchard IV, comte de Vendôme (1192-1202).

sponsus, Johannis vindocinensis comitis filius, Lavarzini monachis ibidem degentibus, omnem suam terram propriam Varene, quæ est extra fossas culture, dedit, et insuper pasnagium Gastino (1) de suis propriis porcis. Hoc donum fecit in ecclesia Sancti Martini, quadam die dominica, processione finita, coram his militibus : Hugone de Fractavelle et fratribus ejus, et Guilermo Unbredana, et Gofrido de Ventiaco (2), et Guielmo de Monte Ernaudi, et Arnulfo Cocheroi, et coram Huberto priore, et aliis monachis, et coram omnibus tam viris quam mulieribus qui circumstabant. Hoc dono hereditavit ecclesiam cum quodam baculo quem super altare posuit ipse et filii ejus, Rodulfus scilicet et Gaufridus et Agnès (3) soror eorum. Pro hac elemosina statuerunt monachi ejusdem loci, singulis diebus unam missam pro anima Agathe et de antecessorum suorum.

Archives de Loir-&-Cher. — Prieuré de Lavardin.
Original sur parchemin.

(1) La forêt de Gastines.
(2) Vanssay, commune de l'arrondissement de Saint-Calais (Sarthe).
(3) Agnès fut mariée à Pierre, seigneur de Montoire. Leur descendance recueillit le comté de Vendôme qui, par elle, passa dans la maison de Montoire. Elle fut enterrée à l'abbaye de Fontaine-les-Blanches, près Châteaurenault, à qui son fils Jean de Montoire, fit une donation en 1202, du consentement de son aïeul Bouchard IV. — Charte de l'abbaye de Fontaine. — Copie du D. Housseau. T. vi, n° 2168.

XXXIX

CONCORDIA FACTA SUPER DIVISIONES PRATI DE VILERES INTER GAUFRIDUM DE RUBEOMONTE ET...... DE LAVARDINO
(CIROGRAPHUM) (1)

1136 - 1192

Les moines de Lavardin s'accordent avec Geoffroi de Rougemont au sujet des limites de leur pré de Villiers (?). S'ils coupent leur foin avant Geoffroi le sien, ils l'enlèveront sur des chevaux ou des ânes, marchant à la file, à moins qu'ils n'aient la permission de Geoffroi de passer avec des voitures. Mais s'il a coupé son foin le premier, ils passeront librement sur son pré avec des voitures. En reconnaissance ils l'admettront, comme les autres chevaliers, au repas de la S-Martin.

Ego Johannes (2) comes vindocinensis notum facio omnibus, quod cum per multa tempora controversia verteretur inter monachos Sancti Martini de Lavardino ex una parte, et Gaufridum de Rubeomonte ex altera, super divisione prati de Vilereio; tamdem, inspirante gratia spiritus sancti, ad pacem devenerunt. Metas posuerunt conditioni tali, quod si pratum monachorum prius secatur quam pratum predicti Gaufridi, monachi per pratum illud secandum, fenum suum super equos vel asinos, ut unus sit ante alternum gradiens, extrahent, nisi licentia probeatur a predicto G. cum quadriga tollendi. Si vero pratum Gaufridi prius secetur, monachi per pratum fenum suum extrahent absolute cum quadrigis. Insuper ad festum Beati Martini caritatem, sicut aliis militibus, mona-

---

(1) Le mot *cirographum* est écrit dans la marge de droite de la pièce, en une ligne verticale.

(2) Jean Ier, comte de Vendôme, 1130-1192.

chi predicto Gaufrido mittent. Isti sunt testes qui hoc viderunt et audierunt: Ex parte militis: Gualterius malalingua — Guillelmus de Sancto Albino — Odo Borrel — Gaufridus — Hamelin Blancvilein — Gervasius Pinart — Rainaldus Espaillart. Ex parte monachorum: Gaufridus prior ipsius domus — Michael de Tavento cellerarius — Bucardus de Ambazia, sacrista — Ivo de Urteio — Martinus Turonus — Gaufridus siccus — Matheus de Valeran — Guercius — Rainaldus de Turre — Rainaldus carpentarius et plures alii. Quod ut ratum habeatur, ad petitionem utriusque partis sigilli nostri munimine fecimus roborari.

Archives de Loir-et-Cher. — Prieuré de Lavardin.
Original sur parchemin.

XL

DONUM BURCHARDI COMITIS DE DOMO APUD VINDOCINUM

1190 - 1202

Bouchard, comte de Vendôme, concède à perpétuité à l'église de Saint-Martin de Lavardin, pour le salut de son âme et pour récompenser les religieux des dommages qu'il a causés à leur église, la maison et la place de Jean de la Grange, sise dans sa terre, à Vendôme, de telle sorte qu'elles soient franches de toutes coutumes et exactions de la part des seigneurs terriens, ainsi que le bourgeois qui y habite, mais à condition que celui-ci soit de la terre des religieux et non d'une autre terre. En retour, les religieux s'engagent à dire chaque année un anniversaire pour lui, pour Agathe sa femme, pour ses prédécesseurs et ses successeurs, et à nourrir ce jour-là deux pauvres.

Nobilium virorum gesta cito corrumpit oblivio, nisi legitimorum testium fides robur adhibeat aut scriptura; presenti ergo pagine comendatum noverint universi, quod ego Bochardus (1) comes Vindocini, divina pietate commonitus, et pro redemptione anime mee, necnon in recompensatione dampnorum que, preteritis retro temporibus, ecclesie Beati Martini de Lavardino meminimus intulisse, dicte ecclesie monachis, in terra sua quam habent apud Vindocinum, quandam domum et plateam Johannis de Grangia, in perpetuum habere concessimus, ita quod dicte domus et platea cum burgense ibidem existente, ab omnibus consuetudinibus et exactionibus quorumlibet terrenorum dominorum libere maneant et quiete, eo videlicet cauto, quod burgensis ille, qui in dicta domo et platea manebit, et dictam habebit libertatem, de propria dictorum monachorum terra, quam habent apud Vindocinum et non de alia, assumetur. Monachi vero prefate domus, cum assensu et voluntate abbatis et capituli Majoris Monasterii, ad quod domus pertinet sepedicta, omnium dampnorum ipsis monachis et multociens dicte domui a nobis illatorum, pro amore Dei, plenarie nobis veniam impendentes, nobis benignius indulserunt, quod singulis annis, nostrum et domine Agathes, uxoris nostre, anniversarium necnon et antecessorum et successorum nostrorum, statuta die, solemniter celebrabunt, et eadem die duos pauperes honorifice pro redemptione anime mee procurabunt. His testibus : Gilleberto tunc priore ejusdem domus — Guillelmo Cano et Gofred Barbium et Johanne Rossinol et Guillelmo Bastart, monachis videlicet et presbyteris. Ili vero milites adfuerunt : Gofridus de Vindocino (2) frater dicti comitis — Johan-

---

(1) Bouchard IV. — 1190-1202.
(2) Geoffroi de Vendôme, frère du comte Bouchard IV et père de Jean III.

nes Roille (1), frater militie Templi — Guillelmus de Sancto Martino — Archem[bal]dus de Karesmo — Guillelmus Rufus — Guillelmus de Vans — Jocelinus Bocelus — Bartholomeus de Plessiaco — Gervasius frater ejus — Matheus de Valeran — Herveus de Chesia et plures alii. Ut autem hoc ratum et inviolabile perpetuo permaneat, sigilli nostri munimine fecimus communiri.

Les archives de Loir-et-Cher possèdent deux vidimus de cette charte. Le premier, donné par le comte Jean II, en l'année 1216, se termine ainsi :

.... Nos vero, ejusdem elemosine participes fieri volentes, predictam elemosinam sicut superius annotatur, eisdem ecclesie et monachis karitative indulsimus imperpetuum possidendam, quod ut ratum permaneat et stabile perseveret, presentes litteras eisdem indulsimus habendas, sigilli nostri munimine roboratas. Actum anno gratie M.CC sextodecimo mense novembri, istis presentibus : Giliberto priore ejusdem domus — Silvestro monacho — Falcone Douron — Thoma Rocher — Matheo de Valmerent — Herveo clerico — W. de Belloquercu, cum pluribus aliis.

Le second vidimus fut donné par le comte Jean III, la première année de son avènement au comté :

.... Ego vero Johannes (2), vindocinensis comi-

(1) Les témoins Jean Roille, Guillaume de Saint-Martin, Archembaud de Karesmo, Barthélemy du Plessis, Hervé de la Chaise, appartiennent à des familles dont on rencontre assez fréquemment des membres dans les chartes Vendomoises.
(2) Jean III dit l'Ecclésiastique, succéda en 1207 à son cousin Jean II, fils de Bouchard IV, décédé sans postérité. Il était fils de Geoffroi de Vendôme, dit de Lavardin.

— 340 —

tatus jure adeptus hereditario dilecti avunculi et predecessoris nostri, dicti B. comitis, elemosina benigne pro amore Dei fecimus et concessimus, prout est suscripta, et ut illabata perpetuo permaneat, sigillo nostro fecimus communiri. His testibus : Hamelino de Roorta — Pagano de Pontiaco — Herveo de Chesia et pruribus aliis. Actum apud Vindocinum, comitatus nostri primo anno.

Archives de Loir-et-Cher. — Prieuré de Lavardin.
Originaux sur parchemin.

XL

DONUM DE DOMO LIBERA ET BURGENSE CUM LIBERTATE
IN VILLA VINDOCINI

CIROGRAPHUM

1192-1202

Geoffroi, abbé de Marmoutier, fait savoir que Gislebert, prieur de Lavardin, avait obtenu de Bouchard, comte de Vendôme, d'avoir à perpétuité, à Vendôme, dans la terre de celui-ci, une maison et une place libres et franches de toutes coutumes, avec le bourgeois qui l'habitait; que le prieur a acheté pour sept livres et demie, la maison de Jean de la Grange; qu'avec le consentement du chapitre, il l'y a maintenu sa vie durant, avec jouissance des franchises obtenues du comte, mais à condition qu'à la mort de Jean, la maison revienne franche et libre au prieur. Celui-ci choisira alors tel homme de sa terre, qu'il voudra pour l'en faire jouir librement, mais sous l'obligation de payer, chaque année, trois muids d'avoine et douze sols de monnaie Vendômoise.

Ne presentis etatis negocia tradantur oblivioni, litterarum non immerito, ad posterorum memoriam, solent apicibus annotari. Ego igitur, Gauffredus, abbas Majoris Monasterii, totusque ejusdem ecclesie conventus, presentibus et futuris notum facimus quod cum Gisl[ebertus] prior de Lavard[ino], ab illustri comite vindoci[nensi] Bucardo obtinuisset, ut quandam domum cum platea liberam et quietam, cum burgense in ea manente in terra scilicet ejusdem domus quo .... (1) apud Vindocinum ab omnibus consuetudinibus et exactitionibus in perpetuum haberet, dictus prior domum Johannis de Grangia comparavit, uxore sua hoc et heredibus eorum concedentibus, et donavit VII libras et dimidiam pro eadem domo habenda. Idem vero Johannes dictam domum et plateam, presente decano Vindocini G, in manu dicti prioris, presente uxore sua, integro in perpetuum resignavit. Dictus vero prior, cum assensu et voluntate nostra et nostri capituli, dictam domum cum eadem libertatis integritate, quam a comite Vindocini obtinuerat eidem J, vita ipsius J comite, possidendam concessit. Cum autem obierit dictus J, domus illa ad priorem de Lavardino, sine alicujus reclamatione, immunis et libera revertetur. Prior autem ejusdem loci quicumque sit, eliget de terra sua hominem quemcunque voluerit, et ponet eum in domo memorata mansionarium, liberum et immunem ab omnibus consuetudinibus et exactionibus, quas comes solet accipere ab aliis hominibus. Hanc enim libertatem dedit comes Bucardus predicte domui, pro amore Dei et Beati Martini, ut quicumque in ea manserit, ab omni consuetudine et exactione liber sit et immunis; preterea terras omnes, quas eadem domus habebat juxta Vindocinum, ad oblitas eidem concessimus quandiu adviveret possidere; hoc pacto quod exinde singulis annis persolvet dicte domui tres modios avene et

---

(1) Un mot disparu, peut-être *est*.

XII^cim solidos vindocinensis monete. Huic pactioni prioris et Johannis interfuerunt G. decanus Vindocinensis — Herveus de Chesia — Guloo Largute — Andreas de Insula — Christianus de Fractavalle — Petrus Goceti — Willelmus de Insula — Hilgotus Botin — Radulfus auriga. Quod ut ratum permaneat, sigillo capituli nostri fecimus communiri.

Archives de Loir-et-Cher. — Prieuré de Lavardin.
Original sur parchemin.

XLII

*LE COMTE DE VENDOME QUITTE ET REMET AUX RELIGIEUX
TOUS LES DEVOIRS ET COUTUMES QU'IL PRENAIT
SUR LES RENTES ET MAISONS DU PRIEURÉ DE LAVARDIN*

1207

Ego Johannes comes Vindocinensis, presentibus et futuris notum facio quod, divine pietatis intuitu commonitus et pro remedio anime mee et parentum meorum, in perpetuum quitavi penitus quasdam consuetudines, quas ego et predecessores mei, in domo monachorum Beati Martini de Lavardino, injuste, sicut asserebatur, usurpaveramus, scilicet criagium (1) vini, levagium (2) doliorum et ipsius vini et omnem consuetudinem et costumas tam vini quam bladi et omnium rerum suarum in eadem domo repositarum. Quod ut ratum et perpetuum perseveret, sigilli mei munimine presentem cartulam roboravi. Actum anno gratie M. CC. VII.

Archives de Loir-&-Cher. — Prieuré de Lavardin.
Original sur parchemin.

(1) Redevance pour l'annonce faite par le crieur public, de la mise en vente du vin.
(2) Idem pour les poinçons et le vin sortant du territoire de la seigneurie ou y entrant. (Ducange).

XLIII

DE VINEA VALLIS FROBERTI

1240

Geoffroi, évêque du Mans, fait savoir que Robin le Roer et Mathieu Ferme clercs, ont reconnu en sa présence, tenir du prieuré de Lavardin, à cause des chapellenies qu'ils ont dans l'église de Saint-Martin de Troö, par suite de la collation d'Haimeric d'Orléans, un arpent de vigne avec maison et pressoirs, chargés de huit sols de cens, payables à Lavardin à la Saint-Laurent.

Universis presentes litteras inspecturis, Gaufridus (1) divina permissione cenomanensis ecclesie minister humilis, salutem in Domino. Ad noticiam perveniat singulorum, quod Robinus le Roer et Matheus Ferme clerici in nostra presentia constituti, recognoverunt se tenere nomine capellaniarum suarum, quas habent in ecclesia Sancti Martini de Troö, ex collatione bone memorie defuncti Haimerici de Aurelianis militis, quoddam arpentum vinee cum domo et pressoriis in dictam vineam sitis, apud Troum situm in Vallem Froberti, a priore beati Martini de Lavardino, sine vendis et relevamento ad octo solidos censusab eisdem clericis suisque successoribus singulis annis, dicto priori, apud Lavardinum in festo Sancti Laurencii persolvendos. Si dicti octo solidi ad festum predictum non fuerint persoluti, dictus prior poterit coge[re] dictos clericos, sive successores eorumdem dictam vineam possidentes, [ad ipsos re]ddendos cum emenda si voluerit ab ipsis levanda, secundum consuetudinem .... In cujus rei testimonium et munimen

---

(1) Geoffroi de Loudun, évêque du Mans, 1234-1255.

ad petitionem dictorum clericorum, dicto priori dedimus presentes litteras sigilli nostri munimine roboratas. Datum anno domini M CC XL mense.....

Archives de Loir-&-Cher. — Prieuré de Lavardin.
Original sur parchemin.

XLIV

DE AQUA LIDI ET JURE PISCANDI
PRO PRIORE DE LAVARDINO

1243

Le comte de Vendôme reconnaît aux religieux de Marmoutier et au prieur de Lavardin le droit de pêcher depuis le pont de Lavardin jusqu'au ruisseau de la fontaine Saint-Simon, à la condition que tant que les religieux demeureront à Lavardin, ils célébreront son anniversaire et celui de son père.

Universis presentes litteris inspecturis P. (1) comes vindocinensis..... religios..... abb. et convent..... Majoris Monasterii .... prior eorum de Lavardino..... in aqua Lidi..... a pedibus pontis de Lavardino usque ad..... de voluntate eorum..... posset, seu jus piscandi haberet..... Tandem, meliori usus consilio premissa..... homines de Lavardino cum triblis seu banastis, fessinis seu juncheriis..... a tali piscatione cessabunt, et nos ad ipsos compellere..... tercio. mense julii.

Archives de Loir-&-Cher. — Prieuré de Lavardin.
Parchemin illisible en grande partie, par suite de taches d'humidité.

(1) Pierre de Montoire, comte de Vendôme (1239-1249).

XLV

DE AQUA LEDI ET JURE PISCANDI
PRO PRIORE DE LAVARDINO

1244

L'abbé de Marmoutier et le prieur de Lavardin contestaient à Jeanne, comtesse de Vendôme, et à ses hommes des Roches, de Montoire et de Troo, le droit qu'ils disaient avoir de pêcher dans le Loir depuis le pont de Lavardin jusqu'à la fontaine Saint-Simeon. Mais à la fin, la comtesse remet au prieur tous les droits qu'elle pourrait avoir sur la rivière, à la condition que les moines du prieuré célèbreront son anniversaire et consent que ses hommes ne pêchent plus dans la rivière, tant qu'ils n'auront pas prouvé leur droit de le faire, devant les abbés de Gastineau et de Saint-Georges-du-Bois, choisis pour arbitres. La comtesse obligera ses hommes, et l'abbé ses moines, d'observer le jugement rendu, sous peine d'une amende de cinquante livres pour les contrevenants.

Universis presentes litteras inspecturis J (1) quondam comitissa vindocinensis, eternam in Domino salutem. Noveritis quod cum contencio verteretur inter me et homines nostros de Montorio, de Rupibus (2) et Troo (3), ex una parte, et abbatem et conventum Majoris Monasterii et prioratum suum, de Lavardino ex altera, super eo quod ego et predicti homines nostri dicebamus nos jus habere piscandi in aqua Lidi, scilicet a ponte seu a fine pontis de Lavardino usque ad rivulum fontis Sancti Simeonis seu Sigismondi ; predictis abbate et conventu et monachis suis de Lavardino contrarium asserentibus et

---

(1) Jeanne de Mayenne, dame de Château-du-Loir, femme de Pierre, seigneur de Montoire et comte de Vendôme. 1239-1249.

(2 et 3) Les Roches-l'Évêque et Troo, communes du canton de Montoire (Loir-&-Cher).

dicentibus me et predictos homines jus aliquod in predicta aqua piscandi non habere. Tandem pro bono pacis, de bonorum virorum consilio, ego J. quondam comitissa vindocinensis, omne jus quod habebam in dicta aqua Beato Martino et prioratui de Lavardino contuli et concessi, libero, pacifice et quiete possidendum, ita tamen, quod singulis annis in dicto prioratu de Lavardino, monachi qui pro tempore fuerint, meum anniversarium celebrabunt. Concessum est etiam inter me et dictos abbatem et monachos, quod homines nostri supradicti in dicta aqua de cetero non piscabuntur, quousque probaverint coram religiosis de Guastineta et de Sancto Georgio de Nemore (1) abbatibus, qui ad hoc a partibus electi sunt arbitri, se jus habere piscandi in dicta aqua. Quod si dicti homines probare potuerint se jus habere piscandi in dicta aqua, jus quod probaverunt, per dictos arbitros eis adjucabitur ; si vero non probaverint jus piscandi in dicta aqua se habere, ipsi a dicta piscatione cessabunt, perpetuo silentio super hoc eis imponendo per dictos arbitros. De contencione autem inter dictos homines meos de Montorio, ex una parte, et jam dictos monachos de Lavardino ex altera, coram judicibus delegatis et ordinario cenomanensi, super manuum injectione hinc et inde [tam] in sepedictos monachos quam in supradictos homines, uti asserebatur, et aliis contumeliis occasione illius aquæ et etiam in aqua perpetratis, ordinatum fuit ita, quod tam varia quam expensa hinc et inde quitata fuerunt, et quod tam dicti homines quam dicti monachi unus ab alio veniam petierunt et etiam concesserunt, adjecto quod supradicti abba-

---

(1) Saint-Georges-du-Bois, abbaye près de Montoire.

tes, inquisita veritate hinc et inde, illi qui in culpa fuerint, quod emendandum fuerit, facient emendare, et quod ego J. meis hominibus supradictis, et abbas scilicet suis monachis faciemus firmiter observare, et qui in hoc deficeret, quinquaginta libras currentis monete, pro pena, parti adverse solvere tenetur. In cujus rei testimonium presentes litteras dedi supradictis abbati et monachis Majoris Monasterii, cum sigilli mei munimine roboratas. Valeto.

Datum anno Domini M. CC. XL. quarto mense martio.

Archives de Loir-&-Cher. — Prieuré de Lavardin.

L'original sur parchemin, perdu par l'humidité, est illisible. Le texte en est donné d'après un vidimus de l'original délivré par le garde du scel royal, à Tours, le 15 novembre 1428, et dont la communication est due à l'obligeance de M. l'abbé Métais.

XLVI

ÉCHANGE DE CENS ENTRE ISABELLE DE SOUDAY ET LE COUVENT DE MARMOUTIER

1250

Guillaume de Saint-Martin approuve et autorise, comme seigneur féodal, l'échange fait par Isabelle de Souday, sa sœur, de quatre deniers de cens annuel qui lui sont dus sur la maison de Mathieu le Gascon et de huit deniers sur un verger en dépendant, situé à Vendôme dans la paroisse de Saint-Martin, avec le couvent de Marmoutier qui lui cède en contre échange, quatre deniers de cens sur la place que Bonin le peaussier avait vendue aux frères mineurs de Vendôme.

Universis [presentes] litteras inspecturis, Guillelmus de Sancto Martino miles, salutem in domino.

Noveritis quod cum Ysabella domina de Sodayo, soror mea, jure hereditario haberet et possideret quatuor denarios et obolum annui census sibi debitos apud Vindocinum, super domo Mathei dicti Vasconis et octo denarios annui census sibi debitos apud Vindocinum, super quodam virgulto, sito retro domum Stephani Aluctarii, ad dictam domum pertinenti sitam in parochia Sancti Martini de Vindocino, et religiosi viri abbas et conventus Majoris Monasterii turonensis haberent in perpetuum et possiderent quatuor denarios annui census, qui sibi debebantur super quadam platea, quam Boninus polliparius vendidit fratribus minoribus Vindocini. Tandem facta sibi cessione de predictis censibus ad invicem, et etiam permutatione sicut dicta Ysabella in nostra presentia recognovit, concessit in perpetuum predicta Ysabella et dimisit, coram nobis, predictis religiosis omne jus, dominium et proprietatem que in predictis quatuor denariis et obolo et octo denariis censualibus, seu occasione vel ratione eorumdem, habebat vel habere poterat, habenda, tenenda, de cetero et etiam possidenda libere, pacifice et quiete, et quod census predicti ab illis qui predictam domum et predictum virgultum de cetero et in perpetuum tenuerint et habuerint, eisdem religiosis pacifice apud Vindocinum persolvantur perpetuo annuatim. Nos vero Guillelmus de Sancto Martino, in cujus feodo dicta domus et virgultum consistunt, predictam cessionem et censuum permutasionem volumus, concedimus, approbamus et promittimus eisdem religiosis, tanquam dominus feodalis, jus suum ibidem defendere et garantizare, quantum ad hoc nos et heredes nostros imposterum obligando. In cujus rei testimonium et munimen ad peticionem et voluntatem dicte Ysabelle, sororis nostre, presentes litteras dictis religiosis ad hoc dedimus, sigilli nostri munimine roboratas. Datum anno domini M. CC. quinquagesimo secundo (?) mense octobri.

**Archives de Loir-&-Cher. — Prieuré de Lavardin.
Original sur parchemin.**

XLVII

COMPROMIS ENTRE PHILIPPE DE LAVARDIN ET LE PRIEUR DE LAVARDIN

1253

Geoffroi, évêque du Mans, fait savoir que le chevalier Philippe de Lavardin réclamait les rentes et les reliefs sur des vignes dépendant de son fief, situés dans la paroisse de Saint-Genès, que le prieur et les moines de Lavardin tenaient de lui à huit sols moins deux deniers de cens, et exigeait que les religieux missent ces vignes hors de leurs mains, tandis que ceux-ci assuraient lui devoir les huit sols moins deux deniers à titre de loyer annuel et non de cens. Ils s'accordent avec le chevalier et son fils Huguet, pour s'en rapporter à la décision de l'évêque. Celui-ci ordonne que le prieur et ses successeurs ne paieront, chaque année à la fête de Saint-Jean, que les huit sols moins deux deniers, sous quelque dénomination que ce soit, et en outre quinze sols par chaque semaine de retard, au chevalier et à ses héritiers qui ne pourront rien exiger de plus sur ces vignes.

Universis presentes litteras inspecturis, Gaufridus (1) Dei gratia cenomanensis episcopus, salutem in Domino. Noveritis quod cum contentio verteretur inter ...... priorem et monachos de Lavardino ex una parte, et Philipum de Lavardino militem ex altera, super eo quod idem miles in vineis que vocantur Vœ-

---

(1) Geoffroi de Loudun, évêque du Mans, 1234-1255.

borse et de Maleri (1), sitis in feodo dicti militis, in parochia Sancti Genesii (2), quas dicti prior et monachi tenent ab eo, ut asserit, ad octo solidos vindocinenses duobus denariis minus annui census, volebat vendicare vendas et relevamenta, et quod dicti monachi extra manum suam ponerent vineas supradictas, priore pro se et suis monachis in contrarium asserente se non teneri ad aliquid predictorum, nisi ad dictos octo solidos duobus denariis minus, quos non nomine census, set annue pensionis reddere tenebantur, et ideo petente a dicto milite restitui ad omnia que idem miles, occasione predictorum, perceperat de vineis supradictis. Tandem sano ducti consilio, ut strepitum litigii evitarent, in nos compromiserunt super contencione hujus modi, fide ab eis in nostra manu prestita corporali, et similiter ab Hugueto, dicti militis primogenito, de fideliter observando quicquid vellemus alte et basse super hoc ordinare. Nos autem dictum nostrum proferimus in hunc modum, quod hinc inde remissis arreragiis et quitatis omnibus que hactenus de dictis vineis perceperat idem miles, dictus prior et alii priores, qui pro tempore erunt ibi, solvent annis singulis dicto militi et heredibus suis, ad festum decollationis beati Johannis, dictos octo solidos duobus denariis minus tantummodo, quocumque nomine censeantur, sub pena quinque solidorum cujuslibet septimane qua dictorum denariorum solu[cio] diferetur; quam penam, si commissa fuerit, tenebuntur reddere, et nichilominus debitum princi-

---

(1) Il y a dans la commune de Villavard, limitrophe de celle de Lavardin, un climat nommé Montmaleri.

(2) L'église paroissiale de Lavardin a Saint-Genés pour patron. Cette paroisse était un prieuré-cure dépendant du monastère de Saint-Georges-du-Bois.

pale. Dicti vero miles et heredes ejus nichil amplius juris extra predictos denarios poterunt de cetero reclamare in vineis supradictis. Datum mense octobris anno domini millesimo ducentesimo quinquagesimo tercio.

Archives de Loir-&-Cher. — Prieuré de Lavardin.
Original sur parchemin.

XLVIII

LITTERE DONATIONIS II°³ SOLIDORUM AB........ SUPER
QUIBUSDAM DOMIBUS APUD LAVARDINUM,
IN VICO STALLORUM

1256

Jean Borreau, chevalier, fait savoir que Guillaume de la Rivière, chevalier, et Marchecia, sa femme, ont donné au prieuré de Saint-Martin de Lavardin, deux sols et obole avec les rentes, que Guillaume avait, comme seigneur principal, sur des maisons situées à Lavardin, dans la rue des Etaux.

Universis presentes litteras inspecturis Johannes dictus Borreau (1), miles, salutem in Domino. Noveritis quod cum Guillelmus de Ripperia, miles, et Marchecia ejus uxor dedissent et concessissent in puram et perpetuam elemosinam, pro remedio animarum suarum et pro anniversariis ipsorum singulis annis faciendis, prioratui Beati Martini de Lavardino, duos solidos census et unum obolum cum vendis,

---

(1) Le sceau de Jean Borreau porte 3 jumelles avec un lambel à 5 pendants, d'après un dessin du Cartul. de Marmoutier de la Bibl. Nat., ms. latin, n° 5441³, f° 470 v°.

quos ipse miles et ejus uxor habebant apud Lavardinum sitos; de quibus censibus Philipa relicta Fulconis Garnier, et ejus heredes tenebantur reddere octo denarios dictis militi et ejus uxori, super quandam domum ipsius Philipe, et Johanna relicta Stephani Rebuffe et ejus heredes sex denarios super quandam domum ejus relicte, et heredes defuncti Bolloneau sex denarios super quandam domum dictorum heredum et Rad. Gaulier quatuor denarios et obolum super quandam domum ipsius Rad.; que omnes domus site sunt apud Lavardinum, in vico stallorum de Lavardino; de quibus censibus, proprietate, possessione et dominio ad dictos census pertinenti, prefatus miles et uxor ejus sesissent dictos prioratum et priorem illius loci et se penitus desesissent et transtulissent in dictum prioratum et priorem dictos census cum proprietate, possessione et dominio, supradictos reddendos in vigiliam nativitatis Domini annuatim, prout in litteris decani de Troo contineri perspexi, quos census predictus miles et ejus uxor tenebant a me, tanquam a domino principali; ego vero, ductus pietate et misericordia et pro remedio anime mee et antecessorum meorum, donacionem dictorum censuum factam a dictis milite et ejus uxore dicto prioratui de Lavardino et priori ejusdem loci, volui et volo, concessi et concedo, laudavi et laudo, donavi et dono in puram et perpetuam elemosinam dicto prioratui omne jus et dominium quod habebam vel habere poteram, in censibus supradictis, habendum et percipiendum a priore Beati Martini de Lavardino, nomine dicti prioratus in futurum; promisi et adhuc promitto quod contra dictam donacionem non veniam nec in dictis censibus aliquid reclamabo, vel et faciam reclamari titulo modo mihi competenti; sed dictam donacionem inviolabilem observabo et faciam observari ; et ad confirmacionem dicte donacionis priori dicti prioratus et nomine ipsius prioris, dedi presentes litteras meas sub sigilli mei munimine roboratas, in hujus rei testimonium et munimen. Datum die veneris post invencionem sancte crucis anno Domini M. CC. quinquagesimo sexto.

Archives de Loir-et-Cher. — Prieuré de Lavardin.
Original sur parchemin.

XLIX

ÉCHANGE D'UN CENS SUR DES TERRES DANS LA PAROISSE DE NAVEIL, CONTRE UN AUTRE SUR DES MAISONS SISES A VENDOME

1267

Bouchard, comte de Vendôme, notifie avoir vu des lettres données au couvent de Marmoutier par Raginald Amaury, curé de Villedomay, faisant savoir que Pierre Sorre, bourgeois de Vendôme, avait, sur des terres situées dans son fief à la Foucaudière, paroisse de Naveil, trois deniers de cens annuel, payables à Vendôme à la Saint-Martin d'été, qui lui étaient dus par Pierre de Thoré, prêtre, et que l'abbé et les religieux de Marmoutier, avec le prieur de Lavardin, avaient un cens de deux deniers sur deux maisons de Vendôme, voisines de celle des frères mineurs, qui les avaient achetées pour leur usage ; qu'un échange de ces cens ayant été fait, Pierre Sorre concéda à perpétuité à Marmoutier et au prieur de Lavardin les trois deniers de cens avec tous ses droits dessus, ainsi que les ventes et les reliefs qui appartiendront au prieur. Bouchard approuve cette convention, et sur les instances des frères mineurs et de leur gardien, il accorde à Marmoutier et à son prieur la permission de construire à leur volonté, dans la censive qu'ils ont à Vendôme où se trouvait jadis la rue de Majulleio, comme dans leur propre fond, un mur dans la traverse de la rue, depuis la maison de Guillot dit Mignon jusqu'au mur des frères mineurs, et d'y ouvrir une porte pour entrer et sortir librement, sous la réserve, que de ce fait, les religieux n'acquerront jamais au-

cun droit ni propriété sur les murs de sa ville de Vendôme ni sur les murs et les murailles des frères mineurs, et qu'ils n'inquiéteront en aucune façon ceux-ci au sujet des maisons achetées par eux.

Universis presentes litteras inspecturis Buchardus (1), comes vindocinensis, salutem et pacem in Domino sempiternam. Noveritis me litteras dilecti in Christo Raginaldi Amaurici, persone ecclesie de Villadomay, vidisse verbothenus sub hac forma. Omnibus presentes litteras inspecturis, Raginaldus Amaurici humilis persona ecclesie de Villadomay, eternam in Domino salutem. Noveritis quod cum dilectus in Christo Petrus dictus Sorre, burgensis vindocinensis, jure hereditario haberet et possideret tres denarios annui census, sibi suisque heredibus debitos a Petro de Thoriaco, presbitero, super quibusdam terris sitis apud *la Foucaudiere*, in feodo meo, in parochia de Navolio, carnotensis dyocesis, reddendos in festivitate Beati Martini estivalis apud Vindocinum, nomine et ratione terrarum predictarum et religiosi viri .... (2) abbas et conventus Majoris Monasterii turonensis et eorum prior de Lavardino haberent in perpetuum, et possiderent duos denarios annui census sibi debitos apud Vindocinum, super duabus domibus sitis prope domum ffratrum minorum de Vindocino; que domus quondam fuerunt videlicet, altera illarum Gileti dicti Clementis burgensis vindocinensis, et alia defuncti dicti Harpin, quas etiam domus, titulo emptionis, ad usum dictorum ffratrum minorum de Vindocino fuerunt acquisite de elemosinis eorumdem. Tandem facta sibi permutatione de dictis censibus ad invicem et etiam cessione, sicut Petrus

(1) Bouchard V, comte de Vendôme de 1240 à 1271.
(2) Le nom est resté en blanc.

Sorre in mea constitus presentia recognovit, concessit in perpetuum et dimisit coram me predictus Petrus Sorre, de assensu et voluntate Alesie uxoris sue et Johannis filii eorumdem, predictis religiosis Majoris Monasterii et priori eorumdem de Lavardino predictos tres denarios annui census cum omni jure, dominio et proprietate quo in predictis tribus denariis censualibus seu occasione vel racione eorumdem habebat vel habere poterat, habendum, tenendum de cetero et etiam possidendum libere, pacifico et quieto, et quod dicti tres denarii censuales ab illis qui predictas terras de cetero et in perpetuum habuerint et tenuerint, eisdem religiosis apud Vindocinum in loco ubi recipient[ur] modo census prioris predicti de Lavardino, pacifico persolventur perpetuo annuatim; hoc adjecto quod venditiones et relevationes quas in terris illis supradictis contigerit evenire, ad priorem seu prioratum de Lavardino quiete et pacifice pertinebunt. Ego vero Raginaldus Amaurici supradictus, in cujus feodo predicte terre consistunt, predictam cessionem et censuum permutationem volo, concedo, approbo et confirmo et promitto, bona fide, eisdem religiosis Majoris Monasterii et priori eorumdem de Lavardino, tanquam dominus feodalis jus suum ibidem defendere et garantizare, quantum ad hoc me et heredes meos in posterum obligando. In cujus rei testimonium et munimen ad petitionem et voluntatem dictorum Petri Sorre, Alesie uxoris sue et Johannis eorumdem filii, presentes litteras predictis religiosis Majoris Monasterii et eorumdem priori de Lavardino dedi, sigilli mei roboratas. Datum anno Domini M. CC. LX. septimo mense maii.

Ego vero Buchardus comes vindocinensis, ad petitionem predicti Raginaldi et religiosorum predictorum, predictam cessionem et permutationem censuum predictorum, volo, concedo, approbo et confirmo, et presentem cartam sigillo meo roboro in testimonium et munimen. Preterea vero ego Buchardus predictus, ad instanciam et supplicationem dictorum in Christo pauperum religiosorum gardiani et ffratrum minorum de Vindocino, concessi et adhuc concedo predictis religiosis..... abbati et conventui Majoris Monasterii et priori eorumdem de Lavardino, ut ipsi in consiva sua quam habent in predicta villa mea de Vindocino, videlicet in illa parte dicte consive, in qua solebat esse antiquitus via de majulloyo, possint a domo Guilloti dicti Mignon usque ad murum supradictum dictorum ffratrum minorum, murum ibidem construere seu edificare et reedificare pro voluntate sua, tanquam in proprio fundo, et in dicto muro ibidem constructo, januam sive portam facere per quam ingressum habeant libere et regressum. Ita tamen quod dicti religiosi Majoris Monasterii ob hoc nullum jus seu dominium in muris ville meo de Vindocino valeant aliquatenus adipisci, nec etiam in muris seu muralibus dictorum ffratrum minorum, nec eisdem ffratribus de cetero aliquam calumpniam imponere vel imponi facere ab alio, nec eosdem ffratres in aliquo molestare super illis supradictis duabus domibus acquisitis. In cujus rei testimonium et munimen, ego Buchardus comes vindocinensis supradictus, ad petitionem et supplicationem supradicti Raginaldi et utrorumque religiosorum supradictorum, presentem cartam sigilli mei munimine roboravi ad majus testimonium veritatis. Datum anno Domini M. CC. LX. VII. mense maii.

Archives de Loir-&-Cher. — Prieuré de Lavardin.
Original sur parchemin.

L

DES TERRES DE FONTAINE
1267

Par devant Robert, doyen de Troô, plusieurs habitants reconnaissent avoir reçu du prieur de Lavardin, des terres situées dans la paroisse de Fontaines, qu'ils tenaient à tiercerie du prieuré, le prieur leur ayant fait remise du tiers qu'il percevait des fruits de ces terres, moyennant une rente de soixante sols et six chapons,

Universis presentes litteras inspecturis Robertus, decanus de Troo, salutem in domino. Noveritis quod in nostra presentia constituti Johannes dictus Bierge, Raginardus Hugueti, parvus Raginardus ejus frater, Robertus Tatereau, Garinus Bierge, Furcherius Bierge et Droco Bierge recognoverunt in jure coram nobis quod ipsi receperunt a priore Sancti Martini de Lavardino terras, quas ipsi solebant tenere a prioratu Sancti Martini de Lavardino ad terciariam, videlicet quod dictus prior dicti prioratus in dictis terris percipiebat terciam partem de fructibus dictarum terrarum et dicti Johannes Hugeti, et Raginardus, et eorum consocii percibiebant duas partes de fructibus dictarum terrarum, ad sexaginta solidos annui et perpetui redditus, et ad sex capones reddendos dicto priori, ex parte dictorum Johannis et Raginardi et eorum consociorum cujuslibet pro ea parte qua quilibet tenet de dictis terris, ad crastinum omnium Sanctorum apud Lavardinum annuatim. Et ita terciaria fructuum dictarum terrarum, quam dictus prior solebat percipere in fructibus dictarum terrarum, quietata est et remissa pro redditu supradicto, et site sunt predicte terre in parochia de Fontibus (1) in feodo dicti prioris, prout

---

(1) Fontaine-en-Beauce, commune du canton de Savigny (Loir-&-Cher).

dicti Johannes et Raginardus et eorum consocii confessi fuerunt in jure coram nobis. Et promiserunt dicti Johannes et Raginardus et eorum consocii dicto priori et suis successoribus dictum redditum quilibet pro rata sua de cetero singulis annis redderet, etc... [*formules de garanties*]... In cujus rei testimonium et munimen, ad peticionem dictorum partium presentes litteras sigillo nostro duximus roborari. Actum die lune post festum Beati Nicholai hyemalis, anno Domini M. CC. LXVI.

Archives de Loir-&-Cher. — Prieuré de Lavardin.
Original sur parchemin. — Scel perdu.

LI

ÉCHANGE DE CENS SUR DES MAISONS DE VENDÔME

1268

Bouchard, comte de Vendôme, échange avec le couvent de Marmoutier et le prieur de Lavardin quatre deniers de cens qu'il avait à Vendôme sur la maison de Guillaume Maleteau, dans la rue de la Poterie, contre deux deniers de cens appartenant au couvent, sur la maison de Maurice de Candie. Il donna ensuite cette maison, que les religieux lui ont remise en contr'échange, aux pauvres frères mineurs de Vendôme, pour qu'ils puissent, lorsqu'ils le voudront, construire une porte et leur clôture.

Universis presentes litteras inspecturis, Bochardus (1) comes Vindocinensis, salutem et pacem in Domino sempiternam. Noveritis quod cum ego habebam et possidebam, jure hereditario, quatuor denarios annui census, michi debitos apud Vindocinum super quandam domum Guillermi dicti Maleteau, si-

---

(1) Bouchard V, comte de Vendôme, 1248-1271.

tam juxta domum defuncti Gaufridi Testuel, in vico
de la poterie (1), et religiosi viri abbas et conventus
Majoris Monasterii turonensis et eorumdem prior
Sancti Martini de Lavardino, haberent in perpetuum et possiderent duos denarios annui census
sibi debitos apud Vindocinum, super quandam domum cum pertinentiis que fuit quondam Mauricii de
Candie et uxoris sue, juxta domum Andree de Fractavalle ex una parte, et juxta domum Hugonis dicti
Torgis, ex altera parte. Tandem, facta cessione de
predictis censibus ad invicem, et etiam permutatione,
concessi ego et dimisi predictis religiosis jus, dominium et proprietatem que in predictis quatuor denariis censualibus, seu occasione vel ratione eorumdem, habebam vel habere poteram, habendos tenen-
dos de cetero et etiam possidendos libere, pacifice
et quiete, sicut ceteros census quos habent in quadam parte ville mee de Vindocino, tenent libere, pacifice et quiete, et quod census predicti ab illis qui
predictam domum dicti Guillelmi Maloteau de cetero
et in perpetuum tenuerint et habuerint, eisdem religiosis pacifice persolvantur apud Vindocinum, in
festo Sancti Martini estivali, perpetuum annuatim;
hoc etiam adjecto, quod venditiones et relevationes
quas in dicta domo contigerit evenire, ad dictos religiosos quiete, libere et pacifice pertinebunt, et promitto eisdem religiosis jus suum ibidem defendere et
garantizare, sicut habent in aliis censibus suis supradictis, quantum ad hoc me et heredes meos imposterum obligando. Preterea, ego predictus Bocar-
dus comes vindocinensis, predictam domum, que
fuit quondam dicti Mauricii de Candie et uxoris sue,

---

(1) Rue de Vendôme, appelée aujourd'hui *rue Poterie*.

quam recepi a sepedictis religiosis, pro cessione et permutatione predictorum quatuor denariorum annui census sibi debitorum super predictam domum dicti Guillelmi Maleteau, do et concedo in puram elemosinam dilectis in Christo pauperibus religiosis fratribus minoribus de Vindocino, volens et concedens eisdem fratribus ut ipsi in platea dicte domus dicti Mauricii de Candie, cum ceteris pertinentiis dicte domus, possint, quotiescunque voluerint, construere portam suam et ibidem clausuram edificare qualemcumque voluerint, quotiescunque viderint expedire. In cujus rei testimonium et munimen sigillo meo presentes litteras sigillavi. Datum anno Domini milesimo ducentesimo sexagentesimo octavo, mense novembri.

Archives de Loir-&-Cher. — Prieuré de Lavardin.
Original sur parchemin.

LII
ÉCHANGE ENTRE LES TEMPLIERS DES AISES ET LE PRIEUR DE LAVARDIN.
1276

Frère Jean François, précepteur des maisons du Temple en Aquitaine, fait savoir que le couvent de Marmoutier et son prieur de Lavardin ont cédé aux frères de son ordre, pour l'avantage de leur maison des Aises, le moulin Maubert dans la paroisse de Susnières, et a reçu d'eux, en échange, une rente annuelle de seize setiers de seigle, mesure de Montoire, et à deux deniers moins que lite.

Universis presentes litteras inspecturis frator Johannes Franciscus, domorum militie Templi in Aquitania preceptor (1) humilis, salutem in Domino. Noveritis quod nos, pensata et considerata utilitate domus nostre de Asiis (2), prope Lavardinum, ceno-

---

(1) Les Frères, chargés de l'administration des biens de l'ordre, recevaient le nom de *precepteur*.
(2) Saint-Jean des Aises, commune de Villavard, canton de Montoire, membre de la commanderie d'Artins.

manensi dyoceso, interveniente assensu, consilio et voluntate fratrum nostrorum, fecimus tales conventiones ac etiam permutationes cum religiosis viris..... abbate et conventu Majoris Monasterii turonensis necnon cum priore suo prioratus Sancti Martini de Lavardino, videlicet quod pro molendino suo quod appellatur Maubert, sito in parochia de Sarneriis, ejusdem dyocesis, nobis ab eisdem nomine permutationis, tradito et concesso, et pro omni jure et dominio que ipsi religiosi et prior suus, predictis nomine et ratione dicti prioratus de Lavardino habebant aut habere poterant et debebant, modo et futuris temporibus, in predicto molendino, nos tradidimus et assignavimus, tradimus et etiam assignamus predictis religiosis et priori suo, nomine et ratione dicti prioratus de Lavardino, sexdecim sextarios siliginis ad mensuram de Montorio, duobus denariis minus lecto valentes, annui et perpetui redditus, impositos et acceptos super terris nostris universis sitis et existentibus in varenna de Lavardino, videlicet super medietariam nobilis viri comitis vindocinensis et locum qui dicitur Fousses; habendos ex tunc et percipiendos ibidem de terris predictis a priore qui pro tempore fuerit in dicto prioratu de Lavardino, vel ipsius mandato, infra festum Beati Michaelis annuatim, videlicet per manum illius qui terras predictas de cetero nomine nostro excolet, vel qui causam habebit excolendi easdem; cessante tunc penitus et perpetuo solutione sex sextariorum siliginis annui redditus et perpetui in quibus ipsi religiosi et prior suus de Lavardino predictus tenebantur nobis, ac erant obligati annuatim ratione molendini de Maubert supradicti. Concessimus insuper ac concedimus predictis religiosis et priore suo de Lavardino, qui pro tempore fuerit in dicto prioratu, ut si contigerit medietarium qui dictas terras nomine nostro excolet, desinere seu solvendo seu reddendo dictos sexdecim sextarios siliguis ad terminum Beati Michaelis memoratum, quod dictus prior ex tunc, dicta solutione cessante, possit se licite et sine contradictione aliqua, vindicare super dictis predictis et super collectis et levationibus terrarum predictarum, seisiendo ac detinendo seisitas in manu sua dictas collectas et levationes, tam pro redditu suo quam pro dampnis et interessis suis, que ipse dixerit injuste se sustinuisse cessante solutione redditus supradicti, et donec igitur plenare satisfactum fuerit de premis..... (?); et de omnibus et singulis supradictis tenendis, sequendis et inviolabiliter observandis, defendendis et guarantizandis ab omnibus et contra omnes in perpetuum, et de non veniendo contra, ratione alicujus lesionis, detemptationis, beneficii minoris in integrum restitutionis, vel alia ratione quantumque obligavimus nos et bona domorum nostrarum, de voluntate dictorum fratrum nostrorum, predictis religiosis et priori suo de Lavardino et successoribus suis in dicto prioratu in futurum, et ut hoc firmum et stabile permaneat in perpetuum ; nos de communi assensu dictorum fratrum nostrorum, presentes dedimus litteras predictis religiosis et priore suo de Lavardino predicto sigillo nostro sigillatas, in testimonio veritatis. Datum anno Domini M CC LXX°mo sexto mense junio.

Scellé sur double queue de parchemin. — Écusson oval chargé d'une croix. — Légende : Sigillum militie Templi.

Archives de Loir-&-Cher. — Prieuré de Lavardin.
Original sur parchemin.

LIII

**SENTENCE DU BAILLI DE VENDOME
ADJUGEANT AU PRIEUR DE LAVARDIN UNE TRUIE
ENLEVÉE PAR LES GENS DU COMTE.**

1385

Sur ce que frere Guillaume de Vitré, priour du priouré de Saint-Martin de Lavardin, membre de l'abbaïe de Marmoutier, disoit autre fois par céans que les gens et officiers de Monseigneur le conte estoyent venuz en une mestairie appartenant à son dit priouré, appellée la mestairie de Varenne, et en icelle avoient prins une truye et mise et convertie au proffit dudit Monseigneur, ou au moins en avoient fait ce qu'il en avoient voulu, et disoit aussi le priour que ycelle truye estoit soue (1), et que elle li appartenoit parce que nul ne la advouait, et que en icelui lieu et es autres lieux de la condicion, c'est assavoir en touz les domaines et fiez et appartenances, ou dit priouré il a telle justice que droit de espave li est acquis, et que li et ses prédécessours, priours du dit priouré, sont en saisine et en possession de joir et user et explecter es lieux du dit priouré come dit est, justice de grosse voerie, c'est assavoir jusqu'à soixante soulz d'amende et tout ce qui en deppent de tel temps et si lonc qu'il n'est mémoire du contraire, especialement depuis tel temps que valoir li doit a bonne saisine avoir acquise, et conclut le dit priour, par les raisons dessus dites, que le droit d'espave deppent de la justice dessus dite, advouée du dit priour,

---

(1) soue, pour *sienne*.

et requerait que ladite truye li fust rendue et délivrée si elle estoit en essence, ou sinon, la vallour d'icelle, selon ce que elle pouait valoir. Apres lesquelles chouses propousées et alleguées dou dit priour, fut présent en jugement le procureur de mondit seigneur, Monseigneur le conte, lequel dit et propousa a l'encontre du dit priour, que combien que le dit priour eust telle justice en aucuns des lieux du dit priouré, que il ne estoit pas acertainé que ou lieu ou quel ladite truye fust prise le dit priour eust telle justice, ainchois disoit et proposoit que ce estoit le pouvoir et la seigneurie de mondit seigneur, et momement tendant affin que le dit priour ne fust restitué de la dite truye et que le dit priour amendast le droit de justice qu'il advouait au dit lieu, et qu'il fust déclaré par jugement que luy ne ses successours, pour le temps avenir, ny peussent demander aucun droit de justice, en néant les faiz propousez du dit priour, et affin que ledit procureur de mondit seigneur Monseigneur le conte ne face arecevoir a ses faiz, le dit priour a promis a informer la cour de tous ses faiz aux fins proposées de sa partie. Apres toutes lesquelles chouses propousées d'une part et d'autre, fust dit que le dit priour produirait tesmoings, lesquels il presenta a nostre enquesteur et furent jurez et examinez selon le contenu de la rebriche dont mention est faite ci-dessus, et la déposition des dits tesmoings avons aujourd'hui veue, leue et publiée en jugement en la presence dudit procureur de mondit seigneur, et veu et entendu le contenu d'icelle, et par le avis des gens du consoill presens a ce, avons dit et declaré par jugement que le dit priour preuve souff[isamment] les faiz par luy proposez come dessus est dit, et parce que nous fuismes souffisamment informez de son droit, li avons mis au délivre la dite truye, et declaré que elle li appartient, et non pas à nous. Ce fust fait et donné aux assises de Lavardin tenues par Johan la Belle, Baillif de Vendôme, le samedy apres *invocavit me* l'an M. III. quatre vins et cinq.

Signé : J. CHAUVIERE.

Archives de Loir-&-Cher. — Prieuré de Lavardin.
Original sur parchemin.

LIV

DU DROIT PERÇU SUR LA VENTE DU PAIN AU DÉTAIL

1443

Le chatelain de Vendôme, lieutenant général du bailli de Vendomois, donne mandement de faire payer au prieur de Lavardin, par les termeliers et boulangers, une maille ou maillée de pain à leur choix, le dimanche de chaque semaine pendant laquelle ils auront fait ou fait faire du pain pour la vente en détail (1).

Michel Perot, bailli de Mon^tdoubleau, chastelain et lieutenant général de Monsieur le bailli de Vendosmois pour très hault et puissant seigneur Monseigneur le comte de Vendosme et de Chartres, seigneur de Montdoubleau et d'Espernon, souverain maistre d'ostel de France, a l'executeur des lettres en la chastellenie de Lavardin, ou premier autre sergent de mondit seigneur qui sur ce sera requis, salut. De la partie de religieux homme frere Jehan de St-Liénart, prieur du prieuré de St-Martin de Lavardin, nous

(1) Voir charte XXXI A.

a été exposé que à cause du dit prieuré, entre les droits et revenues d'iceluy, il a droit et a coustume de prendre et avoir sur chacun termelier, boulenger, pennetier, demeurant en la ville et appartenances dudit lieu de Lavardin, qui font ou font faire pain pour vendre à détail, par chacune sepmaine ou ilz ont fait ou fait faire le dit pain, une maille de rente, ou servitute, ou maillée de pain, au choys desdits boulengers, et que de ce, ses predecesseurs et luy, prieurs dudit prieuré, ont joy et usé en bonne possession et saisine par temps valable et suffisant, et mesmement, en a autre foiz esté jugié et profferé sentence es assises du dit lieu de Lavardin, contre lesdits termeliers et boulengers et au proffit des predecesseurs et successeurs du dit exposant et de luy; mais ce nonobstant, il doubte que aucuns des dits boulengers ou termeliers soient reffusans ou delayans de luy paier la maille ou pain dessus dit, qui seroit ou pourroit plus estre ou tres si grant prejudice et dommaige d'icelui exposant et des droits et revenues du dit prieuré, se sur ce ne luy estoit pourveu de remede de justice en nous requerant iceluy, pourquoi ces choses considerées et que mon dit seigneur et ses predecesseurs ont esté et sont fondeurs et gardes du dit prieuré, nous vous mandons en comettant, se mestier est, que à la requête du dit exposant ou son procureur, vous faictes expres commandement de par mon dit seigneur aux boulengers et termeliers du dit lieu et appartenances de Lavardin, et a chacun d'eulx dont vous serez requis et qui sont de la nature dessus dite, que tantost et sans délais ilz paient et contentent iceluy exposant de la dite maille ou maillée de pain à leur choys, par chacun dimanche de la sepmaine ou ils auront boulengé comme devant est dit, et aussi des arreraiges, s'aucuns lui en sont deuz du temps passé, et en cas d'opposition reffuz ou delay, adjournez les opposans reffusans ou delayans envers ledit exposant, a certain et compectent jour ou jours par devant mondit sieur le bailly ou nous, à Vendôme ou les causes de ladite chastellenie et autres de toute la dite comté sont ordonnées par lettres et octroy du Roy nostre sire, estre tenues et expediées à l'occasion de la guerre, pour dire les causes de leur opposition reffuz ou delay, proceder et aller avant en outtre selon raison en faisant sur ce audit jour ou jours de nos exploiz suffisante relation. De ce faire vous donnons povoir et commission, mandons et commandons a tous les subgiez de mondit seigneur que a vous, en ce faisant, obeissent diligemment. Donné a Vendôme soubs nostre scel le XXIII° jour de mars, l'an mil CCCC quarante et trois.

Signé : P. Lepoutre.

Archives de Loir-&-Cher. — Prieuré de Lavardin.
Original sur parchemin.

LV

D'UN FOUR A BAN A VENDOME.
1513

L'abbesse de la Virginité approuve un appointement entre son procureur et le prieur de Lavardin au sujet d'un four à ban, dans la ville de Vendôme.

A tous..... nous Gérarde, humble abbesse de N.-D. de la Virginité (1), de l'ordre de Cisteaux et tout le

---

(1) N.-D. de la Virginité, abbaye de femmes de l'ordre de Cîteaux, commune des Roches, canton de Montoire, fut fondée en 1220 par Pierre de Montoire, comte de Vendôme, et Jeanne de Château-du-Loir, sa femme. Il ne reste plus rien de ce monastère.

couvent..... avons entendu apointement fait par notre procureur avec le prieur de Lavardin de certain procès en la cour de Baugé (1), par raison du droit que avions sur le four (2) en la ville de Vendôme, à la porte Chartraine, auquel ces présentes sont annexées..... avons approuvé et approuvons sous nos sceaux..... 2 juin 1513.

Bibl. Nat^{le}, mss. latin, n° 5441², f° 481.

(1) Baugé, chef-lieu d'arrondissement du département de Maine-et-Loire. Jusqu'en 1515, que François Ier érigea le comté de Vendôme en duché-pairie en faveur de Charles de Bourbon, et lui permit d'avoir un siège des grands jours pour juger les appels des justices inférieures, ces appels étaient portés au siège de Baugé, conformément à la réserve faite à ce sujet par le comte d'Anjou Geoffroi-Martel lorsqu'il remit le comté de Vendôme à son neveu Foulques l'Oison. Celui-ci dut renoncer alors au droit de justice temporelle sur les biens et domaines du monastère de la Trinité de Vendôme, et consentir que les appels des justices inférieures fussent portés devant les juges d'Anjou ou de Baugé, et non devant ceux de Vendôme. (Bibl. nat^{le}. Documenta Monastica, mss. latin, n° 11819.

(2) L'année précédente (1512), le four à ban dont il s'agit avait été cédé par l'abbaye de la Virginité au prieur de Lavardin, moyennant une rente annuelle de trente-cinq sols.

LVI

ACCORD ENTRE L'ABBÉ DE VENDOME ET MARMOUTIER

1523

Universis..... Anthonius (1) Dei et sancte sedis apostolice gratia tituli Sancte Prisce in monte Aventino, Sacrosancte Romane Ecclesie presbiter cardinalis humilisque abbas sacri monasterii Sanctissime Trinitatis de Vindocino ad eamdem Romanam Ecclesiam, nullo medio pertinentem, ordini Sancti Benedicti, Carnotensis diocesis...... anno domini MDXXIII. 1 juin.

Bibl. nat^{le} mss. latin, n° 5441°, f° 481.

(1) Antoine de Crevant, dernier abbé régulier de la Trinité de Vendôme. Son prédécesseur, Louis de Crevant son oncle, ayant été nommé évêque de Sébaste, se demit en sa faveur de l'abbaye de la Trinité (1522-1539).

LANCÉ

LVII

DONATION DES COUTURES SEIGNEURIALES DE GOMBERGEAN.

Avant 1050

Les trois frères Guicher Tallhart, Geoffroi Hatival et Rodulfe ayant porté aux religieux le corps d'Ives, leur père, pour qu'ils l'ensevelissent, leur donnent les coutures seigneuriales de Gombergean, pour le repos de son âme et pour leur avoir remis le tapis dans lequel ils avaient apporté le défunt.

Nosse debetis, si qui eritis posteri nostri Majoris scilicet hujus habitatores Monasterii Sancti Martini, Guicherium cognomento Tallahardum et Gaufredum Hativatum et Rodulfum fratrem eorum, cum attulissent ad nos defunctum Ivonem (1) patrem suum terre mandandum, donasse Sancto Martino et nobis culturas dominicas ipsius Ivonis, quas habebat apud villam Gumberge (2), pro anima videlicet illius, et propter quod tapetum, in quo adductum fuerat illud corpus, eisdem reddidimus. Salomon autem frater eorumdem, quia tunc adhuc puer, donationi eorum non annuisset, post annos plures unum modium frumenti a nobis accepit ut annueret, et annuit. Testes hinc fuerunt : Odo monachus et prior — Gauscelinus monachus, prepositus de Buzlacho — Ansegisus, homo

---

(1) Ives était un personnage considérable. Ses fils et lui se rencontrent assez fréquemment dans les chartes Vendomoises.
(2) Gombergean, commune du canton de Saint-Amand (Loir-&-Cher).

Sancti Martini — Boselinus faber — Robertus hospitalarius — Herbaldus de Nogento — Hilduinus filius Durandi.

Archives de Loir-&-Cher. — Prieuré de Lavardin.
Original sur parchemin.

LVIII

DONATION FAITE PAR ADÈLE DE SES ALLEUX DE BURZAI.

Vers 1060

Adèle, mère de Foucher de Vendôme, donne aux religieux la moitié de ses alleux de Burzai, se réservant la jouissance du reste. Au bout de peu d'années, elle leur remet, du consentement de son fils et de sa fille, la seconde moitié, pour qu'ils jouissent librement de la totalité.

Notum sit fratribus nostris, scilicet monachis Majoris Monasterii, quod Adela (1), mater Fulcherii vindocinensis, dedit nobis, pro anima sua, omnes alodos suos de Burzoio, ita ut ipsa dum viveret, haberet eorum partem dimidiam, nos aliam dimidiam, post mortem autem ejus totum possideremus, et sic per aliquot annos, communiter eos tenuimus. Postea, cum adhuc esset sana et incolumis, pro majore mercede anime sue reliquit nobis et ipsam partem quam tenebat, et fecit ut in vita sua ipsos alodos totos ad integrum possideremus solutos et quietos, annuente filio suo Fulcherio, et filia sua Agnete, uxore Gilduini de Malliaco (2), et filio ipsius Agnetis Hugone. Tes-

---

(1) Adèle, femme de Foucher Ier de Vendôme, dit le Riche. Voyez note ch. XXX.

(2) Maillé, dont Gilduin était seigneur, se nomme aujourd'hui Luynes, petite ville d'Indre-&-Loire.

tes concessionis Agnetis et Hugonis hi sunt : Guarnerius filius Guillelmi — Rotbertus Mansillus et frater ejus — Rainaldus presbiter — Adelardus de Lavari.

Bibl. nat⁰, ms. latin, n° 5441e, f° 469.

LIX

DONATION DE L'ÉGLISE DE LANCÉ

1090

Dometa donne aux religieux de Marmoutier les trois quarts de l'église de Lancé. Dreux leur remet aussi le dernier quart, du consentement de Gervais de Vendôme, de qui il le tenait, et qui lui-même leur avait fait don déjà de l'église de Saint-Secondin.

Noverint presentes monachi Beati Martini et posteri qui futuri sunt, quod Gervasius (1) de Vindocino ecclesiam Sancti Secundini (2) Beato Martino Majoris Monasterii et monachis inibi servientibus Domino contulit. Dometa (3) autem de Vindocino tres partes ecclesie dedit nobis de Lanceio, et Drogo, Ansberti filius, assensu et benevolentia conjugis suæ Aemeline filiorumque suorum Bernardi et Hugonis ac filiarum suarum Tesseline, Aremburgis, Johannæ, quartam partem altaris et decime de supradicto

---

(1) Gervais était fils de Lancelin de Vendôme, non pas de la maison des comtes de Vendôme, mais de celle issue de Foucher de Vendôme dit le Riche. Voy. ch. LXXXI.

(2) Saint-Secondin, commune du canton d'Herbault (Loir-&-Cher).

(3) Dometa, appelée aussi Hildegarde, fille de Foucher II le Riche ou de Vendôme, et femme de Ingelbaud le Breton. Voyez note ch. CXXVIII.

Lanceio solutam ac quietam contulit, concedente supradicto Gervasio, a quo eam partem tenebat, cum uxore sua nomine Osibila, et concedentibus filiis suis Lancelino, Guillelmo, Bruello, Bernerio. Ex hoc dono in Majoris Monasterii capitulo insimul venerunt Gervasius, Drogo, cum uxoribus et filiis ac militibus; hec dona, percepto a domno Bernardo abbate monasterii beneficio, auctorizaverunt. Quod audierunt et viderunt, tam ex nostra parte quam sua, homines isti. Ex parte sua adfuit : Gaufredus Ruillatus — Alter Gaufredus — Raherius — Hugo Viviani filius — Guillelmus. Ex nostra autem : de Soomziaco — Gaufredus — Sanzelinus — Landricus. Ea autem conditione Drogo donavit, quatinus unum ex consanguinitate ejus clericum ad monachatum reciperemus, si quem talem tunc temporis filium seu parentem haberet, qui, jam decursis annis pueritiæ, homo videretur fore. Hoc autem testificamur testes prenotati et hii subscripti : Haimericus — Ogerius — Guausmarus — Gualterius Clavellus — Ademarus carpentarius — Herveus — Actum est autem ab anno Domini MXC indic 17, epac 1 concurrente, tempore domni Bernardi abbatis.

Bibl. nat^{le}, ms. latin, n° 5441^a, p. 463.

LX

ACCORD AU SUJET DES ÉGLISES DE LANCÉ.

1090

Raoul de Montfollet, qui contestait aux moines de Marmoutier la possession des églises de Lancé, fait un accord avec le prévôt de Besai. Il en reçoit dix livres de deniers, et renonce à ses prétentions.

Noverint posteri nostri quod Radulphus de Montefoleto (1) calumniatus est nobis ecclesias de Lanceio pro eo quod de fevo suo erant. De qua calumnia ad hanc concordiam venit cum eo domnus Gualterius, qui tunc erat prepositus de Beziaco, scilicet dedit ei X libras denariorum, et ille guerpivit nobis totam calumniam illarum ecclesiarum, ut liberas ac solutas ab omni dominio quod ibi prius habuerat ulterius eas teneremus, sicut Domitilla (2) eas tenuerat, de qua eas acceperamus. — Actum anno ab incarnatione Domini M XC, sub domno abbate Bernardo; cujus rei testes subscripti sunt : Simon Berardus — Valterius monachus — Rainardus monachus — Adelelmus monachus — Gaufredus Bisolus — Varnerius, frater ejus — Albericus de Moncaico — Landricus miles de Papia. Facta fuerunt hec apud Sanctum Gentianum in domo Gaufredi Pejoris lupi.

S. Radulfi ✝

Bibl. nat^{le}, ms. latin, n° 5441°, p. 463.

LXI

DON DES ÉGLISES DE LANCÉ.

Vers 1094

Vulgrin et Geoffroi Payen, fils d'Ingelbaud de Vendôme, donnent à Marmoutier les deux églises de Lancé, celle de Saint-Martin et celle de Sainte-Marie, avec tous les biens et droits paroissiaux qui en dépendent. En outre, ils ratifient par avance toutes les acquisitions de biens relevant d'eux et situés à Lancé, que les moines pourront faire à l'avenir, par donation ou vente.

Noverint nostri presentes et posteri..... Vulgrinum

---

(1) Raoul de Montfollet était fils de Lancelin II de Beaugency. Montfollet, jadis petite ville aujourd'hui détruite, était sur le territoire actuel de la commune de Viévy-le-Rayé, canton d'Ouzouer-le-Marché (Loir-et-Cher).

(2) Appelée aussi Dometa. Voy. ch. LVII A.

filium Ingelbaldi de Vindocino (1) et Gaufredum Paganum fratrem ipsius donasse Sancto Martino et nobis sui Majoris Monasterii monachis, per manum fratris nostri Jarnegonii (2), ecclesiam parochialem Sancti Martini de Lanciaco cum altera ejusdem loci, ecclesiam in honorem Sancte Mariae constructam et cum tota ipsius parochialis ecclesiæ decima et sepultura terraque altaris, quidquid etiam in loco eodem alii tenent de illis, concesisse donari nobis aut vendi et insuper, ut hoc fieret, se spopondisse per fidem nos adjuvare tam donationis illorum quam sponsionis ac concessionis. Testibus istis : Sanccolino milite — Hugone Pullo. De nostris hominibus : Gausmaro cellarario — Evrardo clerico, fratre ejus — Lamberto famulo ipsius supradicti monachi Jarnegonii qui donum suscepit.

Bibl. nat^{le}, ms. latin, n° 5441e, f° 464.

LXII

DE LA DIME DE LANCÉ

1104-1124

Le chevalier Robert de Montlandai, qui contestait aux moines la quatrième partie de la dîme de Lancé, vint à Marmoutier où, par esprit de concorde, il fit abandon de tout ce qu'il réclamait, en présence de l'abbé Guillaume qui lui donna un palefroi et quarante sols.

Noverint fratres nostri habitatores hujus loci Beati

---

(1) Ingelbaud le Breton ou de Vendôme. Voyez note charte CXXVIII.

(2) Le moine Jarnegon paraît déjà dans les chartes CLXXVII et CLXXXIV entre 1032 et 1084.

Martini scilicet Majoris Monasterii, quod Robertus quidam, miles de Montelandiaco, clamabat et calumpniabatur nobis IIII^{am} partem decime de Lanciaco. Sed faciens concordiam venit ad Majus Monasterium, in presentia domni Wilelmi (1) abbatis et quorumdam fratrum, et ibi quidquid reclamabat nobis concessit et dimisit ; et dedit eidem Roberto domnus abbas quemdam palafredum et XL solidos..... Concesserunt tres fratres Roberti, Petrus scilicet, Gosfridus et Paganus.

Testibus : domno Vilelmo abbas *(sic)*.

Bibl. nat^{le}, ms. latin, n° 5441^{9}, f° 469.

LXIII

ABANDON D'UNE PARTIE DE L'OBÉDIENCE DE LANCÉ.

1118

Guibert de Saint-Médard, qui avait revendiqué le quart de l'obédience de Lancé, l'abandonne ensuite, avec l'approbation de sa fille, aux moines qui donnent pour cela, à lui cent sols vendomois, et à sa fille trente sols angevins.

Notum sit fidelibus, maximeque nostris in hoc Majori Monasterio monachis et successoribus, militem quendam nomine Guibertum, qui dicebatur de Sancto Medardo, calumpniatum nobis fuisse, sepiusque adversus nos reclamasse quarteriam, hoc est quartam cujusdam obediencie nostre partem, que dicitur Lanciacum, in pago site vindocinensi, dicens eam cuidam uxori sue quam habuerat, jure hereditario pertinuisse... calumpniam omnem quam inde faciebat in perpetuum dimisit et concessit. Et hoc filie sue quam de ipsa

---

(1) Guillaume, abbé de Marmoutier, de 1104 à 1124.

conjuge sua solam habebat, nomine Petronillæ concedere fecit, et viro ejus nomine Burgundioni; habuitque Guibertus C. solidos vindocinensis monete, et filia cum viro suo XL andegavensium solidos. Fecit autem hanc concessionem Guibertus pro sua et uxoris sue Haduise anima, matris ejusdem filiæ Petronille..... istam crucem manu propria fecerunt, multis videntibus.

S. Guiberti +   Presentes affuerunt :
S. Burgondioni + Paganus frater ejusdem Burgondionis
S. Petronille +   de Boloria (1) — Hugo Chavuellus frater eorum — Drogo de Villena.

Actum anno ab incarnatione Domini MCXVIII, supradicta Petronilla Guiberti filia adhuc juvencula et noviter nupta, nondum prolis alicujus susceptione, etate prohibente, fecunda.

Bibl. nat^{le}, ms. latin, n° 5441e, p. 44.

LXIV

DON D'UN CENS FAIT PAR HUGUES DE CRUCHERAI AU PRIEURÉ DE LANCÉ

1120

Hugues de Crucherai, à l'article de la mort, donne aux moines de Marmoutier six sols et quatre deniers que lui payait chaque année le prieur de Lancé. Lorsqu'il fut mort, sa femme fit porter son corps à Marmoutier pour y être inhumé, et l'accompagna avec plusieurs des siens. Elle entra, suivie des frères et des neveux de son mari, dans le chapitre, où, d'un commun accord, ils ratifièrent le don. Tous furent ensuite

(1) Bouloire, chef-lieu de canton (Sarthe).

admis à participer à l'association et au bénéfice des prières du couvent, puis le chapitre fini et la messe chantée, les moines enterrèrent honorablement le corps.

Peu après, Payen de la Galoche revendiqua ce cens qu'Hugues avait tenu de lui, et s'en désista après avoir reçu quarante sols du prieur Albert ; puis à son tour, Ulric son frère éleva une semblable prétention dont il se démit aussi pour trente sols.

Notum fore volumus tam futuris quam presentibus quod Hugo de Cuscheri (1) miles quidam, cum egrotaret apud Vindocinum castrum infirmitate qua et mortuus est, consulens tam anime sue quam et uxoris sue Rosthe nomine, que et Agnes vocabatur, ipsa concedente, dedit Deo et Beato Martino et nobis Majoris Monasterii monachis, habendos VI sol. et IIII den. de censu, quos ei solebat reddere per singulos annos prior obedientie Lanciaci........ Concesserunt fratres ipsius Hugonis, id est Ingelbaldus Guarenioth et Rainaldus Cheroth et Frogerius cognomento verumdicit, nepotes quoque ejus, id est Ernaldus qui cognominabatur Trahit-foras et Galterius et Acharias. Hoc audierunt Bartholomeus (2) filius Goffredi-Pagani et fratres ejus.....

Cum ergo supradictus Hugo eadem infirmitate paulo post obiisset, devotissima prefata uxor ejus fecit corpus deferri sepeliendum ad hoc Majus Monasterium nostrum ; ipsa etiam, cum pluribus ex suis, corpus usque ad sepulturam prosecuta, venitque in capitulum nostrum, una cum supra nominatis fra-

---

(1) Hugues de Crucheral. — Crucheray, commune du canton de Saint-Amand.

(2) Barthélemy, fils de Geoffroi-Payen et ses frères, descendaient du puissant Foucher le Riche de Vendôme par leur grand' mère paternelle Hildegarde ou Domitille, femme de Ingelbaud le Breton de Vendôme. Voy. note ch. CXXVIII

tribus et nepotibus defuncti viri sui, tam illa quam et illi, sed et Herveus (1) de Villarebla cognatus defuncti et Achardus vicarius venerunt cum ea et iterum concesserunt, et donum super majus altare per quendam baculum posuerunt, et suscepti sunt omnes in societatem et participationem totius benificii nostri. Nos vero finito capitulo et missis cantatis honorifice sepelevimus corpus.

Actum anno ab incarnatione Domini MCXX, presidente nobis domno abbate Willelmo (2), anno XVI, procurante obedientia Lanciaci domno Alberto, monacho nostro.

Bibl. nat^{le}, ms. latin, n° 5441^e, f° 467.

Quo facto, evolutis aliquot diebus, Paganus Galechisius (3), de quo predictus Hugo censum illum tenuerat, cepit nobis calumniari. De quo tandem censu, mediante Bartholomeo de Vindocino, Albertus ejusdem obedientiæ prior, hanc cum eo concordiam fecit. Dedit namque ei LX sol. et dimisit omnem illam calumniam, censum quoque illum libere concessit et donum inde super altare S^{tæ} Mariæ de Lanciaco posuit, et se ab omni calumnia nobis adquietare promisit; cujus rei se fidejussorem cum Bartholomeo de Vindocino dedit, sub testibus istis : Matheo — Gundragio cum filio suo — Rainaldo Cheroth, serviente — Jo-

---

(1) Hervé de Villerable. — Villerable commune du canton de Vendôme.

(2) Guillaume, abbé de Marmoutier, de 1104 à 1124.

(3) Payen de la Galoche. — La Galoche, ferme commune de Sainte-Anne, limitrophe de celle de Crucheray, (canton de Vendôme). Ce fut le siège d'un fief dont les hommes étaient francs de toute coutume sur le marché de Vendôme et en dehors du marché. Aveu de 1540.

hanne Berta — Harduino — Salomone et fratre ejus Ogerio de Alodiis — De nostris : Benedicto majore — Hilperito et filiis ejus Popardo et Judicael — Rivollonio — Bersaiaio — Herveo cellarario.

Quod etiam calumniatus est nobis Ulricus, frater Pagani Galecherii; nos vero, pace et concordia studentes, XXX solidos illi in caritate dedimus, qui calumniam dimisit, et donum illud, sicut antea factum fuerat, libere in perpetuum concessit. Hujus rei testes sunt : Gauzfredus (1) filius comitis Vindocini — Bartholomeus et Willelmus (2) fratres ejus — Jeremias de Turre — Archembaudus prepositus — Petrus Mathea. De nostris : Herveus de Vindocino — Judicaria de Lanciaco.

Copie manu^{te}. — Bibl. nat^{le}, ms. latin, coll^{on} Moreau. Volume 50, folio 53.

LXV

DONATION DE LA DUNE DE LA VOLVE (3)
1120

Thibaud de la Grève et Vulgrin, fils de Geoffroi-Payen, étant venus à Marmoutier, y furent honorablement reçus et admis à l'association du couvent. Thibaud se démit alors de toutes les prétentions qu'il élevait contre les moines et leur donna la dîme de la Volua, tenue de lui par Ansegina, avec les hotes et les oblations, pour l'admission de celui-ci parmi les moines.

Notum sit presentibus et futuris maxime autem suc-

---

(1) Geoffroi, fils de Geoffroi de Preuilly dit Jourdain, comte de Vendôme. Il succède à son père et il est connu sous le nom de Geoffroi Grisegonelle.

(2) Le copiste a sans doute écrit à tort Willelmus pour Wigrinus, car les fils de Geoffroi Jourdain étaient, après Geoffroi Grisegonelle qui lui succéda, Engebaud qui fut archevêque de Tours, Barthélemy de Vendôme et Wigrin de Vendôme.

(3) Peut-être la Vove, commune de Naveil, canton de Vendôme.

cessoribus nostris hujus loci Majoris Monasterii, quod anno ab incarnatione Domini millesimo centesimo vigesimo, Tetbaldus de Lagrevia et Vulgrinus filius Gauffredi Pagani venientes ad Majus Monasterium honorifice suscepti et procurati sunt, et in crastino susceperunt in capitulum nostrum beneficium et participationem societatis nostre. Tunc vero ibidem predictus Tetbaldus dimisit prorsus ac reliquit omnes calumpnias et querelas quas eatenus adversus nos habebat. Preterea dedit et concessit nobis in perpetuum decimam omnem tam annone cujusque generis quam ceterarum rerum de terra de Lavolua, quam terram tenebat Angesisus de eo, et quam post decessum ipsius Angesisi per ejus concessionem et condonationem propriam in loco heredis habere debebat. Insuper dedit et concessit nobis de omnibus hospitibus ejusdem terre de Volua, tam presentibus quam futuris, panem et candelam et ceteras oblationes, ita ex integro sicut Ansegisus habuerat. Hoc autem sciendum est quod hæc omnia dedit et concessit nobis pro anima sua et parentum suorum, specialiter vero ut ipsum predictum Ansegisum monachum faceremus, quod ita factum est, quia eumdem Ansegisum, post hec infra unum mensem, in monachum suscepimus. Cujus totius rei donum posuit in manu domni Willelmi abbatis, per quendam baculum, quem ad majorem evidentiam, exiens de capitulo, super majus altare posuit, videntibus istis: Vulgrino, qui cum eo fuit. De famulis nostris: Angerio Gatel — Gaudino famulo prioris — Petro Teul — Hildegario Bechet — Petro Burgeum — Adelardo de Tavento — Rainaldo colubro.

Archives de Loir-&-Cher. — Prieuré de Lancé.
Copie sur papier, collationnée à l'original en parchemin.
Bibl. nat^{le}, ms. latin, n° 5441, f° 469.

LXVI

DONATION DES EGLISES DE CRUCHERAI ET DE NOURRAI

1122

A la demande de l'abbé Guillaume, Geoffroi, évêque de Chartres, étant à Blois, donne à Marmoutier les églises de Crucherai et de Nourrai, situées dans l'archidiaconé de Vendôme, que Barthélemy, qui les tenait de ses prédécesseurs, était disposé à donner au monastère, si l'évêque y consentait. Celui-ci donna son consentement, mais comme les obligations de son ministère l'empêchaient de se rendre auprès de Barthélemy, il envoya à sa place l'archiprêtre du Vendomois qui reçut les églises des mains de Barthélemy et les transféra dans celles des moines.

Cum ex divina auctoritate et sanctorum patrum exemplis habeamus, nobis ad remunerationem profuturum, si justorum preces operum executione audiamus; in libro quippe sapientie sic scriptum est : benefac justo et invenies retributionem magnam, et si non ab ipso, certe a domino. Utillimum videri debet tot et tante auctoritatis et religionis fratrum, videlicet Sancti Martini Majoris Monasterii monachorum, petitionibus assentire. Quapropter ego Goffredus (1) Dei misericordia sancte carnotensis ecclesie episcopus, a domno Guillelmo (2) venerabili abbate prefati monasterii et a quibusdam fratribus ejusdem loci, apud castrum Blesim requisitus et rogatus ut monasterio eorum darem et concederem ecclesiam de Cuscherelo (3) et ecclesiam de Nucerelo (4) sitas in pago vindocinensi, cujus videlicet pagi ego in manu propria archidiaconatum tunc

---

(1) Geoffroi de Levès, 60ᵉ évêque de Chartres, de 1116 à 1148
(2) Guillaume, abbé de Marmoutier, de 1104 à 1124.
(3 et 4) Crucherai et Nourrai, communes du canton de Saint-Amand.

tenebam, quas ecclesias Bartholomeus (1), Goffredi Pagani de Vindocino filius, eatenus a suis antecessoribus tenuerat, sed peccatum suum et suorum antecessorum timens, in elemosinam et possessionem sempiternam predicti monasterii relinquere, si ego concederem, disponebat, concessi et concedo, concedentibus etiam atque laudantibus canonicis ecclesie nostre, qui in presentia erant, quorum nomina subscripta sunt, easdem ecclesias prefato abbati et fratribus loci, in successiones perpetuas, salvo jure sacerdotum et ecclesie carnotensis. Concedo, inquam, ita integre et devote ut etiam ipsa altaria earumdem ecclesiarum, que de manu laicali jam per aliquot annos in nostram potestatem absque alicujus reclamatione legitima devenerant, concedam pariter et confirmem, et quia eo tempore circa alia nostri ministerii valde occupatus, virum prefatum, Bartholomeum dico, adire expedite non potui, loco nostri misi ad eum archipresbiterum nostrum vindocinensem, Hugonem nomine, qui de manu ejus ecclesias, vice nostra, suscepit, et prefatos fratres, jussu nostro, de ecclesiis illis cum sibi pertinentibus investivit. Ad cujus doni sive concessionis inviolabilem et perpetuam firmitatem precepimus presentem cartulam sigilli nostri corroboratione premuniri. Quod si quis malo spiritu concitatus, ulterius attemptaverit depravare, sciat se ex auctoritate Beati Petri et nostra, nisi resipuerit et ad emendationem venerit, perpetue excommunicationi subjacere (2).

(1) Voyez note sur Ingelbaud le Breton, ch. CXXVIII.
(2) Ici le parchemin sur lequel est écrit l'original, conservé aux archives de Loir-&-Cher (Prieuré de Lancé), a été déchiré et le fragment contenant la fin de la peine n'existe plus. Cette fin est donnée d'après une copie existant à la Bibliothèque de Vendôme et faite jadis par M. Bouchet.

Actum anno Domini incarnationis MCXXII, Ind. XIVa epacta nulla, regnante francorum rege Ludovico, Gaufredo carnotensi episcopatui presidente, anno VI°, Guillelmo abbate Majus Monasterium procurante anno XV°. Actum, inquam, prius Blesis videntibus et concedentibus canonicis nostre ecclesie qui presentes nobis assistebant, quorum nomina hæc sunt: Hugo de Livis canonicus et prepositus ecclesie carnotensis — Bernardus canonicus et capicerius — Radulfus et Theodericus et ipsi canonici nostri, Hilgodus capellanus noster, canonicus regularis. Ubi etiam interfuerunt ex parte abbatis; ipse Guillelmus abbas — Guillelmus prior — Gilduinus filius Gilonis — Gauterius Compendiensis, Johannes de Cambornio — Hugo hospitalarius de Sparnone — Deinde in proxima sequenti ebdomada, cum ad prefatum monasterium divertissimus, venimus in capitulum fratrum, edificationis gratia audituri aliquid et dicturi; quo facto, suscepti sumus omnes, ego videlicet et supranominati canonici, in sociatatem et participationem beneficii fratrum quibus audientibus recapitulata sunt a nobis donum et concessio suprascripta et concessa iterum et firmata.

Scelle sur las de soye rouge, le sceau cassé
Bibl. natle ms. latin, n° 5441*, f° 406

LXVII

MÉTAIRIE DONNÉE AU CURÉ DE CRUCHERAY AVEC CLAUSE DE RETOUR.

1122

G. abbé de Marmoutier donne à bail à G. prêtre de Crucheray, sa vie durant, avec clause de retour au monastère, à son décès, une métairie sise dans cette paroisse, avec une grange et les dîmes, pour trois muids de grains, moitié froment, moitié avoine et deux muids de vin, avec charge de réparer les bâtiments, en prenant le bois nécessaire sur le prieuré de Lancé.

CIROGRAPHE (1)

Ego frater G. (2), Dei gratia Majoris Monasterii humilis minister, notum fieri volo presentibus et futuris quod assensu et voluntate fratrum capituli nostri, G. presbitero de Cuchero concessi medietariam nostram quam ibi habemus, cum grangia et decima et terra et ceteris ad eam pertinentibus, cum quadam porcione oblacionum quas in altario capiebamus, quandiu vixerit habendam et possidendam, ea condicione et pacto quod annuatim inde nobis tres modios partim avene et partim frumenti, dimissa et quitata mestiva, quam prius dabamus resignabit, duos etiam annuatim similiter reddet modios vini. Domus vero idem presbiter reedificabit, prout opus erit, et pecoribus et bobus et ceteris que medietaria solet et debet habere ipsam instaurabit, et modis quibus poterit meliorabit. De nemore autem (?) nostro de Lanceio quantum predecessores sui medietarii

---

(1) Le mot cyrographum est écrit verticalement dans la marge latérale du parchemin.
(2) Guillaume, abbé de Marmoutier de 1104 à 1124.

solent habere, ad edificacionem domorum accipiet. Cumque, Deo disponente, predictus presbiter in fata decesserit, medietaria cum omnibus supradictis, sicut instructa fuerit et meliorata, quieta et immunis ad nos revertetur. Terminus autem solucionis frumenti ad festum Sancti Remigii, terminus vero solucionis vini tempore vendemiarum, et frumentum autem et vinum legitimum erit et avena similiter. Testes hujus pactionis sunt : Willemus de Tarenchat — Magister Enardus — Willelmus tunc prior Lanceii — Willelmus capellanus de Nugeario — Willelmus major, et alii plures.

Archives de Loir-et-Cher. — Prieuré de Lancé.
Original sur parchemin.

LXVIII

CONCESSIO MOLENDINORUM DE VARENNIS GAUFREDO DE VARENNIS FACTA.
CIROGRAPHUM.

1125-1137

L'abbé Eudes donne à bail à Geoffroi de Varenne, pour sa vie durant, les moulins de Varenne dépendant du prieuré de Lancé.

Noverint presentes et futuri Majoris Monasterii habitatores quod ego frater Odo (1) abbas, laudantibus quibusdam fratribus nostris, concessi Gaufredo de Varennis molendinos nostros de Varennis qui pertinent ad domum Lancinci, in vita sua, tali tenore ut

---

(1) Eudes, abbé de Marmoutier de 1124 à 1137.

per annum octo modios annone, quatuor scilicet frumenti et quatuor annone molturengie, domui Lanciaci reddat et molturam annone monachorum sicut et annone aliorum hominum habeat ; cujus annone redde.ide term[inus est in n]ativitate Domini et in festivitate Sancti Xristofori. Si autem ipse Gaufredus [eosdem molendinos] (1) in vita sua, sponte sua dimittere voluerit vel tale forisfactum fecerit, quod emendare non possit aut non velit, pro quo eos juste perdat, idem molendini ad jus nostrum soluti et quieti et ita per omnia parati, sicut eos tenebat, redibunt. Quandiu vero eos tenebit pro posso suo, potius emendare studebit quam in aliquo deteriorari, nec umquam, aut per se aut per alium, queret ut in ipsis molendinis adversus nos aliqua calumnia surgat. Censum quoque eorumdem molendinorum X scilicet solidos, tres denariorum cenomanensium et vii solidos vindocinensium, reddet. Facta igitur ei hac concessione in cellario nostro, dedit nobis post decessum suum unum arpennum prati quod est situm ante portam eorumdem molendinorum, et ipsum donum prius nobis factum postea super altare Beati Martini posuit. Huic concessioni vel dono presentes fuerunt monachi: Ego frater Odo abbas — Hugo hospitalarius — Johannes Saraconus, tunc prior Lanciaci — Bormundus subbajulus. Famuli autem : Paganus — Boliardis — Eschivardus — Isembardus collararius — Rotbertus et Botoretus.

Archives de Loir-&-Cher. — Prieuré de Lancé.
Original en parchemin.

(1) Lecture douteuse, le parchemin étant usé.

LXIX

ABANDON DE LA TERRE DE VILLETROE

1148

Maurice de l'Errable, qui revendiquait contre les moines la terre de Villatroe, dépendant du prieuré de Lancé, reconnaît, en présence d'Engebaud, archevêque de Tours, le mal fondé de sa réclamation et s'en désiste.

In nomine sancte et individue Trinitatis, Patris et Filii et Spiritus Sancti. Ego Engebaldus (1), Dei gratia Turonorum humilis minister, per presentis paginule noticiam, omnibus fidelibus tam presentibus quam futuris notum fieri volo Mauricium de Errablio (2) quandam terram quam Villatroe (3) vulgo nuncupatur, ad domum de Lanceio pertinentem, monachis Beati Martini Majoris Monasterii calumpniatum fuisse, et ob hoc terram illam incultam aliquandiu remansisse. Sed tandem prefatus Mauricius, divine miserationis omnes homines salvos fieri et neminem perire volentis, gratia respectus, pariterque formidans ne, propter injuste calumpnie culpam, sortiretur imperpetuum juste dampnationis vindictam, ante presentiam nostram constitutus, et terram quam supra memoravimus se injuste calumpniatum fuisse

---

(1) Engebauld, archevêque de Tours, était fils de Geoffroi Jourdain, comte de Vendôme.

(2) Maurice de l'Errable avec Geoffroi son frère avaient renoncé en faveur de la Trinité de Vendôme, à une terre nommée la Quarte, près de Lancosme (1124). Lancosme, paroisse contigue de celle de Gombergean. — Baluze, arm. II. t. 2, n° 47, f° 243, v°.

(3) Peut-être Villetruie, commune de Gombergean, canton de Saint-Amand.

recognovit, omnemque calumpniam illam monachis
ex integro perdonavit. Et ut major dictis ipsius fides
posset adhiberi, manu propria super sanctum evangi-
lium juravit, quod injuste terram illam calumpniatus
esset, utpote qui prorsus in ea nichil juris habuisset,
nec patrem suum aut fratrem aut aliquem ex antecos-
soribus suis in ea quicquam juris habuisse vidisset,
nec alicujus relatione didicisset.

Archives de Loir-&-Cher. — Prieuré de Lancé.
Original sur parchemin.

LXX

PARTAGE DE LA TERRE DES BORDES

Vers 1200

Geoffroi de Vendôme fait savoir que Jacquelin de Chasset, après avoir méchamment saisi une terre sise aux Bordes, que ses prédécesseurs avaient donnée aux religieux de Marmoutier, l'a partagée avec eux.

Ego Gaufredus vindocinensis (1) notum facio.....
quod antiqui predecessores Jacquelini de Chassett (2) dederunt Beato Martino medietatem terre
circa Bordas sitam..... Jacquelinus pravo consilio
saisivit, tamdem partita est...... sigillo meo.... Testes:

---

(1) Le sceau que Gaigneron a dessiné au pied de sa copie et
qui est reproduit ici, montre que Geoffroi de Vendôme, qui a
donné la charte, n'était pas de la maison des comtes de Vendôme. Il descendait du puissant Foucher de Vendôme, dont la
famille a dominé sur une grande partie du territoire qui s'étend
au midi du château de Vendôme depuis Sainte-Anne jusqu'à
Landes et au-delà. (Voy. note ch. XXX.)

(2) Chassai, ancien fief, commune de Landes, canton d'Her-
rault (Loir-et-Cher). Jacquelin de Chassai était gendre de Geoffroi de Prai.

Hugo prior de Lanceio — Paganus prior de Pereio...
De laicis : Rainaldus de Insula — Gaufredus de Pereio
— Odo frater ejus — Philippus de Quarterio.... et
alii.

Bibl. nat^{le}, ms. latin, n° 5441', f° 471.

LXXI

DES HAIES DE LANCÉ

1249

Accord de Jean d'Estouteville, seigneur du Bouchet, avec l'abbé et le couvent de Marmoutier, au sujet des haies de Lancé.

Universis...... ego Johannes de Estotevilla miles, dominus de Boscheto (1), et Agnes uxor mea, salutem.... Cum contentio verteretur inter nos et abbatem et conventum Majoris Monasterii super haiis territori

---

(1) Le Bouchet, dit le Bouchet-Toutoville, commune de Crucheray, canton de Saint-Amand, était un fief considérable dont la mouvance s'étendait encore au XVIII° siècle sur des terres situées dans trente-trois paroisses. Il semble avoir été le primitif et principal domaine de Foucher le Riche, dont il est parlé dans la note de la charte XXX.

de Lanceio..... tandem compositum exstitit ; nos vendemus ad presens omnes haias predictas eis..... prebuerunt assensum Robertus primogenitus noster et Radulfus et Astulfus filii nostri..... Sigillorum nostrorum...., An. Dom. MCCXLIX mense martii.

Bibl. nat¹⁸, ms. latin, n° 5441³, f° 471.

LXXII

MONITOIRE DE L'OFFICIAL DE CHARTRES CONTRE JEAN D'ESTOUTEVILLE.

1249

L'official de Chartres défend sous peine d'excommunication à Jean d'Estouteville et à ses officiers, de juger les causes séculières dans la maison du prieur de Lancé.

Officialis curie carnotensis, de Lanceio et de Cucheraio presbiteris, salutem in Domino. Ex parte prioris de Lanceio nobis extitit intimatum quod senescallus, prepositi et servientes nobilis viri Johannis de Estoutaville militis, causas sec[u]lares, in quibus judicium sanguinis sit, in domo dicti prioris et in atrio suo et in cimiterio ecclesie dicti prioratus tractant, contra libertatem et immunitatem ecclesie, et in prejudicium et gravamen prioris supradicti. Hinc est quod vobis mandamus quatenus ex parte nostra inhibeatis dictis senescallo, prepositis et servientibus, ne ipsi presumant tractare de cetero dictas causas in dictis locis; et si ipsi senescallus, prepositi et servientes, contra inhibitionem vestram, immo potius nostram, attemptaverint venire in aliquo tractando de cetero dictas causas in dictis locis, ipsos quos ex tunc excomunicamus denuntietis excomunicatos, nisi causam protenderint

.iro (?) ad desistendum a premissis minime teneantur. Quam causam si protendunt, citetis ipsos personaliter vel per procuratorem sufficienter instructum coram nobis Carnoti ad centum diem. De quo ut de nominibus citatorum nos per vestras litteras certificetis nobis et dicto priore super premissis rescisuros (?) reddere litteras sigillatas, pro inhibitione facta in prima cauda vacua, et pro excomunicatione in secunda cauda vacua, et pro citatione in ultima cauda vacua, sigillum vestrum presentibus apponendo, ad hoc autem, faciendum alius vestrum alterum non expectet. Datum anno Domini M.CC.XL. nono die jovis in festo Beatorum Fabiani et Sebastiani.

Archives de Loir-&-Cher. — Prieuré de Lancé.
Original sur parchemin.

LXXIII

LE SEIGNEUR D'ESTOUTEVILLE EXCOMMUNIÉ.

1250

Refus de l'official de Chartres d'absoudre, faute de garants suffisants, le seigneur d'Estouteville et ses adhérents qui avaient pillé le prieuré de Lancé, après en avoir rompu les portes.

Officialis curie carnotensis viro venerabili et discreto Johanni de Bogueval ballivo andegavensi, salutem in Domino. Noveritis quod nobilis vir Johannes de Estoutevilla miles et prior de Lanceio, die jovis in cena Domini, comparuerunt coram nobis Carnoti, et dicta die jovis petiit dictus miles a nobis se et servientes suos et homines absolvi, et a priore predicto petiit coram nobis, quod dictus prior procuraret ipsum militem et predictos servientes et homines absolvi, ad proprios sumptus dicti prioris, prout dicto militi idem prior promiserat, ut dicebat idem miles; qui miles dicebat se et predictos servientes et homines esse excommunicatos ad instanciam abbatis et conventus Majoris Monasterii et dicti prioris, pro captione rerum prioratus de Lanceio, et pro fractione domus ejusdem prioratus. Predictus vero prior dicta die dixit coram nobis, quod fidejussores ydoneos invenire non poterat ibidem in presenti de emendis pro ipso milite et suis nobis solvendis, per quos dictos militem et suos absolveremus, preterquam Theobaldum Chaillou civem carnotensem, qui Theobaldus dixit se velle fidejubere pro dicto priore usque ad viginti libras turonenses, et quemdam armigerum qui vocatur Matheus dou gautril ut dicebat, qui nobis tamen erat ignotus, quos fidejussores, qui sic se offerebant, reputabamus minus ydoneos quantum ad emendas predictas, cum essent tresdecim persone, quantum ad premissa excommunicate, totidem debeantur emendere. Dixit tunc idem prior quod paratus erat dare alios ydoneos fidejussores pro dicto milite et suis, de emendis predictis nobis solvendis in manu decani vindocinensis vel alicujus presbyteri, cui in partibus (?) illis hoc comitteremus, dicente dicto milite quod hoc nolebat, nisi ipsa die jovis ipse et sui absolverentur. Nos vero hiis auditis diximus dicto milite quod parati eramus ipsum et suos absolvere, secundum formam (?) ecclesie, quantum ad excommunicationes predictas. Quibus actis, dictus miles et sui qui presentes erant, gagiaverunt emendas in manu nostra pro excommunicationibus predictis, et cum dictus miles nollet nobis dare plegios ydoneos de emendis nostris, ut dicebat dictus miles, nec etiam servientes aut homines sui, nec dictus prior pro ipso milite et suis in presenti posset dare plegios, preterquam duos plegios predictos, ut dicebat dictus prior, dictus miles et sui a nobis non absoluti recesserunt, et hoc vobis significamus. Datum anno domini M. CC. quinquagesimo primo die jovis supradicta.

Archives de Loir-&-Cher. — Prieuré de Lancé.
Original sur parchemin.

LXXIV

DES DIMES DES NOVALES DE LANCÉ.

1250

Accord entre Renaud, abbé de Vendôme, et les moines de Marmoutier.

Universis....... Raginaldus, divina misericordia, humilis abbas vindocinensis...... convenimus cum abbate et monachis Majoris Monasterii super decimas novalium in territorio de Lanceio. — Anno domini 1250 die merc. post festum beati Martini estivalis.

Bibl. nat^{le} mss. latin, n° 5441^3, f° 471.

LXXV

PROMESSE DU SEIGNEUR D'ESTOUTEVILLE

1251

Jean d'Estouteville promet de se soumettre à la décision d'Alfonse comte d'Eu et de l'abbé de Marmoutier, touchant les contestations existant entre lui et le prieur de Lancé.

Johannes de Estoutovilla, dominus de Valemont,

omnibus hoc visuris, salutem in Domino. Notum facio quod ego, ad instanciam et preces illustris viri Alfonsi (1), filii clare memorie regis (2) Jerosolime, comitis Augi, super omnibus contentionibus inter me et viros religiosos abbatem Majoris Monasterii et priorem de Lanceio, tam coram officiale carnotensi quam coram comite andegavensi motis, dicto et ordinacioni dicti domini comitis Augi, et dicti abbatis Majoris Monasterii, me supposui, bona fide promittens et me obligans, sub ypotheca rerum mearum tenere et servare quidquid dixerint seu ordinaverint inter nos, super contentionibus predictis, termino istius mensis durante usque ad festum Beati Remigii proximo venturum, nisi de consensu parentum vel amicorum nostrorum ulterius prorogetur.

Actum anno Domini MCCLI, in crastino Beati Martini estivalis.

Bibl. nat^{le} ms. latin, n° 5441°, f° 471. — Copie.

LXXVI

CONSTITUTION D'UN ARBITRAGE ENTRE LES RELIGIEUX ET JEAN D'ESTOUTEVILLE.

1251

Les religieux de Marmoutier font un compromis avec Jean d'Estouteville au sujet de violences et de vol commis au prieuré de Lancé, par le sénéchal et autres gens de ce dernier.

Universis presentes litteras inspecturis, fratres capituli Majoris Monasterii turonensis et frater Gaufr (3)

(1 et 2) Alfonso de Brienne, comte d'Eu, chambrier de France, fils de Jean de Brienne, roi de Jérusalem, et de Bérengère de Castille, mourut à Tunis le 25 août 1270, le même jour que le roi Saint-Louis qu'il avait accompagné à la croisade.

(3) Geoffroi III, *de Conan*, abbé de Marmoutier de 1237 à 1262.

permissione divina eorum minister humilis, salutem in Domino. Neveritis quod, cum inter nos ex una parte et nobilem virum dominum Johannem de Stotevilla militem et Agnetem ejus uxorem ex altera, diu fuisset agitata materia questionis super hoc videlicet quod ipsi seu eorum vir, scilicet Thomas dictus Canis senescallus eorum et ejus complices, anno Domini M. CC. quinquagesimo, circa festum beati Thome apostoli, per violentiam et cum armatorum multitudine accesserunt ad prioratum nostrum de Lanceio et portas anteriores et hostia officinarum ejusdem loci fregerunt et violenter intrarunt, nec non bona ibidem inventa, videlicet bladum, vinum, carnes, equos, pecora, culcitas, supellectilia, ustensilia et alia ceperunt, occupaverunt, extraxerunt et consumpserunt injuste, usque ad valorem trecentarum librarum turon, ut dicebamus, et super hoc etiam quod vir ipsius nobilis scilicet dictus senescallus, et alii qui cum eo erant, manus injecerunt temere violentas in fratrem Philippum tunc priorem, monachos, servientes et homines prioratus ejusdem, et super hoc etiam quod idem nobilis et ejus uxor se conquerebantur quod idem prior et illi qui erant cum ipso tunc in dictum senescallum et suos manus injecerunt similiter violentas. Tandem, prudentium virorum consilio mediante, hinc inde compromiserunt in viros venerabiles et discretos magistros Nicholaum transligerinsem archidiaconum in ecclesia turonensi et Johannem castellanum de Vindocino, pena centum marcharum argenti ab utraque partium apposita solvendarum a parte parere nolente convencioni partium dicto seu sententie arbitrorum, parti parere volenti, sive etiam ab illa per quam staret quominus arbitri in arbitrio procederent supradicto. Concessum etiam extitit et promissum a predicto nobili et ejus uxore quod ipsi, primo et antequam procedetur in arbitrio supradicto, reddant sive restituant ipsis abbati et conventui vel eorum mandato, capta, occupata, extracta integre et consumpta in prioratu et a prioratu predicto, per dictum senescallum et alios complices suos, vel estimationem predictorum, et quod de predictis vel eorum estimatione credetur, sine aliqua alia probatione vel difficultate, juramento dicti prioris prestando in animam suam, coram ipsis arbitris cum duobus comonachis ex familia tunc secum existentibus, qui duo preter juramentum ipsius prioris, per sacramenta sua dicent quod credunt quod idem prior bonum sacramentum prestiterit et legale. De injuriis vero, violentiis, fractionibus et dampnis irrogatis in res et circa res prioratus ejusdem, a dictis senescallo et aliis, inquirent ipsi arbitri plenius veritatem summarie et de plano et sine advocatorum vel judiciorum strepitu, et hinc inde sub pena predicta observare tenemur quicquid ipsi arbitri super hiis, alte et basso ordinaverunt, et contenti erimus pro dicto senescallo et aliis satisfactione vel emenda quae nobis adjudicanda vel concedenda duxerint contra predictum nobilem et ejus uxorem. De injuris vero contumeliis, personis (?) ad invicem irrogatis, et etiam de injectione manuum violenta, volumus et consentimus, quod dicti arbitri, inquisita super hoc veritate summarie, ut dictum est, de plano, facta collacione et compensatione earumdem injuriarum ad injurias ad invicem, pars que magis culpabilis et injuriosa invenietur, ad ipsorum arbitrium, parti alteri condempnabitur et punietur. Poterunt etiam dicti arbitri convenire et in predictis procedere et citare partes coram se ubi viderunt expedite. Si autem contingeret quod iidem arbitri essent discordes in predictis vel in aliquo premissorum, volumus et consentimus hinc inde quod vir venerabilis et discretus Guido, decanus beati Martini turonensis, cum predictis arbitris vel altero predictorum ordinet de discordia alte et basse prout superius est expressum. Et nos quicquid super hiis ordinanda seu statuenda cum ipsorum altero duxerit, sub amissione pene predicte observare promittimus et tenemus. Debet autem dictum arbitrium terminari infra instantem ascencionem Domini. In cujus rei memoriam presentibus litteris sigillum nostrum duximus apponendum. Actum anno Domini M. CC. quinquagesimo mense januarii.

Archives de Loir-&-Cher. — Prieuré de Lancé.
Original sur parchemin.

LXXVII

DES DIMES DE LANCÉ. (1)

1264

Jean, seigneur de Saint-Amand, concède aux religieux de Marmoutier quatre sextiers et mine de grain à prendre dans sa grange de Saint-Amand, en échange des dîmes des terres nouvellement mises en culture dans la paroisse de Lancé.

Universis presentes litteras inspecturis Johannes dominus de Sancto Amando, miles, salutem in Domino Noveritis quod cum contentio verteretur inter me, ex una parte, et religiosos viros abbatem et conven-

(1) Vidimus rapporté dans une sentence du bailliage de Tours de 1447, condamnant Jean de Villiers, seigneur de St-Amand, héritier de Jean de Saint-Amand, à payer au prieur de Lancé deux sextiers et mine d'avoine à prendre sur la grange dîmeresse de St-Amand.

tum Majoris Monasterii turonensis et priorem ipsorum de Lanceyo, carnotensis diocesis, ex altera, super decimis terrarum mearum ad culturam noviter redactarum vel redigendarum, sitarum in parochia de Lanceyo, in toto territorio meo de Chandelle (1), quod campus dolatus magnus et parvus vulgariter appelatur, quas decimas petebant a me sibi reddi. Tamdem ego ductus consilio saniori, propendens dictos religiosos in... decimis jus habere, in recomponsationem dictarum decimarum, seu predictis decimis dictarum terrarum de novo ad culturam redactarum et reddigendarum, eisdem religiosis dono, concedo, constituo et assigno quatuor sextaria et unam minam bladi, ad mensuram vindocinensem, videlicet duo frumenti sextaria et quinque minas avene percipiendas ab ipsis annuatim et habendas in perpetuum in grangia mea de Sancto Amando infra festum omnium sanctorum, promittens quod contra donationem et assignationem predictas, non veniam per me vel per alium in futurum, ymo ipsas inviolabiliter observabo me et mea, heredes meos et quoscumque successores, quos ad hoc specialiter obligamus et pro me astringemus. In cujus rei testimonium muniminis, presentes litteras dictis religiosis dedi, sigilli mei munimine communitas. — Datum anno Domini millesimo CC^{mo} IX^{mo} quarto, mense novembris.

Archives de Loir-&-Cher. — Prieuré de Lancé.
Original sur parchemin.

---

(1) Chandelé, hameau, commune et canton de St-Amand.

LXXVIII

ACCORD AU SUJET DU BOIS DE LA RONCE.

1304

Robert d'Estouteville seigneur du Bouchet, consent à ce que le prieur de Lancé jouisse d'un bois joignant le bois de la Ronce, paroisse de Prai, se reservant le quint denier de la vente de ce bois, et pour assoupir tout procès entr'eux, le prieur paie soixante livres au seigneur du Bouchet.

Nous, Robert de Estouteville seigneur dou Bouchet (1) et Alyennor de Semoure sa famme, faisons assavoir a touz ceus qui ces presentes lettres verront et orront, que come contenz fust meuz entre nous de une partie, et le prieur et les freres dou prieuré de Lancey, membre de Marmoutier, de l'autre partie, sur ce que le dit prieur et freres disoient et affermaint, ou nom dessus dit, heus avoir droit de vendre quant il leur pleroit et a 'heus et a leurs successors au dit prieuré de Lancey de sus dit, un bonis assis joignant aus bois de la Ronce en la paroisse de Percy (2), et dou quel bonis, Johan dit Biscau escuyer leur avait delessié et quitté tous les droits come il y avoit ou povoit ou devoit avoir. Et nous deissonz et affermaien le contraire disouz et soutenenz que le dit bois estoit de notre flé et que le diz prieur et freres ne le povooint tenir ni avoir. Et yceus prieur et freres disooint et affermaoint le contraire, et que le dit bonis estoit dou fondement dou dit prieuré. Et sur ce encore que yceus prieur et freres volaient esampler et coutiver les fresches que il ont joignant

---

(1) Le Bouchet. Voy. note ch. LXIX A.
(2) Percy, aujourd'hui Pray, commune du canton de Selommes.

aus bais de la Hardonniere (1) de une part, et de l'autre part joignant aus terrouers de Chandelé (2) et Challon (3), et nous deissenz en contre que il ne les povaient ni devoint esploiter, essampler, ne coutiver senz notre assentiment, senz notre congié, et que nous avionz dreit de les leur deffendre. Et les dit prieur et freres deisseint le contraire. A la parfin, pour bien de pez, nous avons voulu et ostraié aus diz prieur et freres et a leur successors ou dit prieuré de Lancey, que le dit boais o fonz, o proprieté et o toutes ses apartenances, leur demeure des ores en avant délivrément, perpétuement et quitement, sauve toutevois et a naus hers le quint denier, quant ils vendront le diz boais, et qu'il puissent essampler et coutiver les devant diz fresches por leur volonté et tourner a leur profit a gaignage ou a coutoison en la meniere que il leur plera, senz aucun empechement de nous ne de nos hers, et li diz prieur et freres pour bien de pez et por eschiver notre contenz, nos ont donné saixante livres de leur deniers en bonne monaie courant, donz nous nous tenons pour bien paiez et les en quiton de tout en tout, sauve toutevois a nous et a nos hers notre jousticie es diz lous, et quant a tout ce segre tenir et acomplir fermement et leaument sanz maumetre, et sanz venir en contre par nous, nous obligeons nous et naus hers et touz nos biens et les biens de noz hers, et pour ce que ce soit ferme et estable, nous en avons donné au dit prieur et freres et a leur successors ou dit prieuré ces présentes lettres saellées

---

(1) La Hardonnière, commune de Gombergean, canton de Saint-Amand.

(2 et 3) Hameaux de la commune de Saint-Amand.

de nos seaus en temoignage de verité, en l'an mil CCC. et quatre, le jour de jeudi devant Quasimodo.

Archives de Loir-&-Cher. — Prieuré de Lancé.
Original sur parchemin.

PRAY

LXXIX

REMISE D'UN REPAS EXIGÉ DU PRIEURÉ DE PRAY.

Vers 1200

Rainaud, seigneur de l'Ile Jérémie, remet aux religieux de Marmoutier un repas que ses prédécesseurs exigeaient abusivement du prieuré de Lancé.

Ego Rainaldus, Insulœ Jheremiœ dominus (1), notum fieri volo presentibus et futuris presens scriptum inspecturis, quod predecessores mei quoddam annuale prandium a monachis Majoris Monasterii de

---

(1) Rainaud II, vicomte de Blois, seigneur de l'Isle Jérémie, descendait de Robert, vicomte de Blois, qui restaura en 985, le monastère d'Evron au Maine, dévasté par les Normands (Dom Housseau, T. I, p. 244, et Cart. de St-Père, T. II, p. 77.) et où les seigneurs de l'Isle furent enterrés pendant plusieurs siècles.
C'est peu après la date de cette charte, que dans ses guerres avec Richard, roi d'Angleterre, Philippe-Auguste vint se poster à l'Isle Jeremie, pour observer Vendôme, et qu'ayant trouvé le château occupé par les anglais, il se mit en retraite en grande

Percio non satis juste extorserunt, et diu non sine peccato tenuerunt, domumque ipsam in expensis prandii, sine suo profectu graviter afflixerunt. Ego vero periculum animæ meæ intuens, et ipsorum assensu et consilio patris mei Rotberti et fratris mei Gauffridi, necnon uxoris meæ Alienor, sororum, consanguineorum et amicorum meorum, ipsum prandium predictis monachis Majoris Monasterii predictis monachis Majoris Monasterii, pro animabus predecessorum meorum, patrisque et matris meæ, et pro me ipso dedi, concessi et quitavi Deo et Beato Martino et conventui in perpetuam elemosinam, ut domus ipsa de Percio (1) a tanto gravamine deinceps libera permaneret, et ne ulterius ad illud prandium temere me aspirare liceret, juramento super altare Beati Petri firmavi me nunquam illud ulterius repetiturum, nec aliquis de genere meo; hoc mecum pariter juraverunt Gauffridus de Percio et Jacquelinus (2) gener ejus. Monachi vero benevolentiam meam intuentes, me, assensu capituli, in communi beneficio totius ecclesiæ receperunt, et animas predecessorum meorum absolventes, patri meo et nobis filiis suis quingentos solidos contulerunt, et domum ipsam a prandio liberam conservatam; ne igitur aliquis de genere meo iterum ad illud prandium aspi-

hâte, après avoir incendié le château de l'Isle, et dans la journée les anglais enlevèrent son arrière-garde à la bataille, restée historique, de Fréteval (Dom Housseau, T. XX, n° 34).

L'Isle, commune du canton de Pezou (Loir-&-Cher), elle a tiré son nom du château qui était situé dans une île du Loir.

(1) Perci, aujourd'hui Pray, commune du canton de Saint-Amand.
(2) Jacquelin de Chassai. — Chassai (Loir-&-Cher) ancien fief de la commune de Pray. (V. ch. LXVII. A.)

rare tentaret, presentem cartam in testimonio jam dictæ elemosinæ scribi feci, et contra hujus facti calumpniantes sigillum meum apposui, et nomina testium qui interfuerunt annotare precepi.

Hujus rei igitur testes sunt : Durandus, magister prior qui hoc opus perfecit — Hugo prior de Lanceio — Buchardus prior de Loncummes (1) — Paganus prior de Pereio — Guillelmus prior de Auricasa — Galterius carnotensis — Grosset prior de Insula Jheremiæ — Radulfus capellanus de Ler....(?) — Gauffridus de Pereio — Hervens et Gauffridus filii ejus — Odo, etc°...et alii pluses.

Bibl. nat¹ᵉ. Dom Housseau. T. III, n° 1052.

LXXX

CONFIRMATION DE LA REMISE D'UN REPAS EXIGÉ DU PRIEURÉ DE PRAY.

Vers 1200

Robert, seigneur de l'Ile Jeremie, confirme l'abandon fait par Rainaud son fils, d'un repas qu'eux et leurs prédécesseurs exigeaient des religieux de Marmoutier du prieuré de Pray.

Ego Rotbertus de Insula Jeremie dominus (2) notum fieri volo presentibus et futuris, Rainaldum filium meum dedisse et concessisse Deo et monachis Beati Martini Majoris Monasterii in elemosinam, quoddam prandium quod nos et antecessores nostri in domo ipsorum de Percio, annuatim diu utcumque possede-

---

(1) Lancôme, commune du canton d'Herbault. Il y avait un prieuré de la Trinité de Vendôme.
(2) Voyez note ch. LXXIX.

remus, et juramento firmasse se nunquam illud repetiturum, quia vero meo consilio et assensu, hoc fecit donum et elemosinam ejusdem prandii, concessi et approbavi, et donum super altare Beati Medardi in libro missali obtuli, promittens Deo me nunquam illud ulterius habiturum, nec aliquis de genere meo. Monachi vero in communi beneficio ecclesie ipsorum nos et predecessores nostros receperunt, datis mihi et filiis meis solidis quingentis, et ne in posterum quoquomodo ab aliquo revocari possit, presentem cartam sigillo meo roboravi, nomina testium subscribens, ut sunt testes ydonei jam dicte elemosinæ et donationis, quorum hæc sunt nomina :

Durandus magister prior qui hoc peregit — Hugo prior de Lanceio — Galterius de Sancto Mederdo — Galterius carnotensis — Garremus decanus vindocinensis — Grosset prior de Insula Jheremiæ — Odo de Marcille.. etc^a... et alii plures.

Bibl. nat^{le}. Dom Housseau. T. III. n° 1053.

LXXXI

ACCORD AU SUJET DE LA NOUE ET DE LA BROSSE DU PRIEURÉ DE PRAY.

1215 - 1218

Jean, comte de Vendôme, fait savoir que les religieux de Marmontier et Hercé de Pray depuis longtemps en diffèrent au sujet d'une noue et de buissons, appelés Goar, et de haies, situés sur la terre du prieuré de Pray, ont amiablement composé en sa présence, de telle façon qu'Hercé délaisse à perpétuité tout le droit qu'il pouvait avoir sur ces biens, aux moines qui le tiennent quitte de ses méfaits à l'égard de leur maison de Pray.

Ego Johannes (1), comes vindocinensis, notum facio omnibus presentes litteras inspecturis, quod cum inter abbatem ac monachos Majoris Monasterii, ex una parte, et Herveum de Percio militem, ex altera, diucius contentio haberetur super quadam noa et broscia sitis inter terras prioratus de Percio, quæ scilicet Goar, Broscia, Haia monachi vulgaliter (*sic*) nuncupantur, in quibus idem Herveus medietatem se asserebat habere ; tandem dicti abbas et monachi et predictus Herveus in nostra presentia constituti, super eadem controversia amicabiliter composuerunt in hunc modum. Videlicet predictus Herveus quicquid in predictis noa et broscia habebat, vel habere poterat, quietavit omnibus et concessit monachis supradictis, pacifice et sine omni calumpnia inporpetuum possidendum, promittens, fide interposita, quod adversus eosdem monachos super his non moveret de cetero questionem. Predicti vero monachi et abbas eumdem Herveum de omnibus injuriis et damnis quæ domui de Percio ab eodem fuerant erogata, et omnes illius complices, liberaliter in nostra presentia quietaverunt. Hujus modi vero compositionem laudaverunt, concesserunt et approbaverunt Gauffredus de Percio, frater ejusdem Hervei, et Matildis mater corum, et Lucia et Adelisia eorundem sorores, quod ut ratum et inconcussum permaneat et ne alteruter partium ab hujus modi concordia valeat resilire, ego Johannes comes vindocinesis, ipsam concedens et approbans, pro utraque parte, ad petitionem earum, et Raginaldi de Insula, cujus homo legius est predictus Herveus, manucepi, quod hanc compositionem teneri faciam et inviolabiliter inperpetuum observari. In

---

(1) Jean III, comte de Vendôme, 1207-1218.

cujus rei robur et memoriam, ad petitionem partium et Raginaldi predicti, presentem cartulam sigilli mei munimine roboravi. Huic autem compositioni interfuerunt Hamelinus (1) vindocinensis et Laurentius (2) S^{ti} Lannomari blesensis, abbates — Gauffredus archidiaconus turonensis — Gauffredus de Vindocino — Herveus de Bellomonte — Petrus de Pereion — Raginaldus de Insula — Raginaldus de Marcilleio — Guillelmus de Corseraut (?) — Guillelmus de Sancto Martino, — Hugo de Bellomonte, milites, — Johannes panetarius Morciarum, — Gregorius, tunc temporis prior de Pereio, — Raginaldus notarius, — Raginaldus capellanus, prior de Lance, Oliverius, monachi Majoris Monasterii, — Gauffredus elemosinarius et Nicholaus cappellanus, monachi blesenses, — Crispinus prepositus Morciarum, — Tiberius de Lance et plures alii. Actum apud Vindocinum, anno gratiæ M° CC° duodecimo quinto kalendas Martii.

Bibl. nat^{le}. Dom Housseau. T. VI, n° 2334.

LXXXII

DES DIMES ET DES PRÉMICES DE PRAY.

1215

Pierre, comte de Vendôme, autorise la vente que Jean de la Poterne, chantre de l'église de St-Georges de Vendôme, a faite aux religieux de Marmoutier, des dîmes grosses et menues, et des prémices qu'il percevait dans la paroisse de Pray, dans le fief du comte, ainsi que la ratification consentie par Geoffroi de la Poterne, frère de Jean.

(1) Hamelin, abbé de Vendôme, 1201-1218.
(2) Laurent, abbé de Saint-Laumer de Blois, 1215-1218.

Universis presentes litteras inspecturis Petrus (1) comes vindocinensis, salutem eternam in Domino. Noveritis quod ego saluti meæ et antecessorum meorum cupiens providere, et onerementum religiosis, quantum cum Deo possum desiderans et augmentum de consensu uxoris meæ (2), venditionem quam Johannes de Posterna (3), cantor ecclesie Sancti Georgii vindocinensis, fecit religiosis viris abbati et conventui Majoris Monasterii et eorum camerario, de decimis majoribus, minutis, et premiciis, quas idem Johannes percipiebat et percipere consueverat in parochia de Pereio (4), in feodo meo, nec non ratificationem et confirmationem, quam Gauffridus de Posterna miles, frater dicti Johannis, fecit abbati et conventui et camerario, de decimis supradictis, ratas et gratas habeo, consentio et confirmo, promittens pro me, heredibus et successoribus meis, eisdem abbati et conventui et camerario supra dictis decimis questionem non moveri nec ipsos super hiis de cetero molestari. In cujus rei testimonium et munimen dictis abbati et conventui ac camerario presentes litteras concessi, sigilli mei munimine raboratas. Actum anno Domini millesimo ducentessimo quadragesimo quinto.

Dom Housseau. T. VII, n° 2936. — de la chambrerie de Marmoutier.

(1) Pierre, surnommé de Montoire, comte de Vendôme, 1239-1249.
(2) Jeanne de Mayenne, dame de Château-du-Loir.
(3) La Poterne, ancien fief, aujourd'hui ferme, commune de Périgny, canton de Selommes (Loir-et-Cher).
(4) Pray, commune du canton de Selommes.

LE SENTIER

LXXXIII

DU DROIT DE CORNAGE EXIGÉ DES HOMMES DU SENTIER.

1220

Jean, comte de Vendôme, reconnaît avoir indûment demandé le droit de cornage aux hommes du Sentier, attendu qu'ils ne le lui devaient pas, et déclare qu'à l'avenir, ni lui, ni ses successeurs ne devront l'exiger.

Cum ego Joannes, comes vindocinensis et dominus de Monteaureo (1), mala quorumdam suggestione, ab hominibus abbatis et conventus Majoris Monasterii ad prioratum eorum de Semitario pertinentibus, cornagium (2) indebite postulassem, quod ipsi prout debebant, michi constantissime negaverunt, inquisita postmodum et cognita super hoc plenius veritate, timens ne occasione hujus postulationis, non sine

---

(1) Jean IV de Montoire 1218-1239. — En l'année 1218 après avoir recueilli le comté, dans la succession de son oncle Jean III, il avait demandé à Laurent, abbé de Saint-Laumer de Blois, de lui concéder gracieusement le droit de cornage sur les terres de son monastère, situées dans le comté de Vendôme, pour l'aider à se libérer envers le roi Philippe, qui le lui avait concédé. (Archives nationales. — S. 3292).

(2) Cornagium, impôt perçu sur les bêtes à cornes, principalement sur celles que l'on attelait pour le labourage ou pour le charroi, et redevance de blé pour les bœufs attelés à la charrue.

animæ meæ dispendio, aliquod posset eis prejudicium
generari, tam presentibus quam futuris presentem
cartam inspicientibus notum facere dignum duxi,
quod ego injuste illud cornagium postulavi, nec ego,
nec successores mei aliquod jus habemus in eo re-
petendo aliquatenus vel habendo, concedens firmiter
et fideliter promittens quod illud de cetero nullatenus
postulabo nec eis propter hoc aliquam inferri mo-
lestiam sustinebo. In memoriam hujus rei presentem
cartam faciens, sigilli mei munimine roboravi. Acto
anno gratiæ millesimo ducentesimo vicesimo mense
julio.

Dom Housseau. T. VI, n° 2496.

LXXXIV

DE LA JUSTICE DU SENTIER.

1242

Pierre, comte de Vendôme, fait savoir qu'il est convenu avec les religieux de Marmoutier de s'en rapporter au jugement de l'Archevêque de Tours sur le différend qu'ils ont eu au sujet de la justice du Sentier.

Universis presentes litteras inspecturis et audituris,
Petrus (1) comes vindocinensis, Salutem in Domino.
Noverint universi quod cum contencio mota esset
inter nos, ex una parte, et religiosos viros abbatem
et conventum Majoris Monasterii, ex altera, super alta
justitia villæ et territorii *du Sentier*, carnotensis diocesis, tandem nos et dicti abbas et conventus volentes
omnem discordiæ materiam evitare, volumus et con-
cessimus quod venerabilis pater Juhellus, Dei gratia
turonensis archiepiscopus, summatim inquirat, tam

(1) Pierre de Montoire, comte de Vendôme, 1239-1249.

per testes quam instrumenta et alias, prout viderit expedire, de jure utriusque partis, et auditis rationibus partium, et inquisita super premissis diligentius veritate, super his statuat quod viderit statuendum. Promissimus etiam quod dictum, seu statutum archiepiscopi supradicti, inviolabiliter observabimus, nec contra aliquatenus veniemus. In cujus rei memoriam presentes litteras sigilli nostri munimine duximus apponendas. Actum anno Domini M°° CC° XLII°, mense decembris.

Dom Housseau. T. VII, n° 2893

LXXXV

ACCORD ENTRE BOUCHARD, COMTE DE VENDOME, ET LES RELIGIEUX DE MARMOUTIER.

1265

Le comte Bouchard et les religieux de Marmoutier règlent amiablement les difficultés existant entr'eux au sujet de douze arpents de haies du Bouchet, dont le seigneur avait donné l'usage aux religieux, sans le consentement du comte; de six muids d'avenage que celui-ci assurait lui être dus par les hommes des religieux du prieuré du Sentier; de droits et coutumes qu'il voulait percevoir sur ces hommes comme sur tous autres qui venaient au marché et aux foires de Montoire; et sur des deffens existant déjà dans la forêt de Gastines, et sur d'autres qu'il voulait y faire, ce à quoi les moines s'opposaient à cause de leur usage.

Universis presentes litteras inspecturis Burchardus comes vindocinensis (1), Salutem in Domino. Noveritis quod cum inter nos, ex una parte, et religiosos

(1) Bouchard V, comte de Vendôme 1249-1271.

viros abbatem et conventum Majoris Monasterii turonensis, pro se et quibusdam homnibus suis, ex altera, super diversis articulis questio moveretur, videlicet super quadam pecia haiarum de Bocheto, duodecim arpenta vel circa continente, a domino de Bocheto (1) et ejus uxore sibi pro quibusdam usagiis tradita, ut dicebant, quam quum traditionem, utpote sine nostro consensu factam, dicebamus penitus non valere. — Item, super quibusdam avenagiis, quæ ab hominibus dictorum religiosorum in villa et territorium de Semitario manentibus, usque ad valorem sex modiorum avenæ, nobis deberi annuatim, asserebamus, et quæ nostris predecessoribus reddi consueverunt apud Montorium ab antiquo, ut dicebamus. — Item, super costumis et mercatus nostri et nundinarum de Montorio, quas a dictis hominibus levare sicut ab aliis ad dictum mercatum et nundinas confluentibus volebamus. — Item, super quibusdam defesiis, tam a patre nostro quam a nobis in foresta Gastinæ factis, et super hoc et quædam alia defesia in eadem foresta facere volebamus, dictis religiosis, tam pro se quam hominibus suis ratione usagii sui et aliis pluribus de causis premissis opponentibus. Tamdem super predictis omnibus, nos et dicti religiosi pro se et hominibus suis ad amicabilem compositionem devenimus in hunc modum, videlicet quod dicta haiarum pecia dictis religiosis in perpetuum remanet ad eam explectandam, prout voluerint, tanquam suam, hoc excepto quod illam non poterunt examplare et extirpare, nisi forsan dictas haias de Bocheto, de quibus dicta pecia sumpta est, eidem pecie contiguas

(1) Robert d'Estouteville, seigneur du Bouchet-Touteville, seigneurie, commune de Crucheray, canton de Saint-Amand.

usque ad octoginta arpenna exemplari vel extirpari contingat, in quo casu dictam haiam poterunt extirpare. Pro dictis vero avenagiis reddent dicti homines de Semitario et territorio ejusdem loci, annuatim, per se vel per aliquem seu aliquos eorumdem aut per alium certum nuncium, nobis et heredibus aut successoribus nostris, seu vigerio aut allocato nostro apud Montorium, in crastino omnium sanctorum, sexaginta solidos vindocinenses, una cum aliis quadraginta solidis, quæ nobis allocato nostro reddi consueverant singulis annis ab hominibus supradictis. Nos ex tunc poterimus capere propter defectum hujus modi de animalibus dictorum hominum de Semitario, tam in bobus quam in equis et jumentis seu aliis animalibus, usque ad sex seu septem, et tenere per octo dies in expensis hominum predictorum, quibus elapsis, ex tunc poterimus illa vendere, et de pretio ad quod esset debitum retinere, reddendo residuum hominibus antedictis. Si vero non fuerit allocatus ex parte nostra, qui dictam pecuniam statuto termino et loco recipiat, non poterit, in hoc casu, aliquis deffectus predictis hominibus imputari; hoc tamen salvo, quod nichilominus dictam pecuniam reddere tenebuntur, quando ex parte nostra super hoc fuerint requisiti. — De costumis vero et nundinarum et mercatus de Montorio, homines prædicti de Semitario et territorio ejusdem loci remaneant de cetero liberi et immunes. — Super defesiis siquidem tam a patre nostro quam a nobis factis usque nunc in foresta Guastinæ, et super aliis inibi faciendis, in ea tamen parte quæ nobis contingit ad presens, si quæ nobis vel successoribus nostris ab illis usagiariis fieri permittentur, non poterunt dicti religiosi, pro se aut hominibus suis, aliquid reclamare vel capere in eisdem, nisi pasturam et quædam alia minuta usagia, quæ in delisiis a patre nostro factis, pro certis temporibus, per quamdam ordinacionem super hoc habitam, aliis usagiorum sunt concessa, inter nos et dictos religiosos taliter est conventum quod per captionem predictam nobis vel dictis religiosis nullum prejudicium generatur, quantum ad alia aliqua. Hanc vero compositionem promittimus nos inviolabiliter servaturos futuris temporibus, nos ac heredes ac successores nostros, et omnia bona obligantes specialiter et expresse. In cujus rei testimonium et munimen presentes litteras sigillo nostro fecimus roborari sigillari.

Datum anno Domini millesimo ducentesimo sexagesimo quinto, die jovis, in festo Sancto Remigii.

Dom Housseau, T. VII, n° 3180

LXXXVI

SENTENCE DE GIRARD, ARCHIPRÊTRE DE SAINT-MAURE CONTRE LE COMTE DE VENDÔME.

1272

Bouchard, comte de Vendôme, avait fait saisir quatre hommes du prieuré du Sentier, au mépris des droits des religieux de Marmoutier. Après sa mort, la comtesse Marie, tutrice de ses enfants, est condamnée à restituer les biens saisis, mais sans que les moines puissent réclamer de dommages-intérêts.

Universis presentes litteras inspecturis et audituris, Girardus Blesis archipresbyter de Sancta Maura in ecclesia turonensi, Salutem in Domino. Noverint universi quod cum contentio verterotur inter religiosos viros abbatem et conventum Majoris Monasterii, ex una parte, et B. (1) comitem vindocinensem, et postmodum eo viam universæ carnis gresso, inter nobilem dominam Mariam (2), comitissam vindocinensem, ratione liberorum suorum quos habet in tutela sua sive ballo, ex altera, super captione quatuor hominum quos dictus comes fecerat capi in territorio dictorum religiosorum prioratus de Semitario, minus justo ut dicti religiosi asserebant, dicentes esse factum hoc in ipsorum injuriam, prejudicium et gravamen; et in nos esset a dictis partibus super dicta questione alto et basse compromissum, ita tamen quod nos teneremur dicere dictum nostrum de consilio magistri Gaufridi infantis, archipresbyteri turonensis, prout in litteris dictarum partium super hoc confectis plenius continetur, nos super hæc inquisita diligentius veritate, et dicti Gauffridi communicato consilio, dictum nostrum proferimus in hunc modum : dictos homines injuste captos fuisse et premissa fieri de jure non licuisse, pronunciantes nichilominus quod dicta domina restituat loca de dictis hominibus, vel de re aliqua, loco ipsorum per nuncium ad hoc litteratorie destinatum ; pronunciamus nichilominus pro bono pacis, quod dicti religiosi non possint petere a dicta comitissa, nec a liberis ejus, nec aliquibus aliis, ratione captionis premissæ, dampna nec expensas nec aliquam extimationem injuriæ vel emendæ, salvo nichilominus comitissæ et liberis suis jure in omnibus aliis articulis contra religiosos predictos, et etiam pro omnibus aliis articulis quos intendebat vel poterat movere contra psos, ratione liberorum suorum,

Actum cum predicta nobili presente, et fratre Jo-

---

(1) Bouchard V, comte de Vendôme, 1249-1271.
(2) Marie de Roye, comtesse de Vendôme.

hanno subcamerario dicti monasterii procuratore ejusdem in hiis consensientibus. In cujus rei testimonium sigillo nostro a cum sigillo G. archipresbyteri turonensis presentes litteras fecimus sigillari — Datum die veneris post Quasimodo. anno Domini millesimo ducentesimo septuagesimo secundo.

Dom Housseau. T. VII, n° 3251

FINIS

TABLE CHRONOLOGIQUE

DES CHARTES [*]

883 — Donatio quam fecit Treannus comes et uxor ejus Bova Majori Monasterio de rebus suis in pago Vindocinensi. n° 1 A.
1007-1029 — Noticia de Navoil. n° 1.
1015-1030 — Noticia Aliodi presbyteri. n° 168.
1030-1040 — Noticia de Ruciaco. n° 167.
1030-1060 — Noticia de venditione Tetberge sororis Gaufredi filii Ermenrici. n° 65.
1031-1062 — De Arnulfo filio Rotberti. n° 3.
1032-1040 — Noticia Sancti Medardi de alodiis de Villariis. n° 15.
1032-1060 et 1207 — Noticia de donationibus Salomonis de quibusdam terris et de justitia, quas approbat Johannes comes vindocinensis. n° 12 A.
1032-1060 — Noticia de Rogerio filio Rothonis de Lavardino. n° 13 A.
1032-1060 — Noticia de recuperatione consuetudinum domus Seherii de Lavarzino. n° 14 A.
1032-1064 — Noticia de Tetbaldo filio Leterii et Hilduino sartore vindocinensibus. n° 10.
1032-1064 — Noticia de Mainfredo Salnario. n° 41.
1032-1064 — De vineis quas dedit Almaricus. n° 66.

[*] Les numéros indiquent les chartes et non les pages ; ceux qui sont suivis de la lettre A appartiennent à l'Appendice.

1032-1084 — De Rainaldo Belino dato nobis a Hugone preside. n° 184.

1032-1084 — Noticia de Stephano Cambacanis de Ferraria, n° 159.

1034-1064 — Noticia Rothonis de Villa Malardi. n° 116bis.

1034-1067 — Noticia de quarta ad Mindeiz et vineis ad Villenas. n° 114.

Vers 1037 — Preceptum de Sancto Medardo. n° 13.

1037-1047 — Notitia de his que dedit nobis Salomon de Lavarzino. n° 11 A.

1037-1060 — Noticia de area molendini de Molina quem Hainricus dedit. n° 77.

1037-1062 — Noticia de manutirma de Curbatura et alodiis de Arenis. n° 83.

1037-1064 — De decima quam dedit Fredericus de Lavarzino, Cenomanis. n° 15 A.

1037-1064 — Donatio terre Lescherii et Villepete. Cenomanensis. n° 16 A.

1037-1070 — Noticia de Tetbaldo filio Leterii. Vindocinensis. n° 8.

1038-1083 — De molendino quem vendidit uxor Bernerii Ruilli. n° 160.

Avant 1040 — De alodo Buziaci de parte Hugonis Duplicis. n° 62.

Vers 1040 — De Barbatura. n° 169.

1040-1060 — De alodo Ville Malardi quem dedit Odo Rufus et frater ejus. n° 116ter.

1040-1060 — Noticia de Guismando et filio ejus quos dedit Gauscelinus Botellus sancto Martino. n° 115.

1040-1060 — Noticia de molendino Ansaldi presbyteri. n° 116.

1040-1066 — Noticia alodi de Clarello. n° 110.

1041-1062 — Noticia de confirmatione comitis Tetbaldi super terram quam dedit Salomon apud Vindocinum. n° 17 A.

1043-1061 — Noticia de Ascelino Jotardo. n° 177.

Avant 1047 — Noticia de Regniero. n° 123.

Vers 1047 — Noticia Fulgerii filii Hugonis. n° 100.

1047-1077 — Noticia de convenientia Huberti clerici de Vindocino, quam habuit nobiscum. n° 70.

Avant 1050 — Donation des coutures seigneuriales de Gombergean. n° 57 A.
Vers 1050 — Noticia de ecclesia Navoil. n° 6.
Vers 1050 — Noticia de ecclesia Sancti Medardi. n° 14.
Vers 1050 — Noticia de terra de Carbonariis et de auctoramento Burchardi Vindocinensis. n° 22.
Vers 1050 — Noticia de quadam terra quam Odilerius monachis Sancti Martini apud Lavarzinum [dedit]. n° 23 A.
Vers 1050 — Hildebert, régisseur du château de Lavardin, donne à Marmoutier une terre dans la varenne de Vendôme, pour que son fils Geoffroi soit reçu au nombre des moines. n° 29 A.
Vers 1050 — Noticia molendini de Cappa. n° 30.
Vers 1050 — Noticia de Villabresma. n° 84.
Vers 1050 — Noticia Rainardi clerici de Listriaco. n° 99.
Vers 1050 — Noticia de alodis quos dederunt filii Fulcradi. n° 112.
Vers 1050 — Noticia de Benedicto et uxore ejus. n° 113.
Vers 1050 — Noticia Burchardi de Caresmoht. n° 127.
Vers 1050 — Noticia de alodis que dederunt filii Fulcradi. n° 171.
Vers 1050 — Noticia Rotgerii et uxoris ejus Richildis. n° 176.
Vers 1050 — De calumnia filiorum Rotgerii de his que mater eorum nobis dedit. n° 178.
1050 — Noticia de XXX^{ta} terre arpennis in Vindocinensi sitis, quos emit domnus Germundus de Girberga femina Ulrici. n° 20.
1050-1060 — Preceptum de his que donavit Archembaldus prepositus de Vindocino, apud Sanctum Medardum. n° 17.
1050-1060 — Noticia de tribus quarteriis terre Archembaldi prepositi vindocinensis. n° 18.
1050-1060 — Noticia de calumnia Gisludti et Hugonis super terra de Semitario. n° 38.
1050-1060 — De alodo Ruciaci. n° 130.
1050-1064 — Noticia de conventientia Hamelini clerici. n° 104.

1050-1062 — De calumnia monachorum vindocinensium super quadam consuetudine terre Gausfredi, filii Ermenrici et terre Adelelmi Butafocum. n° 82.

1050-1063 — Noticia de terra Raherii filii Guarini canonici Sancti Georgii. n° 69.

1050-1063 — Noticia de calumnia Guidonis super quadam parte terre ad mesum Aldevini et de his que nobis post obitum suum condonavit. n° 91.

1050-1063 — Noticia de Josberto Pullo. n° 163.

1050-1066 — Noticia de Navoil villa. n° 5.

1050-1066 — Noticia de molendino de Cappa. n° 31.

1050-1066 — Noticia de calumnia Magnelini in terra et in ecclesia de Semitario. n° 47.

1050-1066 — Noticia de vineis quas tenet Adelelmus. n° 103.

1052-1063 — Noticia de altare ecclesie Navoil. n° 2.

Vers 1055 — De Fulberto coliberto de Lavardino. Cenomanis. n° 18 A.

1055 — Carta comitis Gaufredi de donatione Montis Hildulfi. n° 117.

1055-1066 — Noticia auctoramenti Fulconis vindocinensis comitis de terra Montis Hildulfi. n° 118.

1055-1066 — Noticia postremi auctoramenti Fulconis Vindocinensis comitis de terra Montis Hildulfi. n° 119.

Avant 1060 — Noticia Rainardi et Fulcodii de Moncellis. n° 124.

Vers 1060 — Noticia de concordia cum Tetbaldo filio Leterii vindocinensis. n° 9.

Vers 1060 — De molino qui est apud Sancti Medardi (sic). n° 21.

Vers 1060 — Noticia Hildeardis uxoris Fulcherii. n° 34.

Vers 1060 — Noticia de Odone Langobardo. n° 35.

Vers 1060 — Noticia de dono Odonis Langobardi. n° 36.

Vers 1060 — Noticia de guerpitione Hildegarii carnis de lepore, supra reclamatione terre de Semitario. n° 39.

Vers 1060 — Donation faite par Adèle de ses alleux de Burzai. n° 58 A.

Vers 1060 — Noticia Viviani militis. n° 67.

Vers 1060 — Noticia Frodonis. n° 72.

Vers 1060 — Noticia Rainardi de Lanciaco. n° 74.

Vers 1060 — Noticia Herberti de Pratella. n° 88.
Vers 1060 — De concordia cum Gaucelino Gasnachia et fratribus ejus Herbeto et Archembaldo. n° 92.
Vers 1060 — Noticia Aremburgis uxoris Rainaldi. n° 98.
Vers 1060 — Noticia Fulcherii Richi de alodo Spinachias. n° 105.
Vers 1060 — Noticia de alodibus Villæ Cadilonis. n° 108.
Vers 1060 — Noticia de parte terre Montis Hildulfi quam tenebat Lisoius filius Burchardi Geuse. n° 120.
Vers 1060 — Noticia Rainardi de Moncellis. n° 125.
Vers 1060 — Noticia de Ingelbaldo Britone. n° 129.
Vers 1060 — Noticia de molendino Lamke de Lavardino. n° 21 A.
Vers 1060 et 1451 — Domum areæ cujusdam molendini apud Nyalchias et sex arpennorum sitorum apud Villam Reblam, et domum decem denariorum census. n° 20 A.
1060 — Noticia Ascelini de Villa Mainardi. n° 164.
1060-1080 — Noticia Hersendis de Putellis. n° 126.
1060-1084 — Noticia de vineis Randeni. n° 128.
Vers 1061 — Noticia de calumnia Niharch super molendino de Cappa. n° 173.
1062 — Noticia de venditione partium terre Montis Hildulfi quas vendiderunt Rotbertus et frater ejus et Arnulfus vicinus. n° 121.
Vers 1062 — Noticia de quadam terra Semitarii quam calumniatur Isembardus cognomento Peregrinus n° 44.
1062 — Noticia de guerpitione reclamationis Hugonis et Gaufredi et Haimonis. n° 51.
1062 — Noticia de terris quas Robertus Brachetus calumniabatur apud Burziacum et apud Burzicum. n° 60.
1062 — Noticia de guerpitione Letberti super reclamatione terre Adelelmi Butafocum. n° 80.
1062 — Noticia de his quæ reclamabat Frotmundus in terra Adelelmi Butafocum. n° 81.
1062 — Noticia de area molendini apud Radenacum juxta molendinum Fulberti. n° 89.
1062 — Noticia de molendinis de Varenis. n° 166.
Après 1062 — Noticia de molendino Fulberti, n° 87.

1063 — Noticia de convenientia nostra cum Wismando de Vindocino. n° 26.

1063 — Noticia de guerpitione Isembardi super terra de Semitario. n° 45.

1063 — De auctoramento Gradulfi super alodiis Villæ Senatoris. n° 162.

1063-1084 — Noticia de calumnia Hugonis, filii Eve, super quadam terra Semitarii. n° 56.

1064 — Noticia de alodio de Regniaco. n° 122.

Vers 1064 — Noticia de junioratu ecclesie de Navolio Vindocino. n° 4.

Vers 1064 — Noticia Hubaldi venatoris. n° 76.

1064 — Noticia de Tetbaldo filio Leterii Vindocinensis. n° 7.

1064 — Noticia de auctoramento Petronille, uxoris Archambaldi prepositi. n° 19.

1064 — Noticia de guerpitione Gausfredi de Sancto Amando super terra de Semitario. n° 42.

1064 — Noticia de calumnia Drogonis de Lavarzino super quadam parte terre de Semitario. n° 57.

1064 — De alodo Fulcodii de Banasta. n° 106.

1064-1066 — Noticia de commendisia Loiri et Forgetis quam perdonavit Letardus homo Guicherii. n° 175.

1064-1077 — Auctoramentum Harduini filii Gaufredi Fortis de terra de Nuceriis, et fratris ejus Guillelmi. n° 93.

1064-1077 — Noticia de Hugone Cordella. n° 64.

1064-1077 — Emptio Hilduini de tribus sororibus et de infantibus Otgerii. n° 68.

1064-1077 — Concordia cum Arnulfo genero domini Otberti. n° 73.

1064-1077 — Noticia Brehardi qui dedit nobis terram in Burziaco et apud Tridiacum unum arpennum prati et dimidium. n° 97.

1064-1077 — De duodecim arpennis terre quos dedit Herveus, filius Gausberti, in Buxelencia. n° 170.

Vers 1065 — Noticia Herberti presbiteri de Lavarzino. n° 19 A.

Vers 1065 — Des prés donnés par Hodierne. n° 30 A.
Vers 1065 — Noticia de quarterio capelle de Semita et terra de Roscois. n° 50.
Vers 1065 — Noticia Bettelini. n° 63.
Vers 1065 — Noticia de relevamento molendini Constantii. n° 78.
Vers 1065 — Noticia Teoderici. n° 85.
1065 — Donum de rebus Guismandi vindocinensis. n° 33.
1065 — Noticia de auctoramento Archembaldi in pratis ad Semitarium super Gubernessam fluviolum sitis. n° 40.
1065 — Noticia de quarterio ecclesie de Semitario quem vendidit nobis Hugo filius Gausberti. n° 46.
1065 — Noticia de quadam parte terre Montis Hildulfi ab Odone Landano empta. n° 54.
1065 — Noticia de auctoramento Hugonis, fratris Hamelini de Langiacis, super terram de Semitario. n° 55.
1065 — Noticia de terra Herluini explorantis metam. n° 90.
1065 — Noticia de duobus arpennis prati apud Martiniacum. n° 101.
1065 — Noticia de calumnia Guarini filii Gradulfi in molendinis de Varennis. n° 165.
Vers 1066 — Noticia de terra Curtis Ozai. n° 71.
Vers 1066 — Noticia de molendino quem dedit Guismandus. n° 24.
Vers 1066 — Cyrographum Guismandi. n° 28.
1066 — Noticia de quadam conventione cum Guismando. n° 23.
1066 — De consuetudinibus Loiri et Forgetis. n° 86.
1066-1075 — Concordia cum Tetbaldo filio Leterii de quadam decima. n° 12.
1066-1075 — De calumniis Nihardi et Ingelbaldi in molino Guismandi. n° 32.
1068 — Noticia de calumnia Huberti filii Rotberti super terra de Fonte Ventali. n° 79.
Avant 1070 — De alodiis apud Villam que dicitur Villare. n° 16.
Avant 1070 — De alodiis sitis apud Villam que vocatur Villare. n° 179.
Vers 1070 — Noticia Helinauni de Fracta Valle. n° 24 A.

Vers 1070 — Noticia de auctoramento Constantii filii Mainardii de Ferraria super terra quam pater suus vendiderat. n° 43.

Vers 1070 — Noticia de ripa Glandesse quam Gausfredus Corvesinus vendidit. n° 48.

Vers 1070 — Noticia Addele de alodiis Burziaci. n° 59.

Vers 1070 — De ultima donatione alodorum de Burzeio. n° 61.

Vers 1070 — Cyrographum inter Berengerium de Lanciaco et nos. n° 75.

Vers 1070 — Noticia alodi de Villa Cadilone. n° 107.

Vers 1070 — Noticia alodi de Faverillis quem Salomo Clericus dedit Sancto Martino. n° 109.

Vers 1070 — De placito cum Dadone de terra Hilgodi Cuncarii, et de guerpitione super eadem terra, quam fecit idem Dado in capitulo nostro. n° 172.

1070 — Cyrographum Guismandi. n° 27.

1070 — Cyrographum Guismandi. n° 29.

1070 — De Hilgodo Cuncario, qui vendidit nobis plaxitium quoddam apud Semitarium quod postea calumniavit. n° 52.

1070 — Concordia cum Gaufredo de Turniaco de manufirma, et cum fratre ejus Drogone. n° 53.

Après 1070 — Noticia Ivolini filii Salomonis clerici. n° 102.

1071 — Donum Burchardi et fratis ejus de alodiis de Burzeio. n° 58.

1071 — Auctoramentum Rodulfi vicecomitis de meso et de terra de Nuceriis. n° 94.

1071 — De calumnia super Hildradum servum et filios ejus. n° 161.

1072 — Concordia cum filiis Ingelbaldi, Odone, Rainaldo et ceteris, de his que reclamabant apud Semitarium. n° 49.

1072 — Concordia cum Tethaldo filio Leterii de Navolio vindocinensi. n° 11.

1073-1080 — De terra de Villene quam donavit Hugo prepositus blesensis. n° 25 A.

1075-1085 — De auctoramento Hugonis de molino Lende. n° 22 A.

1075-1085 — Noticia de saisimento Hilgodi Cunearii in terra domni Fulberti et in terra Rosthonis. n° 174.
Vers 1080 — De piscatoria de Glandesse. n° 37.
1084-1089 — De concessione Milonis filii Blanchardi de Beziaco. n° 181.
Après 1085 — Libertas domus nostræ vindocinensis. n° 188.
Vers 1090 — Accord au sujet des églises de Lancé. n° 60 A.
1090 — Donation de l'église de Lancé. n° 59 A.
Après 1090 — Noticia Amelinæ uxoris Drogonis. n° 95.
Après 1090 — Noticia filiorum Drogonis. n° 96.
Vers 1091 — Don des églises de Lancé. n° 61 A.
1094 — De guerpitione calumnie Rainaldi presbyteri et fratrum ejus, Ingelbaldi et Christiani. n° 183.
1096 — Carta de libertate Bertranni pro requie anime Salomonis defuncti. n° 26 A.
1096 — De octo denariis census quos Herbertus bottelarius dedit nobis. n° 182.
1096 — Noticia de rebus quas dederunt et vendiderunt nobis Makel et Almarus frater ejus apud castrum Fracte Vallis. n° 180.
1097 — Noticia de quibusdam rebus quas dedit et concessit nobis Gaimardus, dominus Lavarzini in eodem castro. n° 27 A.
1097 — Noticia de burgo vindocinensi. n° 28 A.
Vers 1100 — Noticia de astalagio de Lavardino. n° 31 A.
Vers 1100 — Concordia Girardi de Montefoleto, de rebus quas habemus circum Fractam Vallem. n° 185.
Vers 1100 — De terra quam Ada de Vindocino dedit nobis apud Linerias. n° 186.
Vers 1100 — Noticia Fulcherii de Savonariis. n° 111.
1101 — Donum Herberti Barbe et Agnete de Vindocino, de Peredíaco. n° 187.
1101-1136 — De piscatoria molendinorum Montis Aurei — de Lavardino. — n° 32 A.
1104-1124 — De la dime de Lancé. n° 62 A.
1108-1125 — De Haïlde coliberta libera effecta. n° 33 A.
1118 — Donation de la pêche, à Nyoches. n° 34 A.

1118 — Abandon d'une partie de l'obédience de Lancé. n° 63 A.

1120 — Don d'un cens fait par Hugues de Crucheray au prieur de Lancé. n° 64 A.

1120 — Donation de la dime de la Volve. n° 65 A.

1122 — Donation des églises de Crucheray et de Nourray. n° 66 A.

1122 — Métairie donnée au curé de Crucheray avec clause de retour. n° 67 A.

1125-1133 — Concessio molendinorum de Varennis Gaufredo de Varennis facta. Cirographum. n° 68 A.

1128 — Bail d'une terre par les moines de Lavardin à ceux de Granri. n° 35 A.

1130 — De molendino de Hulpino (alias de Herpino). n° 36 A.

1130 — Concessio Absalonis de Salmuro de vineis nostris de Lavarzino, que de fevo suo erant. n° 37 A.

1136 — Donum Fulcodii de Vallibus. n° 2 A.

1136-1192 — Concordia facta super divisiones prati de Vileres inter Gaufridum de Rubeomonte et...... de Lavardino (Cirographum). n° 39 A.

1148 — Abandon de la terre de Villetroe. n° 69 A.

1177 — De decimis de parochia Sancti Martini et de Joscelineria, Cyrographum. n° 3 A.

1185-1202 — Donum Burchardi comitis vindocinensis pro redemptione anime Agathae uxoris sue. Cirographum. n° 38 A.

1190-1202 — Donum Burchardi comitis de domo apud Vindocinum. n° 40 A.

1192-1202 — Donum de domo libera et burgense cum libertate in villa Vindocini. Cirographum. n° 41 A.

Vers 1200 — Remise d'un repas exigé du prieuré de Pray n° 79 A.

Vers 1200 — Confirmation de la remise d'un repas exigé du prieuré de Pray. n° 80 A.

Vers 1200 — Partage de la terre des Bordes. n° 70 A.

1201-1211 — De decima magni campi. n° 4 A.

1207 — Le comte de Vendôme quitte et remet aux religieux tous les devoirs et coutumes qu'il prenait sur les rentes et maisons du prieuré de Lavardin. n° 42 A.

1211 — Concordia cum Burchardo monacho, de decima magni campi. n° 5 A.

1215-1218 — Accord au sujet de la noue et de la brosse du prieuré de Pray. n° 81 A.

1220 — Du droit de cornage exigé des hommes du Sentier. n° 83 A.

1229 — Concordia cum Burchardo de Rupenon, milite. n° 6 A.

1240 — De vinea vallis Froberti. n° 43 A.

1242 — De la justice du Sentier. n° 84 A.

1243 — De aqua Lidi et jure piscandi pro priore de Lavardino. n° 44 A.

1244 — De aqua Ledi et jure piscandi pro priore de Lavardino. n° 45 A.

1245 — Des dimes et prémices de Pray. n° 82 A.

1248 — Donation des moulins de la Chape. n° 7 A.

1248 — De venditione terre a Rotberto de Sancta Gemma. n° 8 A.

1249 — Monitoire de l'Official de Chartres contre Jean d'Estouteville. n° 72 A.

1249 — Des haies de Lancé. n° 71 A.

1250 — Echange d'un cens entre Isabelle de Souday et le couvent Marmoutier. n° 46 A.

1250 — Le seigneur d'Estouteville excommunié. n° 73 A.

1250 — Des dimes des novales de Lancé. n° 74 A.

1251 — Promesse du seigneur d'Estouteville. n° 75 A.

1251 — Constitution d'un arbitrage entre les religieux et Jean d'Estouteville. n° 76 A.

1253 — Compromis entre Philippe de Lavardin et le prieur de Lavardin. n° 47 A.

1256 — Littere donationis duorum solidorum ab..... super quibusdam domibus apud Lavardinum, in vico stallorum. n° 48 A.

1264 — Des dimes de Lancé. n° 77 A.

1265 — Accord entre Bouchard comte de Vendôme et les religieux de Marmoutier. n° 85 A.

1267 — Echange de cens sur des terres dans la paroisse de Naveil, contre d'autres cens sur des maisons sises à Vendôme. n° 49 A.

1267 — Des terres de Fontaine. n° 50 A.

1268 — Echange d'un cens sur des maisons de Vendôme. n° 51 A.

1272 — Sentence de Girard, archiprêtre de Sainte-Maure, contre le comte de Vendôme. n° 86 A.

1276 — Echange entre les Templiers des Aises et le prieur de Lavardin. n° 52 A.

1304 — Accord au sujet des bois de la Ronce. n° 78 A.

1313-1323 — Accord entre Jean de Vieuxpont et Marmoutier. n° 10 A.

1328 — Des dîmes de la Chaise, de Brenière, et de l'étang de la Brice. n° 9 A.

1385 — Sentence du bailli de Vendôme adjugeant au prieur de Lavardin une truie enlevée par les officiers du comte. n° 53 A.

1443 — Du droit perçu à Lavardin sur la vente du pain en détail. n° 54 A.

1513 — D'un four à ban à Vendôme. n° 55 A.

1523 — Accord entre l'abbé de Vendôme et Marmoutier. n° 56 A.

TABLE DES NOMS [1]

A

Abelinus filius Ingelgerii de Cormariaco, testis, 120.

Abelinus homo Ingelbaldi, testis 50.

Abramus, 17. — testis, 47.

Absalo Rotonnardus de Salmuro, 37 A.

Acfridus, testis, 16.

Acfridus filius Rainaldi de Falgeriis. 41.

Acfridus homo Rogerii piperaturæ, 30.

Achardus — honoratus castri Lucacensis, 117.

Achardus, testis, 19, 116.

Achardus frater Hugonis filii Gausberti, 46.

Achardus de Rupibus, testis, 101.

Achardus vicarius, 64 A.

Acharias nepos Hugonis de Cuscheri, 64 A.

Ada filia Lisoii et Richildis, 120.

Ada uxor Petri de Monteaureo, testis, 83 A.

Ada de Vindocino, mater Maignelini, 47 — de Vindocino, 186.

Adam filius Hugonis de Villamalorum, testis, 87.

Addela filia Fulcherii militis et uxor Hugonis, 59.

Adela mater Fulcherii vindocinensis, 61, 58 A.

Adela uxor Rotgerii et mater Fulcherii de Turre, 31.

Adela filia Salomonis de Lavardino, 11 A.

Adela uxor Salomonis de Lavardino, 114, 11 A, 12 A.

Adeladis filia Fulcodii de Ranasta, 106.

Adeladis uxor Gauscelini Bodelli, 115.

Adeladis soror Ramburgis, 21 A.

Adelaidis filia Ingelbaudi vicarii de Vindocino, 49.

Adelaidis parens Archembaldi præpositi, 17.

Adelais filia Frederici militis, 15 A.

Adelais uxor Frederici militis, 15 A.

Adelarda uxor Odonis Clerici et soror Raherii Clerici, 69.

Adelardus de Lavariaco, testis, 40 — de Lavari, testis, 58 A.

[1] Voir la note de la page 417.

Adelardus monachus, 90.
Adelardus prepositus de Cambone, monachus, testis, 80.
Adelardus de Tavento, testis, 65 A.
Adelasia, 68.
Adelelmus, testis, 59, 67 — fidejussor, 129.
Adelelmus Butafocum, Buttafocum 80, 81, 82. — factus monachus, 82, 83 — testis, 50, 59, 64, 19 A. — filius Mainardi de Arenis et frater Rotgerii, 82.
Adelelmus filius Adelelmi Butafocum, testis, 81.
Adelelmus filius Giraldi parvi, testis, 45.
Adelelmus filius Tescelinæ, frater Hugonis, 164.
Adelelmus homo Sti Martini, testis, 72.
Adelelmus miles, 103.
Adelelmus de Molendinis, testis, 20 A.
Adelelmus monachus, testis, 60 A.
Adelelmus nepos Andreæ de Villa Senatore, testis, 109.
Adelelmus nepos Rotberti archidiaconi, testis, 91.
Adelelmus Percholnus, testis, 174 — Perchulnus, miles Thomæ de Genestia, 20 A.
Adelelmus, prior, 12, 177.
Adelelmus de Rupe, 20 A.
Adelelmus, testis, 50, 67, 103.
Adelendis filius Aliodi presbyteri, 160.
Adelisia soror Geuffredi et Hervei de Pereio, 81 A.

Ademarus carpentarius, testis, 59 A.
Ademarus Tredaldus, testis, 90.
Adila uxor Hugonis, militis de Vindocino, 100.
Adraldus, testis, 6.
Adraldus clericus de Cambone, testis, 50 — prepositus, 80.
Adraldus coquus, testis, 121.
Adraldus filius Ermengardis, frater Rainardi (de Lanciaco), 74, 121.
Advisa soror Harduini filii Guineberti, 90.
Agatha domina de Lavarzino et uxor Burchardi (IV) comitis, 38 A, 40 A.
Agatha uxor Odonis de Fractavalle, 33 A.
Agathes uxor Rodulfi, vicecomitis, 91.
Agnes conjux Hilgodi filii Archembaldi, 184.
Agnes filia Adeke et uxor Gelduini de Malliaco, 61, 58 A.
Agnes filia Burchardi (III) comitis vindocinensis, 38 A.
Agnes filia Tetbaldi, filii Leterii, 11, 12.
Agnes uxor Guarini, 28 A.
Agnes uxor Johannis de Estoutavilla, 71 A, — de Stotevilla, 76 A.
Agnes de Vindocino, 187.
Agobertus episcopus carnotensis, 2.
Ala filia Huberti Barbæ, 187.
Alga uxor Hugonis Cadeberti et filia uxoris Girogii de Lusdo, 166.

— 431 —

Aillenardus, testis, 21 A.
Aimericus cellararius, testis, 10.
Aimericus cognomine Gaimardus, dominus Lavarzini, 31 A.
Aimericus de Fagia, testis, 116.
Aimericus filius Fulcodii de Banasta, 106, 124.
Aimo nepos Godefridi de Rupibus, testis, 120.
Ainardus cellararius, testis, 185.
Airicus de Fracta-valle, testis, 82.
Alarius, testis, 3.
Albericus frater Lisoii de Ambazia, testis, 117.
Albericus, monachus, testis, 12.
Albericus de Moncaico, testis, 60 A.
Albericus de Monteaureo, testis, 53, 86, 87.
Albericus socius domni Jarnigoli, 177.
Albericus, testis, 1 A.
Albertus abbas Majoris Monasterii, 3, 8, 13, 19, 45, 50, 51, 60, 69, 77, 80, 81, 82, 83, 89, 90, 101, 106, 111, 116, 116bis, 117, 118, 120, 122, 162, 164, 11 A. 15 A, 16 A, 20 A. — testis, 66. 15 A.
Albertus drudus regis, testis, 17 A.
Albertus monachus, testis, 12, 50 — prior de Lanciaco, 61 A.
Albertus pistor, testis, 55.
Albertus talemerarius, testis, 115.
Alburgis, 2 A. — uxor Bernardi de Sto Aniano, 18 A.
Alcherius Dives, testis, 1 A.
Alcherius filius Gauscelini, testis, 78. — Gauscelini venatoris,

120, 121. — Gauscelini de Gastinel, testis, 121.
Alcherius frater Rotgerii Piperariæ, 71.
Alcherius homo Gradulfi, testis, 162.
Alcherius de Lavarzino, testis, 28 A.
Alcherius de Rupibus, testis, 172.
Alcherius de Speronello, 37.
Alcherius de Vallibus, 78.
Alcherius de Villarebla, familiaris, 161.
Alcuinus coquus, testis, 22 A.
Aldeardis uxor Fulcherii (Richi vel de Vindocino, militis), 130.
Aldebertus, testis, 1 A.
Alerius homo Giraldi buccarii de Turonis, 101.
Alesia uxor Petri Sorre, burgensis vindocinensis, 49 A.
Alexander de Rupibus, testis, 92.
Alfonsus, filius regis Jerosolime et comes Augi, 75 A.
Alfredus filius Micaelis, testis, 75.
Alfredus frater Hervei, 170.
Alfredus monachus, testis, 11. — signarius, 12.
Algerius clericus de Morenna, testis, 100.
Algerius filius Guarini, testis, 124.
Algerius forestarius, testis, 76.
Algerius sacrista, testis, 182.
Algerius secretarius, testis, 172.
Algerius de Villabrisma, testis, 170.
Algisus de coquina, testis, 172, — coquus, testis, 182.
Alienor uxor Rainaldi insulæ Jhéremiæ, 79 A.

Aliodus presbyter, 168.

Almarius, testis, 16.

Almarus Michael, frater Rotberti, 180.

Almerius de Parceio, testis, 3.

Alrannus, pilus sericus, testis, 91.

Alricus frater Rotberti et Hildeberti, testis, 71.

Alsendis, 74, 124. — soror Raherii, 69.

Altarius, 1 A.

Alterius de Veson, testis, 122.

Alyenor de Semeure, femme de Robert d'Estouteville, seigneur du Bouchet, 78 A.

Amalgerius servus S^{ti} Martini, testis, 15.

Amalricus, 60. — de Fisco, testis, 13, 53, 65. — testis, 6.

Amelina soror Rainaldi de Monediaco, testis, 36 A.

Amelina uxor Drogonis de castro Vindocino, 95, 59 A.

Amelinus ex Chirpello, testis, 78.

Amelinus Clericus, filius Avesgaldi, testis, 82.

Amillus tricherius, testis, 16 A.

Amiota filia Rainaldi de Monediaco, 36 A.

Ancelinus frater Godefredi, 101.

Andaldus molinarius, 32.

Andraldus portarius, testis, 11.

Andraldus testis, 120.

Andreas amusnator, testis, 120.

Andreas Barba, 175.

Andreas Brochart, 177.

Andreas Dives, testis, 72.

Andreas filius Galterii de Crusvalle, 180.

Andreas de Fractavalle, 51 A.

Andreas homo S^{ti} Martini, testis, 30.

Andreas de Insula, testis, 41 A.

Andreas nepos Guismandi, testis, 33.

Andreas pater Haldrici, testis, 72.

Andreas de Ponte, testis, 117.

Andreas prepositus, testis, 115.

Andreas presbyter, nepos Rainardi clerici de Vindocino, 99.

Andreas testis, 97, 168.

Andreas de Villa Senatore, testis, 108. — de Villa Seneor, 177.

Angerius clericus, testis, 84.

Angerius Gatel, testis, 65 A.

Angesisus, 65 A. — major, testis, 117, 120. — testis, 4, 122.

Annua uxor Drogonis de Bucellis, 16 A.

Ansaldus clericus, 116.

Ansaldus presbyter, frater Burchardi (de Caresmot) militis, 14, 22, 71. — Canonicus S^{ti} Georgii vindocini, 160, — testis, 127, 176.

Ansaldus, testis, 168.

Ansberga mater Huberti clerici de Vindocino, 70.

Ansegerius, testis, 1 A. — homo S^{ti} Martini, testis, 57 A.

Ansegisus, 65 A. — Bocherius, testis, 180. — major, testis, 117, 120. — testis, 4, 122.

Anthonius, (de Cerrant), abbas S^{tæ} Trinitatis de Vindocino 56 A.

Antonius, testis, 58.

Auxellus nepos Ascelini Jotardi, 177.

Archambertus consanguineus Hildeberti, 29 A.

Archembaldus Benevenisti, testis, 50.

Archembaldus Borellus, testis. 117

Archembaldus cellararius, testis, 27, 58, 92.

Archembaldus clericus, frater Gauscelini Guasnachia, 92.

Archembaldus corvesarius, testis, 183.

Archembaldus famulus, testis, 118

Archembaldus frater Nihardi, filii Gisleberti, 173.

Archembaldus de Karesmo, testis, 40 A.

Archembaldus pater Hugonis praesidis 184.

Archembaldus pater Hugonis, prepositi castelli vindocini, 22 A.

Archembaldus pistor, testis, 55, 118.

Archembaldus prepositus de Vindocino, 17, 18, 19, 31, 40, 45, 50, 82, 91, 117. — testis, 4, 7, 31, 65, 69, 81, 83, 170, note p. 28.

Archembaudus presbyter Sti Leobini de Landa, testis, 34 A. — prepositus, 64 A.

Archenfredus miles Tethaldi de Rupibus, testis, 42.

Archenfredus de Rupibus, testis, 175.

Arembertus malus finis, testis, 11

Arembertus de Rupibus, 92.

Arembertus vicarius, testis, 77, 120.

Aremburgis filia Drogonis et Ameline, 59 A.

Aremburgis filia Gausfredi Hativati, 57.

Aremburgis filia Tethaldi, 7, 8, 10.

Aremburgis mater Gausfredi de Sto Amando, testis, 42.

Aremburgis uxor Drogonis Cauli, 53.

Aremburgis uxor Rainaldi de Castello, 98.

Arnaldus canonicus, testis, 30 A.

Arnaldus cementarius, testis, 65.

Arnaldus de Paplavilla, testis, 185

Arnaldus testis, 102.

Arnulfus de Alneto, testis, 87.

Arnulfus cellararius, testis, 180.

Arnulfus Geochard 177. — Chocar, testis, 90.

Arnulfus Cocherei, testis, 38, A.

Arnulfus Crassus, testis, 187.

Arnulfus filius Bernonis, testis, 11, 176.

Arnulfus filius Leodegarii testis, 87, 124.

Arnulfus filius Rainerii, testis, 7 — Rainerii de Bresis, testis, 8, 10.

Arnulfus filius Rotberti, 1. — Rotberti de Marcilliaco, 3.

Arnulfus filius Tethaldi, 7, 8, 10, 11, 12. — testis, 173, 187.

Arnulfus frater Nihardi, filii Gisleberti, 173.

Arnulfus frater Nihardi Rufi, testis 177, 22 A.

Arnulfus frater Rainaldi Junii, testis, 50.

Arnulfus gener Hielendis, 183.

Arnulfus gener domini Otberti, 72, 93.

Arnulfus nepos Hildegardis, 30, 31.

Arnulfus Prefelinus, testis, 11 A.

Arnulfus de S'° Hilario, testis, 180.

Arnulfus sartor, testis, 35, 36, 41, 90, 117, 16 A.

Arnulfus de Spelteriis, testis 22 A.

Arnulfus testis, 3, 84, 178.

Arnulfus vicinus de Guastina, 121.

Arraldus de Cella, testis, 28 A.

Arraldus grossus boscus, testis, 25 A.

Arrandus sacerdos, testis, 26 A.

Ascelinus carpentarius, testis, 28 A.

Ascelinus Chotardus, 1, 9, 25, 32, 33, 90, 121, — testis, 60, 166, 172.

Ascelinus filius Olberti, 164.

Ascelinus Guardampalma, testis, 21 A.

Ascelinus Jotardus, filius Guillelmi vicarii, 177.

Ascelinus domnus, monachus, testis, 94.

Ascelinus monachus, testis, 2, 10, 24, 53, 64, 83 — prepositus de Lanciaco, 75.

Ascelinus monachus, prepositus Buziaci, frater Adelardi monachi, 69, 90, 105, 161, 164.

Ascelinus de prato-ad-quercum testis, 42, 56, 175.

Ascelinus prepositus de Lanciaco, 75.

Ascelinus de Telliaco, testis, 177.

Ascelinus, testis, 6, 66, 164.

Ascelinus vicarius de castello Rainaldi, 122 — vicarius, 21 A — testis, 25 A.

Ascio Borellus, testis, 25 A.

Astulfus filius Johannis de Estoutavilla, 71 A.

Aterius, testis, 102.

Audoinus, 4 A.

Aufredus colibertus, 104.

Augerius clericus, testis, 84.

Auramnus de Navolii vico 9, 21 — famulus testis, 90.

Avelina filia Salomonis de Lavardino, 11 A, 12 A — uxor Hervei, 53, 94, — testis 128.

Avesgaldus prepositus, testis, 72.

Avisgaldus de Longaprato, fidejussor, 129.

Avisgaudus germanus colonis Landani et Hilgodi cuneata, 54.

B

Babinus homo comitis, testis, 27.

Baldo, 1 A.

Baldegarius, testis, 1 A.

Balduinus, testis, 27, 36 — de Manliaco, testis, 90.

Baucelinus homo S'° Martini, testis, 30 A.

Boraldus, testis, 31 A.

Bartholomeus abbas, 7, 11, 23, 26, 27, 32, 62, 49, 52, 53, 55, 56, 57, 58, 89, 94, 161, 165, 175.

Bartholomeus archiepiscopus turonensis, 117. frater Gauzfredi filii comitis vindocinensis, testis, 64 A.

Bartholomeus filius Ganfredi Pagani, 68 A, testis, 64 A.

Bartholomeus de Plessiaco, testis, 40 A.

Bartholomeus testis, 146, 187.

Basinus pistor, testis, 14.
Baudricus homo Jotardi, testis, 177.
Beatrix soror Haimmerici Gaimardi, de Lavarzino dominus, 26 A, 32 A.
Beatrix uxor Guicherii, 164.
Beliardis famulus, testis, 68 A.
Beliardis uxor Odonis Landani, 21 A.
Belinus homo prepositi, testis, 165. — testis 3.
Bencelinus carpentarius, testis, 29 A.
Benedictus 113, 1 A.
Benedictus blancardus, major, 161. — major potestatis Buziacensis, 83. — testis, 1, 7, 11, 25, 31, 32, 33, 45, 60, 64, 68, 70, 73, 90, 94, 97, 108, 115, 124, 161, 166, 173, 177.
Benedictus de Buziaco, fidejussor, 170.
Benedictus cellararius, testis, 20.
Benedictus frater Geraldi de Guscheriaco, 177.
Benedictus Gutabelsam, testis, 1.
Benedictus homo Frodonis, testis, 72.
Benedictus major, testis, 67, 72, 78, 61. A.
Benedictus de Rupibus, testis, 58.
Benedictus de Spinorbiis, testis, 184.
Benedictus de Stornisco, testis, 65.
Benedictus, testis, 3, 164.
Benedictus de Vulvreio, testis, 185.
Beraldus monachus, testis, 50.

Beraldus filius Frodonis, testis, 180.
Berengerius decanus, testis, 33, 90.
Berengerius fidejussor, 21 A.
Berengerius filius Constantii de Radenaco, 87.
Beringerius camerarius Sti Martini, testis, 119.
Beringerius grammaticus, testis, 168.
Beringerius de Lanceio, testis, 7. de Lanciaco, 75.
Berlandus, famulus secretariat, testis, 101.
Bermundus monachus, testis, 35 A.
Bermundus subbajulus, testis, 68, A.
Bermundus testis, 31 A.
Bernardus abbas majoris monasterii, 180, 181, 183, 28 A, 59 A, 60 A.
Bernardus Aislacum, testis, 3.
Bernardus Bloius, vel Blovis, testis, 43, 172.
Bernardus Darellus, testis, 11.
Bernardus canonicus et capicerius ecclesie carnotensis, 60 A.
Bernardus de Carcolm, testis, 180. — de Carcholm, testis, 185.
Bernardus clericus testis, 12, 184.
Bernardus clericus, frater Josmerii cellararii, testis, 177.
Bernardus cocus, testis, 27, 30, 47, 55, 58, 104, 128, 150, 172.
Bernardus Dives, testis, 10. — Dives, 170. — fidejussor, 177.

Bernardus filius Bernardi de S¹ᵒ Aniâno, 18 A.

Bernardus filius Drogonis filii Fulberti, testis, 187.

Bernardus filius Drogonis et Amelinæ, 59 A.

Bernardus filius Fromundi de Lavarzino, testis, 177.

Bernardus flagellus panetarius, 187.

Bernardus de Foresta, famulus Hugonis de S¹ᵒ Avito, 3 A.

Bernardus hospitalarius, testis, 18 A.

Bernardus major, testis, 11.

Bernardus mariscalcus, testis, 54.

Bernardus monachus fidejussor, 170.

Bernardus mulnerius, 20 A.

Bernardus de Navoil, testis, 11.

Bernardus Nivellus, testis, 16.

Bernardus panetarius, monachus, testis, 54, 180, 187.

Bernardus pater Rainaldi de Falgeriis, 11.

Bernardus rex, testis, 81.

Bernardus Rivellus, testis, 116.

Bernardus Salnerius, testis, 180.

Bernardus de S¹ᵒ Aniâno, 18 A. — testis, 13, 117.

Bernardus sutor, testis, 35, 36.

Bernardus talevatus, testis, 87.

Bernardus testis, 6, 27, 129.

Bernardus tiro, testis, 129.

Bernardus de Villa avia, testis, 185.

Bernerius filius Gervasii de Vindocino et Osibile, 59 A.

Bernerius filius Odilerii, 23 A.

Bernerius monachus, testis, 35 A.

Bernerius Ruillus, 160.

Bernerius, testis, 31 A.

Bernutia uxor Odilerii, 23 A.

Beroardus de castello, testis, 21 A.

Beroardus, testis, 164.

Bertrandus homo Menardi, testis, 109.

Bertinus, testis, 9.

Bertrannus famulus Raimmerici de Lavardino dominus, 26 A.

Bertrannus homo Andræ Villæsenatoris, testis, 108.

Bersaiaius, testis, 64 A.

Bettelinus consobrinus Odonis Rufi, 110.

Bettelinus miles de Blesi, 60.

Blanchardus de Beziaco, 181.

Bochardus (IV) comes Vindocini, 40 A. — (V) comes vindocinensis, 51 A.

Bodo coquus, testis, 36 A.

Bolleneau, 18 A.

Bonnette, dom Antoine, religieux de Marmoutier, 16 A.

Boninus pelliparius, 46 A.

Boninus, testis, 49.

Bordullus, testis, 5.

Boscelinus famulus, testis, 5.

Boselinus faber, testis, 57 A.

Boselinus pistor, testis, 38, 54, 54.

Boteretus, testis, 68 A.

Bova uxor Troanni comitis, 1 A.

Bovetus Perdriel, testis, 35 A.

Brachelus, testis, 173.

Brchardus, 97. — de villa gumberzena, testis, 68.

Brito, testis, 1 A.

Brochardus de Insula, testis, 162.

Bruellus filius Gervasii de Vindocino et Osibile, 59 A.
Buamundus testis, 187.
Bucardus de Ambazia, sacrista, testis, 39 A.
Bucardus comes vindocinensis, 41 A.
Buchardus prior de Loncummes, testis, 79 A.
Buiardus filius Martini, testis, 187.
Bulchardus filius Fulberti, testis, 186.
Bulchardus filius Nihardi Rufi, testis, 186.
Burcardus bucca bruna, testis, 14.
Burcardus cantor, testis, 19.
Burcardus comes infantulus, 12.
Burcardus frater Ansaldi presbyteri (vel de Caresmot), 22.
Burchardus bucca bruna, testis, 176.
Burchardus, calvus de Calmonte, testis, 172.

Burchardus canonicus S¹¹ Mauricii, 58.
Burchardus cognominatus Monachus, 5 A.
Burchardus de Quaresmott, 72 — (de Caresmot,) 13, 87, 116, 127, de Caresmo, 160. (Voir note page 217).
Burchardus (III), comes, 22 A. — (IV) comes vindocinensis sponsus Agathae, 174, 38 A. (V)¹ comes vindocinensis, 40 A, idem 85 A, 86 A.
Burchardus filius Tetbaldi, 7, 8, 10, 12.
Burchardus frater Rainardi senescalli de Calunna, 122.
Burchardus frater Hugonis passapictavini, testis, 60.
Burchardus de Roupenon miles, 6 A. (Voir note page 281).
Burchardus testis, 6, 12.
Burgundio vir Petronillae filiae Guilberti de S¹⁰ Medardo, 63 A.

C

Cadilo filius Hermengardis, 130.
Calud testis, 31 A.
Carno, testis, 20 A.
Carolus burgensis, testis, 32 A.
Carpentarius, testis, 27 A, 35 A.
Chainuilus siniscalpus Hamelini, testis, 32 A.
Chansiero J., 53 A.
Chotardus filius Gauscelini (Rudelli), testis, 31, 60, 115.
Chotardus filius Guillelmi vicarii, 31 A.
Chotardus filius Herberti Barlae, 187.

Chotardus nepos Hildeberti monachi, testis, 60.
Christiania filia Herberti Barlae, 187.
Christianetus, testis, 68.
Christianus de Fractavalle, testis, 41 A.
Christianus homo Lancelini, 187.
Christianus homo S¹¹ Martini, testis, 70.
Christianus major, testis, 62.
Christianus sororgius Rainaldi presbyteri, 183.

Constantinus canonicus, testis, 20, 32, 33, 90. — S⁺ Georgii, testis, 45, 81, 115, 124.
Constantinus homo S⁺ Martini, testis, 76.
Constantinus monachus, testis, 20 A.
Constantinus sacerdos, testis, 84.
Constantinus, testis, 168, 36 A.
Constantius, 78.
Constantius, Brientius de Ferraria, testis, 159.
Constantius, cocus, testis, 33.

Constantius filius Mainardi de Ferraria, testis, 11, 13.
Constantius presbyter, testis, 60.
Constantius de Radenaco, 87.
Constantius sacerdos, testis, 103.
Constantius taillaferrum, testis, 40, 42. — Tailleters, testis, 120.
Constantius, testis, 128, 23 A.
Corbinus venator, testis, 33 A.
Costius, testis, 35 A.
Crispinus prepositus Morciarum, testis, 84 A.

D

Dacfredus Rufus, gener Burchardi de Caresmole, testis, 22.
Dado famulus, testis, 21 A.
Dado filius Dadonis de S⁺⁰ Aniano, testis, 13.
Dado gener Odonis Landani, 172.
Dado de S⁺⁰ Aniano, testis, 13.
Dadromus 1 A.
Daniel Calvus, monachus postea abbas de Ebroino, testis, 27 A.
David filius Guismandi, ediliberti, 115.
David Mercator, testis, 35.
David testis, 12.
David vicarius, fidejussor, 30. — vicarius, 115. — vicarius testis, 39, 170.
Dionisia mater Burchardi Monachi, 5 A.
Dodeta, 68.
Dodo de Aholo, testis, 68.
Dodo clericus, testis, 5.
Dodo homo Andree de Villasenatore, testis, 108.

Dometa uxor Fulconis de Vallibus, 2 A.
Dometa de Vindocino, 59 A.
Dominicus filius Remigii monacho, fidejussor, 170.
Domitilla, 69 A.
Domitilla mater Fulcherii et Ganfredi pagani, 187.
Domitilla uxor Hugonis, 3 A.
Dotninus venator, 25 A.
Droco Bierge, 50 A.
Droco vicarius, testis, 129.
Drogo de Aziaco, testis, 4, 23, 26, 28. — de Azei testis, 32.
Drogo barba torta testis, 29.
Drogo de Bucellis, 16 A.
Drogo Callus de Lavarzino, 177.
Drogo de Castro Vindocino, 95.
Drogo Canus, frater Ganfredi de Turnharo, 53.
Drogo Choletus de Lavarzino, 57. — testis, 91.

Drogo clericus Guiscellini capellani regis, testis, 117.
Drogo de Espelteriis, testis, 180.
Drogo filius Ansberti, 59 A.
Drogo filius Benedicti blancardi, testis, 177.
Drogo filius Drogonis de Castro Vindorino et Amelina, 95, 96.
Drogo filius Francherii, testis, 74, 124, 11 A.
Drogo filius Fulberti, testis, 22 A.
Drogo filius Hildeberti de Lavarzino, 29 A.
Drogo frater Constantini canonici S^{ti} Georgii, 115, testis, 124.
Drogo frater Mathei de Monteaureo, testis, 53, 65, 86, 87, 115, 117, 119, 121, 124, 128.
Drogo pellitarius, testis 11.
Drogo presbyter testis, 74, 95, 96, 124.
Drogo de Vilbena, testis, 61 A.
Durandus calvellus, testis, 94.

Durandus forestarius, testis, 19, 65, 117, 119, 120, 121, 122.
Durandus hospitalarius, testis, 38.
Durandus magister prior, testis, 79 A. 80 A.
Durandus marescalcus, testis, 11, 12, 17.
Durandus millescuta, testis, 119.
Durandus molendinarius de Grava, testis, 25, 106.
Durandus de Parciaco, testis, 35.
Durandus planus vel liniosus, testis, 38.
Durandus presbyter de S^{to} Martino, testis, 55.
Durandus Risellus, testis, 8, 23, 30, 11, 83, 117, 120.
Durandus sanguinator, testis, 35, 16 A.
Durandus vicarius comitis Gaufredi, testis, 20, 83.

E

Ebbo, testis, 58.
Ebbo archipresbyter, testis, 120.
Ebrardus capellanus, testis, 54.
Ebrardus decanus, testis, 118.
Ebrardus famulus prioris, testis, 12.
Ebrardus de Nialchias testis, 20 A.
Ebrardus ostiarius, testis, 54.
Ebrardus Seseptimus, testis, 32 A.
Ebrardus, testis, 20 A.
Ebroinus clericus, filius Guidonis pratarii, testis, 77.
Ebroinus de Fos, testis, 20 A.
Ebrolfus cellararius, testis, 8, 10,

21, 11, 65, 83, 90, 117, 118, 120, 121, 122.
Ebulo mercator, testis, 28 A.
Effridus Rufus miles de Vindorino, 10 testis, 127.
Egidius filius Fulcodii, 124.
Eleopa nepos thesaurarii duronensis, Guamilonius, testis, 78.
Elia uxor Tetbaldi filii Lethii, et filia Roberti de Marcillaco, 10, 11.
Elias frater Chotardi filii Gauscelini bubelli, 115.
Elinandus de Fractavalle, 21 A.

— 440 —

Elisabeth filia Herberti Barba, 187.
Eliz uxor Bernardi de Foresta, 3 A.
Emelina uxor Guismandi, 30, 31.
Emma filia Aurani, 21.
Enardus magister, testis, 67 A.
Engelardus famulus, testis, 21 A, 28 A.
Engelbaldus Brito, testis, 72.
Engelbadus de Buziaco, testis, 74.
Engelbaldus Turonorum humilis minister, 69 A.
Engelrea mater Rainaldi de Falgeriis, 41.
Eonus, testis, 21 A.
Erlebaldus, testis, 1 A.
Ermenaldus Claudus, testis, 70.
Ermenfredus canonicus, testis, 118.
Ermengardis soror Rainaldi (de Lanciaco), 74.
Ermengardus, 1 A.
Ermenulfus archipresbyter, testis, 58.
Ermoinus homo Sti Martini, 21.
Ernaldus clericus, testis, 55.
Ernaldus frater Guarnerii de Elemosina, testis, 50.
Ernaldus monachus testis, 118.

Ernaldus prior, 14 A.
Ernaldus trahit foras, nepos Hugonis de Cuscheri, 64 A.
Ernaldus de Sahnuro, 172.
Ernulfus coquus, testis, 123.
Ernulfus major, testis, 68 A.
Erveus ostiarius, testis, 120.
Eschivardus famulus, 68 A.
Eubrardus cellararius, testis, 66.
Eudo filius Rainardi, senescalli de Calunna, 122.
Eudo filius Lisoii et Richildis, 120.
Eusebius pontifex andegavensis, 117.
Euvrardus, testis, 26 A.
Eva blesensis, uxor Bernerii Ruilli, 160.
Evelina soror Rainaldi de Falgeriis, 41.
Evracro testis, 1 A.
Evrardus clericus, frater Gausmari cellararii, testis, 64 A.
Evrardus famulus, testis, 87.
Evrardus de Puisat, 177.
Evrebardus, 189.
Evroinus testis, 3.
Ewrardus abbas majoris monasterii, 168.

F

Falco Douren, testis, 40 A.
Flodaldus, 1 A.
Florentinus de Lengiaco, testis, 120.
Foquelus bastardus, nepos Fulcherii de Vindocino, testis, 34 A.
Franciscus preceptor domorum militie Templi in Aquitania, 52 A.
Fratres minores Vindocini, 46 A.
Fredaldus, testis, 111.
Fredardus, testis, 1 A.
Fredericus de Lavarzino, miles, 121, 45 A.

Fredericus portarius, testis, 91, 14 A.

Frincarius, testis, 1 A.

Frodmundus filius Frederici militis, 15 A.

Frodo filius Archengerii, 74, 124.

Frodo filius Berardi, 180.

Frodo medicus, testis, 33, 38, 42, 65, 117, 128.

Frodo de Sto Victore, testis, 69, 110.

Frodo, testis, 41.

Frodo de Vindocino, 72.

Frodulfus, testis, 1 A.

Frogerius carnifex, testis, 185.

Frogerius mariscalcus, testis, 30.

Frogerius verumdicit, frater Hugonis de Cuscheri, 61 A.

Frotardus, 1 A.

Froterius homo Guismandi, testis, 23, 30.

Frotgerius famulus hospitalis, testis, 2.

Frotgerius mariscalcus, 118.

Frotgerius de Parciaco, testis, 162.

Frotgerius, testis, 62.

Frotmundus, 81, 1 A.

Frotmundus de Artins, testis, 161.

Frotmundus filius l'igerii, testis, 118.

Frotmundus sacerdos, testis, 123.

Frotmundus senescalcus, testis, 87.

Frotmundus, testis, 55.

Frumentinus filius Ingelbaldi de ponte, testis, 183.

Furodius de Monteaureo, testis, 87.

Fulbelinus, testis, 101.

Fulbertus Botea, testis, 83 A.

Fulbertus campio, testis, 105.

Fulbertus carnotanus episcopus, 1.

Fulbertus colibertus, 18 A.

Fulbertus filius Galterii Bonevenit, 123.

Fulbertus filius Petri, testis, 4, 101.

Fulbertus homo Wigrini clerici, 116 ter.

Fulbertus de Lavarzino, testis, 65, 87, 89, 96.

Fulbertus monachus, testis, 87.
— monachus de Lavarzino, 171.

Fulbertus de Rupe, testis, 11 A, 14 A.

Fulbertus telonarius vindocinensis, testis, 12 33, 60, 82, 90, 115, 128.

Fulbertus testis, 27, 110 bis, 15 A, 23 A.

Fulbertus trosellus, testis, 7, 9, 12.

Fulbertus de Turre, testis, 191.

Fulcherius archidiaconus Ste Marie, testis, 117.

Fulcherius canonicus de Vindocino, 91.

Fulcherius clericus, filius Ingebaldi Britonis, 177.

Fulcherius Dives, testis, 11 A.

Fulcherius de Ferraria, testis, 187, 27 A.

Fulcherius filius Domitelle et frater Gausfredi Pagani, 187.

Fulcherius filius Drogonis de castro Vindocino et Amelina, 125, 110.

Fulcherius filius Dominice, testis, 180.

Fulcherius filius Fulcherii de Vindocino et Hildeardis, 111, 167, 58 A.

Fulcherius filius Gauscelini, testis, 170.

Fulcherius filius Gradulphi de Castroduno et Hersendis, testis, 126.

Fulcherius filius Hildeardis, 30, 31.

Fulcherius filius Hugonis, testis, 84, 129, 178.

Fulcherius filius Hugonis militis de castro Vindocino et Adile, 100, — testis, 129.

Fulcherius filius Jeremie de Insula, 186.

Fulcherius filius Ingelbaldi, testis, 29, 128, 177.

Fulcherius filius Landrici, nepos Fulcherii canonici de Vindocino, testis, 94.

Fulcherius filius Rotherti de castro Lavarzino, 18 A.

Fulcherius frater Gauffredi Pagani, 187.

Fulcherius frater Guismaudi colliberti, 115.

Fulcherius frater Salomonis, testis, 100.

Fulcherius homo Folberti de Lavarzino, testis, 89.

Fulcherius homo Wigrini clerici, testis, 110.

Fulcherius miles, 130.

Fulcherius monachus, testis, 50.

Fulcherius nepos Fulcherii, canonici de Vindocino, testis, 94.

Fulcherius puer, testis, 173.

Fulcherius Richus, filius Fulcherii Richi de Vindocino, 34, 111, 130, cognomento Richis de Vindocino, 105. — Richus, 34 A.

Fulcherius filius Gradulfi, testis, 126.

Fulcherius, testis, 5, 59, 116 bis.

Fulcherius de Turniaco, 88.

Fulcherius de Turre, nepos Hildeardis, 31, — testis, 9, 12, 16, 20, 23, 32, 33, 47, 86, 90, 115.

Fulcherius Vindocinensis, filius Adele, 61, 58 A.

Fulcherius de Vindocino, 30, 31, 32, 123, armis militaribus deditus, 167. (V. note p. 47).

Fulchosius filius Rodulfi Marmionis, 74.

Fulcodius de Banasta, testis, 50.

Fulco de Boeria, testis, 49.

Fulco clericus, nepos Ingelbaldi Britonis, 177.

Fulco comes vindocinensium, 5, 29, 31, 32, 33, 38, 82, 86, 117, 118, 119, 175, — testis, 31, 47, 68, 69, 103, 104.

Fulco filius Fulcodii, 124.

Fulco filius Fulcodii de Banasta, testis, 87, 100.

Fulco filius Girberti, testis, 118.

Fulco filius Salomonis, testis, 100.

Fulco frater Guillelmi, filii Ascelini vicarii, 21 A.

Fulco frater (domnus), 48, 50.

Fulco forestarius, testis, 70.

Fulco molindinarius, testis, 160.

Fulco monachus, prepositus, testis, 10, 30, 48, 50, 70, 82, 118, 119, 121, — prior, testis, 77.

Fulco nepos Gaufredi comitis Andegavensis, 117. (*Foulque le Rechin, c^{te} d'Anjou*).
Fulco nepos uxoris Ingelbaldi Britonnis, 177.
Fulco de Navolio, testis, 181.
Fulco prior, monachus, 35, 57, 77, 92, — testis, 31, 50, 80, 81, 82, 118.
Fulco Rana, testis, 52.
Fulco Rufus testis, 51.
Fulco senescalcus, testis, 170.
Fulcodius de Banasta, 100, 172, testis, 50, 53, 65, 87, 121.
Fulcodius de Bellissimo, testis, 122.
Fulcodius, filius Ingelbaldi vicarii de Vindocino, 49.
Fulcodius filius Rodulphi Marmionis, 124.
Fulcodius filius Tetberge, 65.
Fulcodius de Lavarzinio, 125.
Fulcodius monachus, testis, 35 A, — prior, 69, — testis, 8, 109, 118.
Fulcodius testis, 26 A, 31 A.
Fulcodius de Vallibus, 2 A.
Fulcodius de Villa Gadilonis, 109.
Fulcolinus filius Fulcodii, 108.
Fulcolinus filius Roberti Plani, testis, 103.

Fulcradus bastardus, testis, 105.
Fulcradus clavus mortalis, testis, 50, 115.
Fulcradus filius Fulberti, testis, 87, 21 A.
Fulcradus filius Gauscelini bastardi, testis, 69, 90. — filius Gauscelini, testis, 29, 33, 128.
Fulcradus filius Huberti de Moncellis fidejussor, 170.
Fulcradus filius Ingelbaldi, fidejussor, 129.
Fulcradus frater Hugonis, testis, 53.
Fulcradus frater Walterii, filii Hamelini, 5.
Fulcradus pater Odonis et Rainaldi, 112.
Fulcradus de rua vassalorum, testis, 12. — de vico vassalorum, 177.
Fulcradus de Salmontiaco, testis, 117.
Fulcradus, testis, 49, 110.
Fulcranus presbyter de Malriaco, testis, 81.
Fulcredus filius Gauscelini, testis, 173.
Furcherius Bierge, 50 A.

G

G., abbas conventus Majoris Monasterii (*Geoffroy III, de Conan*), 7 A. — Guillaume 67 A.
G. decanus Vindocini, 41 A, — presbyter de Guchero, 67 A.

Gaimardus dominus Lavarzini, 26 A, 27 A.
Gainardus vindocinensis, 4 A.
Galterius, testis, 9, — de Vindocino, 170.
Galcherius presbyter, testis, 120.

Galdricus colibertus, 104.
Galdricus homo Salomonis (de Lavarzino), testis, 121.
Galdricus de Lavarzino, testis, 89.
Galebertus, testis, 6.
Galo monachus, testis, 117.
Galterius carnotensis, testis, 79 A, 80 A.
Galterius cellararius, testis, 35.
Galterius Diabolus, 12.
Galterius Esguarez, testis, 117, 120 (vide Gualterius).
Galterius filius Amalgisi, testis, 117.
Galterius filius Burchardi (de Caresmot), 116.
Galterius filius Drogonis, testis, 116.
Galterius filius Galcherii, testis, 93, — filius Gisleberti, 91, — filius Drogonis, alius filius Burchardi, 116.
Galterius filius Racherii, testis, 49.
Galterius frater bastardus Haimerici de Lavarzino, testis, 32 A.
Galterius granerius, 54—testis, 121.
Galterius mariscalcus testis, 107.
Galterius molindinarius, testis, 160.
Galterius monachus, 13 A.
Galterius nepos Hugonis de Cuscheri, 64 A.
Galterius nutricius, testis, 28 A.
Galterius nutritor comitis Burchardi, testis, 174.
Galterius Panisparatus, testis, 80, 175.
Galterius papilio, testis, 180.
Galterius pistor, testis, 117, 118, 120.

Galterius presbyter, testis, 160.
Galterius, testis, 6.
Galterius Tiso, testis, 116.
Gandelbertus qui habet feminam Morandi, testis, 91.
Gandelbertus de Manso Aldevini, testis, 17.
Gandelbertus de Semitario, testis, 53.
Gandelbertus de Solomis, 115.
Ganenchius filiaster Letardi hominis Gulcherii de Castro Rainaldi, 175.
Garellus merchator, 28 A.
Garinus Bierge, 50 A.
Garinus clericus, testis, 10 A.
Garinus filius Tetini, testis, 174.
Garinus Leverellus, testis, 20 A.
Garinus rastellus, testis, 53.
Garnaldus de Chilziaco, testis, 172.
Garnerius major, testis, 122.
Garnerius, testis, 16, 33 A.
Garrenus decanus vindocinensis, testis, 80 A.
Gaucherius forestarius, testis, 40.
Gaudefredus consanguineus Ternerii, testis, 18.
Gaudinus famulus prioris, testis, 63 A.
Gauffredus abbas Majoris Monasterii, 41 A.
Gauffredus archidiaconus turonensis, testis, 81 A.
Gauffredus de Arrablio, testis, 2 A.
Gauffredus Blancus, frater Guidonis de Luceria, testis, 32 A.
Gauffredus camplo, testis, 7, 23, 26, 33.
Gauffredus carpentarius, testis, 33.

Gauffredus cellararius de familia S^{ti} Martini, testis, 21 A.
Gauffredus comes andegavensium (Martel), 20.
Gauffredus cocus, testis, 21.
Gauffredus elemosinarius monachus blesensis, testis, 81 A.
Gauffredus filius Archembaldi prepositi et Petronille, 19.
Gauffredus filius Bertini, testis, 1.
Gauffredus filius Gauffredi de Vilers, 4 A.
Gauffredus filius Gauscelini frater Fulcradi, testis, 33.
Gauffredus filius Hilgodi, testis, 11 A.
Gauffredus frater Hugonis prepositi castelli Vindocini, 22 A.
Gauffredus frater Rainaldi de Castello, 2 A.
Gauffredus monachus, testis, 12, 87.
Gauffredus de Monteleonii, testis, 21 A.
Gauffredus panis ante aquam, 20.
Gauffredus de Pereio, frater Hervei 81 A.
Gauffredus prepositus, testis, 22 A.
Gauffredus Turnellus, 20 A.
Gauffredus de Vilers, 4 A.
Gauffredus de Vindocino, testis, 81 A.
Gauffridus famulus, testis, 20 A.
Gauffridus filius Gauffridi de Pereio, testis, 79 A.
Gauffridus filius Girardi de Montefolluto, 185.
Gauffridus frater Golandi, testis, 20 A.
Gauffridus frater Rainaldi de Insula Jheremie, 79 A.
Gauffridus de Pereio, testis, 79 A.
Gauffridus de Posterna, miles, 82 A.
Gauffridus, testis, 20 A.
Gaufr[edus] abbas Majoris Monasterii (de Conan), 76 A.
Gaufredus bastardus, 2.
Gaufredus bisolus, testis, 60 A.
Gaufredus Brito, testis, 177.
Gaufredus campio, testis, 7, 11.
Gaufredus carpentarius, testis, 12, 31, 33, 87.
Gaufredus catto, testis, 117.
Gaufredus caulis, testis, 161.
Gaufredus comes (Martel) andegavensis et vindocinensis, 91, 104, 115, 116, 117, 118, 119.
Gaufredus decanus, testis, 187. — S^{ti} Martini, testis, 117. — S^{ti} Mauricii, testis, 117.
Gaufredus famulus, 87, — de Lavarzino, testis, 91.
Gaufredus filius Bernardi de Foresta, 3 A
Gaufredus filius Ermenrici, 117.
Gaufredus filius Ivonis, testis, 32, 82.
Gaufredus filius Otonis, testis, 117.
Gaufredus filius Tedonis, testis, 22 A.
Gaufredus frater Ivonis, testis, 32, 162.
Gaufredus frater Wigrini, testis, 12.
Gaufredus Fortis, 63.
Gaufredus Guisnardus, testis, 120
Gaufredus Nativatus, 11, — socerus Odonis Landani, 57 — filius Ivonis, 57 A.

Gaufredus heres naturalis comitatus andecavensis, 117.

Gaufredus homo Harduini, testis. 90.

Gaufredus homo Rotberti, testis, 121.

Gaufredus de Insula, testis, 117.

Gaufredus de Lorazeis, gener Rainaldi senescalci de Columna, maritus Milesendis, 122.

Gaufredus de Marrei, testis, 121 de Jarreio, testis. 92. — de de Mariaco, testis, 25 A.

Gaufredus nepos Gaufredi comitis andegavensis, 117 — (Geofroi le barbu)

Gaufredus nepos Rotberti archidiaconi, testis, 187.

Gaufredus Paganus, filius Ingelbaldi de Vinducino et Domitille, et frater Vulgrini et Fulcherii, 177, 187, 61. A.

Gaufredus Papahoven, 117.

Gaufredus pejorlupus, 60 A.

Gaufredus de Pereio, testis, 70 A.

Gaufredus Polcetus, testis, 120.

Gaufredus Rotundinus, testis, 117

Gaufredus Ruillatus, testis, 59 A.

Gaufredus, testis, 3, 6, 12, 27, 40. 102, 187, 59 A.

Gaufredus de S^{to} Amando, testis, 92, 174.

Gaufredus de Soomziaco, testis, 59 A.

Gaufredus de Turniaco, testis, 59.

Gaufredus de Varennis. 68 A.

Gaufredus vindocinensis, 70 A.

Gaufridus comes vindocinensis (Martel) 120. — (Jourdain), 26 A.

Gaufridus episcopus cenomanensis, 43 A, 47 A.

Gaufridus filius Alberici, 177

Gaufridus filius Burchardi (III), comitis vindocinensis, 38 A.

Gaufridus filius Hildeberti, 20 A.

Gaufridus filius Raginaldi Pexxi, testis, 33 A.

Gaufridus filius Rainaldi Jeuse, 122.

Gaufridus filius Rotberti et Mascie frater Hugonis, 33 A.

Gaufridus frater Golandi, testis, 26 A.

Gaufridus Infans archipresbyter turonensis, 86 A.

Gaufridus piscator, testis, 33 A.

Gaufridus prepositus, 177.

Gaufridus prior de Lavardino, testis, 30 A.

Gaufridus de Rubeomonte, miles, 39 A.

Gaufridus siccus, testis, 39 A.

Gaufridus, testis, 9, 26 A, 39 A.

Gaufridus Testuel, 51 A.

Gaufridus de Turniaco, testis, 25 A.

Gaulier Rad, 48 A.

Gaulterius de Anglia, testis, 181.

Gaulterius de Beziaco, testis, 84.

Gaulterius Clarellus, testis, 181.

Gaulterius de Creveciaco, testis, 177.

Gaulterius filius Mainardi molendinarii, testis, 180.

Gaurinus de Adiaco, testis, 187.

Gaurinus filius Odilerii; 23 A.

Gaurinus, testis, 15 A, 23 A.

Gausbertus de Aissa, 120.

Gausbertus de Axin, 45, 46, 50, 121.

Gausbertus cocus, testis, 12, 56, 172.

Gausbertus hospitalarius, testis, 55.

Gausbertus Ludovicus, prior de Camartio, 180.

Gausbertus major, testis, 79. — major in terra S⁺⁺ Mauricii apud Villamporcherii, 101.

Gausbertus Pullus, testis, 25, 31. — Pullo, testis, 160.

Gausbertus, testis, 59, 20 A.

Gauscelinus bastardus, testis, 167, 19 A. — fidejussor, 129.

Gauscelinus de Belvidere, testis, 90.

Gauscelinus de Blesi fidejussor, 107, testis, 13.

Gauscelinus Bodellus, miles de castro Vindocino, 115, testis, 30, 69.

Gauscelinus Bodinus, testis, 42.

Gauscelinus Buellus, 20.

Gauscelinus Clavellus, testis, 129.

Gauscelinus dapifer, testis, 31 A.

Gauscelinus filius Odonis Longobardi, 35, 36.

Gauscelinus filius Rainerii usuarii, testis, 35, 36.

Gauscelinus forestarius, testis, 40.

Gauscelinus de Fraenvilla, testis, 117.

Gauscelinus frater Hersendis dominæ, uxoris Gradulfi de Vindocino, 120.

Gauscelinus frater Wigrini prepositi, 170.

Gauscelinus Guasnachia filius Gualterii Guasnachiæ, 50, 62, 121.

Gauscelinus Gorgeradus, testis, 167.

Gauscelinus Georgerius, testis, 103.

Gauscelinus homo Adelelmi, testis, 103, 110, 110 ter.

Gauscelinus monachus, prepositus de Busiaco, 7, — prepositus, testis, 33, 90, 95, 57 A, — monachus, testis, 128.

Gauscelinus Radulfus, cellararius, testis, 36 A.

Gauscelinus Reopart, testis, 108.

Gauscelinus Rotundator, testis, 117. — Rotunardus, 122.

Gauscelinus, testis, 5, 59, 90, 17 A.

Gauscelinus trota, testis, 81.

Gauscelinus venator, 121.

Gausfredus camplo, testis, 38, 47, 56, 104, 105.

Gausfredus cellararius, testis, 54.

Gausfredus cocus, testis, 35, 36.

Gausfredus comes (Geoffroi-Martel), 36, 65, 117, 16 A — avunculus Gausfredi comitis andecavorum, 57.

Gausfredus corvosinus, 48.

Gausfredus famulus monachorum, testis, 14 A.

Gausfredus filius Drogonis cauli, 59.

Gausfredus filius Ermenrici, 38, 39, 40, 65, 82, — testis, 87, 117.

Gausfredus filius Hugonis Duplicis, 62.

Gausfredus frater Burchardi canonici S⁺⁺ Mauricii, 58.

Gausfredus frater Fulcradi, testis, 128.

Gausfredus frater Rotgerii Piperariæ, 71.

Gausfredus frater Tetberge (filius Ermenrici), testis, 65.
Gausfredus Fulcradus, testis, 49.
Gausfredus Freslave, 50.
Gausfredus Hativatus cognomento, 51, 57, 60.
Gausfredus homo Rotberti Rodardi, testis, 55.
Gausfredus de Lavarzino, frater Hugonis et Haimoni, 51.
Gausfredus de Lerniaco, testis, 55.
Gausfredus Nihart, testis, 183.
Gausfredus Polcetus, testis, 120.
Gausfredus Pungefollem, testis, 104.
Gausfredus de Salmuro, testis, 55.
Gausfredus de Sto Amando, 42. — testis, 17, 184.
Gausfridus de Atuaco, filius Haimerici ceci, testis, 177.
Gausfridus Fergannus, testis, 180.
Gausfridus Paganus, filius Ingelbaldi Britonis, 177.
Gausfridus presbyter, testis, 41.
Gausfridus, testis, 104.
Gauslinus decanus Sti Maurilii Andecavensis, testis, 110.
Gauslinus forestarius, testis, 9, 122.
Gauslinus homo Huberti, testis, 70.
Gauslinus, testis, 1.
Gausmarus cellararius, testis, 61 A.
Gausmarus famulus noster de Vindocino, testis, 183.
Gausmarus frater Landrici, testis, 32.

Gausmarus, testis, 187, 59 A.
Gauterius canonicus, 3.
Gauterius cellararius, testis, 49.
Gauterius compendiensis, testis, 66 A.
Gauterius filius Bernardi de Sto Aniano, 18 A.
Gauterius filius Gisleberti, 91.
Gauterius granarius, 87, 89.
Gauterius monach., 3, 21.
Gauterius presbyter de Chimiliaco, 89. — Sti Martini de Landa, testis, 31 A.
Gauterius, testis, 27, 161, 163, 15 A, 26 A.
Gauterius vicarius de Calvomonte, testis, 54.
Gautherius granerius, testis, 53, — presbyter, testis, 58.
Gauzbertus filius Bernerii de Putellis, testis, 34.
Gauzelinus, testis, 110 bis.
Gauzfredus filius comitis Vindocini, testis, 61 A.
Gauzlinus forestarius, testis, 10, 118, 121.
Gauzlinus de Leugis, testis, 117.
Gedeo, 1 A.
Gelduinus Rucellus, testis, 177.
Gentio monachus, testis, 2.
Geraldus de Cuscheriaco, testis, 177.
Geraldus monachus, testis, 12.
Geraldus mucrolus, testis, 21.
Geraldus nepos Rainaldi majoris, testis, 21.
Gerarde abbesse de la Virginite, 55 A.
Gerbertus de Ruoleto, testis, 121.
Germanus guarinus, 92.

Germanus de Lavarzino, testis. 90, 122.

Germanus Loripes, testis, 57, 90, 91. — Loripes de Lavarzino, testis, 106.

Germanus serviens Rainardi, testis, 123.

Germundus monachus S^{ti} Martini, qui regebat locum S^{ti} Medardi, 15.

Germundus monachus, 20 — testis, 15, 22.

Gervasius filius Burcardi (de Caresmot), 22, 116.

Gervasius filius Lancelini, testis, 22 A. — Lancelini de Vindocino, testis, 81.

Gervasius frater Bartholomei de Plessiaco, testis, 40 A.

Gervasius Pinart, testis, 39 A.

Gervasius prepositus, testis, 21.

Gervasius, testis, 12, 117.

Gervasius de Vindocino, 59 A. — testis, 11.

Gibuinus, testis, 20 A.

Gila mater Arnulfi, 3.

Gildericus beatus, 12 A.

Gilduinus filius Gilonis, testis, 66 A.

Gilduinus miles, testis, 66.

Gilduinus, testis, 17 A.

Giletus dictus Clemens, burgensis vindocinensis, 40 A.

Gillebertus prior Lavarzini, testis, 40 A.

Gillo filius Fulcradi de Banasta, 106.

Giraldus buccarius de Turonis, testis, 104.

Giraldus coquus, testis, 27, 38, 39, 40, 49, 55, 75, 104, 159, 172, 175.

Giraldus famulus, testis, 20, 21 A.

Giraldus filius Berlaii, testis, 119.

Giraldus filius Herberti, testis, 118.

Giraldus de Gilliaco, homo S^{ti} Martini, testis, 175.

Giraldus homo S^{ti} Martini, testis, 30.

Giraldus major de Gilliaco, testis, 105.

Giraldus major de Lenda, testis, 21 A.

Giraldus mocellus, testis, 79.

Giraldus morolus, testis, 73.

Giraldus mucellus, testis, 33, 40, 123.

Giraldus muciolus, testis, 23, 27, 45, 53, 56, 115.

Giraldus muzola, testis, 119.

Giraldus nepos Galterii, testis, 175.

Giraldus pistor, testis, 121.

Giraldus prepositus de Dalmeriaco, testis, 30 A.

Giraldus Rufus testis, 32.

Giraldus sartor, testis, 38, 117.

Giraldus de Sartrino, testis, 27, 183.

Giraldus serviens S^{ti} Martini, testis, 25 A.

Giraldus siniscalpus, testis, 32 A.

Giraldus sutor, testis, 117.

Giraldus talemerarius, testis, 90.

Giraldus, testis, 16, 31 A.

Girardus avunculus Nivelonis de Fractavalle, 180.

Girardus blesis, archipresbyter de Sta Maura in ecclesia turonensi, 86 A.
Girardus Bodellus, testis, 1.
Girardus cocus, testis, 49.
Girardus famulus, testis, 21 A.
Girardus filius Milosendis, testis, 38.
Girardus homo Sti Martini, testis, 30 A.
Girardus hospitalarius, testis, 10.
Girardus de Lavarzino, testis, 28.
Girardus miles, 19 A.
Girardus monachus, testis, 48, 35 A.
Girardus de Montefolluto, 185.
Girardus mucellus, testis, 33.
Girardus de Regniaco, 123.
Girardus Rufus, testis, 32.
Girardus subdiaconus, testis, 17.
Girardus, testis, 17 A.
Giraudus filius Euvrardi, testis, 26 A.
Girbaldus de Capella, testis, 122.
Girberga femina Ulrici Burgondionis, 20.
Girbertus de Brena, testis, 13.
Girbertus de Booleto, testis, 121.
Girbertus monachus, testis, 21 A.
Girbertus de Sto Amando, testis, 175.
Girbertus vigerius, testis, 32 A.
Giroardus servus Sti Martini, testis, 18 — villanus, 85.
Girvius, testis, 1.
Girogius filius Ivonis de Curbavilla, testis, 117.
Girogius de Lusdo, 160.
Gislebertus filius Fulcodii, 108.
Gislebertus fidejussor, 30.

Gislebertus filius Hugonis Duplicis, 62, — frater Emeline, 30, 31.
Gislebertus frater Gausberti de Axia, 50
Gislebertus frater Rainaldi clerici de castro Vindocino, testis, 99.
Gislebertus pater Guidonis et Galterii, 91.
Gislebertus pater Hilgodii, 6.
Gislebertus pater Nihardi, 32.
Gislebertus prior de Lavardino, 41 A.
Gislebertus senescalus, filius Fulcodii de Villa Cadilone, et frater Isemburgis et Raimburgis, 107, 108.
Gislebertus testis, 29 A.
Gislomerus homo monachorum, testis, 177.
Gislulfus nepos Rainulfi, servus et forestarius, 38.
Gislulfus prepositus de Ferraria, testis, 82.
Godefredus filius Fulberti, testis, 54.
Godefredus frater Ancelini, testis, 101.
Godefridus de Rupibus, testis, 120.
Godehilde uxor Rainaldi senescalci de Calunna, testis, 122.
Godifredus de Lusdo, testis, 107.
Godinus, testis, 12.
Godobertus, 1 A.
Goffredus de Leugis (episcopus carnotensis), 66 A.
Goffredus Prulliacensis, comes vindocinensis, 28 A.

Gofred barbium, testis, 40 A.
Gofridus de Ventiaco, testis, 38 A.
Gofridus de Vindocino, frater Pochardi, comitis, testis, 40 A.
Golandus canonicus, testis, 30 A, 32 A.
Goland·s, testis, 26 A.
Gosbertus de hospitali, testis, 52.
Goscelinus corduanarius, testis, 28 A.
Goscelinus filius Dodelli, testis, 173.
Goscelinus Lumbardus, testis, 47.
Goscelinus mariscalcus, testis, 123.
Gosfredus piscator, testis, 30 A.
Gosfridus frater Roberti de Montelandiaco, 62 A.
Gosfridus de Villariis, testis, 173.
·osmerius cellararius, testis, 184.
Gradulfus filius Fulcon· 162.
Gradulfus miles de Castroduno, maritus Hersendis, 126.
Gradulfus, testis, 180.
Gradulfus prepositus blesensis, 166.
Grandelbertus de manso Aldevini, testis, 47.
Gregorius prior de Pereio, testis, 81 A.
Groaldus prepositus capelle vindocinensis, testis, 34 A.
Grosset prior de Insula Jheremie, testis 79 A, 80 A.
Grossimus homo Hamelini de Lengiacis, testis, 12.
Gualcherius pistor, testis, 63.
G· aldegaudus, 1 A.

Gualo monachus, prior S^{ti} Martini, testis, 2, 83, 126.
Gualo parvus de Lavarzino, testis, 96.
Gualterius Berzerius, testis, 68.
Gualterius cambiator, testis, 28 A.
Gualterius Canardus, testis, 20.
Gualterius de capella Guillemi, testis, 41.
Gualterius clavellus, testis, 59 A.
Gualterius de Creveciaco, testis, 177.
Gualterius Esguarez, testis, 10, 41. (Vide Galterius.)
Gualterius filius Bernardi de S^{to} Aniano, 18 A.
Gualterius filius Burcardi (de Caresmot), 22, 160.
Gualterius filius Letgardis, 72.
Gualterius frater Hamelini de Lengiacis et Hugonis, 55.
Gualterius de l'Oratorio, testis, 41.
Gualterius malalingua, testis, 30 A.
Gualterius monachus, testis, 117.
Gualterius de Montibus, testis, 25 A.
Gualterius panisparatus, testis, 51, 80, 175.
Gualterius papilio, testis, 180.
Gualterius pistor, testis, 30, 65.
Gualterius prepositus de Beziaco, 60 A.
Gualterius presbyter, testis, 22.
Gualterius quatlatus, testis, 3.
Gualterius Rubeus, testis, 22.
Gualterius, testis, 2, 10, 62.
Guanilo prepositus de Buziaco, 83.

Guaningus de castro, testis, 120.
Guarinus de Adiaco, testis, 187.
Guarinus Brito, fidejussor, 21 A.
Guarinus canonicus S˙ Georgii vindocinensis, 69.
Guarinus clericus de Semita, testis, 10, 54, 78, — de Semitario, 82. — S˙ Martini, testis, 35, 36, 41, 48, 68, 100, 103, 21 A.
Guarinus cocus, testis, 63.
Guarinus filius Fulcradi, testis, 165.
Guarinus filius Fulmerii, 28 A.
Guarinus filius Gradulfi de Castro blesensi, 165, — testis, 118.
Guarinus filius Gauscelini, 107.
Guarinus filius Hugonis, prepositi blesensis, 25 A.
Guarinus filius Josmerii, testis, 12.
Guarinus filius Odilerii, 23 A.
Guarinus filius Odonis clerici, 60.
Guarinus filius Odonis secretarii, testis, 50.
Guarinus filius Rimandi, testis, 47.
Guarinus filius Teelini, testis, 74, 175. — Tehelini, 21 A.
Guarinus filius Teodelini, testis, 52.
Guarinus de Fractavalle, testis, 180.
Guarinus frater Hugonis, filius Teudelini, testis, 80.
Guarinus germanus Gauscelini Guasnachiæ, 92.
Guarinus grossus, testis, 22 A.
Guarinus major, testis, 29 A.
Guarinus monachus, testis, 87, 21 A.
Guarinus rastellus, testis, 53.
Guarinus de Rupibus, 162.
Guarinus servus S˙ Martini, testis, 15.
Guarinus vicarius de Blesi, testis, 54, — vicarius, testis, 118.
Guarnerius Rodinus, testis, 84.
Guarnerius carpentarius de . . . ., testis, 58.
Guarnerius cellararius, testis, 58.
Guarnerius de Elemosina, testis, 50.
Guarnerius filius Guillelmi, testis, 58 A.
Guarnerius famulus S˙ Medardi, testis, 8.
Guarnerius major, testis, 18 A.
Guarnerius prepositus, testis, 120.
Guastho monachus, testis, 70.
Guaszo de castro Teodemerense, in pago carnoteno, 117.
Guaufredus Madronus, testis, 21 A.
Guaufridus, testis, 102.
Guerelus, testis, 39 A.
Guesferius filius Gaufredi britonis, testis, 187.
Guicherius de castro Rainaldi, 174, — testis, 187.
Guicherius famulus, testis, 87.
Guicherius filius Guicherii domini, castri Rainaldi, 37.
Guicherius filius Ivolini, militis, 102 — testis, 35.
Guicherius filius Odonis Longobardi, 35, 36.
Guicherius frater Guillelmi, filii Ascelini vicarii, 21 A.

Guicherius de Lavarzino, testis, 50.

Guicherius maritus Beatricis, 164.

Guicherius Tallahar, homo Ingelbaldi, testis, 64. — Tallahardus, filius Ivonis, 57 A.

Guidelinus, testis, 27.

Guido de Branna, testis, 21 A.

Guido clericus, testis, 29.

Guido comes, 11 — testis, 12, 32, 49, 115.

Guido coquus, testis, 20 A.

Guido decanus beati Martini turonensis, 76 A.

Guido filius Auranni, 21.

Guido filius Gradulfi de Castroduno et Hersendis, testis, 126.

Guido filius Gisleberti, testis, 57, 91.

Guido filius Rainaldi de Monediaco, 30 A.

Guido filius Simonis de Balgentiaco, testis, 126.

Guido homo Ansaldi, testis, 100.

Guido homo Horluini et Odeline matris suæ, testis, 90.

Guido de Luceria, testis, 32 A.

Guido Pedferro, testis, 28 A.

Guido prepositus, 27.

Guido, testis, 9, 53.

Gulelmus de Monte Ernaudi, testis, 38 A.

Guillelmus Goinchardus, testis, 21 A.

Guillelmus viator, testis, 21 A.

Guilermus Unbredana, testis, 38 A.

Guillaume de Vitré, prieur de Lavardin, 53 A.

Guillelmus abbas Majoris Monasterii, 66 A, 67 A.

Guillelmus de anglica terra, testis, 49.

Guillelmus armiger, testis, 12.

Guillelmus asinarius, testis, 38.

Guillelmus Bastart, monachus, testis, 40 A.

Guillelmus de Bellovidere, testis, 52.

Guillelmus Bigotus, testis, 38.

Guillelmus Bucellus, testis, 30, 87.

Guillelmus Buclarus, testis, 184.

Guillelmus de Buziaco, testis, 26 A.

Guillelmus campio brito, testis, 23.

Guillelmus cane, testis, 40 A.

Guillelmus de Capella, testis, 83.

Guillelmus capellanus Otberti, testis, 73.

Guillelmus clericus, testis, 122.

Guillelmus de Corserant, testis, 81 A.

Guillelmus filius Ascelini vicarii, testis, 49, 21 A.

Guillelmus filius Frodonis, testis, 180, 185.

Guillelmus filius Gaufredi Fortis, 63.

Guillelmus filius Gervasii de Vindocino et Usbile, 50 A. — Herberti Barbæ, 187.

Guillelmus filius Hugonis, filii Teudonis, 164.

Guillelmus frater Ascionis vicarii, testis, 117.

Guillelmus frater Fulberti colliberti, testis, 18 A.

Guillelmus frater Hugonis prepositi castelli Vindocini, 22 A.
Guillelmus Galestoz, testis, 175.
Guillelmus guinamorum, testis, 11.
Guillelmus homo guismandi, 27.
Guillelmus Isoardus, testis, 180.
Guillelmus de Miseriaco, testis, 30 A.
Guillelmus de Monteaureo, testis, 124.
Guillelmus de Montesorello, testis, 119.
Guillelmus de Niorto, testis, 119.
Guillelmus prepositus, testis, 187.
Guillelmus presbyter, testis, 63.
Guillelmus prior, 37 A, — de Auricasa, testis, 79 A, — testis, 36 A, 66 A.
Guillelmus de Ripperaria miles, 48 A.
Guillelmus de Rullaco, 87.
Guillelmus Rufus, testis, 40 A.
Guillelmus de Rupibus, testis, 33 A.
Guillelmus sacerdos, testis, 84, — sacerdos capellarius, testis, 26 A.
Guillelmus de S^{to} Albino, testis, 39 A.
Guillelmus de S^{to} Martino, testis, 40 A, — miles, 46 A, 81 A.
Guillelmus, testis, 84, 15 A, 59 A.
Guillelmus de Vallibus, filius Fulcodii, 2 A.
Guillelmus de Vaus, testis, 40 A.
Guillelmus vicecomes, testis, 177.
Guillelmus de Villasenatoris, 184.

Guillelmus de Vilers, 185.
Guillermus dictus Maleteau, 51 A.
Guillonus, testis, 1 A.
Guillotus dictus Mignon, 49 A.
Guillrannus canonicus, testis, 25 A.
Guineherius, testis, 28 A.
Guinerius frater Ademari Trealdi, testis, 90.
Guiscelinus capellanus regis, testis, 117.
Guismandus, 27, 28, 31, — de Vindocino, miles, 23, 24, 25, 77, — filius Guismandi et Emeline, 29, 30, 32, 36, 116.
Guismandus colibertus, 115.
Guismandus famulus, testis, 29, — homo S^{ti} Martini, 71.
Guismandus frater Gausberti de Axia, 50.
Guismandus homo S^{ti} Martini, testis, 16, 18, 21, 22, 179.
Guismandus Infans, 173.
Guismandus de S^{to} Medardo, testis, 184.
Guismandus de Superbolon, testis, 9, 47, 128.
Guismandus, testis, 21.
Guitbertus famulus, testis, 25 A.
Guitbertus de S^{to} Medardo, miles, 63 A.
Guitburgeta, 69.
Guitburgis filia Tetbaldi, 8, 10.
Guitburgis uxor Burcardi (de Caresmel), 22, 87, 89.
Gulbertus clericus, testis, 21 A.
Gulbertus de Putolia, 166.
Gulco largute, testis, 41 A.
Gundacorus, testis, 82, 75.

Gundacrius bastardus, testis, 128.
Gundacrius, testis, 12, 173.
Gundacrus, testis, 177, 1 A.
Gundracus bastardus, testis, 7, 25, 33, 60, 80 — testis, 23, 29.
Gundrada uxor Isembarti peregrini, 44.
Gundragius, testis, 64 A.
Guntarius, 1 A.
Guntrea uxor Gaufredi Hativati, 57.
Gyrogius, testis, 167.

H

Hademarus forestarius, testis, 165.
Hademarus de Molendinis, testis, 20 A, 21 A.
Hadensis filia Gradulfi de Castroduno et Hersendis, 126.
Haduisa soror Hugonis filii Teudonis, 14.
Haduisa uxor Guitberti de Sto Medardo, 63 A.
Hadvisa soror Raherii et uxor Fulberti Truselli, 69.
Halildis coliberta, 33 A.
Haimarus famulus, testis, 185.
Haimericus de Aurelianis, miles, 43 A.
Haimericus carnifex, testis, 12.
Haimericus Gainardus cognomine, de Lavarzino dominus, 26 A, 32 A.
Haimericus filius Rainaldi de Monediaco, 30 A.
Haimericus, testis, 59 A.
Haimo de Baoleto, homo Sti Martini, 37.
Haimo cellararius, testis, 102.
Haimo de Intramnis, testis, 117.
Haimo de Lavarzino, frater Hugonis et Gauffredi, 51.
Haimo mediator, testis, 18.
Hainricus de Cergeis, frater Hildeberti, testis, 20 A.
Hainricus filius Rotgerii, testis, 115.
Hainricus de Fractavalle, testis, 165.
Hainricus frater Odonis Pagani, testis 180.
Hainricus Gundacra, testis, 31 A.
Hainricus presbyter, 108.
Hainricus de Vindocino, frater Odonis decani, 77.
Hainricus de Beziaco, testis, 17.
Hainricus frater Soranni, 109.
Hairardus prepositus, testis, 5.
Haldoinus cellararius, testis, 28 A.
Haldricus filius Andreæ, testis, 72.
Haldricus prepositus Sti Martini, testis, 2.
Haldricus villanus, testis, 79.
Haluisa uxor Ascelini Jotardi, 177.
Halvisa uxor Hamelini de Monteauroo, 32 A.
Hamelin Blancvilein, testis, 39 A.
Hamelinus abbas vindocinensis, testis, 81 A.
Hamelinus bibevinum, testis, 4, 7, 9.
Hamelinus canonicus, testis, 29, 32.
Hamelinus clericus, testis, 25, 80.

Hamelinus clericus de Vindocino, filius Avisgaudi prepositi, 104 — testis, 50.

Hamelinus clericus, frater Constantini canonici S*ti* Georgii, 115.

Hamelinus filius Avisgot, testis, 173.

Hamelinus filius Gualterii, 20.

Hamelinus filius Hamelini, testis, 104.

Hamelinus frater Nivelonis de Fractavalle, 180.

Hamelinus de Lengiacis, 4, 32 — de Lengiaco, 12, 55. — vel de Monteaureo, 12, 32 A — de Longadiis, 49 — filius Galterii de Lengiaco, 120 — testis, 32.

Hamelinus major, testis, 63, 68.

Hamelinus de Majumo, testis, 25 A.

Hamelinus de Monteaureo, 32 A.

Hamelinus de Roorta, testis, 40 A.

Hamelinus, testis, 5, 6.

Hamo de Valle, testis, 49.

Hanno, testis, 30 A.

Harduinus bibens burdum, testis, 187.

Harduinus filius Corbonis (*de Rupibus*), testis, 129.

Harduinus filius Galcherii, testis, 83.

Harduinus filius Gaufredi Fortis, 83.

Harduinus filius Guinberti, 90.

Harduinus filius Racherii, testis, 49.

Harduinus homo Fulconis comitis, testis, 118.

Harduinus homo Galcherii, testis, 173.

Harduinus mesletus, testis, 36 A.

Harduinus pistor, testis, 23.

Harduinus de Ponte, testis, 20 A, 28 A.

Harduinus prepositus, testis, 80.

Harduinus Ruillus, 25 A.

Harduinus serviens, testis, 68.

Harduinus de Sarneriis, testis, 186.

Harduinus spiamelam, 122.

Harduinus, testis, 17 A, 64 A.

Harduisa soror Harduini, 90.

Haribert, testis, 1 A.

Harmanus, testis, 1 A.

Harpin, 40 A.

Harsensis filia Ascelini Jotardi, 177.

Havinus talemerarius, testis, 7.

Hazuisus talemerarius, testis, 128.

Helgodus cocus, testis, 35, 36.

Helgodus, testis, 62.

Helia soror Arnulfi, 3 — uxor Tetbaldi, filii Leterii, 8, 12.

Heliende uxor domini Otberti, 73.

Helinaudus de Fractavalle, testis, 161.

Helix homo Bellini prepositi, testis, 165.

Hengerbertus de Carleo, testis, 33 A.

Henricus dapifer, testis, 12.

Henricus francorum rex, 117.

Henricus sacerdos, testis, 84.

Herbardus homo Letberti, filii Rainaldi de Castro, 80.

Herbaldus de Nogento, testis, 57 A.

Herbertus Barba, testis, 11, 17, 100, — miles, 187.
Herbertus Bucellus, 184.
Herbertus capellanus Rainardi nepotis Girardi de Reiniaco, 88 — testis, 123.
Herbertus carrarius, testis, 68.
Herbertus clericus, testis, 20, 75, 27 A.
Herbertus decanus, testis, 33.
Herbertus diaconus, testis, 17.
Herbertus filius Bernardi de Foresta, 3 A.
Herbertus filius Fulberti, testis, 12.
Herbertus frater Gauscelini, testis, 121.
Herbertus frater Gauscelini Guasnachie, 62.
Herbertus Guasnachia, testis, 47, 70 — filius Gaulterii Guasnachie, 78.
Herbertus homo Archembaldi, testis, 40.
Herbertus de la Landa, testis, 122.
Herbertus miles, botellarius comitis vindocinensis, 182.
Herbertus presbyter, 14 A — de Castro Lavarzino, 19 A.
Herbertus Turmels, testis, 122.
Herbertus villanus, testis, 117.
Herfridus, testis, 12.
Heribertus, testis, 1 A.
Herigaudus, 1 A.
Herimennus, testis, 1 A.
Herlandus, testis, 6.
Herluinus exploramotam, miles vindocinensis, 80.
Herluinus homo Rainaldi, testis, 83.
Herluinus, testis, 27.

Hermengardis, 130 — uxor Teodorici, 33 A.
Hermensendis filia Odonis Landani et uxor Rainaldi, 54.
Hermoinus mediator, testis, 18.
Hermundus, testis, 180.
Hersenda uxor Walterii filii Hamelini, 5.
Hersendis filia Odonis Laudani et Beliardis, 21 A.
Hersendis de Putellis, uxor Gradulfi de Castroduno militis, et filia Fulcherii de Vindocino, 120.
Hersendis uxor Fulcradi, 112, 171.
Hersendis uxor Herberti Barbæ, 187.
Hersendis uxor Hildeberti de Lavarzino, 29 A.
Hervelus de Marches, testis, 33 A.
Horveth, testis, 28 A.
Herveus de Bellomonte, testis, 81 A.
Herveus cellararius, testis, 64 A. — cellararius Domitelle, testis, 187.
Herveus de Chesia, testis, 40 A, 41 A.
Herveus clericus, testis, 40 A.
Herveus cocus, testis, 40, 58.
Herveus corvesinus, testis, 54, 184.
Herveus famulus, testis, 5.
Herveus filiaster Marlini, 180.
Herveus filius Rainardi, testis, 187.
Herveus filius Gauffridi de Pereto, testis, 70 A.
Herveus filius Gausberti, testis, 118.
Herveus filius Hildeberti Hoguerolli, 20.

Herveus filius Hugonis Duplicis, 62.
Herveus filius Landrici vindocinensis, testis, 180.
Herveus filius Loripedis, testis, 27 A.
Herveus filius Rainardi de Calvomonte, testis, 175.
Herveus frater Alfredi filii Galberti de Vindocino, 170
Herveus frater Gausberti de Axia, 50.
Herveus frater Gausfredi, testis, 48.
Herveus frater Landrici filii Gosmerii, testis, 184.
Herveus franciscus, testis, 55.
Herveus Grivellus, testis, 180, 185.
Herveus homo Haimerici, testis, 2.
Herveus de Lavarzino, testis, 57, 80, 128, 24 A.
Herveus major, testis, 2 — major Fontiscari, testis, 117.
Herveus miles Hugonis Duplicis, 62.
Herveus minister humilis Majoris Monasterii, 3 A.
Herveus monachus, testis, 15 — capellanus vicecomitis Ebrardi, testis, 54.
Herveus monachus, quondam vicecomes, 117.
Herveus de Monaia, testis, 48.
Herveus de Moncelliaco, testis, 177.
Herveus de Monediaco, testis, 165.
Herveus de Pereio, miles, 81 A.
Herveus privinnus Martini famuli, 180.
Herveus sartor, testis, 117.

Herveus, testis, 3, 5, 15, 59 A.
Herveus vicecomes, testis, 13, 54, 17 A.
Herveus de Villaperor, 4 A.
Herveus de Villarebla, cognatus Hugonis de Guscheri 64 A.
Herveus de Vindocino, testis, 64 A.
Hervisus monachus, testis, 118.
Hielendis uxor domini Otberti et neptis Gaufredi Fortis, 73, 93.
Hilarius famulus testis, 5.
Hildeardis uxor Fulcherii Richi de Vindocino, 34, 167 — testis, 173.
Hildeardis uxor Odonis, 170.
Hildebairlus, testis, 23 A.
Hildebertus agens in rebus de Castro Lavarzino, 29 A.
Hildebertus Bogurellus, frater Petronille uxoris Archembaldi prepositi, 20.
Hildebertus cocus, testis, 3, 35, 36, 63, 65, 97, 98, 100, 117, 120, 125, 16 A.
Hildebertus episcopus cenomanensis, filius Hildeberti de Lavarzino, 27 A, 29 A.
Hildebertus Gaulterii, testis, 180.
Hildebertus filius Guarini, 28 A.
Hildebertus frater Alrici et Rotberti, testis, 71.
Hildebertus frater Hainrici de Gergis, testis, 20 A.
Hildebertus homo Archembaldi, testis, 45.
Hildebertus monachus et prefectus de Buziaco, 170 — prepositus Buziaci, 70.

Hildebertus monachus, 36, 91 — prepositus Semitarii, 43 — testis, 50, 52, 78, 79, 118, 121.

Hildebertus, testis, 1 A, 15 A, 23 A.

Hildebertus vicarius, 14 A — vicarius de Lavarzino, testis, 50, 65.

Hildebrannus vicarius Papæ Romani, 117.

Hildeburge uxor Letardi hominis Guicherii de Castrorainaldi, 175.

Hildeburge uxor Odonis Longobardi, 35, 36.

Hildeburgis filia minor Amelinæ, 36 A.

Hildeburgis filia Odonis Landani et Beliardis, 21 A.

Hildeburgis filia Rainaldi de Monediaco, 36 A.

Hildeburgis uxor Dadonis, 172.

Hildegardis uxor Fulcherii de Vindocino, 31.

Hildegardis uxor Ingelbaldi Britonis de Vindocino, 128.

Hildegarius Bechet, testis, 65 A.

Hildegarius caro leporis, 36 — de lepore, 39.

Hildegarius diabolus, testis, 184.

Hildegarius faber, testis, 35 A.

Hildegarius filius Gertranni, testis, 35, 36.

Hildegarius homo Fulcherii, testis, 96.

Hildegarius mariscalcus, testis, 119, 120.

Hildegarius pupilla Gironis, testis, 1.

Hildelma uxor Rainaldi de Falgeriis, 41.

Hildemarus de Buziaco, testis, 118.

Hildemarus de Rupibus, testis, 54.

Hildemarus flevotomator, testis, 55.

Hildemarus sanguinator, testis, 17.

Hildericus de Beziaco, testis, 28.

Hildesendis uxor Fulcodii de Banasta, 106.

Hildiardis uxor Fulcherii de Vindocino, 30.

Hildigisus, 1 A.

Hildradus de Buziaco, testis, 161.

Hildradus, testis, 115, 161, 163.

Hildricus, testis, 3, 31 A.

Hildrimus, testis, 29 A.

Hilduinus carpentarius, testis, 27 A.

Hilduinus filius Durandi, testis, 57 A — forestarii, testis, 38, 104.

Hilduinus monachus S^{ti} Martini, 68, 72, 76, 85 — prepositus Lanciaci, 124 — testis, 95, 96, 108.

Hilduinus sartor, testis, 7, 8, 10, 35, 36, 41, 47, 49, 50, 65, 83, 117, 120, 122, 16 A.

Hilduinus de Sartrino, 12.

Hilduinus servus, 10.

Hilduinus, testis, 10, 170.

Hilgodus capellanus Guillelmi episcopi carnotensis, 60 A.

Hilgodus cocus, testis, 30.

Hilgodus cuncarius, 52 — frater Odonis Landani, 172, 174.

Hilgodus Cuneata, testis, 37.
Hilgodus filius Burcardi (*de Caresmot*), 22, 23, 64, 87, 89, 160.
Hilgodus filius David, vicarii, testis, 22 A.
Hilgodus filius Herberti, testis, 87.
Hilgodus filius Huberti, testis, 170.
Hilgodus frater Archembaldi prepositi, 17.
Hilgodus frater Odonis Landani, 80.
Hilgodus frater Orrici Borelli, testis, 187.
Hilgodus frater Rainaldi presbyteri, 183.
Hilgodus miles, testis, 42.
Hilgodus monachus, 21 A.
Hilgodus prior, 21 A.
Hilgodus Securis vulgo Cuneata, frater Odonis Landani, 54.
Hilgodus villicus, testis, 31 A.
Hilgodus de Caresmot, testis, 4, 12, 23 — filius Burcardi de Caresmot, 64 — testis, 90, 116, 160.
Hilgodius filius Gisleberti, et nepos Hugonis archidiaconi, 6.
Hilgodius miles, testis, 4.
Hilgodius nepos Hugonis archidiaconi, 6.
Hilgotus Botin, testis, 41 A.
Hilgotus de Bruéria, testis, 32 A.
Hilperitus, testis, 64 A.
Hiravrus, 1 A.
Hirmengardis, 130.

Hludovicus dominus serenissimus, 1 A.
Hodierna uxor 1° Avesgaudi, 2° Galterii granerii, 54.
Hodierna uxor Guillelmi de Miseriaco, 30 A.
Hubaldus major, testis, 74, 85, 121.
Hubaldus de Moncellis, testis, 170.
Hubaldus venator, 67, 70.
Hubertus de Bergoano, testis, 185.
Hubertus Borellus, testis, 91.
Hubertus de Buxo, testis, 180.
Hubertus canonicus S^{ti} Georgii, testis, 16.
Hubertus carpentarius, testis, 185.
Hubertus castridunensis, testis, 2.
Hubertus clericus de Vindocino, 70 — testis, 121.
Hubertus episcopus andecavensis, 100, 123 — testis, 11 A.
Hubertus filius Avisgaudi, 35, 66 — Avisgaldi, testis, 120, 172.
Hubertus filius Bernardi de Foresta, 3 A.
Hubertus filius Frodonis, testis, 100.
Hubertus filius Gaulterii Granerii, 89.
Hubertus filius Hervei, testis, 49.
Hubertus filius Megnonis, 185.
Hubertus filius Odilerii, 23 A.
Hubertus filius Roberti de Marrelo, 79 — Rotberti de Castro Lavarzino, 18 A.

Hubertus filius Rodulfi vicecomitis, testis, 90.
Hubertus frater Fulcodii, testis, 26 A, 32 A.
Hubertus frater Rainardi clerici de castro vindocino, testis, 99.
Hubertus homo Huberti, testis, 79 — Herberti presbyteri, 11 A.
Hubertus homo Sti Martini, testis, 72, 107.
Hubertus infirmarius, testis, 8 — pictavensis, 90.
Hubertus manens, testis, 90.
Hubertus de Marreio, testis, 92.
Hubertus matricularius, testis, 90.
Hubertus muscipula, testis, 161.
Hubertus de Pratella, testis, 120.
Hubertus prepositus Guicherii, testis, 172.
Hubertus presbyter, testis, 48, 69.
Hubertus prior Lavarzini, testis, 38 A.
Hubertus Raldura, testis, 121.
Hubertus Rodulfus, villicus, testis, 16 A.
Hubertus salva granum, testis, 94.
Hubertus, testis, 3, 5, 33.
Hubertus vicecomes, testis, 47.
Hubertus de Villapresbyterii, testis, 187.
Hugo archipresbyter vindocinensis, 66 A.
Hugo de Bellomonte, miles, testis, 81 A.

Hugo Bocellus, testis, 21 A.
Hugo Britellus, testis, 28 A.
Hugo Burellus, testis, 11 A.
Hugo Calvus, testis, 22 A.
Hugo camberlencus, testis, 119.
Hugo de Campaniaco, testis, 71, 124.
Hugo Chadebertus, testis, 18. — Cadebertus, 16, 166, — testis, 65, 87 — Chasbertus, 106.
Hugo Chavuellus frater Burgundionis de Boloria, 63 A.
Hugo clericus, testis, 116 bis, 120.
Hugo vir Adele, 59.
Hugo de Contadello, testis, 117.
Hugo Cordella, 64.
Hugo de Crozilla, testis, 120.
Hugo cumpedibus, testis, 187.
Hugo de Guscheri, miles, 64 A, — de Guscheriaco, testis, 187.
Hugo Derramatus, testis, 180 — Darematus, 185, 186.
Hugo decanus, testis, 2.
Hugo vir armis militaribus deditus (Dublellus vel Duplex), 62 (voir note p. 100).
Hugo Duplex, archidiaconus vindocinensis, 2 — testis, 6 — archidiaconus filius Hugonis Duplicis, 60, 72.
Hugo filius Agnetis et Gelduini de Malliaco, 61, 58 A.
Hugo filius Aimerici, testis, 87.
Hugo filius Archembaldi prepositi et Petronille, 19, 21.

Hugo filius Constantini de Radenaeo, 87.
Hugo filius Drogonis et Amelinæ, 59 A.
Hugo filius Eve, fidejussor, 129 — testis, 37, 56.
Hugo filius Fulberti, testis, 53, 24 A.
Hugo filius Fulcodii de Banasta, 106.
Hugo filius Galdrici, testis, 91, 24 A — de Lavarzinio, testis, 19.
Hugo filius Gaudrici, testis, 16, 57.
Hugo filius Gauffredi de Vilers, 4 A.
Hugo filius Gausberti de Axia, 45, 46, 50, 121.
Hugo filius Gelduini, testis, 146.
Hugo filius Grimonis, testis, 168.
Hugo filius Guarnerii, testis, 37, 127.
Hugo filius Herluini, 16.
Hugo filius Hugonis præpositi blesensis, 25 A.
Hugo filius Ingelbaldi, testis, 33, 50, 128.
Hugo filius Isembardi de Rupibus, 50.
Hugo filius Martini, testis, 118.
Hugo filius Pagani de Fracte, 33 A.
Hugo filius Roberti, 33 A. — — Roberti Plani, testis, 120 — de castro Lavarzino, 18 A.
Hugo filius Rotgerii de turre Vindocini, 176.
Hugo filius Salomonis, testis, 32, 174.
Hugo filius Teduini, testis, 65.
Hugo filius Teodelini, testis, 104.
Hugo filius Tescelinæ, frater Adelelmi, 164.
Hugo filius Teudelini, testis, 37.
Hugo filius Teudonis, 15 — testis, 164.
Hugo filius Viviani, testis, 59 A.
Hugo filius Wigrini, testis, 118.
Hugo forestarius, testis, 47.
Hugo de Fractavalle, testis, 38 A.
Hugo frater domni Arraldi monachi, testis, 58.
Hugo frater Haimerici de Lengiacis, 55.
Hugo frater Mathei, fidejussor, 129.
Hugo frater Rotberti, 121.
Hugo frater Stephani Munezel, testis, 108.
Hugo frater Salomonis, filii Salomonis portarii, testis, 82.
Hugo frater Teudelini, testis, 80.
Hugo frater Tetbaldi, testis, 12.
Hugo homo Seranni, testis, 55.
Hugo hospitalarius, testis, 68 A. — de Sparnone, testis, 66 A.
Hugo de Lavarzinio, filius Roberti Plani, testis, 19.
Hugo de Lavarzino, frater Gaufridi et Haimonis, 51.

Hugo de Livis, canonicus et prepositus ecclesiæ carnotensis, 66 A.
Hugo manducans britonem, testis, 116.
Hugo de Marcilliaco, testis, 17, 40, 45.
Hugo de Martiniaco, testis, 28 A.
Hugo miles, 14 — miles de Vindocino, 100 — filius Herluini, 16.
Hugo monachus, testis, 31, 81, 87, 94, 22 A, 34 A.
Hugo de Montibus, testis, 25 A.
Hugo nepos Leodegarii, testis 161.
Hugo nepos Ranulfi servus et forestarius, 38.
Hugo nigrabodella, testis, 26 A, 32 A.
Hugo Palestellus, testis, 180.
Hugo parens Archembaldi prepositi, 17.
Hugo passapictavensis, testis, 33, 69, 82, 173.
Hugo Planus, testis, 177, 21 A.
Hugo de Pontiaco, testis, 26 A.
Hugo prepositus, testis, 165 — de Roziaco, testis, 80 — blesensis, 25 A — castelli Vindocini, 22 A.

Hugo preses, filius Archembaldi prepositi, 184.
Hugo Pretus, testis, 22 A.
Hugo prior cellæ de Lavarzino, 12.
— Lavarzinensis, 22 A. — de Lanceio, 70 A, 79 A, 80 A.
Hugo Pullus, testis, 173, 177, 184, 187, 61 A.
Hugo, testis, 27, 47, 62, 17 A.
Hugo de Sto Avito, 3 A.
Hugo Torgis, 51 A.
Hugo transit pictavensem, testis, 177.
Hugo vicedominus, testis, 117.
Hugo de Villamalorum, 87 — testis, 94, 161.
Hugo de Villamereni, 85.
Hugolinus, testis, 16, 127.
Huguetus filius Philippi de Lavardino militis, 47 A.
Hulbertus de Loches, testis, 22 A.
Hulbertus filius Odileril, 23 A.
Humbertus cognatus Gisleberti Hervei et Guismandi, testis, 50.
Huningus, testis, 1 A.
Hutbertus filius Walterii Chanardi, testis, 45.

I

Ieremias (*de Insula*), 180.
Ildebertus episcopus cenomanensis, 33 A.
Ildegarius caroleporis, testis, 170.
Ildegarius mariscalcus, testis, 54.
Ildebertus monachus, testis, 11 A.
Ildibertus vigerius, testis, 11 A.

Ingelbaldus Arvernensis, testis, 88.
Ingelbaldus Brito, 75, 128, 175 — de Vindocino, 90, 129, 170 — britannus, 177 — fidejussor, 60 — testis, 7, 9, 20, 25, 27, 29, 30, 31, 32, 33, 47, 50, 64, 69, 82, 83, 86, 60, 115, 118, 119, 160, 19 A (*V. note p.* 220).

Ingelbaldus de Beziaco, testis, 124.
Ingelbaldus filius Adelardi, testis, 7.
Ingelbaldus filius Gaufredi Pagani, testis, 187.
Ingelbaldus filius Hermoini, testis, 184.
Ingelbaldus filius Salomonis, testis, 103.
Ingelbaldus frater Rainaldi presbyteri, 183.
Ingelbaldus Guarenioth, frater Hugonis de Cuscheri, 60 A.
Ingelbaldus de Luchis, testis, 21.
Ingelbaldus monachus, testis, 168.
Ingelbaldus de Ponte, 39.
Ingelbaldus presbyter S^{ti} Martini, testis, 65.
Ingelbaldus Rufus, testis, 20 A.
Ingelbaldus, testis, 85, 187.
Ingelbaldus vicarius de Vindocino, 49 — testis, 103.
Ingelbertus filius Richardi, testis, 104.
Ingelbertus garenius, testis, 21.
Ingelbertus major, testis, 56.
Ingelerius presbyter, testis, 50 — canonicus, testis, 14 A.
Ingelricus major, testis, 180, 185.
Ingelgerius presbyter de Lavarzino, testis, 80.
Ingelgerius Torquevillanum, testis, 57.
Ingelgerius, testis, 6.
Ingelgerius sartor, testis, 24, 25, 104, 117.
Ingelgerius sutor, testis, 38.

Irmengrandis diaconus, 1 A.
Isembaldus, testis, 1 A.
Isembardus cellararius, testis, 68 A.
Isembardus culacherius, 45.
Isembardus frater non matrimonialis Rotberti et Hugonis, 121.
Isembardus de Molindinis, testis, 17.
Isembardus de Moncelliaco, testis, 177.
Isembardus peregrinus, 44.
Isembardus, testis, 5, 49.
Isembertus carpentarius, testis, 71.
Isembertus filius Hervei, testis, 87.
Isembertus monachus, 64, 71, 21 A — testis, 31, 50 — frater qui construxit loculum S^{ti} Medardi, 160.
Isemburgis filia Fulcoii et uxor Gisleberti, 107 — femina Hildebaldi, 108.
Ivo cocus, testis, 17.
Ivo de Curvavilla, testis, 2, 117.
Ivo decanus, testis, 127.
Ivo filius Richildis et Rotgerii de Turre Vindocini, 81, 176.
Ivo Foliolus, testis, 162.
Ivo frater Odonis camerarii, testis, 117.
Ivo monachus, testis, 35 A.
Ivo pater Guicherii tallabardi, Gauffredi Hativati et Rodulfi, 57 A — pater Salomonis, 102.
Ivo de Urteio, testis, 39 A.
Ivo, testis, 168, 184, 31 A.
Ivolinus miles de Vindocino, filius Salomonis clerici, 102, 109.

J

J., abbas B. M. de Burgomedio — 6 A.

Jacquelinus de Chassett, 70 A — (de Chassai) gener Gaufredi de Pereio, 70 A.

Jarnego monachus, 181.

Jarnegonius monachus, 61 A.

Jarnigoius domnus, 177.

Jarnigotus monachus, testis, 177.

Jehan Biseau, escuyer, 78 A.

Jehan de St-Liénard, prieur de Lavardin, 54 A.

Jehan de Vieuxpont, sire de Vaux, 10 A.

Jeremias (de Insula), 186.

Jeremias de Turre, testis, 64 A.

Joduinus nepos Roberti, 33 A.

Johan la Belle, bailli de Vendôme, 53 A.

J[ohanna] comitissa vindocinensis, 45 A.

Johanna filia Drogonis et Amelinæ, 59 A.

Johanna filia Tetbaldi filii Leterii, 11, 12.

Johanna relicta Stephani Rebuffe, 48 A.

Johannes abbas Stæ Trinitatis, 9 A.

Johannes de Barra, testis, 107.

Johannes Berta, testis, 64 A.

Johannes de Beziaco, testis, 94.

Johannes Bierge, 50 A.

Johannes de Bogueval, baillivus andegavensis, 73 A.

Johannes Borreau, miles, 48 A.

Johannes de Cainone, testis, 117.

Johannes de Cambornio, testis, 60 A.

Johannes de Capella Anscherii, 127.

Johannes castellanus de Vindocino, 76 A.

Johannes cellararius, testis, 28 A.

Johannes (I) comes vindocinensis, 39 A, 42 A.

Johannes (III) comes vindocinensis et Lavardini dominus, 42 A, 81 A.

Johannes (IV) comes Vindocini et dominus de Monteauro, 83 A.

Johannes conversus, testis, 23, 27, 31, 33, 35, 36, 44, 50, 53, 81, 89, 104, 117, 122, 162.

Johannes de Estoutavilla, miles, dominus de Rocheto, 71 A, miles, 72 A, 73 A — dominus de Valemont, 75 A — de Stotavilla, 76 A.

Johannes Evolinus, testis, 180.

Johannes famulus sacrista, 36 A.

Johannes filius Benedicti, testis, 104.

Johannes filius Burchardi (III), comitis vindocinensis, 38 A.

Johannes filius Petri Sorre et Alesie, 49 A.

Johannes filius Tetbaldi, 7.

Johannes filius Tetberge, 65.

Johannes Franciscus, frater preceptor domorum militiæ Templi, 52 A.

Johannes frater Pagani de Fractavalle, testis, 33 A.

Johannes de Grangia, 40 A, 41 A.

Johannes de Guirchia, 32.

Johannes Guitbertus, testis, 28 A.

Johannes hospitalarius, testis, 49.
Johannes Langobardus, testis, 27 A.
Johannes major de Moncello, testis, 75. — Salomonis de Lanceiaco, 177.
Johannes de Mesleto, testis, 36 A.
Johannes miles, dominus de Sto Amando, 77 A.
Johannes monachus Sti Kari lepphi, testis, 94.
Johannes monachus Sti Martini, testis, 126.
Johannes nepos abbatis, testis, 58.
Johannes nepos Berardi, testis, 180.
Johannes panetarius Moreiarum, testis, 81 A.
Johannes de Parciaco, testis, 117.
Johannes de Posterna, cantor ecclesie Sti Georgii vindocinensis, 82 A.
Johannes presbyter, testis, 33 A.
Johannes Roille, frater militie Templi, testis, 40 A.
Johannes Rossinol, testis, 40 A.
Johannes sacerdos, testis, 168.
Johannes Saracenus, prior Lancell, testis, 68 A.
Johannes sartor, testis, 8, 50.

Johannes subcamerarius Majoris Monasterii, 86 A.
Johannes Tesdrodunus, servus, 1 A.
Johannes, testis, 6, 27.
Johannes de Valle, monachus hospitalarius, 54.
Jordanis de hospitale, sacrista, testis, 36 A.
Josbertus cocus, testis, 49-58, 93.
Josbertus monachus, testis, 12.
Josbertus Pullus, 163.
Josbertus, testis, 75.
Joscelinus Bocellus, testis, 40 A.
Joscelinus Budellus, testis, 163.
Joscelinus monachus prior Sti Martini, 3 A.
Joscelinus Roignardus, testis, 53.
Joscelinus, testis, 6.
Joslenus Robinus, testis, 172.
Joslinus homo Hamonis, testis, 49.
Josmerus de Vindocino, testis, 12.
Josmerius cellararius, testis, 177.
Judicael filius Hilperti, testis, 64 A.
Judicaria de Lanciaco, testis, 64 A.
Juhellus archiepiscopus turonensis, 84 A.
Juliana filia Girardi de Montefolluto, 185.
Junanus, testis, 85.

L

Labartus filius Vaslini, testis, 42.
Lambertus carnifex, testis, 163.
Lambertus cocus, testis, 50.
Lambertus croslacot, testis, 33.
Lambertus diaconus, testis, 58.
Lambertus famulus Jarnegonii monachi, testis, 81 A.
Lambertus de Fontanis, testis, 47.
Lambertus frater Balduini, testis, 50.

Lambertus homo David mercatoris, testis, 172.
Lambertus homo Drogonis, testis, 87.
Lambertus homo S⁰ Martini, testis, 65.
Lambertus Pictavinus de Ferraria, testis, 38.
Lambertus scrabro, testis, 33.
Lambertus de Tavenno, testis, 12, 162.
Lambertus vicarius, testis, 62.
Lancelinus de Balgenciaco, 30, 31, 126.
Lancelinus filius Bernonis, testis, 176.
Lancelinus filius Gervasii, testis, 177 — Gervasii de Vindocino et Osibile, 59 A.
Lancelinus filius Girogii (de Losdo), 160.
Lancelinus homo Hugonis, filii Griponis, testis, 168.
Lancelinus, testis, 6.
Landricus archidiaconus andegavensis, testis, 117.
Landricus cellararius, testis, 7, 23, 32, 33 — de Vindocino, testis, 53, 73, 93, 128.
Landricus famulus, 11 — testis, 28 — famulus S⁰ Martini, testis, 173 — vindocinensis, testis, 11.
Landricus filius Gausmari, testis, 187.
Landricus filius Gosmerii, 181.
Landricus filius Vaslini, testis, 30 A.
Landricus de Fonte, testis, 30 A.

Landricus de Gastina, testis, 120.
Landricus gener Salomonis, testis, 109.
Landricus homo Archembaldi, testis, 18, 117.
Landricus homo S⁰ Martini, testis, 7, 22 A.
Landricus mercator, testis, 35, 36, 21 A.
Landricus, miles, testis, 17 — de Papia, 60 A.
Landricus, testis, 1, 12, 27, 115, 59 A.
Lanscelinus Bastardus, 11.
Lanscelinus frater Arnulfi, filii Bernonis, testis, 11, 176.
Lanscelinus de Vindocino, 187.
Laurentius abbas S⁰ Launomari, testis, 81 A.
Laurentius de Buziaco, testis, 53.
Laurentius homo Isembardi, testis, 44.
Lealdus cubicularius, testis, 47.
Lealdus famulus, testis, 28.
Lealdus hospitalarius, testis, 172.
Lealdus pistor, testis, 58, 120.
Leburgis uxor Haginaldi Pessi, testis, 33 A.
Ledaldus, testis, 12.
Leddetus major de Rochetis, testis, 30 A.
Lembertus clericus, testis, 185.
Lepoutre P., 54 A.
Leodegarius de Rupibus, testis, 94, 161.
Leodegarius sacerdos, testis, 103.
Letardus carpentarius, testis, 65, 120.
Letardus homo Guicherii de Castro Rainaldi, 175.

Letardus, 1 A — testis, 21 A.
Letbertus, 175 — bastardus (Rainaldi, testis, 52, 80, 170 — patruus Guicherii castri Rainaldi, 37.
Letbertus famulus, testis, 28 A, 32 A.
Letbertus filius Giraldi de Sartrino, testis, 183.
Letbertus filius bastardus Rainaldi de castro, 80.
Letbertus frater Guicherii, testis, 164.
Letbertus prepositus, testis, 20 A.
Letbertus, testis, 21 A.
Leterius de Vindacino, pater Tetbaldi, 1.
Letfredus forestarius, testis, 82.
Letmerius, testis, 3.
Letgardis uxor Hademari de Molendinis, 20 A.
Leufredus forestarius, testis, 32, 65.

Leudovicus rex francorum, 33 A.
Levefredus forestarius, testis, 11.
Lisiardus filius Lisoii et Richildis, 120.
Lisiva filia Adeladis uxoris Gauscelini Rodelli, 115.
Lisoius de Ambazia, testis, 117.
Lisoius filius Burchardi Geuse, 120 — Joisa, 121.
Lisoius filius Constantini de Radenaco, 87.
Lisoius Jeusa, filius Burchardi, 50 — Joisa, 51, 121 — Juisia, 55.
Lucia soror Gauffredi et Hervei de Pereio, 81 A.
Ludovicus de Loches, testis, 22 A.
Ludovicus rex francorum, 66 A.
Ludovicus de Rupibus, testis, 43.
Ludovicus, testis, 27.
Lumbertus, testis, 125.

M

M., episcopus carnotensis, 7 A.
Maignelinus filius Ade de Vindocino, 17.
Mainardus Brieto, testis, 175.
Mainardus capellanus domine Hildeardis, testis, 34.
Mainardus cellararius, testis, 51.
Mainardus familiaris S^{ti} Martini, 160.
Mainardus famulus monachi, testis, 22.
Mainardus de Ferraria, 43 — testis, 25, 47, 79, 105.
Mainardus filius Gauffredi Bogurelli, 20.

Mainardus forestarius, testis, 50, 65, 82, 121.
Mainardus frater Vigrini prepositi, testis, 170.
Mainardus hospitalarius, testis, 8, 10, 21, 41, 54, 77, 90.
Mainardus de Jerusalem, testis, 120.
Mainardus de Lenda, testis, 21 A.
Mainardus monachus, testis, 92.
Mainardus molendinarius, testis, 180.
Mainardus sanguinator, testis, 181.

Mainardus, testis, 71, 129, 17 A, 21 A.
Mainardus venator, 121.
Mainardus vernula Pagani Dublelli, testis, 186.
Mainardus vicarius de Calvomonte, testis, 54.
Mainerius bovarius, testis, 39.
Mainerius panerius, testis, 187.
Mainfredus salnarius, 41.
Maletus vicarius, testis, 36 A.
Malgerius filius Amalrici de Fisco, testis, 53 — gener Drogonis, testis, 161.
Malrannus, 15 A.
Malusvicinus, testis, 102.
Marchecia uxor Guillelmi de Ripperia militis, 48 A.
Marcoardus gener Salomonis de Lavarzino, testis, 65, 114.
Margarita uxor Burchardi Monachi, 5 A.
Maria comitissa vindocinensis, uxor Burchardi (V), 86 A.
Maria soror Nihardi filii Gisleberti, 173.
Maria uxor Almerici de Lavarzino, 31 A.
Martinus astarius, testis, 121.
Martinus de Chamartio, testis, 122.
Martinus camplo, testis, 41.
Martinus clericus, testis, 170 — clericus de capella, testis, 65.
Martinus coquus, testis, 49.
Martinus famulus, 189 — testis, 28 A.
Martinus filius Waningii, testis, 33.
Martinus Lorinus, testis, 161.
Martinus malustinis, 187.

Martinus Torna ad ripam, testis, 58.
Martinus, testis, 187.
Martinus Turonus, testis, 39 A.
Martinus venator, testis, 25 A.
Martinus de Vindocino, testis, 21 A.
Marcelinus de Troo, testis, 33 A.
Mascia uxor Rotberti et mater Hugonis, 33 A.
Matheus Borel, testis, 32 A.
Matheus Ferme, clericus, 43 A.
Matheus Miaster Mathei Aureimontis, testis, 28 A.
Matheus filius Gundacri, testis, 177.
Matheus filius Rainaldi de Monediaco, 36 A.
Matheus filius Tetbaldi, filii Leterii, 11, 12.
Matheus don Gauril armiger, 73 A.
Matheus de Monteaureo, 48 — de de Montorio, fidejussor, 53 — de Aureomonte, 28 A — testis, 65, 86, 87, 117, 118, 121, 124, 128, 161, 175. (Voir note p. 77.)
Matheus, testis, 12, 180, 64 A.
Matheus de Valeran, testis, 39 A, 40 A — de Valmerent, testis 40 A.
Matheus Vasco, 16 A.
Matildis filia Salomonis de Lavardino, 11 A, 12 A.
Matildis mater Gauffredi et Hervei de Pereio, 81 A.
Mauricius de Gandie, 51 A.
Mauricius de Errablio, 69 A.

Mauricius Minterius, prior, testis, 32 A.
Mauritius frater Leonii, testis, 42.
Micael Rufus, testis, 87.
Michael coquus, testis, 87.
Michael famulus, testis 29, 32.
Michael monetarius vindocinensis, 160.
Michael Rufus, testis, 52, 54, 120, 121.
Michael Rusellus, testis, 117.
Michael de Tavento, cellararius, testis, 39 A.
Michel Perot, bailli de Montdoubleau, châtelain de Vendôme, 54 A.
Milesendis filia Rainaldi, senescalci de Calumna, et uxor Gaufredi de Lorazeis, 122.
Milesendis uxor Raginaldi Bolini, coliberti, 183.
Milo filius Blancardi de Beziaco, 181.
Morandus filius Andreæ, testis, 50, 97.
Morandus homo Sti Martini, testis, 30, 167.
Morandus vindocinensis, testis, 2 — de Vindocino, testis, 105.
Morgandus carpentarius, testis, 161.
Morinus bothardus, testis, 83.
Morinus cellararius de Vindocino, testis, 77, 90.
Morinus famulus, testis, 90.
Morinus homo Letardi, testis, 175.

N

Nicholaus archidiaconus transligerensis, 76 A.
Nicholaus capellanus, monachus blesensis, testis, 81 A.
Nicholaus, testis, 36 A.
Niellus vicecomes, testis, 117.
Nihardus cocus, testis, 33, 39.
Nihardus filius Effredi, 10.
Nihardus filius Fulberti Troselli, 69.
Nihardus filius Gisleberti, 32, 173.
Nihardus de Monteaureo (Voir la note p. 105), testis, 65, 87.
Nihardus Rufus, testis, 12, 177, 22 A.
Nihardus, testis, 29, 128.
Nivelo filius Fulcherii de Fractavalle, 180.
Nivelo filius Garini, testis, 185.
Nivelo homo Sti Martini, testis, 16.
Nivelo, testis, 17 A.
Normannus ratorius, 30 A.

O

Odelarius faber, testis, 30 A.
Odelina uxor Herluini Exploramelam, 90.
Odelinus homo David vicarii, testis, 115.
Odelinus, venditor, testis, 162.

Odilarius famulus de Lavarzino, testis, 12.
Odilerius, 23 A.
Odinus clericus, testis, 5.
Odo, 170.
Odo abbas Majoris Monasterii, 37 A — 68 A.
Odo Borellus, testis, 25 A, 39 A.
Odo Buinellus, testis, 187.
Odo canonicus et secretarius S^{ti} Georgii, 36.
Odo cellararius, testis, 159, 172.
Odo Claudus de Lineriis, testis, 116.
Odo clavus mortalis, 25 A.
Odo clericus, testis, 69, 84.
Odo cocus, testis, 17, 33, 47, 55, 56, 128.
Odo comes (Voir note p. 22), 13.
Odo Cornuellus, testis, 50.
Odo decanus, 77 — testis, 30, 83.
Odo famulus domni Radulfi prioris, testis, 20 A.
Odo Fessardus (postea monachus), 166.
Odo filius Fulcradi et Hersendis, 112, 171.
Odo filius Hugonis Duplicis, 62.
Odo filius Ingelbaldi vicarii de Vindocino, 49.
Odo filius Ingelberti, testis, 58.
Odo filius Odonis clerici, 69.
Odo filius Orrici canonici, testis, 177.
Odo filius Tetberge, 65.
Odo frater Adelelmi de Rupe, testis, 20 A.
Odo frater Gaufredi de Perelo, testis, 70 A.

Odo de Fontanis, testis, 181.
Odo de Fratevuallo, 33 A.
Odo grossus, testis, 12.
Odo hospitalarius, testis, 27.
Odo Landanus, 54, 21 A. — Landanus de Bleso, 57 — testis, 80, 164, 172.
Odo Langobardus, fidejussor, 21 A.
Odo Langobardus, 35 — de Vindocino, 36 — fidejussor, 129 — testis, 52, 106, 108, 19 A.
Odo de Marcille..., testis, 80 A.
Odo monachus S^{ti} Martini, 16 — testis, 11, 12, 53, 79, 21 A.
Odo monachus et prior, testis, 57 A.
Odo morellus, testis, 185.
Odo nauta, testis, 47, 118, 120.
Odo de Nigrone, testis, 56.
Odo paganus, testis, 180.
Odo pahagerius de Fractavalle, 185.
Odo prepositus Charmartii, 11.
Odo prior, 9, 11, 12, 23, 32, 33, 52 — testis, 44, 115, 165.
Odo Rufus, fidejussor et testis, 10, 31, 74, 87, 88, 110, 115, 118, 121.
Odo Rufus filius Fulcradi, 121, 128 — testis, 116, 121.
Odo de S^{to} Celerino prior, testis, 31 A.
Odo de S^{to} Cenerico, prior de Lavarzino, 35 A.
Odo de S^{to} Laurentio, testis, 79.
Odo scutellarius, testis, 42.
Odo secretarius, testis, 20, 81.
Odo servus Fulcherii de Vindocino, testis, 34 A.

Odo ternerius, testis, 167.
Odo testis, 27, 75, 121, 15 A, 79 A.
Odolina soror Guillelmi filii Ascelini vicarii, 21 A.
Odricus, testis, 116.
Ogerius, testis, 59 A — de Alodiis frater Salomonis, testis, 64 A.
Olivardus, 129.
Oliverius monachus Majoris Monasterii, testis, 81 A.
Ulricus canonicus filius Odonis, testis, 173.
Orricus bocellus, testis, 187.
Orricus canonicus, testis, 177.
Orsaldus, testis, 1 A.
Osana filia Gauffredi Hativati, 57.
Osana filia Rainaldi de Monediaco, 36 A.
Osana filia Guntreæ, uxoris Gaufridi Hativati, 57.
Osbertus filius Sevini, 177.
Osbertus homo Sti Martini, testis, 30 A.
Osibia uxor Odonis Rufi, testis, 88.
Osibila uxor Gervasii de Vindocino, 59 A.
Osmundus famulus de Semitario, testis, 43, 47.
Otbertus decanus, testis, 118.
Otbertus camerarius, testis, 97, 98, 125 — de camera, testis, 123.
Otbertus cellararius, testis, 46, 63, 97, 98, 123, 125, 129.
Otbertus decanus, testis, 54, 118.
Otbertus decanus Sti Solemnis, testis, 21 A.
Otbertus domnus, 73, 93, 94.
Otbertus filius Ascelini, testis, 172.
Otbertus filius Seguini, testis, 45, 129.
Otbertus filius Sewini, testis, 18, 20, 30, 33.
Otbertus de Lavarzino, testis, 50.
Otbertus major, testis, 90, 117.
Otbertus de Solomiis, testis, 173.
Otgerius armiger Girardi de Montefolluto, testis, 185.
Otgerius carpentarius, testis, 55, 58.
Otgerius cellararius, testis, 120.
Otgerius de Elemosina, testis, 7, 159.
Otgerius filius Letardi hominis Guicherii de Castro Rainaldi, 175.
Otgerius frater Adelelmi, testis, 110.
Otgerius frater Gauscelini, hominis Adelelmi, testis, 110, 116 ter.
Otgerius frater Mauricii comitis, testis, 117.
Otgerius de Loiri, testis, 4.
Otgerius, major, testis, 111.
Otgerius de Moisse, testis, 183.
Otgerius pelatus, 68.
Otgerius, testis, 8, 103.
Otradus pater Salomonis, 25, 32.

P

Paganellus filius Ingelbaldi britonis et Hildegardis, 128.
Paganus de Barra, testis, 32 A.
Paganus de Bessiaco, testis, 26 A.
Paganus Dublellus, testis, 186.
Paganus famulus, testis, 68 A.

Paganus filius Normanni Ratorii, 30 A.
Paganus de Fractavalle, testis, 27 A, 33 A.
Paganus frater Rainaldi Bigarel, testis, 27 A.
Paganus frater Roberti de Montelandiaco, 62 A.
Paganus frater Burgondionis de Boloria, testis, 63 A.
Paganus Calechisius, 64 A.
Paganus Garellus, testis, 36 A.
Paganus Grielennus, testis, 27 A.
Paganus homo Raherii, testis, 78.
Paganus de Nuzilliaco, testis, 187.
Paganus de Pinellis, testis, 33 A.
Paganus de Pontiaco, testis, 30 A.
Paganus pretor, testis, 33 A.
Paganus prior de Pereio, testis, 70 A, 79 A.
Paganus de S^{ti} Karilefio, testis, 32 A.
Paganus, testis, 12.
Paulinus, testis, 26 A.
Peloquinus camerarius archiepiscopi Remensis, testis, 37 A.
Perot Michel, bailli de Montdoubleau, châtelain et lieutenant-général du bailli du Vendomois, 54 A.
Petronilla filia Guitberti de Ste Medardo, 63 A.
Petronilla uxor Archembaldi prepositi, 17, 19.
Petronille uxor comitis Fulconis vindocinensis, 82, 86.
Petrus mancipium, 1 A.

Petrus avunculus Ivonis filii Gaufredi, testis, 162.
Petrus Britannus, testis, 28 A.
Petrus Burdegaliensis, magister, archidiaconus vindocinensis, 7 A.
Petrus Burgeus, testis, 65 A.
Petrus Chotardus, testis, 173.
Petrus cocus, testis, 27, 56, 75, 92, 93.
Petrus comes vindocinensis, 44 A, 82 A, 84 A.
Petrus filius Fulberti Truselli, 69.
Petrus filius Fulcodii de Banasta, 106.
Petrus filius Gradulfi de Castroduno et Hersendis (de Putellis), testis, 126.
Petrus filius Hugonis prepositi blesensis, 25 A.
Petrus filius Richildis, testis, 161.
Petrus frater Fulcherii, testis, 126.
Petrus frater Roberti de Montelandiaco, 62 A.
Petrus Goceti, testis, 41 A.
Petrus Mathea, testis, 64 A.
Petrus Martini, testis, 37 A.
Petrus molindinarius, testis, 43.
Petrus molindinarius de Semitario, testis, 42.
Petrus monachus, 21.
Petrus Montoriensium dominus, 33 A.
Petrus de Pereion, testis, 81 A.
Petrus presbyter de Parciaco, testis, 39.
Petrus prior, testis, 20 A — Lavarzini, 32 A.

Petrus Sorre, burgensis vindocinensis, 49 A.
Petrus Teul, testis, 65 A.
Petrus de Thoriaco presbyter, 49 A.
Petrus, testis, 27.
Petrus de Turonus, testis, 31 A.
Petrus de Votheca, testis, 26 A.
Philippa relicta Fulconis Garnier, 48 A.
Philippus filius Hamelini de Monteaureo, 32 A.
Philippus filius Henrici regis, testis, 117.
Philippus filius Petri de Monteaureo, testis, 33 A.
Philippus frater Hugonis de Sto Avito, 3 A.
Philippus de Lavardino, miles, 17 A.
Philippus prior de Lanciaco, 76 A.
Philippus de Quarterio, testis, 70 A.
Philippus rex francorum, 26 A.
Popardus filius Hilperiti, testis, 64 A.
Praxedis uxor Hugonis prepositi blesensis, 25 A.
Puella filia Hernaudi Quochini, testis, 33 A.

R

Radegundis filia Girardi de Montefolluto, 185.
Radulfus auriga, testis, 41 A.
Radulfus de Basenvilla, testis, 183.
Radulfus canonicus carnotensis, 66 A.
Radulfus filius Johannis de Estoutavilla, 71 A.
Radulfus frater Letgardis, testis, 20 A.
Radulfus frater Otgerii de Viariis, testis, 100.
Radulfus Joinus, testis, 177.
Radulfus de Montefoleto, 60 A.
Radulfus prior celle Lavarzinensis, 28 A — celle Sti Martini, testis, 20 A, 21 A — de Lavarzino, 34 A.
Radulfus popinus Alberi de Malfemer, testis, 28 A.
Radulfus, testis, 12, 27.
Radulfus vicecomes, filius vicecomitis Radulfi de Lusdio, 94.
Radulfus vicecomes de Vindocino, testis 100.
Radulphus capellanus de Ler..., testis, 79 A.
Ragenaudus Seseptimus, testis, 26 A.
Ragenbertus, testis, 1 A.
Raginaldus abbas vindocinensis, 74 A.
Raginaldus Amaurici, persona ecclesie de Villedomay, 49 A.
Raginaldus Balceunus, testis, 184.
Raginaldus belinus, colibertus, 184.
Raginaldus capellanus, prior de Lance, testis, 81 A.
Raginaldus colibertus, 42.
Raginaldus episcopus carnotensis, 5 A.
Raginaldus filius Aliodi presbyteri, 168.
Raginaldus filius Burcardi, fidejussor, 129.

Raginaldus de Insula, testis, 81 A.
Ragmaldus de Marcilleio, testis, 81 A.
Raginaldus notarius, testis, 81 A.
Raginaldus de Spieriis, testis, 185.
Raginardus Hugueti, 50 A.
Raginardus parvus frater Raginardi Hugueti, 50 A.
Raginaudus filius Jeremiæ de Insula, 186.
Raginbaldus, testis, 1 A.
Raherius de Boloria, testis, 11 A.
Raherius clericus, testis, 7, 82.
Raherius de Clusatolio, 78.
Raherius decanus, 27 A — testis, 83.
Raherius filius Alcherii de Speronello, 37.
Raherius filius Guarini, canonicus Sti Georgii vindocinensis, 69.
Raherius filius Odonis clerici, 69.
Raherius filius Roszonis, testis, 80.
Raherius homo Adelelmi, testis, 110, 116 ter.
Raherius prepositus Sti Georgii, testis, 104.
Raherius de Rupibus, testis, 118.
Raherius, testis, 27, 39 A.
Raimbaldus, 71.
Raimbaldus, testis, 3.
Raimbertus maltafanz, testis, 122.
Raimburgis filia Fulcoii et soror Gisleberti, 107, 108.
Raimundus de Blesis, testis, 13.

Raimundus, testis, 17 A.
Rainaldus armarius, 36 A, 37 A.
Rainaldus de Aula, famulus de Lavarzino, testis, 30 A, 31 A.
Rainaldus Bellus fidejussor, 170.
Rainaldus Bigarel, testis, 27 A.
Rainaldus boverius, testis, 25 A.
Rainaldus cantor, frater Petronillæ uxoris Fulconis comitis, testis, 86.
Rainaldus carpentarius, testis, 39 A.
Rainaldus de Castello, 98, testis, 106, 2 A.
Rainaldus de Castro Gunterii, 37.
Rainaldus Cheroth, frater Hugonis de Cascheri et serviens, testis, 64 A.
Rainardus clericus, testis, 88.
Rainaldus clericus Fulcherii canonici de Vindocino, testis, 94.
Rainaldus cocus, testis, 50, 117, 120, 121.
Rainaldus cognomento Gauscelinus, testis, 20 A.
Rainaldus Coluber, testis, 36 A, 37 A, 65 A.
Rainaldus curtesius, testis, 50.
Rainaldus Baldinus, testis, 17.
Rainaldus de Dalmariaco, 83.
Rainaldus Espaillart, testis, 39 A.
Rainaldus famulus lavarzinus, testis, 44, 92.
Rainaldus filius Burchardi, testis, 164 — Burchardi Gene, 100.
Rainaldus filius Badonis et Hildeburgis, 172.
Rainaldus filius Drogonis de Castro Vindocino et Amelinæ, 95, 96.

Rainaldus filius Fulcradi, testis, 116, 116 ter, 19 A.
Rainaldus filius Fulcradi et Hersendis, 112 — testis, 120, 171.
Rainaldus filius Gauscelini, testis, 20 A.
Rainaldus filius Guarini, 28 A.
Rainaldus filius Hademari de Molendinis et frater Teoderici, 20 A.
Rainaldus filius Herberti Barbæ, 187.
Rainaldus filius Ingelbaldi vicarii de Vindocino, 49.
Rainaldus filius Ivonis, testis, 29.
Rainaldus filius Leterii, testis, 53.
Rainaldus filius Letgardis, 72.
Rainaldus filius Odonis Longobardi, 35, 36.
Rainaldus filius Rainaldi de Castello, 2 A.
Rainaldus filius Rainardi senescalei de Calumna, 122.
Rainaldus filius Rainerii, testis, 117.
Rainaldus filius Richildis uxoris Rotgerii de Vindocino, 84.
Rainaldus filius Rotberti de Insula Jeremiæ, 80 A.
Rainaldus filius Rotgerii et nepos Adelelmi (butafocum), 83.
Rainaldus filius Rotgerii de turre Vindocini, 176 — scutarius Rosthonis, 13 A.
Rainaldus filius Tetberge, 65.
Rainaldus flaquellus, testis, 21.
Rainaldus frater Gaufredi famuli, testis, 87.
Rainaldus frater Landrici, testis, 180.
Rainaldus frater Michaelis, testis, 50.
Rainaldus frater Odonis Rufi, 110, 116 ter.
Rainaldus frater Rainaldi prior Lavarzini, 36 A.
Rainaldus frater Rotgerii de Turre, testis, 74.
Rainaldus frater Teoderici de Molendinis, 20 A.
Rainaldus de Haia, testis, 117.
Rainaldus hiricius, testis, 187.
Rainaldus homo Hildegarii, testis, 39.
Rainaldus de Insula Jheremie dominus, 70 A.
Rainaldus de Insula, testis, 70 A.
Rainaldus Jeuse, 122.
Rainaldus junius, testis, 50, 124.
Rainaldus juvenis, testis, 129.
Rainaldus Logobardus, testis, 21 A.
Rainaldus Madalgius, testis, 115.
Rainaldus major de burgo Majoris Monasterii, testis, 37 A.
Rainaldus major, testis, 98, 123, 129.
Rainaldus maritus Hermensendis, filiæ Odonis Landani, 54.
Rainaldus maurellus, testis, 80.
Rainaldus monachus, testis. 24, 80, 27 A.
Rainaldus de Monediaco, 36 A.
Rainaldus de Montibus, testis, 47.
Rainaldus morinus, testis, 52.
Rainaldus nepos Gaufredi decani S^{ti} Maurici, testis, 117.

Rainaldus nepos Rotgerii, testis, 83.
Rainaldus paganus, testis, 21 A, 25 A.
Rainaldus peleterius, testis, 30 A.
Rainaldus pellitarius de Cerniaco, testis, 41.
Rainaldus picletus, testis, 30 A.
Rainaldus pistor, testis, 17, 24, 38, 51, 54, 117, 118, 120, 121.
Rainaldus presbyter, 183 — testis, 58 A.
Rainaldus presbyter de S^{to} Leobino, testis, 105.
Rainaldus prior Lavarzini, 30 A.
Rainaldus pullus, testis, 31 A.
Rainaldus Ruffus, 180.
Rainaldus rupeculla, testis, 35, 36.
Rainaldus senescalus, 90 — testis, 175.
Rainaldus senescalcus Rainaldi de Castello, testis, 106.
Rainaldus serviens, testis, 42, 92.
Rainaldus siniscallus, testis, 11 A.
Rainaldus Sochet, testis, 30 A.
Rainaldus succellus, testis, 16.
Rainaldus Sucetus, testis, 63.
Rainaldus, testis, 1, 5, 27, 67, 84, 27 A, 28 A.
Rainaldus turbatus, testis, 122.
Rainaldus de Turre, testis, 59, 72, 30 A.
Rainaldus vicedominus, testis, 1.
Rainaldus de vico vassalorum, testis, 115.
Rainaldus vigerius, testis, 173.
Rainalnus clericus, testis, 5.

Rainardus clericus de castro vindocino, 90.
Rainardus de Dalmariaco, 125.
Rainardus de Falgeriis, 41.
Rainardus de Ferraria, testis, 104.
Rainardus frater Gauffredi cellararii, de familia S^{ti} Martini, testis, 21 A.
Rainardus frater Gaufredi famuli de Lavarzino, testis, 91.
Rainardus de Lavarzino, testis, 50.
Rainardus miles, filius Odonis de Dalmariaco, 74, 124, 125.
Rainardus miles, nepos Girardi de Regniaco, 88, 123.
Rainardus monachus, testis, 60 A.
Rainardus de ruga vassalorum, testis, 104.
Rainardus de Salmuro, testis, 37 A.
Rainaldus senescalcus de Calunna, 122.
Rainardus, testis, 27, 53, 62.
Rainerius de Blesi, testis, 48.
Rainerius Canartius, testis, 12.
Rainerius Chanardus, homo Arnulfi, testis, 73, 93.
Rainerius forestarius, testis, 182.
Rainerius frater, testis, 45.
Rainerius homo Hervei de Monaia, 48.
Rainerius homo monachorum, testis, 18 A.
Rainerius homo S^{ti} Martini, testis, 54.
Rainerius, testis, 107.
Rainerius usurarius, testis, 32, 36.

Rainerius venator, testis, 180.
Rambertus, testis, 20 A.
Ramburgis, 21 A.
Ranardus farinardus, testis, 173.
Randanus homo Ingelbaldi, testis, 25, 31, 166 — homo Sti Martini, 30.
Randenus de Vindocino, 128.
Ramulfus clericus, testis, 17.
Raynaldus, testis, 29 A.
Reginaldus castellanus de Vindocino, 34 A.
Ricardus major, testis, 18 A.
Richardus filius Rainerii, testis, 38.
Richardus filius Vulgrini, testis, 25 A.
Richardus frater Ascelini Jotardi, 177.
Richardus frater Chotardi, testis, 33.
Richardus, testis, 27 A.
Richardus major, testis, 3, 63, 98, 123, 126.
Richardus de Monediaco, testis, 13.
Richardus de Noiastro, 120.
Richardus Taurellus, testis, 38.
Richardus, testis, 3, 6.
Richerius, testis, 26 A.
Richildis filia Auranni, 21.
Richildis filia Berengerii de Lanciaco, 75.
Richildis filia Hademari de Molendinis et soror Rainaldi, 20 A.
Richildis uxor Lisoli, filia Richardi de Noiastro, 120.
Richildis uxor Rotgerii de turre Vindocini, 176.

Richildis uxor Rotgerii de Vindosmio, 84.
Ridbertus de Logiis, testis, 68.
Rinaldus Seseptimus, testis, 32 A.
Ritbertus Afaitatus, testis, 13 A.
Rivallonius sacrista, testis, 28 A.
Rivollonius, testis, 64 A.
Robert d'Estouteville, seigneur du Bouchet, 78 A.
Robertus, 35 A.
Robertus Brachetus, testis, 9, 23.
Robertus Bracus, testis, 7, 29.
Robertus cantor Sti Martini, testis, 117.
Robertus decanus de Treo, 50 A.
Robertus filius Tetbaldi, filii Leterii, 11, 12.
Robertus hospitalarius, testis, 57 A.
Robertus de Marcilliaco, 7.
Robertus de Marreio, 79.
Robertus de Martiniaco, testis, 91.
Robertus miles de Montelandiaco, 62 A.
Robertus de Montecomitorio, testis, 12.
Robertus pater Hugonis, 33 A.
Robertus primogenitus Johannis de Estoutevilla, 71 A.
Robertus de Sta Gemma, armiger, 8 A.
Robertus sartor, testis, 10, 65, 83, 120.
Robertus Tatereau, 50 A.
Robertus, testis, 1 A, 17 A.
Robertus Timo, prepositus, testis, 111.
Robinus le Roer, clericus, 13 A.

Rodulfus de Alneto, testis, 120.
Rodulfus de Balgiaco, testis, 38, 104.
Rodulfus de Chilziaco, testis, 54.
Rodulfus comes, testis, 117.
Rodulfus filius Burchardi (III) comitis vindocinensis, 38 A.
Rodulfus filius Ivonis, 57 A.
Rodulfus filius Ivolini militis, 102.
Rodulfus major filius Guismandi, 32.
Rodulfus Marmio, 74.
Rodulfus de Merleto, 180.
Rodulfus de Molendino sicco, testis, 105.
Rodulfus monachus, testis, 118, 119.
Rodulfus qui fuit famulus, testis, 87.
Rodulfus rufus, frater Gausfredi Hativati, 60, 57 A.
Rodulfus vice-comes de Lusdo, 90.
Rogerius filius Rosthonis de Lavardino, 13 A.
Rogerius gener Salomonis de Lavardino, testis, 11 A.
Rogerius nepos Bernardi Bloii, 21 A.
Rogerius Piperatura, testis, 30.
Rogerius, testis, 11 A.
Roscerius homo Jotardi, testis, 177.
Rostha uxor Hugonis de Guscheri quæ et Agnes vocabatur, 64 A.
Rostho filius Rotgerii Divitis, 146 bis.

Rostho, 174 — de Lavardino (Voir note p. 80), 13 A — de Lavarzino, testis, 89, 91, 124.
Rostio monachus, testis, 2.
Rosto de Lavardino, 161.
Rostrodrannus, 1 A.
Rostrodunus, 1 A.
Rostrudis, uxor Godoberti, 1 A.
Roszo de Lavarzino, testis, 47, 50, 57, 121.
Rotbertus Aculeus, testis, 58.
Rotbertus andecavinus, testis, 35, 36.
Rotbertus archidiaconus, 94, 180, 187.
Rotbertus Bloinus, testis, 175.
Rotbertus Brachetus, testis, 9, 23, 32, 90, 177 — filius bastardus Rodulfi Rufi, 60.
Rotbertus Bracus, 7, 29.
Rotbertus de Campania, testis, 117.
Rotbertus de Carco, testis, 22 A.
Rotbertus de castro Lavarzino, 18 A.
Rotbertus cellararius, testis, 26, 38, 39, 55, 92, 180.
Rotbertus de Elemosina, testis, 35, 36, 50.
Rotbertus filiaster Letardi hominis Guischerii de Castro-Rainaldi, 175.
Rotbertus filiaster Salomonis (de Lavarzino), testis, 121.
Rotbertus filius bastardus Rodulfi Rufi, 60.
Rotbertus filius Herberti Barbæ, 187.
Rotbertus filius Isembardi de Rupibus, 50.

Rotbertus filius Lamberti, monachi, testis, 170.
Rotbertus filius Leodegarii presbyteri, testis, 29.
Rotbertus filius Richildis uxoris Rotgerii de Vindosmio, 84.
Rotbertus filius Rotberti de castro Lavarzino, 18 A.
Rotbertus filius Rotgerii de turre Vindocini, 176.
Rotbertus filius Tetbaldi filii Leterii, 11, 12.
Rotbertus franciscus, testis, 17, 47, 54.
Rotbertus frater Alrici et Hildeberti, testis, 71.
Rotbertus frater Hugonis, 121.
Rotbertus frater Rainaldi de Falgeriis, 41.
Rotbertus hospitalarius, testis, 33, 38, 51, 104, 128, 57 A.
Rotbertus de Insula Jeremie dominus, 79 A, 80 A.
Rotbertus de inter duos boscos, testis, 167.
Rotbertus major, testis, 64, 85, 98, 120.
Rotbertus Mansillus, testis, 58 A.
Rotbertus Marcelliacensis, testis, 62.
Rotbertus de Marcilliaco, 3, 7.
Rotbertus de Marrei, 121.
Rotbertus de Martiniaco, testis, 94, 15 A.
Rotbertus Michael, 180.
Rotbertus Migla, miles, frater Tetbaldi Fulguris, 36.
Rotbertus monachus, testis, 18, 22 A, 25 A.
Rotbertus de Montibus, testis, 25 A.
Rotbertus Nigrabodella, 24 A.
Rotbertus pater Rainaldi Insulæ Jeremie, 79 A.
Rotbertus presbyter, testis, 121, 122.
Rotbertus de Sta Gemma, armiger, 8 A.
Rotbertus de Sto Medardo, testis, 180, 184.
Rotbertus Sapiens, testis, 21 A.
Rotbertus sartor, testis, 65, 83, 117, 118, 120.
Rotbertus sororgius Teoderici de Molendinis, testis, 20 A.
Rotbertus, testis, 12, 168, 173, 1 A, 17 A, 68 A.
Rotbertus Tinio, testis, 59 — prepositus, testis, 34 — Timonus servus Fulcherii, 105 — testis, 111.
Rotbertus Tinio, 167.
Rotbertus tort chapel, testis, 28 A.
Rotbertus vassallus, 1 — filius Rotberti, 1.
Rotbertus de Villa-in-oculo, testis, 117.
Rotbertus de Virsone, frater, 25 A.
Rotgerius de Castello Rainaldi, testis, 120.
Rotgerius de Connis, testis, 173.
Rotgerius filius Goscelini de Cons, testis, 81.
Rotgerius filius Mamardi de Arenis, frater Adelelmi Butafocum, 83.

Rotgerius filius Richildis uxoris Rotgerii de Vindosmio, 84.
Rotgerius filius Roscionis, testis, 37.
Rotgerius metierius, testis, 7.
Rotgerius miles castri Vindocini, cognomine Piperaria, filius Gauscelini militis, 71 — Piperatura, 30, 115.
Rotgerius de Navolio, testis, 32, 33.
Rotgerius pater Fulcherii de Turre, 31.

Rotgerius Percuinus, testis, 52.
Rotgerius Perticuinus, testis, 162.
Rotgerius Piperaria, 71.
Rotgerius sartor, testis, 55.
Rotgerius de S^{to} Leobino, testis, 180.
Rotgerius, testis, 115, 17 A, 29 A.
Rotgerius de Turre, testis, 71 — de turre Vindocini, 176.
Rotgerius de Villa-Mumblam, testis, 33.
Rostho filius Rotgerii Divitis, 116 bis.

S

Salomo de Lanciaco, testis, 177.
Salomo de Lavarzino (voir note p. 104), 13, 87, 114 — testis, 65, 116, 121, 124 — dominus de Lavarzino, 11 A, 12 A, 13 A, 14 A, 17 A, 28 A, 29 A.
Salomo, testis, 5.
Salomon clericus, pater Ivolini, 102, 109.
Salomon cocus, testis, 35, 36, 16 A.
Salomon filius Aimerici de Lavardino, 31 A.
Salomon filius Hildeberti de Lavarzino, 29 A.
Salomon filius Ivonis, 162, 172, 57 A — fidejussor, 60 — testis, 9, 11, 25, 27, 29, 32, 90, 162, 172, 175.
Salomon filius Odonis de Fractevallo, 33 A.
Salomon filius Otradi, 25, 32.
Salomon filius Roberti et Mascle, 33 A.

Salomon filius Salomonis portarii, testis, 82.
Salomon de Fractavalle, testis, 26 A, 28 A.
Salomon frater Guicherii, Tallahar, testis, 64.
Salomon frater Taillahart, testis, 65.
Salomon portarius, testis, 82.
Salomon, testis, 5, 15 A, 64 A.
Salomon vicarius comitis Fulconis, testis, 20, 104, 122.
Sancelinus cellararius, testis, 180, 182.
Sancelinus miles, testis, 64 A.
Sanzelinus, testis, 59 A.
Sanctio clericus, 2.
Sanctus genesius, St-Genès, patron de l'église de Lavardin, 11 A, 12 A.
Sarracena conjux Jeremiæ (de Insula), 180.
Segevertus monachus, 172 — idem Severtus, 172.
Seherius monachus, nepos Herberti presbyteri, 122, 14 A.

31

Seherius nepos Rainardi, 88.
Seinfredus, testis, 6.
Serannus frater Hainrici, 109.
Seranus miles, testis, 35, 55.
Sevinus de Ste Karileppho, testis, 161.
Seziha filia Rainardi senescalci de Calunna, 122.
Sichardus, testis, 5.
Sigemarus cellararius, testis, 26, 38, 42, 55.
Sigeuntus, testis, 52.
Sigevertus monachus, testis, 12, 53, 79.
Sigevertus prepositus terræ Fontis Ventalis, 92.
Sigo monachus, testis, 11.
Sigo precentor, testis, 1.
Silvester monachus, testis, 40 A.
Simeon filius Odonis clerici, 69.
Simon de Balgenciaco, 120.
Simon Berardus, testis, 60 A.
Simon filius Frodonis de Vindocino, testis, 49, 75.
Simon filius Guitberti, testis, 33 A.
Simon filius Harduini, testis, 53.
Simon de S^{to} Martino, testis, 11.
Simonellus filius Garini, testis, 53.

Stabilis, 71, — monachus, testis, 48.
Stephanus aluctarius, 46 A.
Stephanus Blanchet, testis, 28 A.
Stephanus boverius, testis, 20 A.
Stephanus Cambacanis, 159.
Stephanus cellararius, testis, 120.
Stephanus filius Hademari de Molendinis, 20 A.
Stephanus filius Martini, testis, 36 A.
Stephanus Minutellus, testis, 43.
Stephanus de Monte-Foleto, testis, 180.
Stephanus Munezel, testis, 106.
Stephanus presbyter, testis, 119, 27 A, 30 A.
Stephanus Ridellus, monachus prepositus obedientiæ Beziaci, 182, 187.
Stephanus de Sartrino, testis, 183.
Stephanus, testis, 33, 1 A.
Sulpicius filius Bernardi, testis, 164.
Sulpicius filius Sulpicii, testis, 92.

T

Tanginus monachus, testis, 117.
Tedaslus de Rupibus, testis, 119, 129.
Tedelinus, 108.
Tedo major, testis, 67, 76.
Teduinus filiaster Mathei de Monteaureo, testis, 87.
Teduinus de Maini, 72.

Teduinis de rua vassalaria, testis, 50.
Teduinus, testis, 127.
Tegrinus mercator, testis, 11.
Telesbellus Deus, testis, 161.
Teobaldus Corcons testis, 33 A.
Teodericus, 125.
Teodericus abbas S^{ti} Albini, 117.

Teodericus de Avaziaco, testis, 80, 175.
Teodericus capicerius, testis, 1.
Teodericus de castro vindocino filius Hugonis de Villamereni, 85.
Teodericus Claudus, testis, 11 A.
Teodericus filius Hugonis, 96.
Teodericus frater Gaufredi filii Ermenrici, testis, 87.
Teodericus Jaiarius, testis, 126.
Teodericus de Molendinis, 20 A.
Teodericus de super Bolon, testis, 4.
Teodericus, testis, 23 A.
Teodericus venator, testis, 53, 173, 32 A, 36 A.
Teodericus vir Hermengardis, testis, 33 A.
Teodericus filius Hugonis, 96.
Tescelina mater Ascelini filii Otberti, 164.
Tescellinus subvicarius, testis, 20.
Tesdronus, 1 A.
Tesselina filia Drogonis et Amelinæ, 59 A.
Tetbaldus blesensis clericus, S^{ti} Solemnis canonicus, 170.
Tetbaldus de Busloo homo Hugonis, filius Gausberti de Axia, testis, 50.
Tetbaldus cellararius de Vindocino, testis, 45.
Tetbaldus comes, 17 A — testis, 117 — comes blesensis, 160.
Tetbaldus (III) comes' blesensis, 25 A, 29 A.
Tetbaldus filius Leterii de Vindocino, 4, 7, 8, 9, 10, 11, 12 — testis, 27, 31, 33, 86, 104, 115, 124.

Tetbaldus filius Rotberti de Rupibus, 36 A.
Tetbaldus frater Harduini filii Corbonis, testis, 129.
Tetbaldus Fulgur, 36.
Tetbaldus de Lagrevia, 65 A.
Tetbaldus major, testis, 40, 90, 104, 117, 127 — major filius Rainaldi, testis, 118, 119.
Tetbaldus monachus, testis, 24.
Tetbaldus de Nantuvilla, testis, 185.
Tetbaldus de Nuzilliaco, testis, 79.
Tetbaldus parvus, testis, 94.
Tetbaldus Pelatus, testis, 185.
Tetbaldus piscionarius, testis, 117.
Tetbaldus sororgius Hugonis filii Aimerici, testis, 87.
Tetberga soror Gausfredi filii Ermenrici, 65.
Tetfridus famulus Johannis monachi S^{ti} Karilephi, 94.
Tetigisius, testis, 107.
Theobaldus Chaillou, civis carnotensis, 73 A.
Theodebertus, 1 A.
Theodelinus de Gres, testis, 37.
Theodericus canonicus carnotensis, 66 A.
Theodericus carnotensis episcopus, 2.
Theodericus filius Hademari de Molendinis, 20 A.
Theoto abbas, 1 A (1er abbé laïque de Marmoutier).
Thoma frater Walterii filii Hamelini, 5.

Thoma de Genestia, 20 A — de Genistia, miles, 21 A.
Thoma homo Drogonis de Aziaco, testis, 28.
Thoma nepos Ascelini Jotardi, 177.
Thoma Rocher, testis, 40 A.
Thoma, testis, 37.
Thomas Canis, senescalcus Johannis de Stotevilla, 76 A.
Tiberius de Lancé, testis, 81 A.
Troandus filius comitis Troanni, 1 A.
Troannus comes, 1 A.

U

Ugo filius Odonis de Fratevuallo, 33 A.
Ugo filius Richildis uxoris Rotgerii de Vendosmio, 81.
Ugerius sacerdos, 20 A.
Ulricus Burgundio, 20.
Ulricus forestarius de Turono, testis, 39.
Ulricus frater Pagani Galechesii, 64 A.
Ulricus de Lenda, testis, 19.
Ulricus malusclericus, 22 A.
Ulricus molnerius, testis, 21 A.
Ulricus nepos Adelelmi Butafocum, testis, 50.
Ulricus Pendriellus, testis, 33, 128.
Ulricus raslus, testis, 21 A.
Ulricus Rex, testis, 54.
Ulricus serviens, 21 A.
Ulricus sutor, testis, 30 A.
Ulricus, testis, 27.
Unfredus, testis, 20 A.
Unfrenia comitissa de Vindocino, 188.
Urbanus papa, 180.
Ursio cocus, testis, 33, 38, 39, 47, 56, 75, 92, 104, 128.
Ursio, testis, 121.
Ursus frater Hilgodi, cocus, testis, 8.
Ursus, testis, 50.
Uulgrinus clericus, 14.

V

Valterius monachus, testis, 60 A.
Varnerius frater Gaufredi Bisoli, testis, 60 A.
Vaslinus filius Labartli, testis, 42.
Vaslinus pistor, testis, 40.
Vaslinus de Tavenno, testis, 17, 55.
Vaslinus, testis, 27 A.
Vilerius de Lavarzino, testis, 184.
Villanus major, testis, 37 A.
Vitalis homo Frodonis, testis, 72.
Vitalis monachus, 184.
Vitalis pistor, testis, 17.
Vitalis, testis, 28 A.
Vivianus, 125 — testis, 6, 27, 162, 11 A.
Vivianus Brochardus de Insula, testis, 162.

Vivianus caput ferri, testis, 28, 32, 33, 71.
Vivianus filius Burchardi, testis, 103.
Vivianus filius Walcherii, testis, 167.
Vivianus homo Sᵗⁱ Martini de Luchis, testis, 101.
Vivianus miles, homo Burchardi de Pino, 67.
Vivianus, testis, 6.
Vlgrinus filius Hildegardis, testis, 173.
Vuandelbertus, testis, 168.
Vuarinus frater Hugonis filii Teodelini, testis, 101.
Vuilarius, testis, 1 A.
Vulgrinus filius Gauffredi Pagani, 65 A.
Vulgrinus filius Ingelbaldi de Vindocino, 61 A.

W

W. de Belloqueren, testis, 40 A
Walcherius forestarius monachorum, testis, 39.
Walcherius presbyter, testis, 38.
Waldricus, testis, 11 A.
Walterius Chamvalus, testis, 4, 45.
Walterius filius Hamelini (Voir note p. 2), 1, 5, 13.
Walterius monachus, testis, 11 A.
Walterius pistor, testis, 17.
Walterius, testis, 5, 6, 168.
Wandelbertus maritus uxoris quondam Morandi, testis, 13.
Wandelbertus de Semitario, testis, 12.
Warinus de Fago, testis, 80.
Warinus prior, testis, 27 A.
Warinus, testis, 11 A.
Warnaldus tanator, testis, 101.
Warnerius de Elemosina, testis, 8.
Warnerius de Insula, testis, 162.
Warnerius major, testis, 129.
Welterius cellararius, testis, 16 A.
Wicherius dominus, filius Wicherii, testis, 21 A.
Wido avunculus filiorum Gausberti de Axia, 50.
Wido presbyter, testis, 17.
Wilelmus abbas Majoris Monasterii, 62 A, 64 A, 65 A.
Wilelmus capellanus de Nugeareio, testis, 67 A.
Wilelmus de Credonio, testis, 33.
Wilelmus filius Ascelini vicarii, testis, 42.
Wilelmus frater Gauzfredi filii comitis Vindocini, testis, 61 A.
Wilelmus de Insula, testis, 41 A.
Wilelmus monachus, testis, 65, 11 A.
Wilelmus presbyter, testis, 27 A.
Wilelmus de Tarenchat, testis, 67 A.
Willelmus capellanus de Nugeario, testis, 67 A.
Willelmus de Credonio, testis, 33.
Willelmus major, testis, 67 A.
Willelmus de Monteaureo, testis, 74.

Willelmus de Piris, testis, 55.
Willelmus prior de Lavarzino, testis, 67 A.
Willelmus, testis, 11 A.
Winebertus, testis, 11 A.
Wismandus infans, testis, 4.
Wismandus de super Bolon, testis, 7.
Wismandus de Vindocino, miles, 26, 33 — testis, 44.
Witbertus calvus, testis, 55.
Wlgrinus abbas S^u Sergii, 117.
Wlgrinus calvagallina, testis, 17 — Salva gallina, 40.
Wlgrinus cellararius Ingelbaldi, testis, 64.
Wlgrinus clericus, testis, 11, 110, 116 [ter].
Wlgrinus filius Fulcherii militis, 130, 167.
Wlgrinus (*filius Gaufredi Pagani*), testis, 187.
Wlgrinus filius Guarini, 28 A.
Wlgrinus filius Ingelbadi Britanni, 177.
Wlgrinus (*vel Vulgrinus*), filius Hildeardis, 30, 31, 128, 130, 173.
Wlgrinus frater Gauffredi, testis, 12.
Wlgrinus monachus, consanguineus Adelelmi militis, 103.
Wlgrinus prepositus, testis, 118.
Wlgrinus, testis, 12, 27, 168, 187, 11 A, 17 A.
Wlgrinus filius Ingelbaldi Britonis, fidejussor, 60, 128, — testis, 9, 11, 29, 32, 82, 86, 90, 115 — Vulgrinus, testis, 75.

Y

Ysabella domina de Sodayo, 46 A.
Yvo, testis, 168.
Yvolinus filius Landrici, testis, 109.

TABLE DES NOMS DE LIEUX [1]

A

Aferguz, 11 A. — *Fargot*, ancien fief, château, commune, canton de Montoire.
Alneti, molendinum qui est ad Altneos, 24 A. — Moulin qui dépendait du prieuré de Lavardin.
Ambazia*, 117, 39 A. — *Amboise*, chef-lieu de canton, Indre-et-Loire.
Andecavensis comitatus, 117. — *Le comté d'Anjou*.
Anglia*, 181. — *L'Angleterre*.
Anglica terra*, 49. *L'Angleterre*.
Arenæ, 83. — *Areines*, commune, canton de Vendôme.
Artins*, 181. — *Artins*, commune, canton de Montoire.
Asiæ, domus Templi, 52 A. — *Saint-Jean-des-Aises*, maison de Templiers, dépendant de la commanderie d'Artins, commune de Villavard, canton de Montoire.
Auricasa*, 70 A. — *Orchaise*, prieuré de Marmoutier, commune, canton d'Herbault.
Autona, terra, 13 A. — *Authon*, commune, canton de Saint-Amand.
Avaziacum*, 80, 175.
Asiacum, Atiacum, Aziacum, Azei*, 4, 23, 26, 28, 32, 177. — *Azé*, commune, canton de Vendôme.
Axia*, 45, 46, 50, 121.

---

(1) Voir la note de la page 417. — Les lieux dont le nom n'est pas accompagné d'un nom de département sont situés dans celui de Loir-et-Cher. — Ceux suivis d'un astérisque sont joints à un nom de personne.

B

Balgenciacum*, 30, 31, 126. — *Beaugenci*, chef-lieu de canton, Loiret.

Balgiacum*, 38, 104. — *Baugé*, chef-lieu d'arrondissement, Maine-et-Loire — La cour de Baugé, 55 A.

Banasta*. — Voir Fulcodius et Aimericus.

Barbatura, terra, 169.

Basenvilla*, 183. — *Basinville*, prieuré de Marmoutier, au diocèse de Chartres.

Bellissimum*, 122. — *Bellesme*, canton, Orne.

Bellusquercus*, 40 A. — *Beauchêne*, commune, canton de Mondoubleau.

Bero*, 49. — *Béron*, village, commune de Meslay-le-Grenet, canton d'Illiers, Eure-et-Loir.

Bessiacum*, 26 A. — *Bessé-sur-Braye*, chef-lieu de canton, Sarthe.

Beziacus, 181, 183 — obedientia, 187, — *Bezai*, ancien fief, hameau, commune de Nourray, canton de Saint-Amand.

Bierna villa, 98.

Blesis, castrum, 66 A. — *Le Château de Blois* — feria, 90 — forum, 26, 74, 85, 99, 124 — placitum, 170.

Boeletum, Booletum*, 37, 121. — *Le Boulay*, commune, canton de Châteaurenault, Indre-et-Loire.

Boeria, 49.

Boiselle, terra, 177.

Bolon*, 4, 7, 9, 47, 128. — *Le Boulon*, petit affluent de la rive droite du Loir, dans lequel il se jette au Gué-du-Loir.

Boloria*, 11 A, 63 A. — *Bouloire*, chef-lieu de canton, Sarthe.

Bois-la-Ronce, 78 A, commune de Pray, canton de Saint-Amand.

Bochetum, Boschetum, 71 A, 85 A. — *Le Bouchet*, ancienne seigneurie considérable, hameau de la commune de Crucheray, commune de Saint-Amand — haia, 85 A.

Le Bouchet, 78 A. — Seigneurie, voir Bochetum.

Bredana, 117, 118, 119. — *La Brenne*, rivière qui a sa source à Lancé, arrose Châteaurenault, et va se jeter dans la Loire.

Breia aqua. 11 A, 12 A. — *La Braie,* rivière qui a sa source à Saint-Bomert, canton d'Authon, Eure-et-Loir, et se jette dans le Loir à Pont-de-Braie.

Brena, Branna*, 13, 24 A. — *La Brenne,* seigneurie considérable, située sur les confins du Berry, du Poitou et de la Touraine, dont le chef-lieu était Meziers-sur-Brenne.

Brenerie, 8, 10, 9 A. — *Brenières,* lieu dit et fontaine, commune de Naveil, canton de Vendôme.

Bricellus, lacus Bricelli, 9 A. — *Étang de Berger,* commune de Thoré, aujourd'hui desséché, formé par la petite rivière de la *Brice,* petit affluent de la rive gauche du Loir.

Burgum medium, 6 A. — *Bourgmoyen,* abbaye d'hommes, ordre de Saint-Benoît, dans la ville de Blois.

Buriacum*, 118. — *Bury,* ancienne seigneurie, commune de Saint-Secondin, canton d'Herbault.

Burzeius, 60, 61, 58 A. — Sans doute, *Bezay,* commune de Nourray, — in pago vindocinense, 42 — apud Vindocinum, 58.

Burziacus, 59, 97. — comme Burzeius.

Busloo*, 50. — *Buslou,* commune, canton Morée.

Buxelencia villa, 170.

Buxeria, 33. — *La Boissière,* hameau, commune de Villiers, canton de Vendôme.

Buziacus, 64. — Voir Beziacus.

Buziacensis potestas, 83, comme Beziacus.

Buziacus*, 30, 53, 83, 90, 161, 170, 26 A. — Buziachus, 57 A, voir Beziacus.

C

Caino*, 117. — *Chinon,* chef-lieu d'arrondissement, Indre-et-Loire.

Calmeriacum, voir Dalmeriacum.

Calumna, 142, 122. — *Chalonne,* chef-lieu de canton, arrondissement d'Angers, Maine-et-Loire.

Calvus mons*, 54, 175. — *Chaumont-sur-Loire,* commune, canton de Montrichard.

Cambo*, 50, 80. — *Chambon,* commune, canton d'Herbault.

Camarcium*, Chamartium, 11, 122, 180. — *Chamars, Chemars,* prieuré de Marmoutier, près de Châteaudun, Eure-et-Loir.

Campaniacum*, 74, 124. — *Chapigny-en-Beauce*, commune, canton d'Herbault.
Campus delatus, 77 A. — *Chandelay*, hameau, commune de Saint-Amand.
Capella Ancherii, 127. — *La Chapelle-Enchérie*, commune, canton de Selommes.
Capella Guillelmi*, 41. — *La Chapelle-Guillaume*, commune, canton d'Authon, Eure-et-Loir.
Capella Vindocinensis*, 34 A. — *La Chapelle-Vendomoise*, commune, canton d'Herbault.
Cappa, molendini de, 23, 24, 29, 30, 31, 34, 173, 7 A. — *La Chappe*, hameau, commune de Vendôme.
Carbonariis, terra de, 22.
Carcohu, Carchehu*, 180, 185, hameau, commune de Frazé, canton de Thiron, Eure-et-Loir.
Carcona villa, 126.
Carnotum, 72 A, 73 A. — La ville de *Chartres*.
Castanedium, in pago dunense, 3.
Castellum novum S^{ti} Martini, 28, 50, 94, 28 A. — *Châteauneuf de Saint-Martin*, aujourd'hui réuni à la ville de Tours.
Castrum dunum, 126. La ville de *Châteaudun*, Eure-et-Loir.
Castrum Gunterii*, 37. — La ville de *Châteaugontier*, Mayenne.
Castrum Rainaldi, 37, 52, 172 — Castellum Rainaldi, 122. — *Châteaurenault*, canton, Indre-et-Loire.
Cergeium*, 26 A. — *Sargé*, commune, canton de Montdoubleau.
Cerniacum, 41. — Peut-être *Cernay*, arrondissement de Châtellerault, Vienne.
Challon, 78 A. — *Chaillon*, hameau, commune, canton de S-Amand.
Champeis, 122. — *Champast*, village, commune d'Ambloy, canton de Saint-Amand.
Chandelé, 78 A. Voir campus delatus.
Chasotes, 106. — *Cherottes*, ferme, canton de Saint-Amand.
Chasett*, 70 A. — *Chassai*, ancien fief, commune de Landes, canton d'Herbault.
Chesa, Chesia*, 9 A. 40 A, 41 A. — *La Chaise*, hameau, commune de Naveil, canton de Vendôme.
Chilziacum*, 54, 172. — *Chouzy*, commune, canton d'Herbault.

Chimiliacum *, 89. — *Chemillé-sur-Dême*, commune, canton de Neuvy-le-Roi, Indre-et-Loire.

Churtis Ozii, Curtis Ozii, 33, 71. — *Courtozé*, village, commune d'Azé, canton de Vendôme.

Civitas Turonus, 28. — La ville de *Tours*.

Clarellum Villa, 68, 110. — *Claireau*, ancien fief, ferme, commune de Saint-Amand.

Clusa *, 78.

Cormeriacum *, 120. — *Cormery*, petite ville et abbaye d'hommes, Indre-et-Loire.

Credonium *, 33. — *Craon*, chef-lieu de canton, arrondissement de Châteaugontier, Mayenne.

Creveciacum *, 177. — *Crevecé*, ferme, commune d'Épiais, canton de Selommes.

Crusvallis *, 186. — *Croixval*, jadis prieuré de Thyron, commune de Ternay, canton de Montoire.

Cultura, 122. — *Le Gué de la Couture*, lieu dit, commune de St-Amand.

Cultura supra Vindocinum, 33.

Curbatura terra, 83. — terre dans le voisinage d'Areines, canton de Vendôme.

Curbavilla, Curvavilla *, 2, 117. — *Courville*, chef-lieu de canton, Eure-et-Loir.

Curtiras, Curtirast, 17, 33. — *Courtiras*, village, commune de Vendôme — Curtiras, 20, 21 — molendinum stagni, 17.

Curtis Hilmarensi in Francia, 32.

Cuscheri, Cuscheriacum *, 177, 187, 64 A, 67 A. — *Crucheray*, commune, canton de Saint-Amand.

D

Dalmariacum *, 85, 124, 125 — Dalmeriacum, 36 A — Calmeriacum, 74. — *Daumeré*, commune, canton de Duretal, arrondissement de Baugé, Maine-et-Loire.

Districtum Guignardi, 185.

E

Elemosina *, 7, 8, 36, 50, 159. — *L'Aumône*, ferme, commune Villeromain, canton de Selommes.

Espinochiæ, 170. — Voir Spinochiæ.

F

Fagia*, 116. — *Faye-le-Château*, commune, canton de Selommes.
Falgeriæ, villa in ,dunensi pago, 41. — *Le Bois-de-Feugères*, commune de Vitray, canton de Bonneval, Eure-et-Loir.
Favarilke, in pago vindocinensi, 109.
Fergoz, 11 A, 12 A. — Voir Afergoz.
Ferraria*, 25, 38, 43. 47, 79, 159, 166, 187 — (prepositus de), 82, — Ferraria, 86. — Ferraria de Roschois, 50. Voir Roschois — *La Ferrière*, commune, canton de Neuvy-le-Roi, Indre-et-Loire. (Deux autres localités du nom de La Ferrière se trouvent, l'une dans la commune de Sasnières, l'autre dans celle de Huisseau.
Fiscum*, 13, 53, 65. — *Le Foix*, ancien fief qui a donné son nom à un quartier de la ville de Blois.
Fons cari*, 117. — *Fontcher*, prieuré de Marmoutier, au diocèse de Tours.
Fons de fago, 104, 117, 118, 119. — Fontaine sur le territoire du prieuré du Sentier.
Fons Merlandi, 165. — *Fontaine-Mesland*, prieuré de Marmoutier commune de Mesland, canton d'Herbault.
Fons Nellus, 177. — semble être *Fontenailles*, ancien fief, ferme commune de Nourray, canton de Saint-Amand.
Fons Ventalis, 50, 70, 92, 104, 117, 118, 119, 121. — Fontaine nommée jadis *Fontenille*, sur le territoire du Sentier.
Fontanilis, 118. — [ecclesia que olim de Fontanilis vocitabatur].
Fontanis (terra S^{ti} Mauritii quam dicunt de), 122. — terroir de la commune de Saint-Amand.
Fontibus, parochia de, 50 A. — *Fontaine*, commune, canton de Savigny.
Fontinetum, manufirma, in Vindocinensi apud, 73. — peut-être *Fontenailles*, voir Fons nellus.
Forgetis, terra de, 86, 175. — peut-être *La Forge*, commune de Huisseau.
Foucaudière, la, 49 A, ferme, commune de Naveil, canton de Vendôme.

Fousses, locus qui dictus est, 52 A. — *Fosse*, village, commune de Montoire.

Fractavallis*, 82, 161, 28 A, 41 A, 51 A — castrum, 180 — feodum, 185. — *Fréteval*, commune, canton de Morée.

Fraenvilla*, 117.

Francavilla, 188. — *Francheville*, nom primitif du prieuré de Morée, dépendant de Marmoutier.

Fratevuallum, 33 A. — Voir Fractavallis.

G

Galardière, la, 8 A. — climat des communes de Conan et Boesseau, canton de Marchenoir.

Galechesius, 64 A. — *de la Galoche*, ancien fief, ferme, commune de Sainte-Anne, canton de Vendôme.

Gastina, pasnagium, 38 A, voir Guastina.

Genestia, Genista, 20 A, 21 A. — *Les Genestes*, hameau, commune de Saunay, canton de Châteaurenault, Indre-et-Loire.

Glandessa, fluviolus, 37, 48, 65, 78, 104, 117, 118, 119, 120. — *La Glaise*, petite rivière qui passe au Sentier et au Boulay, canton de Châteaurenault.

Granri, 35 A, prieuré de l'abbaye du Gué-de-Launai, ferme, commune de Fontaine, canton de Montoire.

Grava, Greva [molendinarius de], 25, 160. — *moulin de la Grève* dans le faubourg de ce nom de la ville de Vendôme.

Guastina, foresta, 85 A — Guastinensis potestas, 50 — silva, 82, 117, 118. — *La forêt de Gâtines*. Elle couvrait tout le Bas-Vendomois et une grande partie du nord de la Touraine.

Gubernacula, 117, — Gubernaculum, 119 — Guberniculum, 118 — Ravins situés sur le territoire du Sentier.

Gubernessa, 37, 40, 65, 104, 117, 118, 119. — *Le Rondi*, ruisseau qui arrose la commune de Monthodon et passe à l'abbaye de l'Étoile, canton de Châteaurenault, Indre-et-Loire.

Guirchia*, 32. — *La Guerche*, arrondissement de Loches, Indre-et-Loire.

Gumberge, Gumbergena, Gumberzena villa, 68, 102, 162, 57 A. — *Gombergean*, commune, canton de Saint-Amand.

H

Hardonnière, la, 78 A. — hameau de la commune de Gombergean, canton de Saint-Amand.

Hulpinum, 36 A. — *Moulin-Herpin*, commune de Villavard, canton de Montoire.

I

Insula, Insula Jheremiæ, 117, 79 A, 80 A. — *Lisle, Lisle Jeremie*, ancien fief, commune, canton de Morée.

J

Jerosolima, 8 A — Jerusalem, 120, 126, 180, 26 A. — *La Ville de Jérusalem*.

Joscelineria, 3 A. — *La Jouscelintère*, ancien fief, ferme, commune de Saint-Ouen, canton de Vendôme.

L

Labarzinium*, 13. — Voir Lavardinum.

Lanceius, villa, 66, 67 A, 72 A — decima, 77 A — domus, 69 A — ecclesia, 59 A, 60 A — halæ, 71 A — prioratus, 73 A, 75 A, 76 A — territorium, 74 A. — *Lancé*, commune, canton de Saint-Amand, jadis prieuré de Marmoutier.

Lanciacus, 74, 75, 124, 62 A, domus, 68 A — ecclesia S^{ti} Martini, 61 A — S^{tæ} Mariæ, 64 A — obedientia, 63 A, 64 A — prieuré de Lancé, 78 A. — Voir Lanceius.

Landa, aqua, 34 A. — Rivière de la *Cisse*. — ecclesiæ S^{ti} Martini et S^{ti} Leobini de Landa, 34 A. — *Landes*, commune, canton d'Herbault, avait jadis deux églises dédiées, l'une à saint Martin, l'autre à saint Lubin.

Lavardin, — assises de, 53 A, 54 A — châtellenie, 54 A — prieur, 55 A. — Lavardin, commune, canton de Montoire, l'une des quatre baronnies du comté de Vendôme.

Lavardinum, 49 A, 48 A, 50 A, 52 A — domus B^{ti} Martini, 42 A — ecclesia S^{ti} Martini, 40 A — monachi, 35 A, 36 A, 39 A, 42 A, 45 A, 47 A, — pons, 44 A, 45 A — prior, 57 A — prioratus, 34 A, 45 A, 48 A, 49 A, 50 A, 52 A. — *Prieuré de Saint-Martin de Lavardin*, 53 A. — Voir Lavardin.

Lenda, aqua, 21 A — villa, 22 A. — Voir Landa.

Lavariacum*, 40 — Lavari, 58 A. — *Lavaré*, au diocèse de Tours.

Lavarzinensis aula, 32 A — capitulum, 20 A — cella, 22 A, 28 A — cellula apud castrum Lavarzinense, 17 A — monachi, 35 A. — Voir Lavardin.

Lavarzinium, Lavarzinum, 19, 46, 53, 87, 89, 90, 91, 120, 122, 20 A, 23 A, 26 A, 27 A, 28 A, 30 A, 32 A, 33 A, 35 A, 36 A, 37 A — castellum, 114 — castrum, 13 A, 15 A, 17 A, 18 A, 19 A, 29 A, 31 A — cellarium, 27 A — domus, 37 A — ecclesia S^{ti} Martini, 26 A, 38 A — locus, 24 A — monasterium, 36 A — prioratus, 34 A — vineæ, 37 A. — Voir Lavardin.

Ledo, 160. — *Le Loir*, rivière.

Ledus, 24, 30, 31, 77, 11 A, 30 A. — Voir Ledo.

Lengadius*, 49. — Voir Lengiacus.

Lengiacus*, 4, 12, 32, 55, 120. — *Langeais*, chef-lieu de canton Indre-et-Loire.

Lerniacum*, 55.

Leschericus, alodus, 9 — Lescheri, terra, 36, 16 A. — Terre située dans le voisinage de l'église de *Huisseau*, canton de Saint-Amand.

Lidus, 116, 12 A, 44 A, 45 A — Liddus, 47 A. — Voir Ledo.

Ligeris, 1 A, 13 A. — *La Loire*, fleuve.

Linerias, terra, 14 — villa quæ dicitur, 186. — *Lignières*, commune, canton de Morée.

Listriacus, villa quæ appellatur, 99.

Logiæ*, 69. — *Les Loges*, hameau de la commune de Lancé, canton de Saint-Amand.

Loiri, terra de, 86, 175.

Loncummes, 59 A. — *Lancôme*, commune, canton d'Herbault.

Longumpratum*, 129. — *Longpré*, commune, canton de Saint-Amand.

Lucacense castrum, 117. — *Loches*, chef-lieu d'arrondissement, Indre-et-Loire.

Lusdum*, 90, 94, 167. — *Le Lude*, canton, arrondissement de La Flèche, Sarthe.

M

Madues, 188. — Obedience de Marmoutier.

Mairiacum*, 83. — *Murray*, commune, canton de Neuvy-le-Roi, Indre-et-Loire.

Majus Monasterium, 41, 63, 108, 116 bis, 120, 169, 182, 1 A, 29 A. — *Marmoutier*, abbaye d'hommes, ordre de Saint-Benoît, près la ville de Tours. — Beatus S^tus Martinus Majoris Monasterii, 2, 17, 18, 22, 34, 35, 49, 59, 63, 64, 67, 72, 84, 88, 95, 96, 97, 98, 99, 100, 105, 110, 111, 112, 113, 115, 116 ter, 123, 125, 126, 164, 168, 171, 176, 184, 1 A, 4 A, 14 A, 15 A, 16 A, 19 A, 34 A — camere Majoris Monasterii, 2 A — capitulum, 3, 16, 38, 43, 59, 70, 83, 101, 119, 129, 159, 175, 181, 183, 3 A, 64 A, 76 A — cella beati Martini, 114, 127 — conventus, 6 A, 7 A, 9 A, 37 A, 41 A, 44 A, 45 A, 49 A, 51 A, 71 A, 73 A, 76 A, 77 A, 82 A, 83 A, 84 A, 85 A, 86 A. — curia monachorum, 12 A — dedicatio, 180 — ecclesia S^ti Martini, 13, 12 A — fratres, 27, 56, 76, 92, 170 — habitatores, 4, 7, 8, 9, 10, 19, 20, 23, 24, 25, 31, 33, 37, 38, 39, 40, 42, 43, 44, 45, 46, 47, 48, 50, 51, 54, 55, 57, 60, 69, 70, 77, 78, 80, 81, 82, 86, 87, 89, 90, 101, 104, 106, 118, 119, 121, 122, 160, 162, 165, 166, 57 A, 62 A, 68 A — locus, 15, 62, 65, 74, 102, 109, 116 bis, 124, 126, 130, 167, 12 A, 16 A, 17 A — monachi, 1, 5, 26, 28, 29, 30, 32, 36, 52, 53, 61, 68, 73, 75, 79, 85, 91, 93, 94, 103, 107, 114, 116, 117, 130, 160, 161, 172, 173, 177, 185, 186, 187, 188, 19 A, 18 A, 21 A, 22 A, 23 A, 24 A, 25 A, 58 A, 59 A, 61 A, 64 A, 66 A, 69 A, 74 A, 79 A, 80 A, 81 A — religiosi viri, 49 A, 82 A, 84 A, 85 A, 86 A.

Mansilis, villa in Burziaco, 97.

Mansura de Marches Salomon, 33 — Raimbaldi, 71 — Stabilis 71, étaient dans le voisinage de *Courtozé*, commune d'Azé — Sedeline, 121, sur le territoire du *Sentier*.

Mansus, 112, 171, — terra de Manso, 90. — *Le Grand-Mas*, ferme, commune de Nourray, canton de Saint-Amand. — Aldevini, 47, 118 — situé sur le territoire du *Sentier* et sur la rive droite du ruisseau le *Rondy*.

Marciagum, 1 A — voir Marcilliacum.

Marcilliacum, 3, 7, 17, 40, 45. — *Marcilly*, commune, canton de Vendôme.

Marmiacum villa, 101 — pour Martiniacum, voir ce mot.

Marrelum *, 79, 92, 121 — voir Mairiacum.

Martiniacum *, 94, 101, 15 A, 28 A. — *Martigny*, ancien fief, ferme, commune de *Huisseau*, canton de Saint-Amand.

Megliacum, molendinum, 14. — *Meslai*, commune, canton de Vendôme.

Merletum *, 180. — *Meslay-le-Vidame*, commune, canton de Bonneval, Eure-et-Loir.

Mindez, quarta terræ, apud castellum de Lavarzino, 114.

Mixtitia, vinea supra Vindocinum, 128.

Molina, 77 — moulin de la *Mouline*, sur le Loir, commune de Saint-Firmin-des-Prés, canton de Morée.

Molendini, 20 A. — *Moulins*, ancien fief, château, commune de Landes, canton d'Herbault.

Molendinum, in burgo castri Vindocini, 116 — de Cappa, voir Cappa. — Constantii, in Glandessa fluviolo terre Montis Hildulfi, 78 — de Curtirast, 17, voir Curtirast — Firmatum in Ledo, 24 — de Grava, 25, 166, voir Grava. — de Megliaco, 14, voir Megliacum — de Navolio, 160, voir Navoil — de Radenaco, 89, voir Radenacum — Ronsart, voir Ronsart — apud S^{tum} Medardum, 21. — Siccum, 165 — de Varenis, 165, 166, voir Varennæ — Villefredani, 94, voir Villafredani.

Monaia *, 48. — *Monnaie*, commune, canton de Vouvray, Indre-et-Loire.

Moncelliacus *, 177.

Moncellus, 74, 75, 85, 124, 125, 170. — *Monceau, le Monceau*, hameau, commune de Lancé, canton de Saint-Amand.

Monediacum*, 43, 165, 36 A. — *Maunay*, ferme, commune, canton de Neuvy-le-Roi, Indre-et-Loire.

Mons aurens*, 12, 53, 65, 33 A — Aureus mons, 32 A. — *Montoire*, chef-lieu de canton, arrondissement de Vendôme.

Mons comitorius*, 12. — *Moncontour*, chef-lieu de canton, Vienne.

Mons Ernaudi*, 38 A.

Mons foletus*, Mons follutus, 180, 185, 60 A. — *Montfollet*, jadis petite ville, aujourd'hui *Saint-Mandé*, commune de Viévy, canton d'Oucques.

Monshildulfus, 19, 50, 54, 78, 104, 118, 120, 121. — Jadis *Monthilduel*, aujourd'hui *Monthodon*, commune, canton de Châteaurenault, Indre-et-Loire.

Mons landiacus*, 62 A.

Mons sorellus*, 119. — *Montsoreau*, commune, Maine-et-Loire.

Montorium, 53, 161, 45 A, 85 A — voir Monsaurens.

Morclo, 180. — *Morée*, chef-lieu de canton, arrondissement de Vendôme, prieuré de Marmoutier.

Morena, 128. — Vignes au-dessus de Vendôme.

Montiniacum castrum, 180. — *Montigny-le-Gannelon*, ancienne seigneurie, commune, canton de Cloyes, Eure-et-Loir.

N

Nantuvilla* 185. — *Nottonville*, commune, canton d'Orgères, Eure-et-Loir, prieuré de Marmoutier.

Navoil, Navolium, ecclesia, 1, 2, 3, 4, 5, 6, 8, 9, 10, 11, 12 — junioratus ecclesia, 4, 7 — molendinum, 160 — parochia, 49 A — vicus, 9 — villa, 5, 69. — *Naveil*, commune, canton de Vendôme.

Navoliensis condita, 1 A — voir Navoil.

Niatchias, molendinum apud, 20 A, 21 A, 22 A. — *Moulin de Niaches*, sur la Cisse landaise, commune de Landes, canton d'Herbault.

Niortum*, 119. — *Niort*, Deux-Sèvres.

Noers, terra de, 177. — *Nourray*, commune, canton de Saint-Amand.

Noiastrum *, 120. — *Nouatre*, commune, canton de Sainte-Maure, Indre-et-Loire.

Nojentus, 106, 19 A. — *Nouant*, ferme, canton de Saint-Amand.

Nucereius, ecclesia, 66 A. — *Nourray*, commune, canton de Saint-Amand.

Nuceriacus, villa, 34 — voir Nucereius.

Nucerius; 73, 93, 94. — Villa, 95. Voir Nucereius.

Nuxcarius *, 67 A — voir Nucereius.

Nuziliacum *, 79, 187. — *Nouzilly*, commune, canton de Châteaurenault, Indre-et-Loire.

Nyochiæ, 34 A — voir Nialchiæ.

O

Orgeriæ, 129 — lieu voisin de Saint-Gilderic-au-Perche, canton de Morée.

Oscellum, 36. — *Huisseau-en-Beauce*, commune, canton de Vendôme.

P

Panisparatus*, 54, 80, 175. — *Painparé*, lieu actuellement inhabité, commune de Saint-Martin-des-Bois, canton de Montoire.

Paplavilla *, 185.

Parciacus, Parcelus, 3, 39, 55, 117. — *Parçay-Meslai*, commune, canton de Vouvray, Indre-et-Loire.

Perediacum, 187. — *Pray*, commune, canton de Selommes, obédience de Marmoutier.

Perelum, 188 — domus, 79 A, 80 A — parochia, 82 A — — prior, 81 A — voir Perediacum.

Perey, paroisse de, 78 A — voir Perediacum.

Pictavis, villa, 98, 102.

Pinus*, 67 — *le Pin*, commune de Villavard, canton de Montoire, ou *les Pins*, commune d'Épeigné, Indre-et-Loire.

Plaxitium Arnulfi, 121.

Pontiacum*, 26 A, 40 A. — *Poncé*, l'une des quatre baronnies du comté de Vendôme, commune, canton de la Chartre, Sarthe.

Pratella villa, 88, 129.

Pratus ad quercum*, 42, 56, 175 — *Préchêne*, moulin, commune d'Authon, canton de Saint-Amand.

Putella*, 34 — villa, 126. — *Puteaux*, ancien fief, ferme, commune de Villerable, canton de Vendôme.

R

Radenacum, 87, 89. — *Runay*, ancien fief, château, commune de Saint-Martin-des-Bois, canton de Montoire.

Regniacus, 106 — alodus, 122, 123. — *Rigny*, village de la commune de Saint-Amand.

Reiniacus*, 88 — voir Regniacus.

Ronzart, 83 — moulin, sur la Houzée, aujourd'hui détruit, commue d'Areines, canton de Vendôme.

Roorta*, 40 A.

Roschoiso, terra de, 45 — Roscois, terra de, vel Ferraria de Roschois, 50. — *Roschoux*, maison, commune de Monthodon, canton de Châteaurenault, Indre-et-Loire.

Ruciacus, Rusciacus villa, 130, 167. — *Villeruche*, village, commune de Landes, canton d'Herbault.

Ruiliacum*, 87. — *Ruillé-sur-Loir*, commune, canton de La Chartre, Sarthe.

Rupes*, 42, 92, 119, 36 A. — *Rochecorbon*, commune, canton de Vouvray, Indre-et-Loire — in pago vindocinensi, 94. — Rupes episcopi, 161, 45 A. — *Les Roches-l'Évêque*, commune, canton de Montoire.

S

Salmontiacum*, 117.

Salmurense castrum, 117. — *Le château de Saumur*, Maine-et-Loire.

Salmurus*, 55, 172, 37 A. — *Saumur*, chef-lieu d'arrondissement, Maine-et-Loire.

S^{tus} Amandus, alodum, 36, 42 — parochia, 122. — *Saint-Amand*, canton, arrondissement de Vendôme.

S^{tus} Anianus*, 13, 117, 18 A. — *Saint-Aignan*, chef-lieu de canton, arrondissement de Blois.

S^{tus} Avitus*, 3 A. — *Saint-Avit-au-Perche*, commune, canton de Mondoubleau.

S^{tus} Beatus, 127. — *Saint-Bienheuré*, l'une des anciennes paroisses de la ville de Vendôme, dont un faubourg a gardé le nom.

S^{tus} Geldericus, Geldricus, 12 A, 15 A — capitulum, 23 A — ecclesia, 11 A, 12 A — locus, cella, 114. — Celle fondée en l'honneur de saint Gildéric par Salomon de Lavardin, dans le faubourg de son château et donnée par lui à Marmoutier. — Villa, — *Saint-Gildéric-au-Perche*, dit *Saint-Jondry*, obédience de Marmoutier, commune de Chauvigny, canton de Morée, 129.

Sta Genma, 8 A. — *Sainte-Gemme*, commune, canton de Selommes.

S^{tus} Genesius, ecclesia, 118 — église primitive du prieuré du Sentier, dédiée à *saint Genès*, — parochia, 47 A, — paroisse de *Saint-Genès de Lavardin*, — terra, 11 A, 12 A.

S^{tus} Gentianus, 60 A.

S^{tus} Georgius, terra de, 36, 122, 11 A, 12 A. — *Saint-Georges-du-Bois*, abbaye d'hommes, ordre de Saint-Augustin, commune de Saint-Martin-des-Bois, canton de Montoire. — capitellum S^{ti} Georgii, 27, collégiale de *Saint-Georges du château de Vendôme* — canonici, 70 — religiosi S^{ti} Georgii de Nemore, 45 A.

S^{tus} Hilarius, 180. — *Saint-Hilaire-la-Gravelle*, commune, canton de Morée.

S^{tus} Karilephus*, 94, 161. — *Saint-Calais*, abbaye d'hommes, ordre de Saint-Benoît, Sarthe.

S^{tus} Laurentinus in Guastiua, 79. — *Saint-Laurent-en-Gâtine*, commune, canton de Châteaurenault, Indre-et-Loire, prieuré de Marmoutier — de Montorio, 161, quartier de *Saint-Laurent de la ville de Montoire*.

S^{tus} Leobinus*, 180. — *Saint-Lubin-des-Prés*, ancienne paroisse réunie à celle de Fréteval, canton de Morée.

S^tus Martinus de Vindocino, domus, 184, parochia, 46 A, paroisse de *Saint-Martin de Vendôme*.

S^tus Mauricius, terra, 101, 122. — *Saint-Maurice*, nom primitif de la cathédrale de Tours, aujourd'hui Saint-Gatien.

S^tus Medardus, 17, 18, 21, 4 A. — *Saint-Mars*, prieuré de Marmoutier, commune de Vendôme — altar, 15, 184 — domus, 5 A, 7 A — ecclesia, 13, 14, 20 — locus, 15, 22, 71 — molinum, 21 — rupes, 6 A.

S^tus Secondinus, ecclesia, 59 A. — *Saint-Secondin*, commune, canton d'Herbault.

S^tus Solemnis°, canonicus, 170. — *Saint-Solemne*, ancienne église de la ville de Blois, aujourd'hui cathédrale sous l'invocation de saint Louis.

S^tus Stephanus, ecclesia de Montehildulfi, 118 — église de *Monthodon*, patron Saint-Étienne, commune, canton de Châteaurenault, Indre-et-Loire.

Sta Trinitas de Vindocino, 82 — abbas, 9 A, 56 A. — *La Sainte-Trinité de Vendôme*, abbaye d'hommes, ordre de Saint-Benoist.

·Sarmasia, 185 — *Sermaise*, village, commune de Maves, canton de Mer.

·Sarneriæ, fluviolus, 30 A — *La rivière de Sasnière*, affluent de la rive gauche du Loir. — Sarneriæ°, 186 — parochia, 52 A. — *Sasnières*, commune, canton de Montoire.

·Sartrinum°, 12, 27, 183. — *Le Sermin*, hameau, commune de Semblançay, canton de Neuillé-Pont-Pierre, Indre-et-Loire.

·Savoneriæ villa, 111. — Lieu inconnu aujourd'hui, était voisin de Pinoches, voir Spinochiæ.

Sedeline mansura, 121.

Semita [capella de], 48, 50, 120 — voir Semitarium.

Semitarium, 40, 52, 80, 91, 85 A — capella, 47, 118 — domus, 49 — ecclesia, 42, 46, 51 — prioratus, 83 A, 86 A — terra, 38, 39, 43, 44, 45, 49, 55, 56, 57, 82, 104, 84 A. *Le Sentier*, prieuré de Marmoutier, jadis paroisse, réunie à celle de Monthodon, commune. canton de Châteaurenault, Indre-et-Loire.

Silva — Champeis, 122, — le bois de *Champast*, commune d'Ambloy, canton de Saint-Amand. — Gastinensis, voir Guastinæ. — Longnia, 185, la *Forêt longue*, qui s'étendait sur le Dunois et le Blésois, et dont la forêt de Marchenoir est un reste. — Pertici, 129, forêt qui couvrait le Perche vendomois, et dont la forêt de Fréteval est un reste.

Sodaium*, 46 A. — *Souday*, commune, canton de Mondoubleau.

Solomiæ*, 115, 173. — *Selommes*, chef-lieu de canton.

Spieriæ*, 185. — *Espiers*, hameau, commune de Fresnay-l'Évêque, canton de Janville, Eure-et-Loir.

Speronnellum*, 37.

Spinachiæ, Spinochiæ, 105, 111, 174, 184. — *Pinoches*, ancien fief, village de la commune de Crucheray, canton de Saint-Amand.

Sturniacum*, 65 — voir Turniacum.

T

Tavennum, Taventum*, 17, 42, 55, 162, 39 A, 65 A. — *Tavent*, prieuré de Marmoutier, arrondissement de Chinon, Indre-et-Loire,

Telliacum*, 177. — *Teillay*, ancien fief, village de la commune de Rahard, canton de Morée.

Teodemerense castrum, 117. — *Châteauneuf-en-Thimerais*, Eure-et-Loir.

Terra — Barbatum, 169 — Boiselle, 177 — de Culturis, 122, voir Cultura — Frederici, prope fontem ventalem, 121 — domni Fulberti, 174 — Sti Georgii, 122 — Sti Maurici, 122 — de Querqubus, 122 — Rosthonis, 174 — Sedeline, 121 — Salomonis vicarii, 122 — de Trapa, 121 — Varenna, 38 A.

Tridiacus, villa, 97, 102.

Troia*, 81 — Troo, 45 A, 50 A — ecclesia Sti Martini de, 43 A. *Trôo*, commune, canton de Montoire. — Marmoutier y avait le prieuré de N.-D. du Marchais.

Turniacum*, 53, 26 A. — *Turnay*, *Turné*, fief qui fut aussi appelé la Roche-Beaudoin, commune de Villavard, canton de Montoire.

Turonia, 37 — Turonicus pagus, 49. — *La Touraine*.
Turonis, 104, 118, 4 A, Turonus, 39 — civitas, 28, 1 A. — La *Ville de Tours*.

U

Ulmeta villa, 67, 76, 113.
Ulmetum villa, 72.
Uoseia, fluviolus, 83. — La *Houzée*, petit affluent de la rive gauche du Loir, dans lequel il se jette sur le territoire de la commune d'Areines.
Usella villa, 66 — voir Oscellum.

V

Vallis fontis ventalis, 50 — Voir Fons ventalis.
Vallis *, 78, 2 A.
Varena, terra, 38 A — de Lavardino, 52 A.
Varennæ, 182 — molendini de Varennis, 155, 166, 68 A. — *Varenne*, village et moulins, commune de Naveil, canton de Vendôme.
Varenne, 53 A. — métairie, près de Montoire.
Vendôme, 54 A.
Vendosmium, 84. — *Vendôme*.
Ventiacum *, 38 A. — *Vancé*, commune, canton de Bessé, Sarthe.
Vernolletum, 180. — *Vernouillet*, moulin sur le Loir, commune de Saint-Hilaire-la-Gravelle, canton de Morée.
Vetus Mansio, 1 A. — Le *Vieux Mans*, Sarthe.
Villabadain, 112, 171. — *Villebadain*, ferme, commune de Villeromain, canton de Selommes.
Villa Bresma, Villabrisma*, 170, 174 — alodus, 84, 176. — *Villebresme*, nom ancien de la ferme de la Masure, commune de Villemardi, canton de Selommes.
Villa cadilo, 107, 108. — *Le Chaillon*, ferme, commune de Saint-Amand.
Villa cattina, 20. — *Villechâtain*, hameau, commune de Villiers.
Villadomay, 49 A. — peut-être *Villedomer*, commune, canton de Châteaurenault, Indre-et-Loire.
Villadomini supra Vindocinum, 128.
Villa Fredani molendinum, 91. — *Villefrain*, moulin, commune d'Authon, canton de Saint-Amand.

Villa gumberge, 57 A — Gumbergena ecclesia, 102, 162. — *Gombergean*, commune, canton de Saint-Amand.

Villa heiredis, 1 A.

Villa in oculo*, 117. — *La Ferté-Villeneuil*, commune, canton de Cloyes, Eure-et-Loir.

Villa inventa, 50.

Villa mainardi, 164.

Villa malardi, 63, alodus, 116 bis, 116 ter, — peut-être *Villemalard*, commune de Fossé, canton de Blois.

Villa malast, 171, 174.

Villamalorum*, 87, 94, 161. — *Villemalour*, ancien fief, ferme, commune de Saint-Martin-des-Bois, canton de Montoire.

Villa maras, 112.

Villa martiniacum, 101. — *Martigny*, ancien fief, ferme, commune de Huisseau, canton de Saint-Amand.

Villa mereni*, 85. — Peut-être *Méreville*, commune d'Ambloy, canton de Saint-Amand.

Villamumblam, 33. — Ce lieu inconnu aujourd'hui, a dû être sur le territoire de Naveil. — On lit dans une charte de la Trinité de Vendôme, *a ponte qui fuit apud Villammumblam usque ad Varennas*.

Villa oisonii, 106. — *Villeoison*, lieu dit de la commune de Saint-Amand.

Villapeta, 16 A.

Villa porcherii, 101. — *Villeporcher*, commune, canton de Saint-Amand.

Villa presbiteria*, 187. — *Villeprouvaire*, village, commune de Lunay, canton de Savigny.

Villarebla*, 161, 64 A — ecclesia, 28 A. — *Villerable*, commune, canton de Vendôme.

Villareperta, 121.

Villa ruciacus, 130, 167. — *Villeruche*, village, commune de Landes, canton d'Herbault.

Villa senatoris*, 108, 184 — alodia, 162.

Villa seneor*, 177.

Villasus, 14. — *Villesus*, ferme, commune de Sainte-Anne, canton de Vendôme.

Villa troe, 69 A. — *Villetruie*, ferme, commune de Gombergean, canton de Saint-Amand.

Villare faulus, 13 A. — *Villiersfaux*, commune, canton de Vendôme.

Villenæ, 14, 25 A, 63 A. — *Villaines*, hameau, commune d'Ambloy, canton de Saint-Amand.

Vindocinensis castellum, 83 — castrum, 117, 17 A, 34 A. — *Le château de Vendôme* — curia, 9, 47, 60, 117. *La Cour du Comte de Vendôme* — pagus, 10, 13, 42, 49, 54, 62, 65, 66, 73, 83, 88, 94, 105, 106, 109, 117, 119, 120, 122, 125, 126, 130, 165, 167, 187, 1 A, 34 A, 63 A, 66 A — territorium, 9, 15, 20, 22, 69, 71, 90, 170, *le Vendomois.*

Vindocinium, 101, *le Vendomois.*

Vindocinum, 4, 11, 27, 32, 33, 36, 47, 50, 53, 58, 73, 86, 90, 115, 116, 128, 180, 187, 6 A, 7 A, 40 A, 41 A, 46 A, 49 A, 51 A, 64 A, 81 A — burgum, 28 A — castellum, 22 A — castrum, 17, 18, 20, 103, 117, 166, 174, 17 A, 34 A, 64 A — curia Vindocini, 7 — molendinus in burgo castri, 116 — placitum apud Vindocinum, 11, 12, — *La Ville de Vendôme.*

Virginité, la, 55 A. — Abbaye de femmes, ordre de Citeaux, commune des Roches, canton de Montoire.

Virso*, 26 A. — Vierzon, canton, Cher.

Voeborse, 47 A.

Volva (la), 65 A. — Peut-être *La Vove*, hameau, commune de Naveil, canton de Vendôme.

FIN DES TABLES

CORRECTIONS ET ADDITIONS

Page 4, ligne 4, au lieu de	episcopus	lisez	episcopus
— 12, note 2, —	Luterius	—	Leterius
— 16, ligne 26, —	omnidus	—	omnibus
— 18, — 26, —	Ingebaudi	—	Ingelbaudi
— 22, — 18, —	Guillaume	—	Gautier
— 23, — 5, —	monacherumque	—	monachorumque
— 25, — 0, —	aleux	—	alleux, id. page 26 et 28
— 28, — 10, —	Gentium	—	gentium
— 29, — 20, —	consultudines	—	consuetudines
— 29, — 29, —	Condé	—	Candé
— 31, — 21, —	sis St-Médard	—	sis à St-Médard
— 36, — 13, —	Olbertus	—	Otbertus
— 39, — 28, —	Barthélmy	—	Barthélemy, id. page 42
— 43, — 5, —	cunclas	—	cunctas
— 60, — 1, —	generationibus.que	—	generationibusque
— 62, — 12, —	Boeleto	—	Booleto
— 70, — 1, —	Vaslino	—	Vaslini
— 71, — 28, —	suc	—	sue
— 73, — 18, —	fratre Constantino	—	fratre — Constantino
— 75, — 30, —	Crandelbertus	—	Gandelbertus
— 76, — 15, —	Corvenisum	—	Corvesinum
— 81, — 9, —	postea, hoc	—	postea hoc,
— 87, — 31, —	Gaumard	—	Gaimard, id. pages 104 et 105
— 95, — 13, —	Aculeus	—	Aculeus
— 100, — 4, —	pro anime mee	—	pro remedio anime mee

Page	ligne		au lieu de		lisez
101,	4,		volunate		voluntate
107,	24,		commune du département d'		commune d'Épeigné.
113,	10,		vers 1210		vers 1060
117,	20,	après	Chanardus	ajoutez	Hubetus - Herveveus.
123,			au-dessous du titre		vers 1065
132,			— —		vers 1050
132,	19,	au lieu de	nferre	lisez	inferre
135,	20,		commendesia		commendisia
138,	9,		fraire		fratre
157,	2,		Fratris		fratris
157,	5,		cierici		clerici
157,	24,		vicomte de son père.		vicomte après son père.
163,	22,		Beaugé		Baugé
164,	29,		cartula		cartula
178,	2,		fevocolibertum		fevo colibertum
180,	12,	après	nequiter	ajoutez	fraudulenter
189,	13,	au lieu de	archidiaconis	lisez	archidiaconi
190,	4,		Otgerii filii Maurieii		Otgerii fratris Maurieii
191,	11,		Ivof rater		Ivo frater
194,	17,		mausum		mansum
202,	2,		vince		vinee
207,	6,		presbyteris		presbyteri
215,	28,		vindocinense		vindocinensi
232,	6,		nune		nunc
233,	12,		de ses frères,		de ses frères.
242,	29,		Renard		Renaud
249,	24,		Goncherii		Galcherii
262,	3,		domo		dono
267,	30,		canton de Saint-Amand		canton de Selommes
274,	4,		panperum		pauperum
279,	17,		duos		duas
282,	3,		coutumaciam		contumaciam
282,	4,		couventum		conventum
290,	11,		Telbaldus		Tetbaldus
300,	23,		colibert		collibert

Page 311, ligne 22, au lieu de	per acti	lisez peracti
— 317, — 16, —	abiquis	— aliquis
— 317, — 21, —	decamus	— decanus
— 320, — 11, —	benafacto	— benefacto
— 320, — 17, —	Matheus-Mathei	— Matheus, Mathei
— 322, — 26, —	illequi	— ille qui
— 323, — 15, —	suptula res	— suptulares
— 324, — 8, —	Solomone	— Salomone
— 324, — 21, —	toco	— loco
— 325, — 24, —	Falcodii	— Fulcodii
— 333, — 3, —	SUI	— SUO
— 340, — 11, —	XL, après le titre	— XLI
— 362, — 10, —	dampuis	— dampnis
— 362, — 10, —	omncs	— omnes
— 376, — 13, —	ANCE	— LANCE
— 380, — 6, —	Galecherii	— Galechesii
— 380, — 18, —	DUNE	— DIME
— 383, — 32, —	peine	— pièce
— 403, — 8 et 9, supprimez une fois : predictis monachis Majoris monasterii
— 403, — 29, au lieu de Pezou	lisez Morée
— 403, — 31, —	Saint-Amand	— Selommes
— 407, — 5, —	Lannomari	— Launomari
— 409, — 15, —	plenius	— plenius
— 414, — 14, —	sancto Remigii	— sancti Remigii
— 441, — 1, c. 2, —	Botea	— Boëta

TABLE DES MATIÈRES

	Pages
Avant-Propos	I
Introduction	IV
Possessions de Marmoutier dans le Vendomois	XVIII
Église de Naveil	XVIII
Prieuré de Saint-Mars	XIX
Les Moulins de La Chappe	XX
Obédience de Bezay	XXII
Lancé	XXIII
Prieuré de Lavardin	XXV
Prieuré de Pray	XXVII
Le Sentier	XXVIII
Notre-Dame du Marchais	XXXI
Chartularium Vindocinense Majoris Monasterii	1
Appendix	273
Table chronologique des Chartes	417
Table des Noms de Personnes	429
Table des Noms de Lieux	487
Corrections et Additions	507

www.ingramcontent.com/pod-product-compliance
Lightning Source LLC
Chambersburg PA
CBHW071406230426
43669CB00010B/1461